U0513982

诗教 与 情教

新文化运动别裁

秦燕春 著

上海古籍出版社

中国艺术研究院基本科研业务费项目资助

前言："情问"三昧与"情性"之教

一

　　原本计划乙亥年底出版的《诗教与情教》是理想中"诗教三书"第二本，因缘际会也成了"疫中三书"第一本。这个坚硬的庚子之年有理由让作者更加坚信：人类的情感与感情需要教育。作者当然没有资格教育别人，只是深知自己需要教育，写作的动力很多时候也是基于自我教育。昔年熊十力先生与唐君毅先生均尝言天地间有必不可少之书与必须阅读之书，此即圣贤之书、先知之书、诗人之书，其他著述大抵皆属于艰难自己亦艰难别人之作。作者能力委实有限，所能做的无非借此尚不乏诚意的书写略为故国典范留影以念。

　　中国文化有关"情"的起源与性质的探讨出现甚早，尽管学界的意见并不一致也很难一致，但早在战国时期，"情性"问题就是重要的思想课题，是诸家的共同关怀与共同论述，其中儒家的关切尤其醒目。儒家人性论之所以发达，是由于其最重视道德自觉与道德教化，涉及人性的问题就无法不涉及人的情感状态问题。儒教就其立教的人性论基础而言即可称为"情性之教"。对于侧重经验性与人间性的常行渐教的儒者，既然"道始于情""礼作于情""文起于情"（郭店竹简《性自命出》），比起"复性灭情"这类逆向证成的价值趋向，人类德性养成被认为不可或缺的路径，即包括"因情""称情""养情"的"情教"种种。道情两端被视为亘古大义，"情"要表现（知情者出之），"情"被视为"道"展开的可能。情的展开同时就是道的展开，道至情达则是。就此而言，"情"与"理"不仅同出异名，情的状态很可能更基要根本，也更彻底究竟。但此"情"并非近古以后尤其"新文化"发动以来更多被认定的"情欲"之情。中国文化人性论的主流同时也是晚近百年被严重湮没的脉络，并非出于对"情欲"的"解放"或"觉醒"的追逐，而是建基于对"情欲"的深刻反省进而所行合理的安排，这一脉络一般即被称为"情性论"或"性情论"。也因此，经由"情"所导引的文化脉络，当然并非个体一身一心所能尽，而是与百年国族的命运互生同构。

二

六十年前的己亥年（1959），当代"海外新儒家"的柱石与重镇牟宗三（1909—1995）先生去国十年写下《五十自述》，其中经由"春·苦·悲·觉"的"情问"之路展开的，即是中华文化的以争剥复之路，亦是中华民族的艰难复性、刻苦复兴之路。[1]

生命之旅始于童稚之年"在混沌中长成",混沌的生命发㳀于自然秩序,感知春生、夏长、秋收、冬藏的天之四德"元·亨·利·贞"。自承不是文学性格的牟先生写出了生命"春情"与中国文学深刻而独到的关联:这是生命之"在其自己"之感受。这并非凡俗所谓"爱情",而是生命的欲绽放而未得绽放,是"人之初、性本善",是生命无限满涨的全幅尚无方向的可能性,"是生命之洄漩,欲歧而不歧,欲着而无着,是内在其自己的'亨',是个混沌洄漩的'元'。中国的才子文学家最敏感于这混沌洄漩的元,向这最原初处表示这伤感的美"。[2]

但这春情必不能长久。

"在其自己"的生命一转之后又必然成为某种"离其自己","有所挂搭"或有所附丽是世间价值开显的必然。这成为《五十自述》以生命的"春情"开展,而后经由证苦、证悲,到底走向"觉情"的内在动因,后者正是使生命之春得以养护滋润的"德性"之得。牟先生于此还特别强调了他之正视生命不同于一般文学或生命哲学的"讴歌赞叹生命":这两者的生

---

[1] 拙作《春·苦·悲·觉:牟宗三"情问"三昧》(载《读书》2017 年 5 月)以及《何以小乘:从〈五十自述〉见〈红楼梦〉对牟宗三的生命影响与精神意义》(待刊)中于此意皆有具体分疏,不再赘述。

[2] 牟宗三:《五十自述》,台北鹅湖出版社,1990 年,第 10—11 页。后引仅标页码。

命观只是对生命的平置，而自然生命之冲动是无可赞叹的。自然生命固然有一套逻辑或规律需要正视，但自然生命的业力更必须警惕与转化。

> 蕴蓄一切，满盈无着，什么也不是的春情之伤，可以一转而为存在主义者所说的一无所有，撤离一切，生命无挂搭的虚无怖栗之感。满盈无着是春情，虚无怖栗是"觉情"（觉悟向道之情）。这当是存在的人生，生命之内在其自己之最富意义的两种感受，人若不能了解生命之"离其自己"与"在其自己"，是不能真切知道人生之艰苦与全幅真意义的。（第11—12页）

天下汹汹颠连而无告，一团混沌的"春情"匆匆伤过，大叠的人生转而都是"客观的悲情"，一己之"春情"上出弥满而为华族的"大生命观"，夫妻父子天伦之惨淡，统统卷缩汇入民族蒙难之共业：

> 国家何以如此？时代精神，学术风气，何以如此？难道说这不是生命的表现？但何以表现成这个样子？于以见生命本身是极没把柄的，无保障，亦无定准。但它可以作孽，它自作孽，它自受苦，明知受苦而想转，但又转不过来。于以见生命本身有其自身的一套，好像一套机器，不由自主要滚到底。它有它的限度，也有它的无可奈何处，

这是可悲的。民族生命如此，个人生命亦如此。（第 89 页）

这其中见证了业力的不可思议。徒然挂搭外在的"良知本体""天命之性"已经无法勘定肯定进而润人之身健人之行，心境难免离舍而干枯。至于走马南疆的荒村夜店茶肆酒肆、戏场闹市幽僻小巷，以牙还牙以眼还眼的种种慷慨直接的业力交缠（书中谓为"泛关系的交引"）以暴易暴，当然同样更其不是生命的润泽。那只是原始的业力勾牵、缘起缘落的消耗与磨损，损之又损以至于梏亡。呈现的过程即是梏亡的过程，良知本体更其不能做主、不能尽其主观之润。如果尽随自然生命之浮沉原则，终要一切归于虚无。业力让人"叫天不应，叫地不灵"，此际方才显出慧根觉情之重要：

> 阳焰迷鹿，灯蛾扑火，芸芸众生，大体皆然。个人如此，一个民族亦然。这虽说是物质的交引，然每一毛孔皆是一生命，无数的毛孔合成一有机体之大生命，无穷的复杂，无穷的奥秘，实有非你所能一一控制得住者。这久流生死的生命业力实不可思议。这业力不可思议引起无名的恐怖。能挽不能挽全看根器，似乎全是不可喻解的生命业力之命定论。我欲仁斯仁至矣，然而业力冲着你，可以叫你不欲仁。这里藏着人生最严肃的悲剧性。当心灵不能开拓变化，生命归于其自身之机括，而失其途径，这黑暗的深潭将步步旋转直至卷吞了它自己而后已。（第 153—154 页）

当代"海外新儒家"另一柱石重镇即牟先生毕生友好唐君毅先生，也尝自言曾参加"超度一切众生"的水陆法会，彼时亦有异地同证、千圣同证之大"悲"生焉：

> 其中为一切众生，一切人间之英雄、帝王、才士、美人，及农工商诸界之平民、冤死横死及老死者，一一遍致哀祭之心，而求其超渡，皆一一以梵音唱出，低徊慨叹，怆凉无限，实足令人感动悲恻，胜读佛经经论无数。（第164—165页）

天生蒸民，有物有则，民之秉彝，好是懿德。故能悲心常润、法轮常转，即使罪恶常现、悲剧常存。纵然看透天地生人处许多不仁，却还要替天行道、参赞化育之不及、弥补天地之缺陷。而人文社会必然有许多曲与屈，水浒好汉可以"一有不义，即时打去""一打常泛滥而不可收拾"，但孔夫子不能用拳打脚踢来维持仁义，于是别章另起，有春秋笔法、有忠恕之道，委曲中再度求一如是与至是，"曲"而至此，又成了"直"。

生命的"春情"如果换成较不易误解的名相诠达，该是"生机""生意""元气淋漓"，具足一块充沛力气的蠢蠢欲动，牟先生所言"生命之内在的喜悦，生命之活跃之内在的郁结"。动本身无有悲喜，动往何方才是境界。人生与宇宙之学的"原始透顶"亦要有契理契机之因缘在。东方哲学高境乃在"藏体

显用”、用中见体，“慧命”除却当下直呈，更常见的形态是在
“历史之陈迹与过往之事件”中“退藏于密”。此所以传统儒家
特于“神而化之”之途，慎言神而多言礼乐，慎言化而多言尽
性。此即牟先生在《五十自述·文殊问疾》中所强调：“离开
礼乐而言神，则是外在而隔绝的神，离开尽性而言化，则是机
智而干慧的化。”（第148页）有子所谓“孝弟也其为仁之本
欤”。从“实在之物”中感知“别有天地”。借此也就重回是书
开篇之“在混沌中成长”。生命满溢的春情因不失“在其自己”
而获得方向，经由花英成秀之夏、收敛收成之秋，终能归于白
茫茫大地之蕴藏。运作而能终始条理、有本有根。生命因此未
经虚脱，成为持续而非流逝。因生命坚实而心灵凝聚。“在其
自己”的生命进而成为“自持其自己”。以能“自持”故，神
魔不妨并居但不混杂，一切不在乎进阶为一切都放下。力的转
成理的。理的亦是力的。一切归实，不要虚戏。一切平平，无
有精奇。外化而内不化，终于能够对生命、家国、民族、文化
负起责任，“一切从此觉情流，一切还归此觉情”。

三

本书一度试图定名为《立爱》，亦考虑过《立情》，最终仍
觉《诗教与情教》更合题旨。“诗教”之意有广有狭，是书取
广义，不局限于《诗经》学，但旨归于“诗经学”。刘勰《文
心雕龙·明诗第六》有云：“诗者，持也，持人情性。”故“文

心"涵摄"诗教"，"诗教"收聚"文心"，趣向皆为针对"情性"行有效的转化，"诗教"不妨就是"诗礼乐教"的简写。如何经由"诗教"抵达"情教"、完成"情教"，即是本书试图成立的愿景。副标题"新文化运动别裁"的另一选项"百年思潮别论"，基于计划出版的 2019 年乃是针对"百年五四"的回应与反思。尽管付梓之期因疫情延宕至于 2020 年，但俗谚有谓"一失足成千古恨，再回首已百年身"，抑或这一阴差阳错恰好呼应了书中试图铺陈的百年中国的文化脉络大体均是经由针对个体的性命际遇与情感模式的关怀而展开。这一"百年"不止是历史的百年，更属于人世的百年。"百年思潮"当然属于家国，但亦属于个我。付梓前夕的最终落定意味着将问题关怀直接置诸前台。

书中具体章节安排，第一编将易顺鼎、黄季刚并列而论"文体革命与情性革命"，前者的气质动荡一直令作者不安，但几经改易，终觉书写对象决定了书写文气，这暮色苍凉而不乏惊艳与惊慌的开张，或乃属于"新文化百年"的如实之相，后者高据学林要津、诗文惊才绝艳，但"圣童"临终至痛"冤枉过一世"，凝然于业力之欲转而不得转，毋宁更是惊心动魄。第二编将章太炎、张默君同侪而行"典章制度与名物文章"，颇有鸡鸭对讲之慨，尤其处一生惊世骇俗之太炎先生于儿女燕婉之情，也颇令作者辗转，然此"大独大群"之章与"大凝"堂堂之张得以并编同辑，一位以"民国元老"而几被通缉，一位以蒋氏"铁粉"而死教护党，本身可能就有不容忽视的意义。第三编有关熊希龄、郑孝胥两位处世风度与行事风范迥异的"立宪党人"，作者本人较为偏爱，写魔鬼易，写圣人难，神魔若得对勘，经常增益彼此的照亮。第四编所论曾纪芬、陈卓仙是两位立德立言均足以光耀学林的老祖母，闺阁贤母堪为士林表率，前者身为曾国藩"满女"一生恪守文正遗训却成为虔诚的受洗基督徒，后者不仅留下至性感人的性理之卷《思复堂遗诗》，更诞育培植了一代鸿儒硕学，其心路言路当仁不让、卓尔不凡。第五编两文皆以唐君毅先生为核心关怀，他的"兼祧"两胡议题——胡适与胡兰成，貌似荒谬中也许不乏相当的合理性。读者或能于编排本身见得笔者一些粗浅用心。

中国艺术研究院为本书出版提供了资助，在此谨致谢忱。

庚子立秋作者于京师兹非舍

目 录

第二编　制度典章与名物文章

第三编　秩序崩解与社会重建

第四编　家族式微与个我挺立

第五编 "以性贞情"与诗礼乐教

第一编 文体革命与情性革命

> 文体选择不仅关涉情性，更形塑性情，现代中国发生的剧烈的社会变革与文学变革不仅导致"诗教"之命被格，同时发生的还有"情性"传统的迅速湮没。易顺鼎天性中的"解构"冲动不可谓不强，何况他又遭遇了中国历史上最有"解构"倾向的一个时代。这让易顺鼎足以担当千年诗国惊艳的暮色与不堪的凄凉——不少读者皆以为易顺鼎最能表现清末民初的诗学特质，实即基于这一个体与时代、别业与共业之间的高度同构。

壹 "仙童"之殇：易顺鼎的"真性情"与"晚唐体"诸问题

现代中国"文体革命"与"情性革命"的帷幕，为何要从易顺鼎（1858—1920）拉开？

被王闿运（1833—1916）钦定"仙童"的易顺鼎[1]去世于

---

[1] 钱基博在《近百年湖南学风》记王闿运亲封在地两"仙童"，一为曾广钧（1866—1929，曾国藩孙，李肖聃《星庐笔记》则谓曾为"圣童"，挽曾联称"英略为薛庸庵、吴窦斋所钦，皇华论使，羽扇临军，海水正横飞，公孙憔悴伤家国；才力出结一庐、越缦堂而上，少号圣童，长为词伯，风流谁嗣响，湘天牢落对乾坤"），一即易顺鼎（易氏自称，则是少为"神童"）。"仙童"之说应该跟易氏家族集体性的仙气飘飘有一定关系，也更富有贬义。详见后文。

"五四运动"后一年，生前他以其最决绝的"解构"冲动不仅
肢解了自己的悲剧人生，而且准确预兆了即将上演的"文学革
命"相当程度的情性姿态与文体姿态——尽管这点很可能为后
者所不愿承认。[1]

　　文学的形式与书写的主体具有高度统一性。此非笔者臆造。
章太炎（1869—1936）就诗之是否当有韵函答曹聚仁（1900—
1972），即称"必谓依韵成章，束缚情性，不得自如，故厌而去
之"，[2] 可见此调当时即不陌生。若再行细化，则诗人在创作中
形成或追步乃至模拟何种诗风与其个体情性更是关系至密。同
一流派的诗人彼此投契的不仅是美学品位，甚至涉及日常风范
乃至政治立场，归于根极，依循中国传统的人性论，乃是"情
性"相合。诗人偏好或擅长某种诗体确乎"性情所关，非可勉
强"，但天赋之外，"文体与情性"的相关性研究如果放诸中国
诗教传统，尤有可以进一步深入开掘的余地。[3] 本文聚焦清末

---

[1] 作为狭义理论术语的"解构"（deconstruction）因当代法国后结构主
　　义思想家德里达（Jacques Derrida, 1930—2004）的创见与使用广为
　　人知。本文取与"结构"相对的广义用法。此用法亦为学界普遍采用，
　　此处不做详解。可参朱孟庭《民初〈诗经〉白话注释的发展——以疑古
　　思潮解构经典地位的影响为论》（台湾《华梵人文学报》2011 年 6 月）、
　　赖锡三《〈庄子〉身体观的三维辩证：符号解体、技艺融入、气化交换》
　　（新竹《清华学报》2012 年 3 月）等。

[2] 载《华国月刊》第一卷第四期，收入《章太炎全集·书信集（下）》，上
　　海人民出版社，2017 年，第 1047 页。

[3] 关于传统中国"性情"或"情性"概念的界定与使用，兹意甚繁。本文
　　认为，就思想史的范畴大体言，"性情"具有"体用论"思维模式的相
　　应影响，"情性"则含有从形下到形上的工夫位阶的涵义。本文旨意先
　　关，拣择使用后者。

民初诗坛"晚唐体"代表诗人的"性情"说作为本书引论，试图说明：文体选择不仅关涉性情，同时更形塑性情，放诸中国思想史层面，文学创作同样具有身心修炼意义上的"工夫"意味。现代中国发生的剧烈的社会变革与文学变革，不仅导致"诗教"之命被格，同时发生的还有"情性"传统的迅速湮没，并因此"情性革命"进一步导致了"文体革命"的加剧。诗学文体与诗人情性，二者的解体同时发生并彼此加剧——抑或二者的重建也需同时筑基。

一、文体与性情"双解"：易顺鼎现象

鉴于历史上所谓"晚唐派"与被认为具有"唯情倾向"的李商隐的特殊关系，[1] 清末民初以"诗写性情"自居的文学流派首先当属"晚唐派"诸子，[2] 其中文学表现最为诡谲恣肆的又非易顺鼎莫属。

易顺鼎（1858—1920，湖南龙阳人）[3] 与樊增祥（1846—1931，湖北恩施人）在近代诗坛并称"北樊南易"，王森然

---

[1] 参见刘学锴《李商隐诗歌接受史》（安徽大学出版社，2004年）、米彦青《清代李商隐诗歌接受史》（中华书局，2007年）等。

[2] 钱基博（1887—1957）著《现代中国文学史》于诗一目特设"中晚唐诗"与"宋诗"（即常言谓为"同光体"者）两脉，隶属前者的代表性诗人，具列有樊增祥、易顺鼎、杨圻（1875—1941）、汪荣宝（1978—1933）等人。

[3] 易字实甫、石甫、仲硕等，自署琴志楼、楚颂亭、宝瓠窀、橘洲醒人等。

（1895—1984）为近代诗人评传称樊、易皆属于"天才卓荦，
横绝一世"：樊能清新俊逸不拘绳尺，易则面目屡易并世无匹，
甚至"樊山之作，非实甫不解；实甫之言，非樊翁莫辨"。[1] 但
易氏无论诗风还是人品，生前身后更常见的是恶评。不仅基于
他和樊增祥暮年出入梨园力捧伶人，[2] 似乎平素仪范也备受质
疑，士林口碑不佳。[3] 中年之后诗词流于牢骚，更被认为"诲
淫之作，居什之八九"。虽然晚近以来易顺鼎在晚清诗学史上
的积极意义开始较多受到正面评价，[4] 注意到他的"真性情"说
的研究亦有，[5] 而本文的核心关怀是：当易顺鼎现身于他的"诗

[1] 氏著《易顺鼎先生评传》，转引自《琴志楼诗集》，上海古籍出版社，
2004 年，第 1452、1474 页。

[2] 张伯驹《红毹纪梦诗注》"当年艳帜竞刘鲜，樊、易魂迷并为颠"调侃
的就是此举。收入《春游纪梦》，辽宁教育出版社，1998 年，第 229
页。易更至于"接倡优则如饮食不可废"。参见程颂万《易君实甫墓志
铭》，收入《琴志楼诗集》，第 1438 页。

[3] 所谓"有类饥鹰，饱即飏去"，蔡冠洛《清代七百名人传》第五编《艺
事·易顺鼎》，中国书店，1984 年，第 1828 页。易顺鼎的现实作为常
被"士论薄之"，以为其阿谀权贵常言出其实而脱口无惭。至于其如何
"为贫所驱""不能自存"，未免"枯鱼入水，岂遑择流？穷鸟奔林，乌
暇问木""但求鼹鼠之饮河，即免枯鱼之索肆"（分见《实甫以贫屈志》，
《上梁士诒函》，收入《易顺鼎诗文集》，湖南人民出版社，2010 年，第
1922、1744 页），陈松青《易顺鼎研究》（湖南人民出版社，2011 年）
已有平情之论。

[4] 参见郑学《晚清至民国初年的实验性书写：易顺鼎对七古文体的突破与
革新》，《中南大学学报》2016 年第 2 期；《晚清文体的建构与新变：易
顺鼎及湘社创作侧论》，《内蒙古大学学报》2015 年第 5 期。

[5] 参见黄培《论易顺鼎"自开一派"的复古诗学》，《江西社会科学》2009
年第 2 期。

写性情"说中，其文体与其情性之间如何互相形塑。易氏的创作生命最终遭遇的"双解"（双重解构）命运，既是文体意义的，更是情性意义的。

易顺鼎之诗具有极强的风格性自有青史定评，"从不轻许可人诗"的樊增祥对易诗尤其《初至关中》诸作倾倒备至，例如被他评为"精丽无匹"的《潼关道中二首》：

> 天府神皋据上游，此中依旧是皇州。翠华西幸周王骏，紫气东来李叟牛。关百二重秦代月，宫三十六汉时秋。河声岳色浑无奈，不为愁人一解愁。

> 眼底葱河作酒杯，巨灵高掌映崔嵬。云从武帝祠边散，雨自文王陵下来。城堞雄连秦晋树，关门牡绣汉唐苔。青山对客浑无语，怀抱何由得好开。[1]

更有以"何忍呼他为祸水，尚思老我此柔乡"为"绮艳"，以"流残清灞无情水，画出阿房不霁虹"为"名句"，甚至认为《琴志楼诗》中不少神来之笔若"书之扇头，题之壁间，则鲜不惊为仙作"，[2] 正堪与"仙童"之封彼此呼应。但樊增祥在易顺鼎逝后写给同为"寒庐七子"之一的黄濬（1891—1937）

---

[1] 易顺鼎《琴志楼诗集》，第 725—726 页。
[2] 樊增祥《琴志楼诗录》附识，转引自陈松青《易顺鼎研究》，第 202 页。

的手札中, 却直言对易顺鼎德行的不满, 亦可理解为指责其情性的缺陷:

> 弟于此子意极轻之, 而又怜之。轻之者, 恶其无行也。怜之者, 惜其有丽才而潦倒一生也。至其临殁一年, 所受之苦, 有较刀山剑树为烈者, 亦足为淫人殷鉴矣。死前数日, 新集排印成, 或谓错字尚多, 请其改正, 渠卧而叹曰:"错讹由他, 谁来看我诗也。"亦可悲也。[1]

所谓"丽才", 与下文的"华才"可称同义, 皆有华而不实之意。某种程度易顺鼎确将古体诗的对仗之美发扬到了极致, 至当时就有"(诗)钟王"美誉, 何以晚年又必然地将其自行消解, 文体散乱一如其人品潦倒? 笔者认为这种文体的诡变和情性的失序之间实有深切的内在关联。

易顺鼎对自己擅长"诗写性情"的定位是清晰的, 也是自负的, 直到晚年都坚信"无真性情者不能读我诗", 每每自称"奈何殉情爱, 垂老犹痴愚", 甚至不时自誓要"以情死"。[2]"情"在易顺鼎笔下不止出现频率高, 似乎也是他一生的价值托付。但笔者认为, 易氏对"性情"的理解不仅脱离了传统"情性之教"的规制, 所谓反对"牵和三百篇性情之为性

---

[1] 转引自陈松青《易顺鼎研究》, 第 217 页。

[2] 分见《读樊山〈后数斗血〉作后歌》、《六月立秋日饮君里宅, 夜归作》(1914 年)、《幽恨词八首》。

情"，[1] 甚至较之人之常情更为窄化，这多少要包括他从廿岁自撰《忏绮斋铭》就沾沾自喜于"怡红公子，惨绿少年；芙蓉城主，潇湘水仙"的"贾宝玉情结"。[2] 王闿运对易顺鼎这一心结极为不满，几次讥弹，光绪二十五年三月廿六日（1899 年 5 月 5 日）《湘绮楼日记》载"得易仙童书，纯乎贾宝玉议论"，[3] 是年易已四十二岁。"生而颖敏，锦心玉貌，五岁能文，八岁能诗。长益美丽自喜"的"仙童"据说年甫六十犹自偷学少年，"以粉涂面"，至于老友樊增祥要调侃他"极知老女添妆苦，始信英雄本色难"。[4]

十七岁即中举应礼部铨选北上、取道江南骑一卫冒大雪入南京城、遍访六朝及前明遗迹一日而成《金陵杂感》七律二十首，易顺鼎号称"神童才子"并非没有资本。[5] 但仙童之呼未必尽是赞美，王闿运长子代功尝记其父对易顺鼎另一评价："目为华才，非成道之器也。"征以王氏规劝"仙童"不可"诡诞"语，正见其表里之歧：

[1] 《〈丁戊之间行卷〉自叙》，"皆抒写己意，初不敢依附汉魏、六朝、唐宋之格调以为格调，亦不敢牵合三百篇性情之为性情"，转引自陈松青《易顺鼎研究》，第 282 页。

[2] 《易顺鼎诗文集》，第 1263 页。另请参见陈松青《易顺鼎研究》中相关论述。

[3] 王闿运《湘绮楼日记》（四），岳麓书社，1997 年，第 2210 页。

[4] 文见王森然《易顺鼎先评传》，《琴志楼诗集》，第 1469 页。

[5] 然有口能诵之名句如"地下女郎多艳鬼，江南天子半才人""淘残旧院如脂水，住惯降王没骨山"，骨意终是轻浮虚软。当然也非没有例外，蕴藉宛转之作亦不乏见于易顺鼎少作。"新词欲赋贺梅子，他日应呼易柳州"（《琴志楼摘句诗话》），当时自负自期可见。

仙童有玉皇香案者，兄日姊月，所见美富，土苴诸天，遗弃一切，是上等也。有幽居岩穴，草衣木食者，一旦入世，则老虎亦为可爱，金银无非炫耀，乃至耽着世好，情及倡优，不惜以灵仙之姿为尘浊之役，物欲所弊，地狱随之矣。请贤择于斯二者。[1]

"华才非成道之器，然其先不可少。东坡六十犹弄聪明，故终无一成。佛家以敏悟为狂慧，圣人所以约礼"，[2] 能见及此不可不谓卓有见识，王闿运毕竟尚有儒者的分寸。所谓"华才"，正如易顺鼎式的"六十神童"与樊增祥式的"八十美女"，这一现象揭示的正是人囿于爱其"情"的不肯经由转进而升华，[3] 樊、易二人诗作因此同样存在"大抵少作隽妙过于近诗"[4] 的问题，所谓"诗以前期最佳，才气纵横，中年以后则渐入颓唐，多率易之作"。[5] 此处说的是诗风，同时更是情性，袁嘉谷（1872—1937）《卧雪诗话》中不禁感慨：

余记其最少时句云"灯火鱼龙尺五天"，可谓名下无虚。又记其最近句云"朝班列最十名前"，令人欲呕。盖

---

[1] 王闿运《湘绮楼诗文集》，岳麓书社，1996 年，第 838 页。

[2] 王闿运《湘绮楼日记》光绪八年（1882）八月五日条，第 1133 页。

[3] "天不爱其道，地不爱其宝，人不爱其情"，正是儒家情性之教的原始规定，参见《礼记·礼运》。

[4] 文见徐珂《清稗类钞》，收入《易顺鼎诗文集》，第 1937 页。

[5] 《易顺鼎早年诗稿·前言》，中国书店，2019 年，第 5 页。

沧桑之后，为饥所驱，游戏三昧，不以作诗论也。天地生
才，竟不爱惜，潦倒穷愁，为之三叹。[1]

　　和其少年"才气奔放而不诡于正，性情尤纯厚"不
同，[2]1896 年从台湾、厦门"抗战"铩羽归来的易顺鼎还在书
写《江上看花歌》："三十余年看春水，东风吹人人老矣。但愿
花开我先死，但愿死便葬花底。""作者行年三十九，尚不忘少
年才子语耶？"与易情谊匪浅的陈三立（1853—1937）对《衡
岳集》的批评是中肯的："庐山以后之诗，大抵才过其情，藻
丰于意。"[3] 多少算易顺鼎受业恩师的张之洞（1837—1909）评
论其庐山诗录道是"神龙金翅，光采飞腾"，但"作者才思
学力无不沛然有余，紧要诀义，惟在'割爱'二字。若肯割
爱，二十年后海内言诗者，不复道着他人矣"。[4] 易顺鼎要割之
"爱"，既是其炫彩恣肆的才气，同时也是本有的杂染情性需要
锻造磨砺、收聚沉潜。中岁之后变本加厉的滥情（如果还不便
说其矫情）之作确实基于他"学实浅薄，纯恃天资"，无法对
自己的天赋依循正道收拾洗练，最终也导致了其暮年"诗文体
格既卑，尤多败句"。[5] 情性与文体达成了一致的下行。文体正

---

[1] 转引自《易顺鼎诗文集》，第 1936 页。
[2] 《郭嵩焘日记》光绪二年（1876）三月十四日，易时年十八岁，转引自
　　《易顺鼎早年诗稿》，中国书店，2019 年，第 7 页。
[3] 樊增祥《书〈广诗后〉》，转引自陈松青《易顺鼎研究》，第 269 页。
[4] 转引自陈松青《易顺鼎研究》，第 777 页。
[5] 费行简《易顺鼎小传》，《易顺鼎诗文集》，第 1914 页。

是情性的折射：

> 石甫既负盛名，率其坚僻自是其性，骋其纵横万里之
> 才，意在凌驾古人，于艺苑中别竖麾（毒县系）。于是益
> 新、益奇、益工，益不复薪合于古之法度，益不恤师友之
> 箴言。[1]

易顺鼎及门弟子曾道师尊"词藻固为一代雄，至其伟度
精鉴，实心挚情，尤非季世所可几及，第惜用情太厚，转为
蠢耳"。[2] 南社诗人高旭（1877—1925）也称许易与自己可算
"两情痴"："天生自是多情种，橐笔看花著意痴。"[3] 同时愿意和
易顺鼎并立"两情痴"的甚至还有黄遵宪（1848—1905）。可
见对"情"为何物发生的偏颇理解在清末民初已然成为冰冻三
尺非一日之寒的几代共业。认为是"好色""好名"的本我冲
动造就易顺鼎的创作成为"性情文学"，[4] 未免是不明"性情"
意涵的今人之断。"吟咏性情"的诗学传统中"诗道"或"诗
教"用意何在，尚待发明。

《丁戊之间行卷》自叙，易顺鼎也曾模拟圣贤声口，高调

---

[1] 樊增祥《书广州诗后》，转引自汪辟疆《光宣诗坛点将录》（王培军笺
　　证），第 387 页，笺注四。
[2] 文见《龙州杂俎》，转引自陈松青《易顺鼎研究》，第 9—10 页。
[3] 《赠哭庵》，《高旭集》，社会科学文献出版社，2003 年，第 239 页。
[4] 陈松青《易顺鼎研究》，第 269 页。

抗言："道德功业，降而至于文章，技艺之末者哉！"也尝发言为诗："要令哀乐不得入，直闭丈室医沉痾。"（《湖北臬署山园梅花盛开，今来已零落》）甚至暮年《〈清代闺阁诗人征略〉序》中尚道："温柔敦厚四字能治万世之性情。"[1]然而这些高谈阔论他只是偶尔说说，从未认真践行：

> 所为诗歌文词，天下见之，称曰才子。已而治经，为训诂考据家言；治史，为文献掌故家言；穷而思返于身心，又为理学语录家言。然性好声色，不得所欲，则移其好于山水方外，所治皆不能竟其业。[2]

词章经史及至义理之学，皆不能让他收拾身心，实地沉潜。对于传统的成人之教也即情性之教，他不仅喜好离经叛道，而且充满轻慢躁动，色色不能沉实以入：

> 平生择术，不好孔孟，而好杨墨；平生操行，不喜仁义，而喜熙子。……吾之为学也，期以三年。三年之内，得正而毙，固造物之所怜爱而保全。否则，三年之后，将还其故为者。[3]

---

[1] 分别转引自陈松青《易顺鼎研究》，第 278、76、282 页。又见《易顺鼎诗文集》，第 497 页。
[2] 易顺鼎《哭庵传》，《易顺鼎诗文集》，第 1289 页。
[3] 易顺鼎《与陈伯严书》，《易顺鼎诗文集》，第 1290—1291 页。

> 窃念多生结习，一之声色，一在山水，一在文章，至
> 如道德学问、富贵勋名，虽匪性之所存，究非力所难致。[1]

依其小份的聪明易顺鼎不可能听不懂王闿运、陈三立、张
之洞诸人的告诫，但至死他都在坚持"无才，不如死"。他至
死迷恋自己一分小小长才正是基于他至死不曾放下也未尝反思
过自己对所谓"真性情"理解的狭隘与偏颇。"好色不要命"
的青史恶评[2]虽也道出他几分放舍——然为"色"放舍怎么可
能——此言其实无意更道出了另外一个关键问题："不要命"
意味着易顺鼎天性中具有极其强烈的"解构"冲动。不肯"割
爱"与追求"解构"一体共具。如此吊诡的组合也许最能象征
清末民初茫然又蒙昧的文化性格。

易顺鼎在《自叙兼与友人》中称自己"每好为凄艳之语，
生性多哀少乐"，又说自己无论人生境遇顺逆皆常"处之骚
然"。[3] 年甫十七就有诗：

> 来向愁城了旧缘，歌离吊梦欲华颠。眼中岁月追风
> 马，身外功名水上船。学佛愿归无垢地，成仙终堕有情

---

[1]《自叙兼与友人》，《易顺鼎诗文集》，第 1270 页。

[2] 此语出自樊增祥口。前尚有"贪财"二字，却为易氏不肯认账。"好色
不要命"他却大大激赏。或者因此，临终作诗尚称樊增祥为"平生第一
知己"。

[3]《易顺鼎诗文集》，第 1269 页。

天。灵山旧侣应相忆，弹指声中十七年。[1]

他拒绝信奉因人间性格极强故结构性也很强的儒教教义，还能讲出一番歪理，将宗门视为神圣的"五常"（仁义礼智信）皆以"好色好名"解散：

> 人秉五常之德，以生生……五常备矣，而以先入者为主焉。先入者何？智与仁而已矣。智与仁者何？知与爱而已矣。有知觉，则知美恶矣；知爱，则知爱美矣。色者，美之在仁者也；名者，美之在己者也。……故不好色谓之不爱人，不好名谓之不自爱。[2]

包括易顺鼎何以要用哭庵为号，他曾做《哭庵传》说明，文中自诩：

> 生平二十余年内，初为神童，为才子，继为酒人，为游侠少年，为名士，为经生，为学人，为贵官，为隐士，忽东忽西，忽出忽没，其师与友谑之，称为神龙。其操行亡定，若儒若墨，若夷若惠，莫能以一节称之。为文章亦然；或古或今，或朴或华，莫能以一诣绳之。要其轻天

---

[1] 易著《漫感四首》，《琴志楼诗集》，第3页。
[2] 易著《好色好名论》，《易顺鼎诗文集》，第1300—1301页。

下，齐万物，非尧舜、薄汤武之心，则未尝一日易也。[1]

处处透显的都是一种人格"解构"冲动。王闿运因此以师长之尊不厌其烦一再致书相劝：

> 仆有一语奉劝，必不可称哭庵。上事君相，下对吏民，行住坐卧，何以为名，臣子披猖，不当至此。若遂隐而死，朝夕哭，可矣。且事非一哭可了，况又不哭而冒充哭乎？闿运言不见重，亦自恨无整齐风纪之权，坐睹当代贤豪流于西晋，五胡之祸将在目前。因君一发之，毋以王夷甫识石勒为异也。[2]

虽然在世人眼中个性亦颇诡肆，但王闿运毕竟大体还是立身儒门，对人世必然要有的"结构"具备理解同情。"解构"冲动放诸历史长河确实也一定是有其意义的，也是必然要发生的。例如魏晋的嵇康，盛唐的李白，晚明的李卓吾、徐渭，大体都是这类倾向"解构"的心性。这类心性对于解构已经僵化的结构（语言、阶层、观念），其潜在的理论价值及实际发生的历史影响都非常可观。[3] 但新的创化与旧的解构必须同时发

---

[1] 转引自陈松青《易顺鼎研究》，第 261 页。
[2] 文见《湘绮楼诗文集》，第 839 页。
[3] 杨儒宾《儒门内的庄子》，台北联经出版事业有限公司，2016 年，第 57 页。

生，对心性与对社会，同样如此。王闿运所谓"易与曾重伯皆仙童也，余生平仅见，而不能安顿"，[1] 此语即是既能称赏其才华，又看穿了这一仅有解构而无能创化导致的无法善终。

易顺鼎的天性是偏爱这种"解构"倾向的。例如他每每自命"终爱晋人风味好，听鹂多备酒兼柑"（《和樊山上巳韵》）、"此身合是晋人未？行到当时鄮县山"（《由天童下院登小舟往天童，道中作》）、"诗学韩碑钞万本，人如晋士在今生"（《沪上晤李芋仙大令，即和其见怀诗韵》）……皆是缘于他自以为那个"王纲解纽"的时代遇合了自己的天赋情性，足以易代同调。显然他完全没有看到魏晋具有的结构性即创化性的一面，至于对任何意义上的"结构"他几乎都在试图破坏。

例如著述的意义：

> 凡天下著书之人未有不好名，而天下人所著书皆归于无益。……兄勘破此关，知求益不在著书，著书即是无益，故生平好著书而不求有益，知有益之终归于无益耳。……不但吾辈之书未必有益，即《六经》《论语》同归无益。[2]

再如学养的意义：

---

[1]《湘绮楼日记》，光绪十八年十月十六日，第 1924 页。曾重伯即曾广钧。
[2] 易顺鼎《与弟书》二，《易顺鼎诗文集》，第 1282 页。

余生平私淑杨朱，自知其学之不足以益人，亦实不知何者为有益之学。凡吾所为，皆以消磨其待死之岁月而已。[1]

《自叙兼与友人》中则如此肆论三教：

儒与仙、佛，三教虽异，皆求不灭。儒求不灭于名，仙求不灭于形，佛求不灭于神。我则不然，以灭为主，以为一身灭则无一身之苦，一家灭则无一家之苦，世界灭则无世界之苦。佛云灭度，庶几近之。然身灭而心不灭，形灭而神不灭，其苦犹在。故佛法尚不如我法也。……若夫立德立言，儒家之所谓不灭，神仙长生，道家之所谓不灭，久以粪土视之，以鸩毒观之，曾何所动其毫末哉。[2]

抱定此种"断灭"之见，或曰其"学问宗旨在一'灭'字"，[3] 易顺鼎天性中的"解构"冲动不可谓不强烈，何况他又遭遇了中国历史上最有"解构"倾向的一个时代。这让易顺鼎几乎足以担当千年诗国惊艳的暮色与不堪的凄凉——不少读者皆以为易顺鼎诸作最能表现清末民初的诗学特质，[4] 实即基于这一个体与时代、别业与共业之间的高度同构。

---

[1] 易顺鼎《孔门诗集》叙，《易顺鼎诗文集》，第 1300 页。
[2] 转引自陈松青《易顺鼎研究》，第 260 页。
[3] 叶炽昌语，《缘督庐日记》（光绪二十六年三月二十二日）。
[4] 例如蔡尚思先生即持此论。

易顺鼎的"解构"冲动基于先天性格, 也不乏后天成全。他有一位热衷老庄之学似乎甚于儒学的父亲(易佩绅, 官至苏州布政使)。[1] 这位父亲曾从太平之役, 军中有诗"几回杀贼翻流涕, 贼亦苍生大可怜", [2] 解官归乡之后自命"我岂违天作戮民, 拂衣解组归田园", [3] 甚至偏激地认为热衷"游狭斜"至少好过吸毒与赌博, [4] 其同样颇具"解构"倾向的性格特征灼然可见。易顺鼎在这样的家庭环境中成长, 弱冠即纳小妾二人, 养成环境不可谓不宽纵, 年纪轻轻即有"乐天即是神仙福, 传世原非将相名""三十功名尘与土, 五千道德粕兼糟"的轻率张狂之语, 也写过《师老说》之类文章。文中观点却乏善可陈, 甚至不妨说颇为卑下。包括易氏家族对于扶乩的集体迷恋、对于"前尘往事"的在在执着, 例如据说易佩绅本人是东晋高僧支道林的后身, 易顺鼎自己则有王子乔、张晋、王昙等几个前

---

[1] "佩绅以举人客京师, 从侍郎王槐荫受性理之学, 入官有声, 著有《老子本义》", 包括他晚号遁叟、壶天翁等等(参见李肖聃《易顺鼎传》, 收入《易顺鼎诗文集》, 第 1911 页)皆是证据。老庄之学在一般理解中自带的强大的解构能力毋庸多言(杨儒宾先生《儒门内的庄子》则扭转了这一一般性的理解, 以为庄学的创化能力同样极强)。显然在易氏父子, 主要基调还是前者。

[2] 徐珂编撰《清稗类钞》"战事类二·易佩绅转战千里", 中华书局, 1982年, 第 872 页。

[3] 氏著《百年歌·六十时》, 转引自陈松青《易顺鼎研究》, 第 407 页。

[4] 此出自易顺鼎的追忆, 真伪莫辨。其给出的理由, 是因为后者"稍雅, 稍清", "与其恋一竹简, 何如恋一女色? 与其取人之金钱与己, 何如以己之金钱与人", 乃至"与其有刻薄成家之子, 毋宁有败子"。参见《清代燕都梨园史料》"哭庵赏菊图附录", 转引自陈松青《易顺鼎研究》, 第 251 页。

身，[1] 毋宁也是一种热衷于对"今生今世"进行的变相解构。然饶是如此，易佩绅之所"守"到底远比易顺鼎牢靠，包括他能深契良知之学，即使辞官引退也要作诗明志："身虽可退世难忘。"[2] 而在《孽海花》中作为易顺鼎原型的叶笑庵口中，"历史""史官""史家"这类传统的价值基要却全部被消解了存在的意义，一切价值皆蹈入虚空。[3]

易顺鼎虽然热衷谈"情"，但依其聪明才性同样也是依其天性中的"解构"冲动，他当然能够感知"情"自身同样存在的结构僵化问题，因此同样需要解构。于是他经常口口声声"每欲出家"。[4] 可惜"余悲痛余生不惟无心于世法，亦且无心于佛法"，[5] 连佛法也被他最终解构掉了。

何况，对易顺鼎本有的情性气质而言，或许他足够滥情，却未能深情。这一点他的诗同样就是明证，虽然"无所不学，无所不似，以学晚唐温李者为最佳"，[6] 却到底无法抵达李商隐特有的"深情绵邈"尤其"高情远意"（北宋范温《潜溪诗

---

[1] 参见陈松青《易顺鼎研究》，第 127 页。

[2] 《引退有期，达俞荫甫见赠，即和其韵》，《函楼诗抄》卷十。

[3] "本来历史是最不可靠的东西，奉敕编纂的史官，不过是顶冠束带的抄胥；藏诸名山的史家，也都是考孝堂哭自己的造谎人"，曾朴《孽海花》第 35 回，上海古籍出版社，1980 年，第 359 页。

[4] 樊增祥《调石甫》，《樊樊山诗集》，上海古籍出版社，2004 年，第 1862 页。

[5] 易顺鼎《心经私订本书后》，《易顺鼎诗文集》，第 1284 页。

[6] 蔡冠洛《易顺鼎传》，转引自《易顺鼎诗文集》，第 1915 页。

眼》)，未免被解家称为"易诗在意脉的连贯上有迹无神"。[1] 他缺乏足够的体察深层痛苦的能力与悲心。他的"才多"和"情多"在此成为一体两面，同样都是成"患"（陈衍《石遗室诗话》）而不能结果。

1893 年母亲病逝，年已三十六岁的易顺鼎不仅"涕泪如膏"，还必要自杀以从，老父年近七旬写诗尚言"惟有痴儿心未安，千般譬喻总难宽。任他行脚游方外，或得观音救苦丹"。[2] 自杀不成，更有来年（1894）甲午战争爆发，他素服麻鞋间关万里，号称"墨绖从戎，志在殉母"。乙未（1895）援台不成，则又表示"时局如此，不入山披发何时"。[3] 但情性决荡若此，却恰恰是在他笔下读者看不到任何有分量的人伦书写，无论母子、父子、兄弟、姊弟、朋友，甚至日后他"如接饮食"的倡优群体，即使脍炙人口捧红梅兰芳（1894—1961）的《万古愁曲》，他实则也是在自我歌哭。笔者因此认为，即使在人之常情的维度上，易顺鼎的"情性"结构同样受制于他的"解构"性格。他实际的情性状态是稀薄的（而非温厚的）。他迷恋的是他恣肆的自我发越（后期便成了发泄），他并不具备多少与"他者"共感同在的能力——而这种能力恰是"情"的基要元素。真正的深情需要放下自己，对他人与现实有笃定有序

---

[1] 米彦青《清代李商隐诗歌接受史稿》，第 229 页。
[2] 易佩绅《杂叙叠用真一子韵八首》，转引自陈松青《易顺鼎研究》，第 79 页。
[3] 易顺鼎《魂南记》，台湾大通书局印行，1997 年。

的关怀与介入，而非任性而为的一己情绪宣泄。而这不幸却正是易顺鼎的情性状态，且以此不肯洗练收聚的原始夹染状态为"真"，此正见诸易顺鼎中年之后越来越不恪守体例、恣肆颠狂"极诡谲之极"[1] 的创作风格，反衬得失去格律镣铐的"文体革命"变成一场草率的自我放浪。文体失序成为情性失序的真实写照。

　　我们甚至因此可以理解，何以传统中国数千年来对文体要求如此严格，其实那同时也是一种"情性之教"——试图推情合性的文体训练。虽然"一代有一代之文学"的不断的"文体破格"，也正见证了这人世之情时时刻刻要喷薄而出、不堪就缚。

　　值得一提的是，易顺鼎差点为之殉身的亡母陈氏，据说逝后不断以乩仙身份留诗人间，[2] 其中一首即直言"情—性"关系：

　　　　我生防情如防水，一朝有溃即千里。我生守性如守城，中夜贼来心不惊。以是持身身寡尤，以是待人人皆诚。周旋进退六十年，质之白水差可盟。[3]

---

[1] 蔡冠洛《清代七百名人传》第五编《艺事·易顺鼎》，《易顺鼎诗文集》，第 1828 页。

[2] 易氏家族迷恋扶乩的事迹相当著名，参见陈松青《易氏一家的乩笔诗》，收入氏著《易顺鼎研究》。不妨说这也是同样深陷此道的易顺鼎得名"仙童"的原因之一。

[3]《倚霞宫笔录》卷一，癸巳十月二十七日，转引自陈松青《易顺鼎研究》，第 300 页。

这位生前被颇谙性理之学的丈夫视为"畏友"的妻子，[1] 在异度空间依然弹出此调应该不算意外。让人略感诧异的是，易顺鼎文学创作的下坡似乎就是母亲去世之后开始的。是否跟他远离了母亲此种严苛的道德约束有关呢？所谓"溺于绮语，不能出，绮障日深"（钱基博语）。那备受王闿运责备的《哭庵传》即作于母亲去世之年。而易母殁后至于赢得士林公挽"天下圣母，女中圣人"，[2] 其在世贤声可知。

没有创生性的解构最终必然会堕入虚无。在不能承受之轻中人往往又会重新制造一些结构的假象自我麻醉。易顺鼎晚岁潦倒不能说没有咎由自取的成分。冒广生（1873—1959）所谓"实甫近日诗词，多堕恶道，要其聪明绝世，当筵倚马，则固万人敌也"，[3] 樊增祥干脆说他"年事愈长，文字愈下"。[4]《八声甘州·六忆词》是其"淫艳"的代表作之一，此不具录。但眼尖的读者必能明白，易顺鼎的"六忆"很大程度基于虚构，犹如他暮年笔下多少与坤伶"目成"都是一厢情愿的想象与妄口。与其说他"痴情"，毋宁说他是在这种短暂的虚拟的结构中停靠自己业已解体的生命的苟延残喘。这也即是何以他在《数斗血歌，为诸女伶作》中将明末清初最著名的儒者、义士

[1] 易顺鼎《先府君行状》，《易顺鼎诗文集》，第 1762 页。
[2] 参阅王森然《易顺鼎先评传》，《琴志楼诗集》，第 1457 页。
[3] 氏著《小三吾亭词话》卷三《易顺鼎天才》，转引自《易顺鼎诗文集》，第 1957 页。
[4] 转引自王森然《易顺鼎先评传》，《琴志楼诗集》，第 1468 页。

和"秦淮八艳"之间做了明确的价值置换：

> 与其拜孙夏峰，不如拜陈圆圆；与其拜傅青主，不
> 如拜马守真；与其拜黄梨洲，不如拜柳如是；与其拜顾亭
> 林，不如拜李香君；与其拜陆桴亭，不如拜顾横波；与其
> 拜张杨园，不如拜寇白门。[1]

所谓前者"徒使天下秋"而后者"能使天下春"当然没有任何理据，而所谓"一生崇拜只佳人，不必佳人于我厚"正和据说在现实的结构性生活中他对妻妾的并不善待相映成悲。[2]流落在诗中的情或人毕竟只是虚拟的结构，和解构为邻。

二、"丽才"与"吏才"：作为
比勘的"晚唐"余子

必须承认，"解构"冲动的个性如果才情丰沛，往往就具备了冲决成规的能力。易顺鼎虽然仕途经济一生落魄，在他挚爱的诗学领域确实还是部分显示了这种开辟新境、戛戛独造的尖新气魄。类似他精丽无匹的"诗钟巧对"和宣泄蒸腾的"长歌当哭"，他最为清新别致的诗歌新声不能不说到这类精致的

---

[1]《琴志楼诗集》，第 1280 页。
[2] 曾朴《孽海花》中叶笑庵即以易顺鼎为原型，其中有此影射。

山水小品："不辨何草香，不知何虫语。气似花，而非花，声似雨，而非雨。"[1]

> 青山无一尘，青天无一云。天上惟一月，山中惟一人。
> 天上惟一君，山中惟一我。欲问广寒宫，桂花开几朵。
> 青山万株松，青天一枝桂。松顶鹤销魂，桂边蟾滴泪。
> 此时闻松声，此时闻钟声。此时闻涧声，此时闻虫声。
> 此时人无语，此时月无语。此时山无语，此时佛无语。
> 青山如水凉，绿阴如水凉。碧天如水凉，白云如水凉。[2]

　　缘于景物山水诗更多基于自我与自我对话的文学性格，[3]在这类小诗中，易顺鼎于人伦"情性"上的不足不易流现，他不肯"割爱"的才情也因为自然的清旷被部分克制，因此这类诗也甚为可读，故世人皆以易诗"各体俱备，山水游诗最工"。[4]但这组诗实际上已经出现了某种传统诗语的"解构"，这无疑也是易顺鼎的有意的追求。

　　同样，"解构"冲动的个性如果才情丰沛，冲决成规的能力往往显得甚有力道。都道梅兰芳能于艺苑声名鹊起跟易顺

---

[1] 《嘉定送别还宿中岩寺听雨》，《琴志楼诗集》，第 315 页。

[2] 《天童山中月下独坐六首》，同上，第 1070—1071 页。

[3] 此意自然滋繁，此处不容分笔，可参杨儒宾《山水诗也是工夫论》，台湾《政大中文学报》2014 年第 22 期，第 3—42 页。

[4] 钱仲联语，转引自《易顺鼎早年诗稿》，第 10 页。

鼎《万古愁曲》之极力揄扬有关。而梅同样对这段关系国士遇之、国士报之，"深感之，病中馈珍药。既殁，致重赙，哭祭极哀"，因此被称为易之"晚遇"。[1] 易顺鼎玩命般的情性奔肆固有滥情嫌疑，却也保证了其并非流于把玩。易顺鼎的确不会也不擅玩世，他真正玩弄的只是那因为流于情性解构（大于他的诗学创生）而越来越面目模糊的自己，所谓"名士一文值钱少，古人五十盖棺多"（易著《买醉津门雪中》），令人可伤亦可悲。

也因此，尽管同属"晚唐体"代表诗人，在钱基博著《现代中国文学史》中樊增祥列具"中晚唐诗"一代诗宗，排名还在易前；樊增祥晚岁同样嗜好艳体、狭斜梨园，表面的坏名声与易顺鼎不相上下——然此"内行笃定"的持躬清谨之人，此类"艳情"写作就动人程度言却在易下。诗学的本质要求了作者必须有全体投入的性格真诚，即使是荒诞荒凉荒唐的真诚，所谓真性淋漓，有一丝造作伪饰，真心明眼人就品出了矫情。夏敬观《忍古楼词话》法眼巨断"樊山艳冶，至老尤然。然实甫诗词，多可传之作，文品实较樊山为高"，[2] 其要诀即在是。樊增祥几乎总是站在情外写艳，正合其客观、精明又有几分淡泊的天性，"整密工丽"中总现出过于节制的把持，所谓"心

---

[1] 奭良《野棠轩文集》卷二《易实甫传》，转引自《易顺鼎诗文集》，第1911 页。

[2] 唐圭璋主编《词话丛编》，中华书局，1986 年，第 4772 页。李肖聃《星庐笔记》中甚至直称"樊才远不及易"，第 9 页。

能超览，文无苦语，虽感深苍凉，而辞归绮丽"（钱基博语）。
这一点甚至樊氏本人同样心知肚明：

> 大抵诗贵有品。无名利心则诗境必超；无媢嫉心则诗
> 界必魔；无取悦流俗心则诗格必高；无自欺欺人心则诗语
> 必就能解；有性情则诗必真；有材力则诗必健；有福泽则
> 诗必腴；有风趣则诗必隽。[1]

樊诗被认为惊才绝艳欢娱能工，《前后彩云曲并序》名噪
一时，其日常行止却颇能恪守礼法。陈衍（1856—1937）辑
《师友诗录》以樊诗多而难选，欲于往来赠答之外独选艳体，
所赋理由则尤为新异：

> 后人见云门诗者，不知若何翩翩年少，岂知其清癯一
> 叟，旁无姬侍，且素不作狭邪游者耶。[2]

据说"知者谓此语实录"，道樊增祥"居常服膺宋儒玩物
之戒，公事未毕，不读书观花；及退食萧然，绿茗一杯，石叶
数片，清饮抱膝，入兴成章"。跟"寄情声色"（或寄情"雕虫

---

[1] 樊跋《天放楼诗集》（金松岑），转引自王森然《樊增祥先生评传》，《樊
樊山诗集》，第 2039 页。
[2] 转引自钱基博《现代中国文学史》，《中国现代学术经典·钱基博卷》，
河北教育出版社，1996 年，第 234 页。

之事"）的易顺鼎不同，樊也有所"寄"，但所寄在"意"，他生平富藏书，又多书画碑帖，还要自况"意不能无所寄。声色服玩，非性所嗜；此事差以自娱。若值攻取之场，赴功名之会，视此物犹敝屣耳。吾宁作虎头痴哉？"[1] 这位以铺写艳情出名的诗人青壮年时期尝独身十七载，并曾有诗告诫族中纳妾之晚辈后生："樊山词笔擅风华，一世曾无称意花。冰簟银床凉雨夜，人生无过独眠佳。"其能静定自有可观。

虽然诗作天才过人，隶事能精致力能久，近代文化史上艳体自喜的樊增祥留下的政声却更好过诗名，以"能干吏"名，[2] 听讼明决片言折狱。庚子（1900）前后慈禧当政，罪己、变法等数诏都出自樊之手笔，"颇负一时清望"。[3] 所谓"纵横有机智，五官并用，笔舌所至，颠倒英豪，雕绘万象"，"为政尚严，而宅心平恕；所遇大吏，皆推诚相与"。斯人的才具与心地看起来都很不坏，其"达于吏治"能够至于"历权诸烦剧，皆有能名，重儒劝学，嫉恶爱民"：[4]

> 每听讼，千人聚观；遇朴讷者，代白其意，适得其

---

[1] 转引自钱基博《现代中国文学史》，《中国现代学术经典·钱基博卷》，第 234 页。

[2] 钱海岳《樊樊山方伯事状》，《樊樊山诗集》，上海古籍出版社，2004 年，第 2054 页。

[3] 《樊山政书》"代前言：转型中的法律与社会"（孙家红），中华书局，2007 年。

[4] 参阅王森然《樊增祥先生评传》，《樊樊山诗集》，第 2036 页。

所欲言；其桀黠善辩、以讼累人者，一经抉摘，洞中窾
要，皆骇汗俯伏，不得尽其词；乃从容判决，使人人快意
耳止。以故所至良懦怀恩，豪强屏息，而于家庭衅嫌，乡
邻争斗，及一切细故涉讼者，尤能指斥幽隐，反复详说，
科其罪而又白其可原之情，直其事而又摘其自取之咎，听
者骇伏，以为调察而得，实则熟于世情，长于钩较，因此
识彼，闻一知十，凡所侔揣，无不奇中。每行县，一马一
仆，裹粮往返，不费民间一钱。其治盗，皆身自捕逐，立
就擒缚，尝谓人曰："作吏最苦！临事贵速，若昼寝夜宴，
寄权于人，其所亡失，不知凡几矣。"[1]

如此庄谐并茂敏妙中窍，晚清的能吏切实而清廉，樊山
之学实有经学、理学根柢。《送陕西高等学堂学生留学东洋序》
他尝如此立论：

先圣先儒大抵责己不责人，务实不务名，爱国不爱身，
计功不计利，今之谬论，专责政府，指斥朝廷。及问客何能，
则咢然无具。所谓新学者猎皮毛而已，志富贵而已。不得
富贵，则怨望怒骂而已。幸而富贵，则亦甘为人役而已。[2]

---

[1] 文见钱基博《现代中国文学史》，《中国现代学术经典·钱基博卷》，第
235 页。
[2] 文见《樊山政书》卷十四，第 387 页。

同文中更以国耻不远、大辱日临勉励这些行将出洋的青年学子："我不若人，惟当自奋，不当自馁，即稍能趋步，人益当自勉，不当自足。"樊氏又尝自叹深感国是日颓独木难支，天命有自的担当来自流传久远的文化记忆的撑拄：

> 天下事所以不振者，盖坏於名存实亡四字。属员以是敷衍上司，外吏以是敷衍京朝，官自办新政以来，取民之财数倍往昔，而实事求是者寥寥无几。吾侪此时作官，惟有我尽我心，我行我法而已。[1]

此类言语全无可能出自易顺鼎手笔。和充满"解构"冲动的"华才""丽才"易顺鼎不同，强项更在"吏才"的樊增祥的情性的结构性很强。李肖聃《星庐笔记》中尝记下耐人寻味的一幕：

> 昔在京师，樊山尝书楹帖见赠。及往相见，述其生平，谓夙嗜有用之书，期裨补于世，至于文艺，特以自遣，非其所长。时易实甫适先在坐，相视而笑。[2]

但诗毕竟是诗。

---

[1] 氏著《批淮安府禀》，《樊山政书》卷二十，第 571 页。
[2] 该书第 10 页。

樊氏身后遗诗上万首，饶是"春华终不谢，一洗穷愁声"（郑孝胥和诗），"聪明清切，便于初学取为门径"（《樊樊山诗集》前言），其诗却几乎都让人有类似的感觉：难得给人刻骨的感动甚至深切的印象，烂锦炫目却让人魂魄里不愿亲近。何以故？正所谓"刻画工而性情少，才藻富而真意漓"（汪辟疆《近代诗派与地域》），斯正与其"胸有智珠，工于裁对"的掌控力同在。结构性太强的情性是另外一种"感通"能力缺失，与他者共在的不足，同样匮乏了深于"情"的基要质素。

至于被认为是晚清"晚唐体"另一位杰出代表的"西昆体"诗人汪荣宝（1878—1933），早岁同样极为推崇李商隐，时人以为其"风骨高骞，情韵兼美"堪入玉溪之室，[1] 汪荣宝早年甚至一度抗言：

> 诗歌之道，主乎微讽，比兴之旨，不辞隐约。若其情随词暴，味共篇终，斯管、孟之立言，非《三百》之为教也。历观汉晋作品，并会此旨。迄于赵宋，颇获殊途。[2]

此语因此被钱仲联视为"清末晚唐体诗派宣言"。[3]

但汪荣宝的诗学与情性亦要几经洗磨方能推陈出新。名列

---

[1] 汪国垣《光宣诗坛点将录》（王培军笺注），第 487 页。
[2] 汪荣宝《西砖酬唱集序》，《金薤琳琅斋文存》，台湾文海出版社，1967 年。
[3] 氏著《近代诗钞》，江苏古籍出版社，2001 年。

晚清"江南四公子"之一[1]的汪荣宝1914年后长期驻锡海外，担任过比利时、瑞士、日本等国公使。这位"在清末民初历史上颇有影响却又鲜见议论的人物"曾经"作为清末钦定宪法的起草者、京城立宪派的核心骨干，袁世凯智囊团的要员，曾活跃于辛亥革命前后的中国政治舞台上"，[2]人生后半程因由生命的历练同样经历了诗学的价值转型：

> （荣宝）诗宗玉溪，形神毕肖。初不喜宋人，晚乃以荆公、东坡为不可及。自作亦专趋平淡。[3]

这种转型毋宁即是情性的转型。由传世文献可见，汪荣宝个性稳重而情思细腻，于人伦一纬极厚，生平风仪堪称传统中国典范的"学者型官僚"，著有《清史讲义》《法言义证》《法言疏证》《歌戈鱼虞模古读考》等专书，可谓吏才、诗才之外

---

[1] 汪荣宝"以名公子擅文章"（其父汪凤瀛曾任长沙府知府）。15岁入邑庠。1897年为丁酉科拔贡。1898年应朝考，以七品小京官入兵部任职。1900年入南洋公学堂。后赴日本留学早稻田大学和庆应义塾学习史学、政治、法律。在东京加入国民义勇军。回国后仍在兵部任职。之后走的基本都是仕途。历任京师译学馆教习、巡警部主事、民政部右参议、资政院议员。1911年4月奉派为协纂宪法大臣。1912年任临时参议院议员。1913年任国会众议院议员；同年3月参加进步党任法制主任。1914年2月任驻比利时公使。1919年1月任驻瑞士公使。1922年6月任驻日本公使。1931年7月回国后任陆海空军副司令部行营参议，外交委员会委员长。

[2] 《汪荣宝日记》"前言"（王晓秋），中华书局，2013年8月，第2页。

[3] 汪东《金薤琳琅斋集后序》，《思玄堂卷尾》。

并学有精深。《金薤琳琅斋文存》中文体周备, 不仅有《论都察院不可改为下议院摺》《修订法律大臣编纂现行刑律删除总目议》这类"事功"文字, 更有《释身》《释彝》乃至《论阿字长短音答太炎》这类"专业研究"。章太炎门下弟子名学者汪东 (1880—1963, 原名汪东宝, 黄侃密友) 即其弟。故汪凤瀛 (1854—1925)、汪荣宝父子两代身后墓志铭均为章太炎执笔, 太炎以"宗族称孝""使不辱使命""文之以礼乐"称道汪荣宝, 虽墓志文难免一二谀词, 却非无中生有。所谓"平生遇人坦易, 粥粥似无能者", 临事遇变则"钩校敌情, 动应机括", 至于曾于"倒袁"运动中被认为致命"二陈汤"之一的"智谋士"四川督军陈宧 (1869—1939), 都要对汪别具青眼。[1] 难怪《汪荣宝日记》首先呈现给世人的就是一位追求克己之学的典雅君子。

汪荣宝日记字迹工整少有涂改, 某日如有漏记, 日后即补, 并加注明补写, 一丝不苟。这一习惯很可能缘于他的日式教育。例如日记 1909 年 10 月 20 日特别提及日本杂志中"克己"四法 (一、早起; 二、禁烟; 三、冷水浴; 四、写日记)。其中冷水浴同样为汪荣宝所坚持。是则日记并检讨自己"早起"之法未能持之以恒, "良用自疚, 今后当发愤改之"。[2]

有此精神, 也就难怪汪荣宝格外崇拜曾国藩, 视《曾文正公手书日记》为"希世之珍"而高山仰止 (日记 1910 年 9 月

---

[1] 章太炎《故驻日本公使汪君墓志铭》, 参见《汪荣宝日记》, 第 514 页。
[2]《汪荣宝日记》, 第 53 页。

21 日），此正章太炎墓志铭中所称"济物志"的流现。1911 年 1 月 29 日正当除夕，汪荣宝在日记中由衷写下：

> 居官数年，受禄过万，世故日深，良心日薄，德之不修，名之不立，块然拥此七尺，食粟而已，宁不可耻。[1]

这种心绪正是他在清末民初的政治生活中坚守与转向的内在原因，最终能"砥砺品节"（日记 1911 年 7 月 2 日条）是他一生为官仕宦的根本愿望。汪荣宝"才华绝出，年少负高名，心折笃学"是富有时誉的，[2] 宜乎其于诗学能最终超越"晚唐体"，毕竟旨归于最重性情学养、工夫历练的宋诗一脉。

其至这种文体回归现象也发生在了樊增祥的晚年。

樊氏早年每每得意于自家诗作能够"八面受敌"，而"晚年亦为宋诗"。所作《与苏戡冬雨剧谈》等诗"瘦淡仿郑孝胥体，不为侧艳"，令堪称宋诗派"魁垒"、性情极为挑剔刻薄的郑孝胥（1860—1934）都要大为折服，盛赞其"落笔必典赡，赵璧真连城。才人无不可，皎若日月明"，尤其欣赏他"晚节殊可哀，祈死如孤茕。其诗始抑郁，反似优生平"[3] 的这诗学的

---

[1] 《汪荣宝日记》，第 240 页。

[2] 裘毓麟语，转引自钱基博《十年来国学之商兑》，《中国现代学术经典·钱基博卷》，第 901 页。

[3] 钱基博《现代中国文学史》，《中国现代学术经典·钱基博卷》，第 231、244 页。

一"转"，即居然可以为"宋诗"。

回到易顺鼎。

如果说樊增祥"生平以诗为茶饭"属实情，易顺鼎却是"生平以诗为性命"——无论他的情性如何杂染，他只是任其珠玉杂陈、泥沙俱下，迥异于樊增祥的"涂泽为工"，易顺鼎毕竟"虽恣肆，其真气犹拂拂从十指出"。[1] 这是一种特别的"字里行间情深一往"，乾坤一掷，不能恩养生命，但能制造动静。

因此，爱才之士常能体谅易顺鼎"民国以来，以满腔幽愤，一寄之于金樽檀板之间，舞衫歌扇，到处留情"的不经行径，所谓"人生必备三副热泪，一哭天下大事不可为，二哭文章不遇识者，三哭从来沦落不遇佳人。此三副眼泪绝非小儿女惺忪作态可比，惟大英雄方能得其中至味"。虽对其"奢淫骄妄，肆无忌惮"处也并不讳言，终究于此"民初狂士"兼为"近代杰才"者不忍厚非。[2]

也因此，尽管"名士画饼"（岑春煊弹劾易顺鼎语）作为易氏"一生最著之典"并非全为污蔑，1896 年援台不成他毕竟还是留下了《四魂集》，其中"痛哭珠崖原汉地，大呼仓葛本王人"（《寓台咏怀》）、"但使天留人种在，珠崖还作汉神州"（《津舟感怀》）、"两河忠义旌旗在，万福威名草木知"（《台舟感怀》）等诗句至今读来犹令人动容。那时他的生命尚处于结

---

[1] 参见汪国垣《光宣以来诗坛旁记》，辽宁教育出版社，1998 年，第 65 页。

[2] 王森然《易顺鼎先生评传》，《琴志楼诗集》，第 1453、1454、1458、1461、1474 页。

构中，国仇家难（母丧）又乍然赋予了他暂时凭靠的意义。《四魂集》也借此成为他作品中的精华之作。

亦因此，《数斗血歌，为诸女伶作》中易顺鼎确实别有伤痛，"谁知中华祖国五千余年四百兆人之国魂，不忍见此暗淡腐败无声无色之乾坤，又不能复其璀璨庄严有色之昆仑"，天地间十分"清淑灵秀"之气，他如今寄希望只在梨园。此诗写成，据说笑唾有人，惟樊增祥叹为"神童之才，实不可一世"。[1] 也因此，多少有几分"道学家"面目（所谓"新宋学"，结构性太强）的钱基博在《现代中国文学史》中论易并无多少道及痒处、痛处，未免失于粗枝大叶了。

王国维（1887—1926）《人间词话》第一百二十则尝谓"'纷吾既有此内美兮，又重之以修能'，文学之事，与此二者，不可缺一"，[2] 易顺鼎作为晚清"晚唐体"中最可传的作者，除了"修能"方面的特出，更基于他强烈的"解构"冲动，将清末民初的政治解体与社会解体乃至情性解体一举做了甚为鲜烈的生命上演。但他无能也无意于"内美"的提升。易顺鼎与他的同道者有意拒绝让诗承载更多的意义，也主动让诗成为"无用之物"埋入诗冢。[3] 这类雅事中原本含有的期待"千古之后知音后起"的深意却已渐行渐远，伴随着对个人情性的锻造传

---

[1] 转引自王森然《易顺鼎先生评传》，《琴志楼诗集》，第 1474 页。

[2] 彭玉平《人间词话疏证》，中华书局，2014 年，第 393 页。

[3] 1891 年，以易顺鼎为中心的湘社诗人曾经筑垒"诗冢"，以为"君在世，本无用"，转引自陈松青《易顺鼎研究》，第 65 页。

统的放弃不顾，诗人与诗学一起陷入了价值的迷失乃至崩败：
"士负绝异之姿，生乱世之末流，可不早闻道而重自爱哉？"[1]

三、"情"溯晚明：新文化源流考

易顺鼎去世已经在"新文化运动"发起之后，他是清末民初对中国文体传统与情性传统发起冲决的先锋，却不被自以为更"新"的同样充满解构热情的"五四"晚辈正面提及，作为负面的靶子倒很成功。这些"新文化"晚辈虽然一例富有解构精神，但同时更渴望借径西学梦想完成中国文化的全新结构。只是这种结构是否一定就是如理的创生？本文的结论是否定的：这种结构因其在西学濡染下的充分的外向，使得传统的"情性"之教深度缺失于后之中国的文化生活与文学创作。1931 年刘咸炘（1896—1932）为日后的"海外新儒家"首座唐君毅的亡父唐迪风（1886—1931）作传，以为"今人开口说治国、平天下，曾不知有身心"，[2] 明确指认了当时已然高度陌生于一种特为讲究身心工夫的文化传统。已经被易顺鼎们在清末解构一过的儒教此时四面楚歌，诗教亦不例外，情教更不例外。

学界公论"新文化"运动的源流之一是向晚明回溯。[3] 在

---

[1] 李肖聃《星庐笔记》，第 9 页。

[2] 《唐迪风别传》，《唐君毅全集》第 36 卷，九州出版社，2016 年，第 10 页。

[3] 参见周作人《中国新文学的源流》，华东师范大学出版社，1995 年。

"新文化"运动同人笔下，晚明多被描摹为情欲解放的现代前辈，其"重情"倾向不仅扭转了宋代恐情、弃情的趋势，甚至进而疏离了儒家导情、节情的传统。明代"重情论"的先锋被推为中叶以后的徐渭（1521—1593）和李贽（1527—1602），他们亮明了"主情"的标帜。"主情论"的体系建构则由汤显祖（1550—1616）来完成，经由戏曲创作而发扬光大，"《牡丹亭》一出，几令西厢减价"。[1] 主张"理在情内"（袁宏道《德山度谈》）、"天下无情外之理道"（曾异《覆潘昭度师》）的"情理"关系认知在当时很普遍。但是否晚明思想界与现象界流行的此类言语只能意味着要使理从属于情，大大降低了理的地位？这是否只是后人的主观建构呢？在明人的"情"观念中，"理"究竟位置何在？不妨简单聚焦被认为综括儒家各学说而把"情性合一"论表述得最鲜明、发挥得最透彻的大儒刘宗周（1578—1645），其情性论相关的代表性表述大略可举数例如下：

> 喜怒哀乐即仁义礼智之别名，以气而言曰喜怒哀乐，以理而言曰仁义礼智是也。理非气不着，故《中庸》以四

---

[1] 沈德符《万历野获编》，笔记小说大观本，台北新兴书局 1977 年号，第 15 编第 6 册，第 643 页。汤显祖之后，晚明"情论"变本加厉。例如袁于令有"情世界说"，吴炳有"情邮说"，郑元勋有"情道说"（"情不至者，不入于道；道不至者，不解于情"），张琦有"情神说"等等。但正是这群鲜明而近乎执拗的"主情"论者中日后将在在多见"临危一死报君王"的节义人士。正堪提醒后世明人之"情"的内涵是否有别于今人所倡之"情"。

者指性体。(《易衍》第七章）

非仁义礼智生喜怒哀乐也，又非仁义礼智为性，喜怒哀乐为情也，又非未发为性，已发为情也。(《读易图说》)

指情言性，非因情见性也。即心言性，非离心言善也。后之解者曰，因所发之情而见所存之性，因此情之善而见所性之善，岂不毫厘而千里乎！(《学言下》)

即情即性也，并未尝以已发为情，与性字对也。(《商疑十则答史子复》)[1]

刘氏这类持论经常因此被归结为"指情言性""即情即性"。但这并不意味着刘宗周彻底推翻了前儒区别情性的诸多理论（性静情动、性体情用、已发未发等），完全撤除了情与性的界限，也不意味着"情"论至此就"从根本上得到解放"。[2] 细玩文辞可知，刘宗周此处"即性即情"与"性"圆融之"情"，并非泛泛言之可以任意列举的感性之情，而是与"仁义礼智"（性）相"表里"的"喜怒哀乐"（情）。这是"性之情"（亦即"四德"），也是"心之情"（"恻隐、羞恶、辞让、是非"四端），也是"意之情"（好、恶）[3]，这类"情"或

---

[1] 分见《刘宗周全集》第2册，第154、161、407、549页。

[2] 晚明研究尤其文学研究如此诠解刘宗周情性论的不在少数。例如王育济《天理与人欲》（齐鲁书社，1992年）等。兹不具列。

[3] 参见东方朔《刘宗周哲学研究》（上海人民出版社，1997年）；黄敏浩《刘宗周及其慎独哲学》（台北学生书局，2001年）；张瑞涛《心体与工夫：刘宗周人谱哲学思想研究》（人民出版社，2014年）。

可称为"形上的情"。[1] 刘氏《证人要旨》"卜动念以知几"一章指出，"独体本无动静，而动念其端倪也"，因念之转、情离乎性，这便使得造成"隐过"的"七情著焉"：溢喜、迁怒、伤哀、多惧、溺爱、作恶、纵欲。[2] 这才是与"欲"相关联的"七情"（喜怒哀惧爱恶欲），相对于"形上的情"，无妨视为"形下的情"。在刘宗周的"性情论"中，"喜怒哀乐"与"七情"分别承担了"性情之正"与"性情之变"的意义。刘宗周对于一般而言的感性之"情"不仅不肯定，其警惕之纤微严厉，恐怕是前所未有的。"喜怒哀乐"为"性"之发露，"喜怒哀惧爱恶欲"为个体之"心"感物而迁就（所成），前者乃天道之常运，后者为人事之常情。四德之"情"不变不迁，正与"性"同；"七情"却一直处在变动之中，类乎一般而言的"情欲"。又因为刘氏上述持论中"气"有时即担当了"情"的意旨，"性情之变"同时就是"四气之变"，即"四时"春夏秋冬之变，同时也是"四德"元亨利贞之变。理、情关系时常也被表述成理、气关系（在性理学体系下，"情"原本也是一种"气"），故需要正确理解刘宗周之气，才能正确理解刘宗周之情。在刘氏经常使用的"气"论比照观鉴之下，形上之情的"喜怒哀乐"作为"四气"乃形而上之元气，这形上之气意味

---

[1] 林月蕙《从宋明理学的"性情论"考察刘宗周对〈中庸〉"喜怒哀乐"的诠释》，载《中国文哲研究集刊》2004 年第 25 期。

[2] 见《记过格》"七情之过"，《人谱》，《刘宗周全集》卷二，浙江古籍出版社，2007 年，第 6 页。

着"性体""于穆不已"的创生性，"性之情"即性之发，其发用是至善之元气的自然流行。[1] 一如刘宗周学说当中常用的气质之性并非以气质为性，而是"就气质中指点义理者"（颇类"就气认理"，刘氏持论多有亲近朱子学处），同样，刘宗周学说中常用的情也是本体意义上的情，而非形下意义上的情。有关于此，杨儒宾先生曾深慨，晚近论刘宗周之情者若将其性质往明末清初情欲解放思潮靠拢，斯正与"气论"两解同，一病两痛。[2] 尤其在"新文化"运动发动初期，"以性贞情"的人伦传统大抵是被一例抹杀了。

而和"新文化运动"之中之后对儒门情性的主流想象不同，历史的实相是，正是在刘宗周这类在"情性"问题上持论极严的儒者身上，日常世界的"处情"反而往往出现了至为温情的安置方式：婚后亲与妻子"执炊爨"侍奉其母，甚至在妻子"涤溺器"时为之秉烛引路。[3] 如果说这类躬身操劳与刘氏一生相对家境贫寒略有关系，则富裕优渥、科第顺利如祁彪佳（1603—1645），却也是年方而立就自居"非渔色者"，这与其说是基于他拥有一份在任何时代都堪称美满的婚姻（夫人商景兰能诗，性贤淑，"有令仪"，二人婚后育有子女数名，乡里至

---

[1] 参见林月蕙《从宋明理学的"性情论"考察刘宗周对〈中庸〉"喜怒哀乐"的诠释》。刘氏相关言论见《学言上》，《刘宗周全集》第 2 册，第 468—469 页。
[2] 杨儒宾：《异议的意义：近世东亚的反理学思潮》，台大出版中心，2012年，第 154 页。
[3]《刘宗周年谱》，《刘宗周全集》第五册，第 99 页。

有"金童玉女"之目)，毋宁说追求"性情之正"才是这位名垂青史的能干吏、曲论家、园林家、诗人、烈士心向往之的人格标准："君子爱人以德，细人以姑息，故朋友骨肉，以道义相成为贵"是同样见诸夫妇的。[1]

虽然明末社会与文化思潮中"性情"之德未能上行而逆返，反而下滑为顺成的"情欲"之肆，也是不容回避的现实一种。[2] 但宋明理学的"性情论"至少有朱熹、王阳明、刘宗周三种类型。类型殊别，严分形上、形下却是一致的。"性"是否活动，"情"何以贞定，是诸家共同的关怀。既然阳明学的大宗依旧认为性情之间是体用关系，是"未发""已发"关系，"良知"（人的道德情感）只有通过已发的情来把握，"致良知"就是在情的发用上用功夫，使之合于正。因此也就不难理解，作为晚明著名的曲家，祁彪佳尽管秉持戏曲理论的基础观念是"写情"，但此情却是"性情"之"情"。既然"良知"只能通过作为"心体"已发状态的"情"来把握，"写情"从根本上即是对"良知"的言说，"有关于风教"是为了激发"良

---

[1] 参见《祁彪佳日记》上，"涉北程言"，浙江古籍出版社，2016 年，第 17、16 页；杜春生辑祁氏《遗事》，收入《祁彪佳集》，中华书局，1960 年，第 241、252 页。

[2] 此中具体表现与缘由，非本文旨趣所关，故不展开。刘宗周批判王学末流之弊，尝谓："天下争言良知矣。及其弊也，猖狂者参之以情识，而一是皆良；超洁者荡之以玄虚，而夷良为贼。"（《证学杂解》，《刘宗周全集》第 2 册，第 325 页）另请参阅郑中义《性情与情性：论明末泰州学派的情欲观》，收入熊秉真、张寿安编《情欲明清——达情篇》，台北麦田出版社，2004 年，第 40—76 页。

知"。[1] 此处呼应的正是王畿《答王敬所》所谓"情归于性，是为至情"，[2] 其要在于"尽去风情，独著忠烈，犹不失作者维风之思"。[3] 晚明戏曲的"写情"具有感发良知 / 教化世人的功能，正是相当于传统诗教的"兴"和"群"。

但"末世情教"的共业依然轰起，被席卷与沉湎者并不止于易顺鼎，亦不止于"文化革命"中的"新学小生"，甚至连举世称"章黄"的国故巨子都未能幸免。

[1] 参阅裴喆《祁彪佳与〈远山堂曲品〉〈剧品〉考论》，河南大学出版社，2015 年。

[2] 王畿：《答王敬所》，《王畿集》卷十一，第 277 页。

[3] 祁彪佳评谢天瑞《忠烈记》，转引自姜喆《祁彪佳与〈远山堂曲品〉〈剧品〉考论》，第 73 页。

和他万万看不上的清末诗人并列一章，黄侃一定很气。但仙童、圣童岂不是天造地设的一对？何况他们都自称重情，都性好声色，也都惊才绝艳——然终其一生只能为"童"正预示了其生命的走偏与半途而废。和易顺鼎不同的是，黄侃对自己的问题相当清醒而充满痛悔。以其毕竟为学人。

贰 "圣童"之痛："章句之儒"的 "至情至性"

一、问题、缘起与资料来源

一代"选学""龙学"的开山巨匠黄侃（1886—1935，字季刚），学术辞章之美而外，同时留在人间的恶评实在很多。他的好色、好酒、好骂似乎不全是坊间无稽的传说。乃至其师章太炎（1869—1936）的夫人汤国梨（1883—1980）对此章门首座弟子都持论甚刻，以为"文人无行"之甚者。振复师母威仪的原因固然多端，[1] 相当重要的成分应该基于她和黄绍兰

---

[1] 例如马叙伦《石屋余渖》曾记汤国梨认为"北京某报之诬余，即出自季刚。季刚好造生是非，其言实不可听。此人为文人无行中甚者"，（转下页）

（1892—1947，原名学梅，字梅生，章太炎唯一女弟子）关系的友善，基于黄绍兰与黄侃之间流离失所一段孽缘而代报以愤懑不平——就传世《影观诗稿》的整体风格论，汤国梨笔下本自带有几分任侠之气。[1] 但亦并非只有师母如此疾恶如仇。黄侃一生最善之友刘成禺（1876—1952）著《世载堂杂忆·纪黄季刚趣事》亦尝直言不讳：

> 季刚少溺女色，晚更沉湎于酒，垂危呕血盈盆，仍举酒不已。醉中狂骂，人不能堪。予常规之曰："学者变化气质，何子学问愈精，脾气愈坏，不必学汪容甫也。"季刚曰："予乃章句之儒。"……能使早年绝嗜欲，平意气，其所得必有大过人者。[2]

（接上页）并且对马"历举其事"（第 51—52 页）。而在刘太希《气象庵杂记》（收入《章太炎传记资料》九，台北天一出版社，出版时间不详）中，则黄侃似乎还颇说过汤国梨的好话，所谓"汤夫人国学很有根柢，但和章先生婚后，从来不在文字方面表现，只有章先生被袁世凯囚禁北京，她写了一封信与袁氏，请求释放章先生，那封信情文并茂，当时传颂南北"。至于说章太炎"不修边幅，经常不洗浴"以至"有洁癖"的汤国梨婚后一度深以为苦，倘若当真汤国梨曾以此语皆能告黄侃，倒证明他们的初交应该不算疏远——此后的印象恶劣说不定真与黄绍兰之事有关。两文转引自《黄侃年谱》（司马朝军、王文晖），湖北人民出版社，2005 年，第 276—277 页。

[1] 《影观诗稿》中保留了不少汤国梨与黄绍兰的唱和之作。有趣的是，正是章太炎《与黄季刚书》中，他特别赞美了"大抵诗人须兼犷气，刘越石、李太白，皆劲侠之流，谢公虽世为将相，观其平生行事，自谓江海人，亦固不谬"，《章太炎全集·书信集（上）》，第 282 页。

[2] 转引自《黄侃年谱》，第 429 页。

尽管此处黄侃自称"章句之儒"并非全为自我否定，多少还有负气的意味。[1] 然毋庸讳言，"嗜欲"与"意气"，尤其前者，构成了黄侃短暂的悲剧一生的主因，此见诸黄氏本人日记便在在多有，他的英年早逝而著述无成，便可大半归之于酗酒戕生。[2] 即使最难以落实与定性的"好色"问题，纵然"一生九娶"这种流言未必可靠，但原配王夫人去世之后彭清缃（1883—？）、黄菊英（1903—1984）两段婚姻自是板上钉钉的事实，而原配尚在之时即与黄绍兰同居生女也算一桩铁案。[3] 据《钱玄同日记》所收钱氏致汪东（1890—1963）函，称"（黄侃）身遭母丧，亡命异域，犹且不耐寂寞，游于女闾。此则稍有知识者尚不为，而学佛者为之乎"。[4] 纵然钱氏与黄侃关系不

[1] 黄侃生平治学对黄以周（1828—1899）"凡学问文章皆宜以章句为始基"的意见甚为推重，故有此自拟。参见《仓石武四郎中国留学记》，第195页，转引自《黄侃年谱》，第313页。

[2] 就面世日记看，诸如"还至醉，呕晚餐"（1913年7月5日）之类不节制的记载可谓不胜枚举。黄侃中年似曾一度戒酒，不知为何1928年11月4日"始开酒戒"，偏偏第二天（11月5日）女儿念惠即死，得年仅十四月。念惠之死与误服黄侃与之药物有关，他痛悔异常，之后一段时间几乎天天"大醉"，自然也是借酒消愁。而他也在破酒戒之后不久即开始咳血（见日记1929年1月2日）。此后曾几次因咳血而"止酒"，但都是短暂的，大抵是于酒事愈演愈烈。终究还是因酒戕生。即使他甚至意识到了自己的"不知节"（1934年10月20日）。参见《黄侃日记》，中华书局，2006年，上，第3页；中，第390、408页；下，第1030页。

[3] 黄日记中提到黄绍兰之处，例如1913年10月7日、21日、22日、23日，辞气之间可见他们当时关系相当稔熟。分见《黄侃日记》上，第15、17页。

[4] 《钱玄同日记》，第816页，转引自《黄侃年谱》，第48页注释1。

算和睦，[1] 但同为章门弟子，诬则不必。况且黄侃好狭邪游他自己并不否认。但明目张胆记入面世日记的也不多。[2]1929 年 5 月 4 日他曾和中央大学几位教授朋友胡小石（1888—1962）、吴梅（1884—1939）、汪辟疆（国垣，1887—1966）等过苏州，在阊门饮于九华楼，"诸人皆召妓"，"寻迁坐于林媛媛家（同春坊）"，之后众人斗牌至子夜方归，毋宁是这群有着共同旧文人习气的大学教授震于苏州妓女威名而行好奇无聊之举。此事甚至在黄侃去世之后于吴梅挽联中再次出现，所谓"吴下探芳，犹记画船载酒"，吴自跋语云"十八年与先生邓尉探梅，极文酒之乐"，可见其自鸣此举于得意。[3] 值得注意的是，这次冶游之

---

[1] 参见黄氏 1928 年 6 月 7 日、1932 年 3 月 12 日等处，《黄侃日记》中，第 303 页；下，第 783 页。

[2] 但目前面世日记也是经过净化的。此在日记整理者有所说明。《黄侃评传》的作者也经由稿本提供了一些另外的信息，参见该书第 177 页注释 2、3。

[3] 参见《黄侃日记》中，第 546 页；《黄侃年谱》，第 425 页。单借此事而言，则早在 1912 年 12 月 2 日钱玄同就认为黄侃、汪东等人"固好学之徒，而今日席中言不及义，所言不出戏剧，询之则以原图糊口，不暇为学为辞，喧热中者日竟逐于议员、官吏之场，其名为自好者，又皆以醇酒、妇人消损其精神，民国盖真无人矣"的说法或者又非冤枉。"新文化运动"的发动原本也是当时所谓"国故"的不争气逼将出来（参见《钱玄同日记》，第 1177 页，转引自《黄侃年谱》，第 66 页），但关于黄侃生命状态的描述似乎历来都是两极分化。例如此际其情状的另一版本则是："治学有定程，未尝以人事、疾病改恒度。民国初元，旅食沪渎，穷困特甚，举家赁居阁楼，几无容席地，除夕爆竹声喧哄达旦，一灯荧然，研核钩稽，所定古声韵分部即成于此时者也。"（潘重规《季刚公传》，转引自《黄侃年谱》，第 11 页）根据黄侃的学术理想以及类似汪中那样"才学识兼得"的性情论之，这两种描述都有一定道理，也都有部分的如实。此下文再议。

后，次日（5日）黄侃回到南京，"是夕与亦陶（即其继妻黄菊英）燕语游事，甚欢昵"，这是黄氏日记中唯一一次描述夫妇关系的亲密用语，很可想见黄侃针对狭邪的态度。包括他能将"北京教痞谤予与陈伯弢争傅弱妹事""归与亦陶述之，以为欢笑尔"，[1] 可见他们夫妇在此类事上还颇有信任。被《黄侃评传》作者误认的"自言嫖妓之明证"则其实是桩冤案，出自《量守庐遗墨》"己巳年（1929）作"的《无题》诗——"病骨难堪玉带围，钝根仍落箭锋机。只因乞食歌姬院，故与云山旧衲衣"，乃是黄侃抄写苏东坡《以玉带施元长老，元以衲裙相报次韵》二首之一，并非夫子自道语，[2] 故与其本人行径关系不大。

平情而论，黄侃好风月是很广义的，他喜好游历、观剧，有时辛苦行旅之后当日还要再观剧，[3] 黄侃如此热衷声腔应跟敏于音韵有关。[4] 他对美色与美食亦敏感挑剔，前者例如他对梅兰芳等艺人的态度，[5] 后者甚至某处饮食拙劣他也要一一记录在册，

---

[1] 1929 年 10 月 5 日（九月初三），《黄侃日记》中，第 546、580 页。

[2] 参见《黄侃年谱》，第 299 页及注释 2。

[3] 例如日记 1913 年 7 月 12 日，《黄侃日记》上，第 4 页。

[4] 堵述初《黄季刚先生教学轶事》甚至认为"（黄侃）是用京剧皮黄腔来朗诵词的，抑扬顿挫，别具一番风味"（载张晖编《量守庐学记续编》，生活·读书·新知三联书店，2006 年，第 36 页。亦可参考《黄侃评传》，第 387 页）。据此我们可以理解之同情黄侃因何一生热衷听戏观剧——这多少基于他强大的感性的艺术气质。

[5] 例如日记 1913 年 7 月 15 日，"始见梅兰芳，色艺与贾璧云相等"；1913 年 11 月 19 日，"……看王凤卿，殊不佳。近看梅郎亦不佳……大失所望，从前皆浮看耳"。这点耿耿于怀甚至将近二十年后他还要有所评骘（1932 年 4 月 8 日）。分见《黄侃日记》，中华书局，2007 年，上，第 5、21 页；下，第 791 页。

这的确基于他于此品味讲究。[1] 他对好物也能欣赏。[2] 尤其醉心良辰美景山水清况,黄侃尝言诗不能写景则不能成家,[3] 其传世文字最精美者亦往往皆为写景文字。此亦与易顺鼎颇能殊途同归。例如写照荷花荡中如何"群萼竞艳,万叶争高。掠菱洲而过,鹭鸶三两,惊起花间;游鯈群辈,噞喁波面。移舟入大漾,舟行花叶上。昔人云花为四壁,今直以花为平地。想七宝池中,风景亦不过如是尔";再如描摹"湖游正值雨后,游氛尽蠲,斜景在楼橹间,云物尽成金色,澄澜绿净,凉不待风,荷花千万,布列平陂,落日映之,降艳难名,似更胜初日时也。后洲望钟山,正见其背,草树阡眠,遂成岚气,残虹可二丈所,适在山断处,回顾西颢,则光采晃耀,正似以文绫繁锦糊天"[4] 等等。造语尖新可谓不可一世。但其同时又常言"人

---

[1] 例如日记 1913 年 7 月 25 日、8 月 9 日、8 月 18 日等处的记载,分见《黄侃日记》上,第 6、8、9 页。其弟子以"身本贵家公子""马融授徒,不废声伎""果是才人,必经沧海"的理由为尊者讳,亦可参考,参见《原刻量守庐词钞曾缄序》,《黄季刚诗文集》,中华书局,2016 年,第 338 页。

[2] 美景最易见于他从容安雅的健笔,其日记中多有。而"买镜两面,分置书案、榻前,颇精致"(1935 年 9 月 6 日)这种情调的绝无可能出现在章太炎笔下。《黄侃日记》下,第 1103 页。

[3] 1928 年 7 月 6 日,《黄侃日记》中,第 330 页。

[4] 分见 1928 年 7 月 2 日、7 月 6 日。另如 1929 年 5 月 31 日写"夜静山空,清景难记。寝至三时,起看残月,梵呗大作,钟磬泠然,此时之乐,真难语江城中人也";7 月 13 日(阴历?)写"柳荫中时露屋墙,皓如鲜缟,桥下草深荷小,时有流萤。虫声已凄,远笛忽起,相与无以言,赏之"。皆能类六朝名笔。《黄侃日记》中,第 326—327、330、552、566 页。

之生世，实为勤苦而生，不为逸乐而生"，[1] 对弟子也能勉之以
"刻苦为人，殷勤传学"。[2] 凡此种种皆令黄侃的情性状态显得
扑朔迷离。

纵然世人皆欲杀，章太炎对黄侃确是一生回护、有始有终。
1909 年苏曼殊（1884—1918）为黄侃作《梦谒母坟图》，[3]
章太炎为之书后：

> 蕲州黄侃，少承父学，读书多神悟，尤喜音韵，文辞
> 淡雅，上法晋宋，虽以师礼事余，转相启发者多矣。颇好大
> 乘，而性少绳检，故尤乐道庄周。昔阮籍不循礼教，而居丧
> 有至性，一恸失血数升。侃之念母，若与阮公同符焉。录是
> 以见士行不齐，取其近真者是。若其清通练要之学，窈眇
> 安雅之辞，并世故难其比。方恐世人忘其闳美，而以绳墨
> 之论格之，则斯人或无以自解也。老子云："常善救人，故
> 无弃人。"余每以是风侃，亦愿世之君子共谕此旨。[4]

其中特特深望世人能对黄侃"性少绳检"、不循礼法的行
径网开一面的理由，除了学问与才华（"清通练要之学，窈眇
安雅之辞"），更关乎"情性"之要：章太炎无疑认定黄侃是具

---

[1] 参见黄焯《季刚先生生平及其著述》，转引自《黄侃年谱》，第 6 页。
[2]《与陆宗达书》，转引自《黄侃年谱》，第 365 页。
[3] 黄氏生母周氏已于 1908 年 7 月 8 日去世，参见《黄侃年谱》，第 44 页。
[4] 转引自《黄侃年谱》，第 49—50 页。

有"至性"从而"近真"之人。

黄侃壮年物故之后,章太炎为其遗作作序,又言:

> 季刚自幼能辨音韵,壮则治《说文》、《尔雅》,往往卓杰出人虑外;及按之故籍,成证确然,未尝从意以为奇巧,此学者所周知也。[1]

此序作后未及两月,太炎亦与世长辞。

章太炎一生论学对华才文士向来苛严,[2] 反观其一生对黄侃的竭力爱护更显得极不寻常。此固然有惺惺相惜的师徒缘分,[3] 但学力所在,故为偏私亦为大师所不屑。章、黄师徒个性都属于主观很强,[4] 能持续一世彼此激赏,学、才相侔之外,大抵也基于对人之"情性"状态——或曰"人性论"的认识倾向有一致之处。抑或因此,青史定评,以"至情至性"来解释黄侃短

---

[1] 1936 年 4 月,章太炎序《黄侃论学杂著》台北文史哲出版社,2014 年,第 1 页。此即 1936 年《中央大学文艺丛刊黄季刚先生遗著专号》章序。

[2] 著名者如其在《说林·下》中论龚自珍:"自珍承其外祖之学,又多交经术士,其识源流,通条理,非源之侪。然大抵剽窃成说,无自得者。其以六经为史,本之《文史通义》,而加华辞。观其华,诚不如观其质者。若其文辞侧媚,自以取法晚周诸子,然佻达无骨体,视晚唐皮、陆且弗逮,以校近世,犹不如唐甄《潜书》近实。后生信其诳耀,以为巨子,诚以舒纵易效,又多淫丽之辞,中其所嗜,故少年靡然乡风。自自珍之文贵,则文学涂地垂尽,将汉种灭亡之妖耶?"《章太炎全集》四,第 121 页。

[3] 众所周知,以黄侃之心性高狂,他对章太炎也算一生护持甚力。敬慕之情日记中也是所在多有,兹不赘述。

[4] 也因此,虽常被封为最后的经学、国故大师,章学的革命性之强正是毋庸置疑。此下文再议。

暂一生种种荒诞不经行为也便成为美化他的品性的最好理由。[1]

但黄侃自己于此又是如何自处呢? 与黄侃关系不算融洽的吴梅, 1935 年 10 月 9 日记载黄侃临终遗言子侄"冤枉过一世, 脾气太坏, 汝曹万勿学我"。[2] 斯言沉痛之极。这种缴绕于

[1] 诸如李婧《黄侃文学研究》、司马朝军《黄侃评传》等皆以此为黄侃定性。

[2] 转引自《黄侃评传》, 第 238 页。蕲春话"冤枉过一世"大抵等于"此生白活了"。关于黄侃身后, 胡小石、吴梅一派如何将"黄门侍郎"扫地出门, 学界也有记载。根据早期资料来看, 黄侃与之交恶也是渐次发生的。例如 1931 年 2 月胡小石甚至认为黄侃并非外界认为的"狷介偏狭", 而黄侃则认为吴梅是个"正直的读书人"(参见吉川幸次郎《我的留学记》)。而 1933 年 1 月 4 日吴梅日记中和胡小石谈论黄侃时已经极不客气, 直称"有学无行, 竟至如是"(《吴梅全集·日记卷》, 河北教育出版社, 2002 年, 第 256—257 页)。但此处所言各种轶闻, 尤其黄侃所谓因"色"与"抚之成立"的"老姊"断绝往来事, 恐是讹传。按诸黄侃生平, 其少年丧父之时, 亲母、慈母皆在世, 前者 1908 年 7 月去世, 后者迟至 1922 年 6 月方始去世, 均不存在姊抚的可能。而黄侃对诸姊之孝, 则无论日记还是家人的回忆, 均可作证(参见 1930 年 10 月 28 日,《黄侃日记》下, 第 678 页;《黄侃评传》, 第 181 页注释 1)。至于黄侃行事疏漏、不拘小节, 乃至利益问题上不甚清爽, 甚至"本贵公子"的习气驱令他人"洒扫奔走", 则恐怕难免(参见《黄侃年谱》, 第 44、183、379 页)。就此而言, 1933 年 6 月 3 日吴梅、黄侃坐中"武斗"似乎又非吴梅沉醉"酒德不佳"所能含混(《吴梅全集·日记卷》, 第 302、303 页)。黄侃敏感到对方"挟有成见, 与予寻衅"恐怕也有几分道理(《黄侃日记》下, 第 903 页)。乃至本年 11 月 2 日、4 日吴、黄二人再次甫经和好而再度冲突。《黄侃年谱》中认为这一冲突事关古文、今文之争(胡小石属湘学系, 主今文经学), 同时亦关系到门第观念(第 409 页)。《黄侃日记》确也有视胡"有土气"的记载, 吴梅的剧作也被他视为"乏趣"(分见 1931 年 7 月 10 日、1933 年 5 月 20 日。第 721、899 页)。因黄侃日常行事过于随性, 乃至在大学讲课亦常"授徒失期"或者课上"臧否人物, 谩骂诸生"(《吴梅全集·日记卷》, 第 574 页), 对于个性截然相反而同样有文人气习者相处自难和谐。但即使如此, 黄侃身后, 时人认为"中大(笔者按, 中央大学)文学院所以能崇旧学者, 以有季刚耳。此后恐新派人物, 将趁机而起矣", 吴梅同样"颇韪是言"(1935 年 10 月 11 日,《吴梅日记》下, 第 626 页)。

心的痛悔之情其实构成了黄侃传世日记的主调。

本文的基本资料基于黄侃的日记与诗词。旨趣即在发掘黄侃的诗词创作与自我"情性"之间的断裂与纠结,并试图为黄侃"五十之前不著书"的学术遗憾以及"章黄之学"异同给出一些更为内在的解读:"章句之儒"如何未能因循情性之教而剑走偏锋、功亏一篑,不仅为中国经学更为末世儒教留下了暗淡的一笔。

黄侃一生创作了 1 500 余首诗、400 余首词, [1] 多数生前未及整理,据他的本愿亦属不愿出版之列, [2] 却因其写作的随意性, [3] 在文学价值颇为可观的同时亦提供了奇异的史料价值。关于日记,黄侃生前明确意识到自己的日记会广为流传,很早就抄有副本,乙丑(1925)日记抄件上有寄勤室编书纸帖条,黄侃自书其上:"乙丑日记中天地头上所记多琐事无关学术,是否宜删去。"[4] 这确实跟他在日记中有论学习惯有关, [5] 同时也为自负绝学在身而自我预期了生前身后不得寂寞。因此公众读物

---

[1] 参见李婧《黄侃文学研究》,第 1 页。

[2] 参见《原刻量守庐词钞曾缄序》,《黄季刚诗文集》,第 338 页。

[3] 参见汪国垣《悼黄季刚先生》"平生杂文诗词,恒载之日记,亦有随手命笔,散置未及收录者"(张晖《量守庐学记续编》,第 88 页);"(诗词)多随兴而作,顺手散失,更难见完整的原稿"(《黄季刚诗文钞》,湖北人民出版社,1985 年,第 2 页)。

[4] 参见《黄侃日记》上,第 275 页。

[5] 犹如他生前阅读王闿运、李慈铭等前人日记时会诧异其"关于学术者少,并怪说妄论亦无之,不知缘何印行于世",1928 年 8 月 31 日,《黄侃日记》中,第 364 页。

的前提预设，他在日记当中无法完全排除具有一些自美洗白成分，况兼目前面世日记也经过了一定程度的净化。但饶是如此，依然可观。况兼黄侃赋性聪明自喜为人并无城府，其真实态度常可经由草蛇灰线法捕捉，本文进行资料具体解读时会对此辅以相当注意，争取断制稳妥。[1]

二、"冤枉过一世"："圣童"之痛

因父亲黄云鹄（1819—1898，字翔云、祥人）亦是名宦（官至四川盐茶道），且政声颇佳，黄侃人生的起点不算低。所谓"圣童"之号，乃谓其幼年极早慧：

> 颖悟绝人，读经日逾千言，人呼"圣童"。翔云公曾以书谕之，曰："尔负圣童之誉，须时时策励自己，古人爱惜分阴，勿谓年少，转瞬即壮老矣。读经之外，或借诗文以活天趣，亦不可忽。"[2]

黄侃年寿虽未及中，然一时"世之言国学者必曰章黄"，[3]

---

[1] 例如 1933 年 7 月 3 日他得知爱婿弟子潘重规要来南京，称"此乃佳客，能来可喜"，之后特别说明："予近日日日为俗客所扰，苦极"。想想之前他忙于招待岳翁，不仅要"干人"，还要陪浴，诸如此类，其态度岂不洞然？参见《黄侃日记》下，第 908—910 页。

[2] 参见《黄侃年谱》，第 30 页。

[3] 居正《蕲汉大师颂》，载《制言》第 25 期，转引自《黄侃年谱》第 425 页。

余杭章氏、仪征刘氏、蕲春黄氏可称三足,可谓名满天下。耐人寻味的是,黄侃对自己操行的不满意却在在见于每日之记。昔年"圣童"持续一生的痛悔之情几乎成了黄侃日记的主调:对于世人当时与日后指摘他的种种情性缺憾,在世的黄侃无不心知肚明。就此而言,及门弟子称"其性虽不乐检束,然治学极谨,立教极严,凡禀其浮竞循习浅下者,裁抑之不少贷",[1] 应该不是虚饰之辞。那么"圣童"具体在痛悔何事?我们逐条梳理日记,可有如下发现。

其一,最终以"嗜欲重"而中年殒身的黄侃在主观意识上是向往宁静专注的书斋生活的。早在1913年他就体察也能享受"连日读汉书,不暇治他事。静中有至乐,不诬也"的安适,[2] 读书之乐是可以"假使尽断还往,不窥园葵,此中之乐,亦何减世上闲游之子"的。[3] 尤其晚岁,每当人际琐事搅扰其无法观书,他就要表示"甚烦"。[4]

其二,他深谙自己好酒的劣习,几次发誓"大醉而妄语出,当力戒之",[5] 甚至还一度决定戒酒:1933年1月31日他"止酒,月费不訾,徒以废时益病,可恨也";但至本年11月3日就又喝多了,"归饮,至于醉甚,昏卧至夜半乃瘳。中酒心

---

[1] 刘赜《师门忆语》,转引自《黄侃年谱》,第125页。

[2] 1913年11月12日,《黄侃日记》上,第19—20页。

[3] 1922年1月28日,《黄侃日记》上,第60页。

[4] 1935年6月13日等处,《黄侃日记》下,第1081页。

[5] 1926年10月26日,《黄侃日记》上,第281页。

情，今知之矣"。且之后醉酒记录也不算少。然后因为咳血再次止酒。1934 年 6 月 26 日迁入量守庐新居后也能两月未饮，至 1934 年 8 月 30 日方始"体觉寒，始饮酒"，并注明"初饮"。甚至他也不满朋友的过醉狼狈，以为"似此纵酒，宜讽谏者也"（1934 年 9 月 23 日），俨然自己是处于非常节制的状态了。问学有得时也直称"竟日读书，有味，何须饮酒始为乐哉"（1934 年 5 月 27 日）。但他到底没有彻底、真正断酒，屡戒屡破，后来甚至开始"在书室独酌"（1934 年 10 月 5 日），乃至"临台顾影独酌，遂至酩酊，夜过分乃眠"（1935 年 8 月 14 日），一个人也能喝成大醉。[1]

其三，他自己好骂，却同样不满李慈铭（1830—1894）"轻忽凌傲，无日不骂人，无人不被骂"[2] 的举止。他听到"人品清而接物和"的朋友忆及自己父亲生前如何"温蔼诚恳"，又言"经师易得，人师难求。读书不根诸身心，则学问直是身外事"诸语，不仅深感"敬悚"更"自伤不肖，无以承先德"[3]，类似的愧悔几乎每逢亡父祭日都会发生。[4]1928 年又念及已去世三十年的叔兄临终遗戒"用心读书"，想到那时自己年方十四而兄年四十三，正与自己当下同庚，不禁感叹："学问行业，愧

---

[1] 分见《黄侃日记》下，第 865、936、1015、1024、990、1026、1097 页。

[2] 1928 年 6 月 22 日，《黄侃日记》中，第 317 页。

[3] 1928 年 7 月 4 日，《黄侃日记》中，第 328 页。

[4] 例如 1928 年 10 月 2 日自伤"治学无成，立身多咎"，《黄侃日记》中，第 376 页。

负先生甚大，纵其偷居幸生斯世，而遗戒所云未能奉以周旋也。悲夫！悲夫！"[1]对于师恩未报他也经常心存忏悔，例如念及已亡故的刘师培而深感自己"学业不进，展卷愧悚"。[2]

尤其对于"嗜欲"问题，黄侃自省的警惕在在多有。阅读宋人书，特意摘录"清心、寡欲、崇俭，皆为致寿之原"[3]的训诫；观看电影见及"议员以色与贿败"，即念晦翁（朱熹）诗云"世上无如人欲险，几人到此误生平"，认为此语"诚堪警惕"。[4]这些径直反应无疑都是深富自我针对性的。包括"晚庐于南京九华村，取陶靖节'量力守故宅，岂不寒与饥'诗义，榜其门曰'量守'"，[5]毋宁都是渴望自我节制与提升的精神诉求。迁入新居不久，黄侃再次"枕上思养生八字，曰：闲（不可生事）、静（力避喧扰）、和（心无忿怒）、适（衣食调节）、整（室器有秩）、洁（按时扫洒）、谨（言行无患）"，并且提醒自己要"持之以恒"。[6]甚至这个最后因为饮食失节、呕血去世的悲剧人物居然也曾向往乃至尝试过"卯初起，行庭院，呼吸沆瀣，餐朝霞，养生之要也"[7]的古典生涯，甚至还写过《思佳

[1] 1928 年 7 月 14 日，《黄侃日记》中，第 335 页。

[2] 1929 年阴历七月廿三，《黄侃日记》中，第 569 页。

[3] 1933 年 11 月 25 日，《黄侃日记》下，第 942 页。

[4] 1934 年 4 月 7 日，《黄侃日记》下，第 977 页。

[5] 《原刻量守庐词钞曾缄序》，《黄侃诗文集》下，中华书局，2016 年，第 337 页。

[6] 1934 年 7 月 30 日，《黄侃日记》下，第 1006 页。

[7] 1928 年 5 月 24 日，《黄侃日记》中，第 293 页。

客·诵丹经作》，[1] 可见其关注过丹道修证——但他的终于横死无疑只能证明其发心一次次沦为空言。犹如他在一次次经历了"群饮最宜戒，饮食必有讼"，却每每还要自责"不能坚守圣言，可谓饕餮无耻之人，真可悔痛也"[2]——此言出时，距离他已然因为滥饮引发的突然病亡已经不足一年。

因为有此相当明敏的自惭与自忏，于是对于儿女教养他同样以"德"期之，1929 年 4 月 7 日新添一女，即因为"九姊字静仪，行为女师，冀此女能效法，爰名之曰念仪"。[3]

至于章太炎谓其"颇好大乘"而钱玄同讥其"学佛者游于女闾"的佛学立场，壮岁黄侃业已自陈"余于佛法崇信已深，而问学太浅"。[4] 日记中段颇多研读佛经的记载，[5] 甚至还有"欢喜踊跃，生深信心，遂克终卷"以及如下看起来很不"黄侃"的表达：

---

[1] 收入《黄季刚诗文集》，第 458 页。

[2] 1934 年 11 月 5 日，《黄侃日记》下，第 1033 页。

[3]《黄侃日记》中，第 539 页。

[4] 1922 年 4 月 29 日，《黄侃日记》上，第 157 页。

[5] 1921 年 11 月 30 日、12 月 5—13 日他一直在读《瑜伽师地论》，12 月 17、18 日则读了《解深密经》。应该说此与他这一阶段的婚姻生活不如意有关。1923 年与黄菊英结婚后他读佛经的记录就很少见了。直到 1929 年 1 月 27 日方始出现了一次"夜读《楞严》"；再一次出现类似书目就是 1930 年 4 月 13 日"买《释迦应化事迹》一部"、1931 年 5 月 16 日买《续高僧传》《宋高僧传》《明高僧传》了——但很可能现在他只是作为文献来阅读。分见《黄侃日记》上，第 35、36—39 页；中，第 615 页；下，第 697、706 页。

惟以多生障翳，烦恼盛多，冀薄伽梵及我慈尊，加被
恩慈，令末世凡夫，拔离惑苦，得受善戒，得习正定，得
修正慧；用消无始无明所造诸业、异熟恶果；用储最胜福
德智慧资粮，终得不退转于阿耨多罗三藐三菩提。[1]

虽然偶尔也会直言读经"无所得"，但慈母去世前后他认
真按照佛教要求奉送如仪，包括慈母病笃之时自己如何"跪
称佛号"。[2] 早在 1913 年 12 月 14 日他曾在日记中记下："母
亲为治野鸭，羊肉，食之觉罪过。"[3] 何出此语呢？笔者揣摩
再三觉得当跟佛教蔬食的要求有关。黄侃生平好友汪东（旭
初，1890—1963）《寄庵随笔》中尝云："季刚性不能蔬食，
尝从（太虚）师游庐山，他日亦语人曰：'陪太虚食，何必思
肉？'"[4] 只是这样的"罪过"之心对于黄侃实在太过稀薄。生
命多数时刻他都在抽烟喝酒，大快朵颐，甚至跑到寺庙当中还
要吃荤酒，嫌弃和尚干涉为聒噪。[5] 面对"大抵讲道学者出于
佛而讳言佛"的行径，他认为近乎"升廪捐阶"[6] 而表示不满，

---

[1] 1922 年 1 月 9 日，《黄侃日记》上，第 46—47 页。

[2] 参见《黄侃日记》上，第 164—165 页等多处记载。黄母去世时间为
1922 年 6 月 3 日，日记为百日之后补记。

[3] 《黄侃日记》上，第 23 页。

[4] 转引自《黄侃年谱》，第 201 页。

[5] 参见日记 1929 年 4 月 14 日、1934 年 4 月 5 日，《黄侃日记》中，第
542 页；下，第 977 页。

[6] 1931 年 12 月 19 日。但如果儒者议论佛教言之成理，例如"（黄）梨洲
于天台之讥辞，亦公论也"（1931 年 12 月 27 日），他也愿意支持。参
见《黄侃日记》下，第 760、763 页。

但出此言后仅两天他"枕上凝思，忽悟屈子天问之意，信哲人也"，即马上更新了自己师承的谱系："屈子、庄生、陶征士，吾之师也。"[1] 也就难怪他和欧阳渐（竟无，1871—1943）虽然有过一面之缘，却近乎不欢而散。[2] 熊十力（1885—1968）也曾寄《新唯识论》给他，他在日记中显得很无感，据说曾以"宋明儒阳儒阴释，公乃阳释阴儒"面语之，熊十力的反应则是"大笑而不答"。[3]

　　黄侃如此清醒地意识到了自己的情性缺憾，也曾屡有试图对治的努力发心：

> 今午祭先父时，以十二字自矢，曰："报亲恩，惜身命，为儿女，作所依。"盖余烦恼众多，猝语清虚，反增妄念，不如心有系属，徐徐调服，庶恶日减而善日增，渐达于"不依无明起新业"之一境耳。灵爽不远，必鉴是心也。[4]

---

[1] 1931 年 12 月 21 日，《黄侃日记》下，第 761 页。

[2] 参见日记 1929 年阴历十月三十。1931 年 7 月 15 日又有极不客气的批评。参见《黄侃日记》中，第 600 页；下，第 723 页。汪东《寄庵随笔》（第 69 页）中亦对此事有记，大抵挡归因于论学不合（欧阳"极诋训诂考据，谓非根本之学"）而二人未免都有些"性偏善怒"，转引自《黄侃年谱》，第 295 页。

[3] 1933 年 3 月 21 日，《黄侃日记》下，第 881 页；燕大明《熊十力大师传》，收入石峻等编《中国佛教思想资料选编》第 3 卷第 4 册，第 541 页，转引自《黄侃年谱》，第 378 页。

[4] 1922 年 12 月 29 日，《黄侃日记》上，第 41 页。

既言"随缘二字可以疗褊急忿郁之疾。佛说有八苦,皆宜以斯对治之矣",[1]看起来他不仅对自己的积习业力有充分认识,而且还为之制定了具体可行的步骤——只是他坚持的时间和程度依然相当可疑。

无论坊间传闻如何描摹黄侃"嗜利"忘义甚至不惜损师伤友(包括他最尊敬的章太炎),[2]黄侃日记中还是留下了"(弟子某某等)送年礼来,坚令持还。此辈数月不一至,忽有馈赠,不当受"[3]这样面对物质馈赠很有节度的记载,而且不止一度。

---

[1] 1922年2月8日,《黄侃日记》上,第102页。

[2] 参见杨树达《积微居日记》第46册,1949年8月12日。此处所言章太炎"以此书疏断绝者数年",似乎黄侃有另外的理解,乃是"师恒数月不予余一函,殆意兴潇慨之由耳"(1922年1月21日)。参见《黄侃年谱》,第295页;《黄侃日记》上,第57页。笔者以为,1932年3月《国学丛刊》第五册尚且刊出《黄季刚骈文》,章太炎不仅依旧称扬其"经训文字之学,能得乾嘉诸老正传,而文章又自有师法",文则"简雅有法,质朴条达",并为之"代订润例"(转引自《黄侃年谱》,第354页),我们并不能看出章于黄有任何反感。尤其1934年为黄侃作《量守庐记》,其中以"非不能也,实不为也"称道"吾季刚"的"有守",章太炎的钟爱之情可谓溢于言表,而黄侃于此的反应则是"欢喜激发,殆不自胜"(1934年9月7日致章太炎函,参见《黄侃年谱》,第403页)。章、黄关系似乎一直呈现为一溺爱而一依恋的奇情,抑或,某种程度,个性尽管奇崛却笃实厚重的章太炎弥补了少年"孤露"的黄侃对父亲的某种感情?1929年9月14日年过不惑的黄侃尚在日记中记下一梦:"晨,梦先父如昔年童稚时。公在江汉书院,三年未归,思慕即切,不知何缘得见。既而的睹颜色,则衰老已甚,悲惊之极,乃忽然而寤。起坐沉思,不仅凄哽,伤哉!孤露已还,三十二年矣。"他还因此特别"与妇说之"并"成一诗示妇"(《黄侃日记》中,第573页;《黄侃评传》,第25页)。黄侃情感世界中特显孤清脆弱的一面毋宁很值得读者注意。

[3] 1922年1月28日,《黄侃日记》上,第61页。

例如 1922 年 2 月 20 日再次记载有人送他白木耳一盒，他以为不当受而"无词以却之"，即送对方旧藏石印唐本庙堂以为可"略取相当"；同年 4 月 11 日鹰若（即孙世扬）送五十元银票，他虽感到"屡劳赠遗，受之增惭"，却又辩解说："今天下能周余而余肯受者，自旭初与鹰若外，殆不易得第三人也。"1933年 1 月 8 日再度因为"时事如此，无心论学"而归还弟子们馈赠的束脩。[1] 当然我们也可以设想在被预料将要传世的日记当中这类记载有无刻意表白的成分。然而他甚至能在自己"苦岁事拮据"的情况下分惠于更艰难于自己的友朋而且认为"予此举于心最安"[2]——他到底还在努力成为一个"更好的自己"。

最为不可思议的是，和乃师太炎一样被世人视为"疯子"[3]的黄侃，居然在心里为"圣人"预留了最崇高的位置：

> 不慕往，不闵来，虚心以求是，强力以持久，诲人无倦心，用世无矜心，见非无闷，俟圣不惑。吾师乎！吾师乎！古之人哉！（1922 年 1 月 19 日）[4]

> 恭读先公《易解》豫上六爻辞"冥豫成，有渝无咎"之谊，为之悚然。圣人与显考于我同有罔极之恩巳。（1929 年 1 月 11 日）[5]

---

[1] 分见《黄侃日记》上，第 112、144 页；下，第 860 页。
[2] 1932 年 1 月 27 日，《黄侃日记》下，第 769 页。
[3] 参见陶菊隐《六君子传》，群言出版社，2015 年，第 174 页。
[4] 《黄侃日记》上，第 56 页。
[5] 《黄侃日记》中，第 412 页。

是为先圣第二千四百八十一生辰，适读纬书，弥殷仰慕。（1929 年阴历九月廿七）[1]

实际上，从 1929 年开始的存世日记，每到孔子诞辰黄侃都会郑重记入，有时还要"陈经肃拜"。[2] 乃至 1932 年日寇入侵逃难途中路过曲阜，他也要表示"车中望尼山，不胜钦圣愁慕之情"。[3] 终其一生对章太炎的特别礼敬似乎也涵盖了崇圣（儒）的意思在内："天长丧乱，圣人不能为时，伏愿珍重玉躬，永为诸夏仪表。"[4]

被举世认为使酒骂座至人所不堪的黄侃居然会在日记中责备时风不古、人心不美：

余于人之求表其亲者，无论寿颂、碑志，莫不尽心。虽所施或非其人，然今世之人以能贱其亲为新学，尚有不能忘其亲者，宜奖藉之也。文以颂名，不妨溢美。……且以经义论之，采毫毛之善，贬纤芥之恶，不亦圣人之旨乎？[5]

---

[1]《黄侃日记》中，第 578 页。

[2] 1934 年 10 月 5 日，即阴历九月廿七，《黄侃日记》下，第 1025 页。

[3] 1932 年 2 月 3 日，《黄侃日记》下，第 772—773 页。

[4] 1928 年 7 月 30 日致章太炎函，转引自《黄侃年谱》，第 262 页。可惜的是，生命晚期，他同时也会写下"焉用圣人，我将饮酒；既无知己，谁为鼓琴"这样轻薄的语词，1931 年 5 月 10 日，《黄侃日记》下，第 704 页。

[5] 1922 年 4 月 27 日，《黄侃日记》上，第 155 页。

黄侃甚至特别记载下了当时流风败坏如何污蔑孝子的一段亲身经历：

> 昔有孝子殉其亲于长春观，余时亦寓斯观，亲见此事，感动钦仰，至今不忘。既已特荷旌表矣。而海上有作小说之儇子，以孝子之死，非殉亲也，居丧溺妓，以瘵亡耳。夫使此事非余亲见，亦安能不因彼说而生疑。世之人存心谿刻，对于死者犹无恕辞，甚者反善为恶，则名教激扬之用，将何寄乎？焉能不为世道忧而思有以矫之也。[1]

如此扶持名教的文意安雅，足以完全颠覆我们在流行风评中所见之黄侃。甚至让我们悬揣，这个被恶语中伤的"孝子"是否即是黄侃本人的缩影呢？既然在当时关于黄侃的各种传说中，甚至包括"白日宣淫"而为警局擒拿至于被迫离职北大这样的狗血版本。[2]

---

[1] 1922 年 4 月 27 日，《黄侃日记》上，第 156 页。

[2] 参见喻血轮《绮情楼杂记》，中国长安出版社，2011 年，第 97 页。关于彼时的文坛芜秽、正议销亡、伪造事实、号称舆论，时人记载多有佐证（参见《黄侃年谱》，第 214 页），以至事关黄侃的不少传言可能都有重新厘定的空间。例如传言他匿藏刘师培遗著不肯公之于众，杨树达《积微居日记》第 46 册 1949 年 8 月 12 日云"季刚虽能读书，其人行径终不脱汉口流氓气，如秘藏刘申叔（师培）遗著不示人"；南桂馨《青溪旧屋仪征刘氏五世小记序》针对此事给出的理由是"余刊遗书时，季刚教授南京。余托溥泉（张继）婉索。季刚谓彼拟自印单行，竟不出稿"，至于"季刚故后，当已散亡。至今耿耿，殊成憾事"；汪辟疆则言黄侃打牌大胜后因纵谈兴奋，曾"出床下铁箧，皆申叔稿，以竹纸（转下页）

这是对书法追求中正之道,拒绝习气的黄侃:

> (余虽略谙书法,而无常功。)又举世习怪奇,余独慕欧、赵,故不肯为人作书。每见促迫,为作寿联、堂障,心甚厌之,今作此印用之,亦聊以解嘲,非骂世也。[1]

也是对诗词追求大雅之音,温柔敦厚的黄侃:

> 退之一味排奡,刚险太过,非中声也。李、杜之风,于焉不嗣,宋以后大家皆趣此道,望若实难,实捷径也。[2]
>
> 荆公差胜子瞻,然剽急峭劲,翻空易奇,非诗家中道也。[3]

这一追求"唯务折中"的中和思想自然跟他长年治理《文

(接上页)订小本,如《吕览鸿烈斠注补》、《古历》一卷⋯⋯"。(分见《黄侃年谱》,第 295、405、406 页)。而据黄侃日记 1928 年 6 月 16 日言"先师刘君《古历管窥》写定本昔存侃处,置一篋中,今经丧乱迁徙,竟不知置于何所。侃之咎大矣,怅恨久之"(《黄侃日记》中,第 310 页),以黄侃"散散漫漫"的个性(俞平伯《读词偶得·清真词释》,第 69 页;《黄侃年谱》,第 111 页),而且几度南北搬迁,这一说法应该也是真的。

[1] 日记 1921 年 1 月 29 日,《黄侃日记》上,第 68 页。此处所治印文为"罗赵前头未足惊",典出苏轼《次韵孙莘老见赠时莘老移庐州因以别之》,"罗赵书"用来形容恶札。

[2] 日记 1928 年 6 月 8 日,黄侃对当时"宋诗派"(同光体)的厌恶,更时时见诸日记。例如 1928 年 6 月 9 日等。

[3] 1928 年 7 月 3 日,《黄侃日记》中,第 327 页。

心雕龙》有关："大抵舍人论文，皆以循实反本、酌中合古为贵"，[1]"如舍人者，可谓得尚于中行者矣"。[2]此"尚中行"理念的明朗化也被当代"龙学"界认为乃是黄侃着其先鞭。[3]

读书至《管子·内业篇》，黄侃直断"此真古道家言也。《参同》《黄庭》，皆于是乎出"，其中特别摘抄了"定心在中，耳目聪明，四枝坚固，可以为精舍""止怒莫若诗，去忧莫若乐，节乐莫若礼，守礼莫若敬，守敬莫若静。内静外敬，能反其性，性将大定""心能执静，道将自定。节欲之道，万物不害"等语，直呼：

> 诵读此等文籍，实足以安身成德，岂不胜于方士隐语，缪其辞意，使人误解以滋欲者乎！[4]

对于"成德"之教他同样敏感——令章太炎击节三叹的"读书有神悟"似乎不是空穴来风。

至于黄侃身后章太炎为书墓志铭，以为"（始与象山陈汉章同充教授，言小学不相中，至欲以刀杖相决，后又善遇焉。）世多怪季刚矜克，其能下人又如是"，[5]这"能下人"显然已经是

---

[1]《风骨论》，黄侃《文心雕龙札记》，上海古籍出版社，2000 年，第 102 页。

[2]《征圣篇》，黄侃《文心雕龙札记》，第 4 页。

[3] 张少康等《文心雕龙研究史》，北京大学出版社，2001 年，第 154 页。

[4] 1922 年 4 月 1 日，《黄侃日记》上，第 126—127 页。

[5] 不过陈汉章本人并不承认二人有刀杖相决之事。参见《黄侃评传》，第 232 页。

"德行"之美了。尽管陈汉章与其"刀杖相决"被陈本人证明为讹传，[1] 但师事仅比其年长三岁的刘师培毕竟一时洵为美谈。关于黄侃如何"被酒议论风生，评骘天下士，无称意者，人以是目君狂"，然"故闻一善，则拳拳服膺"的性格，[2] 师友也是多有追忆。

黄侃精通音韵，才情富赡，使酒骂座令人反感之外，他自有他的强大魅力，例如他的"楚声清切"，吟讽篇章皆能"其读悉准《广韵》"的"黄腔""黄调"，在时人追忆中美不胜收。[3] 甲骨学家胡厚宣（1911—1995）回忆 1932 年章太炎、黄侃等人皆避兵乱来京，3 月 28 日在中国大学演讲时极为动人的一幕，其中特意强调了黄侃绚丽清扬的语言能力：

> 我见吴承仕、钱玄同和黄侃三位国学大师，照顾着他们的老师太炎先生，吴为先生写黑板，钱为先生倒香茶，黄为先生翻译。学术空气之浓，师生情谊之笃，令人甚为感动！太炎先生一口余杭话，北方学人听不懂，所以需要翻译。季刚先生翻译，并不是一句一句的翻译，也不是一

---

[1] 参见《黄侃评传》，第 232 页。

[2] 汪东《蕲春黄君墓表》。黄门弟子陆宗达、张汝舟也有类似回忆。参见《黄侃年谱》，第 21、232、242 页。

[3] 参见《黄侃日记》上，1922 年 4 月 10 日，第 143 页；冯友兰《三松堂自序》（第 38 页言及当时北大中国文学系听黄侃课人最多，"在当时宿舍中，到晚上各处都可以听到黄调"）；刘赜《师门忆语》。后两处引文分见《黄侃年谱》，第 107、125 页。

段一段的翻，而是等太炎先生通篇讲完之后，他再用普通话重新论述一遍，声音洪亮，口齿清晰，条理清楚，要言不烦，横溢的才华，真使我佩服的五体投地。[1]

同样处在弟子辈的谢国桢（1901—1982）甚至认为"黄君喜骂人，而独提携青年，鄙视权贵"。[2] 论人衡文颇有老吏断狱之稳健的钱基博（1887—1957），既能看到在诸多政治判断上"世莫知炳麟（章太炎）"，[3] 更进一步认为黄侃"徒以生性狷洁，恒与人忤"。[4] 出自钱口，实为高度评价，看来黄侃自谓"学已乖时，性复绝俗"[5] 亦非一味自美之词——但倘如吉川幸次郎之见，以为"许多学者对他的反感，原因与其说是在他身上，不如说那些学者更有责任"，亦未免过于高看黄侃，亦见得他对黄何其倾倒，以为"我在中国留学三年，似乎第一次遇到了像

---

[1] 氏著《黄季刚先生与甲骨文字》，收入《中国海峡两岸黄侃学术研讨会论文集》（2），华中师范大学出版社，1994 年。转引自《黄侃年谱》，第 353 页。

[2] 氏著《瓜蒂庵文集》，第 394 页，转引自《黄侃年谱》，第 393 页。

[3] 氏著《现代中国文学史》，《中国现代学术经典·钱基博卷》，第 94 页。具体讨论见后。

[4] 氏著《现代中国文学史》，《中国现代学术经典·钱基博卷》，第 114 页。就黄侃自己断制，例如他在长女念容身上看到"性气刚急则类余。宅心端正，无纤芥尘埃，则类其母"，"此儿志趣颇高洁"（日记 1922 年 2 月 20 日，第 112 页）云云，平情而论，只有自身"狷洁"者，往往才会敏感于类似的品行。

[5] 1922 年 9 月 25 日，《黄侃日记》上，第 197 页。

学者样的学者"。[1]

本文认为，钱基博等人还是未免高估了黄侃。

"生性狷洁"只是一种情性起点，如何抵达中道，路程尚有万水千山。一生满纸忏悔录的黄侃似乎成为了"常立志者无志"的负面表率。直到 1931 年 4 月 28 日还在自誓"（妄人托拉斯遽以醉语相加，不得不严词诃止之。）总缘博戏有此患也，自此戒博矣"的黄侃生命只剩有五年有奇，无常迅速，他此生已经没有多少时间可以徒然后悔了。何况接下来的 5 月 1 日、2 日两天，他继续在朋友家打牌至半夜，而且既输牌，又自恼"疲精耗财，五日中妄用九十五元，可恨"。[2] 再如早在 1929 年就意识到"痰甚多，当戒蟹"[3] 的黄侃，却到底死于口腹之欲，临死前两日还"强起持螯，饮葡萄汁"，至于次日晨即"吐泻皆作黑色涎块"。[4] 他的自我克制力之差，不仅可见一斑，而且死而后已。

如果这样的"情性"状态可以被视为"至性真情"而就此将问题轻轻滑过，传统中国尤其儒门风教数千年流传有叙的"诗教"传统当复无地自容。我们有必要继续深入黄侃的"情性"世界的深渊底层。

---

[1] 氏著《我的留学记》，光明日报出版社，1999 年，转引自《黄侃年谱》，第 320—323 页。

[2] 分见《黄侃日记》下，第 701、702 页。

[3] 阴历九月廿一日，《黄侃日记》中，第 588 页。

[4] 1935 年 10 月 7 日，《黄侃日记》下，第 1111 页。按，日记误此年为民国十八年。

三、"无题"之诗与"室家"之道

黄侃天性多情善感是不争的事实。关于他容易"泫然"下泪、"雨声凄然，辗转至曙"、"夜半后雨，闻之凄恻"、"悲涕自零"的记载日记中在在多有，[1] 甚至有时自知"悲能伤心"而"故强抑之，制泪不出"，[2] 反正可见其善悲。他的常患肺疾，容易"寒泄下利"，多少也是情性与体质彼此呼应与作用。[3] 传世文字的调性与风格甚至颇为清丽柔脆，这也真实反映了黄侃生理生命的基要状态——纤细，孱弱，敏感。他善惊、怕蛇、怕狗，对雷声的恐惧遍见日记甚至成了学界笑谈；[4] 容易梦魇，经常需要妻子儿女给他解围。[5] 而被外界传为惯会使酒骂座的黄侃，日常生活又频频露出温柔细腻的一面。日记当中他不仅是细致入微的负责父亲，亲自提抱孩童，经常携其入睡，更有如下至为温存的悲及众生的一幕出现：

---

[1] 1928 年 8 月 1 日、1929 年 5 月 2 日、1929 年 9 月 22 日（阴历?）、1931 年 9 月 14 日、1931 年 10 月 19 日等，《黄侃日记》中，第 349、545、577 页；下，第 739、747 页。

[2] 1928 年 8 月 29 日，《黄侃日记》中，第 363 页。

[3] 此类记载黄侃日记中在在多有。1913 年 10 月 18 日就出现了"咯血数口"的记载；他甚至自知"予之病乃忧懑所致，无忧则亦无病矣"（《黄侃日记》上，第 16 页；中，第 650 页）。

[4] 参见刘成禺《世载堂杂忆·纪黄季刚趣事》，转引自《黄侃年谱》，第 428—429 页。

[5] 例如 1928 年 6 月 14 日，《黄侃日记》中，第 309 页。

> 晚归,有丐妇乳于墙外,见之恻然。急检小儿旧褓予之,并令佣妇饮以赤沙糖汤,暮为警卒驱去,思此见今世贫弱流离,已无复相生相养之人道已。[1]

"乳"即女生子。黄侃此举固然与其妻生产不久的同病相怜之情有关,也正缘于"易感"。与之类似的还有女儿念惠去世之后,他"暮见穷人卖子,其子甫数日,冻甚,以念惠遗衣施之,为之悲戚"。[2]对于苦难而琐碎的人生,他至少不是麻木不仁的,时而也会很有温度的介入。

黄侃生平最令人棘手的话题应该还在其如何处两性之"情"。

黄侃明确知道自己"忘情实难"[3]的情性状态。1922年2月10日忆及白居易《不能忘情吟序》中所言"予非圣达,不能忘情,又不至于不及情者,事来搅情,情动不可杝",当即自认:

> 香山达人也,尚有此言,况乎性多萦著,容发未衰如蒙者乎。省识鹅笼之屡幻,愁闻骆马之一鸣。追忆前尘,能无怆恍。[4]

[1] 1934年2月19日,《黄侃日记》下,第1055页。
[2] 1928年12月25日,《黄侃日记》中,第405页。
[3] 《记梦》,1922年2月7日,《黄侃日记》上,第101页。
[4] 《黄侃日记》上,第104—105页。

白居易该诗是写给侍儿樊素的。而此时令黄侃追忆怆恍的前尘，想来应该包含他当时至少两次的婚姻，包括和黄绍兰的斩不断理还乱，也包括种种狭邪游历。早岁题诗中自叹"戎幕栖迟杜牧之，愁来长咏杜秋诗。美人红泪才人笔，漂泊情怀世岂知"的黄侃，常被时人拿来与写下名文《吊马湘兰》的清中才子汪中（1745—1794）比拟，他也有愿"文才远愧汪容甫，也拟擒词吊守真"。[1] 这当然见及了黄侃对于理想学术的态度，可以"兼具才学识三长"，[2] 也未尝不特别包含了对于"情"尤其两性之情的态度。

在和彭清缃分居而与老母及三幼儿女自居武汉时，黄侃似乎主观上尚未打算和彭氏离异，1922 年 3 月 18 日他"致彭氏书，询其意向，或须余往迓，或竟不欲归，望明白答覆"。[3] 这段时间看起来是他心情极为低迷的一个时期。他时而"心绪恶劣，无以复加，百事不为，疲于奔走。梅僧至夜来坐。去后伏案大哭"；第二天又是"头疼，心烦，苦闷已臻极矣。人何为定有忧患耶？悲来无力，何以遣此日月也？"[4] 再一天就是他三十七岁生日了。去年（1921）生日他还在努力勉励自己"老

---

[1]《无题》，《黄季刚诗文集》，第 27 页。

[2] 汪中之学，世推"朴学名家，拙于文采，才华之士，每患空疏；识解高明者，难期于沉潜研素之业，学有专诣者，恒苦乏阆通淹贯之思。故诗人与学者，通识与专家，相反相成，兼具匪易"，缪钺《汪容甫诞生二百周年纪念》，《诗词散论》，第 93 页，转引自《黄侃年谱》，第 3 页。

[3]《黄侃日记》上，第 54 页。

[4] 1922 年 3 月 27 日、28 日，《黄侃日记》上，第 124—125 页。

母康强儿慧黠，闲愁纵有也宜删"。[1] 你当然可以责备他学佛无所得。[2] 但毋宁此时这个颇为内外交困的黄侃也是令人同情的：他很是孝敬八十老母，也颇为疼爱失母儿女，甚至迎养寡居孤贫的异母之姊共居，[3] 他却只能独自背负生命的困苦（内助无人），他的孤独甚至是柔弱的。例如"伏案大哭"后尚有一注："寄沪上一书非快事"[4]——据此后 4 月 5 日所记那组极为意思显豁的《寄上海》而言，"沪上一书"恐怕是寄给恰好"伤离十载间"的黄绍兰的。

黄侃善写也爱写《无题》诗，此内涵下文再议。这组《寄上海》却是黄侃情诗中少有不那么"无题"的。题旨鲜明，软语温存：

> 举世谁亲我，吾心最说君。每怀听雨夜，不比赋朝云。江上春还到，花间日易曛。此时能执手，欣快更何云！

> 家计甘恬淡，年芳惜等闲。青芜思远道，明镜换衰颜。结爱千生上，伤离十载间。此愁无处说，暝色满江山。

---

[1]《辛酉生日述怀》，《黄季刚诗文集》，第 188 页。
[2] 例如这年的 2 月 6 日他还"卧读摄大乘讫"，《黄侃日记》上，第 101 页。
[3] 此居垂二十年，殁后又为其治丧归葬。参见黄焯《季刚先生生平及其著述》，转引自《黄侃年谱》，第 6 页。黄侃日记中也为姊事与妇大吵的记载（1930 年 10 月 28 日，《黄侃日记》下，第 678 页）。
[4]《黄侃日记》上，第 125 页。

寄踪犹无定，怀人不可禁。落花依树意，旅燕弥巢心。
皓月宵宵缺，长江日日深。悬知同此恨，感激付微吟。[1]

甚至他还想到了他们的女儿，所谓"娇女真堪咏，吾能拟
左思。将雏无限乐，正好及春时"。

但他一年半之后却将再次缔结婚姻，飞快选择了子弟辈的
女学生黄菊英，且新婚再赋《无题》，其诗妩媚倜傥："一样梧
桐枝上雨，听来浑不似前宵""已识华年付逝波，春蚕丝向老
时多""易卦偏从未济终，晚花迟卉态尤工"[2]云云，哪一点又
比写给黄绍兰的更不如意、更不得意。当然黄侃此次结婚很可
能也为女方热情勇敢更兼青春貌美所动，所谓"纵教爱我心如
石，争奈逢君鬓已丝"，[3]这好理解；读者难理解的是，他为何
到底不和黄绍兰复合。在原配去世之后，与彭氏离异之后，黄
侃有至少两次个人生活的"空窗"期，他都没有选择黄绍兰。
就在他给黄绍兰写缠绵情词的同时，1922 年 4 月 18 日，黄
侃读到戴复古《石屏词》，言及《辍耕录》中载戴氏隐瞒婚史

[1] 1922 年 4 月 5 日，《黄侃日记》上，第 139 页。
[2] 《无题》，（癸亥）1923 年 10 月，《黄季刚诗文集》，第 75 页。
[3] 《无题》（1923），《黄季刚诗文集》，第 75 页。令人堪发一噱的是，据
　　说黄侃谩骂白话文不遗余力（周作人《知堂回忆录》、杨亮功《早期
　　三十年的教学生活》皆有追忆，参见《黄侃年谱》，第 119 页），他的如
　　上"情词"却写得很打油，这也见证了他创作与性格中随意的一面。甚
　　至在《中国文学概谈》（发表于《晨报·副刊》）这类高头讲章中都出现
　　了"总有几分差异"这种白话表达（转引自《黄侃年谱》，第 303 页），
　　可见时风移人之甚。

以至后妻"赴水死"，他直评为"此自轻薄之行，宜为杨用修所讥"，其下又说："其以诗承先志，是式之（即戴）固有孝行者。陶九成（即《辍耕录》作者）之言或传之非其真也。"我们很容易读出这段话与黄侃现实经历与心态的接近之处，对于理解他的言行分裂或一致，都可资参考。[1] 也许当事人当真别有苦衷。我们只能选择闭嘴。

与黄侃的多感多情相映照的文学状态就是他的偏爱诗写"无题"、[2] 词多"艳科"。黄侃才气飞扬而情绪激烈，却又经常缺乏与世共感的足够的耐心与隐忍，温文尔雅而满地鸡毛的日记之外，从他的诗与词，读者同样能解出另外一番情性天地。[3]

"无题"诗其实多是一种"春情"诗，关于中国文人何以特长铺写"春情"，牟宗三先生《五十自述》中有一番精绝的解释，[4] 以为"春情"的根本性质即正是"无着处"：

---

[1] 文见《黄侃日记》上，第 149 页。估计作于原配王夫人逝后的 1916 年 6 月—1917 年 10 月的《戏为求婚零丁》，据其词义，甚至颇为轻薄。文见《黄季刚诗文集》，第 310 页。参见《黄侃年谱》，第 109 页。

[2] 据统计以《无题》为题者约 24 首，取首二字为题亦有 22 首，参见李婧《黄侃文学研究》，第 51 页。

[3] 至于诗词的具体成就，汪国垣《光宣诗坛点将录》称"季刚诗初效选体，律诗有玉溪意格"，"至近体则出入杜公、玉溪、临川、遗山、蒙叟之间，不名一家。盖以好之不专，又务求胜于人故也"；钱仲联《近百年诗坛点将录》认为"诗故渊雅，然亦赝体八代，无真面目"，收入《三百年来诗坛人物评点小传汇录》，中州古籍出版社，1986 年，第 97、163 页。

[4] 亦可参考拙作《春·苦·悲·觉：牟宗三"情问"三昧》，《读书》2017 年 5 月。

这"无着处"正是春情。爱情是春情之亨而利,有着处;结婚是利而贞,有止处。春情则是生命之洄漩,欲歧而不歧,欲着而无着,是内在其自己的"亨",是个混沌洄漩的"元"。中国的才子文学家最敏感于这混沌洄漩的元,向这最原初处表示这伤感的美。这里的伤感是无端的,愁绪满怀而不知伤在何处。无任何指向,这伤感不是悲哀的。……春情之伤却只是混沌无着处之寂寞,是生命内在于自己之洋溢洄漩而不得通。千头万绪放射不出,即不成其为直线条,每一头绪欲蹿出来而又蹿不出,乃蜷伏回去而成一圆圈的曲线,重重叠叠,无穷的圆曲,盘错在一起,乃形成生命内在于其自己之洋溢与洄漩,这混沌的洄漩。[1]

这神似黄侃身上的"圣童"气质。黄侃生性于春花秋月皆甚敏感,常常"醉卧,醒念春去,惘然"。[2] 当然他的喜爱诗写"无题",情性富有"春情"之外,另有两个文学方面的具体影响需要注意。其一,基于黄侃诗学创作受到李商隐的影响匪浅,所谓"辛亥后与旭初同居上海二年有余,当时所谈,非玉溪诗即片玉词",[3] 他本人就直称"刬诗谁及玉溪生,独运深思

---

[1] 氏著《五十自述》,台北鹅湖出版社,1990 年,第 10、11 页。
[2] 1935 年 5 月 5 日,《黄侃日记》下,第 1071 页。
[3] 1922 年 3 月 12 日,《黄侃日记》上,第 143 页。

写至情"。[1] 只是黄侃的《无题》诗读者更能读出清晰的两性之情，意蕴单薄，玉溪生美人香草的寄托遥深他其实没有多少。例如下诗：

> 露瓦灯帘望未明，回阑倚遍恨难平。原知楚佩非真意，空遣秦箫作怨声。小阁乌龙偏有福，神山青雀竟无情！可怜漏断香残后，绣被归眠梦不成。[2]

也因此，要准确理解黄侃的诗写"无题"，另外一个少有人注意到的线索则是清儒戴望（1937—1873，子高）的一段生平轶事。黄侃尝专门著有《题戴子高诗后》，极尽赞美之词说的却是一个格外别致的话题——"经学"与"殉情"这貌似两截的诡异相遇：

> 长康之痴长卿慢，古盖有之今不见。廿五骚经思美人，续以欢闻子夜变。孤灯荧荧雪拂几，读君此诗泪渗纸！男儿无成头皓白，何似琅琊为情死？遗事传闻感恸深，把君诗卷一沉吟。九原倘许为知己，一曲居然见古心。我闻郑康成，死入辅嗣室。彼以后生诋前贤，我情私

---

[1]《李义山》，《黄季刚诗文集》第 36 页；关于黄侃受李商隐的影响，乃至撰写《李义山诗偶评》，参见李婧《黄侃文学研究》，第 51、65—66 页。
[2]《黄季刚诗文集》，第 18 页。

淑非真匹。虚幌摇摇夜气凄, 谪麟灵鬼疑相即。[1]

这段本事的具体首尾, 乃是 1917 年 11 月 14 日黄侃从刘师培（1883—1919）处听来的两则学林轶闻。相传戴子高"未婚于凌氏时, 与其表妹相变慕, 既以人事牵缠, 不偿如愿。子高婚后即客游于外, 未尝还家。或传与凌氏离婚, 非其实也"。据说戴氏集中"无题诸作, 皆为若人而发, 如'王母翩翩下翠旌'数首, 则不啻显言也"。[2] 特别值得注意的是黄侃对此事的态度：

> 子高没时才三十六, 以彼之材, 足以上嗣宁人, 下侪先戴, 而所怀不遂, 殉情以终。夫孰谓精研性道者必断绝恩好乎？人能弘道, 无如命何, 此古人之所以发愤陨生遗弃一切也。[3]

"精研性道"与沉湎恩好似乎也因此成了黄侃一生的"鱼与熊掌"。

至于黄侃从刘师培处听来的第二桩轶闻则是刘之家事, 却也与此题紧密相关。刘氏祖伯山先生（即刘毓松, 1818—

---

[1]《黄季刚诗文集》, 第 302 页。

[2] 黄侃《笔记》一, 稿本, 藏武汉大学, 转引自司马朝军《黄侃年谱》, 第 116 页。

[3] 黄侃《笔记》一, 稿本, 藏武汉大学, 转引自司马朝军《黄侃年谱》, 第 116 页。

1869）继妻乃是其母黄氏女侄，少伯山二十余岁，却大概在未婚前二人已经"始相娈悦"：

> 其后嫡配王夫人没，伯山先生年四十八九矣，请于其母，欲续娶黄氏，其母以伯山年已老，子妇满前，力阻之，曰："此事岂治经术者所为耶？"伯山不听，卒娶之。娶五年而伯山没。黄太夫人至宣统二年乃终。[1]

故此又是一桩欲"精研性道"与沉湎恩好得兼的铁案。黄侃下文又引证刘师培说法，其祖（即伯山）尝因此事"为绝句百首，自加注释，作诗时黄太夫人尚未来宾也"，而刘氏"家刻伯山诗文独此未入录"，可见其家普遍对此事有负面看法。但伯山这位经师本人却不以为然，甚至动用了几世传经的功力论证"中表母族可以通昏，援据甚博，足以破俗说"。[2]

刘毓松在近人王森然（1895—1984）笔下品行极高，不仅"弱不好弄，长益博通，能尽读父书"，以"淹通经史"而"有声江淮间。诸司鉴者皆愿得为举首"，时两淮云司郭沛霖（1809—1859）延其课子之余，"知赏极深，至以家寄托"，连曾国藩（1811—1872）都要"殊礼异之"：

---

[1] 黄侃《笔记》一，稿本，藏武汉大学，转引自司马朝军《黄侃年谱》，第116页。
[2] 黄侃《笔记》一，稿本，藏武汉大学，转引自司马朝军《黄侃年谱》，第116页。

> 为人质直之气，溢于眉宇，无贵贱老幼，一接以诚。
> 平生无妄语，无惰容，为人谋必忠，临财弗苟得。[1]

黄侃这段绝非无意的记录不仅颇能新异我们对"治经术者"的刻板的传统印象，尤其可能对我们理解黄侃乃至刘师培本人"处情"的倾向有所深入——后者与其妇何震之间的关系本有扑朔迷离之处，本文暂不赘述。黄侃此处刻意强调的"孰谓精研性道者必断绝恩好"毋宁正是他一生刻苦问学而不废声色的一种取态。尽管"章句之儒"与"精研性道"原非同调，黄侃其实说的还是外行话。但精研《文选》尤能特重"意窘词枝，总由无情"，[2] 毋宁由"情"上见还是最能见黄侃之性，以及他和他的老师章太炎一样对清代经学的某种特别的反动之思。此题文末再议。

黄侃作词显得比作诗随意很多，也因此，他的词较之诗个人风格更不鲜明。论者以为其诗词"熟词过多，个人造语较少，难以形成独特的个性风格"，[3] 大抵是平情之断——但这也

---

[1] 氏著《刘师培先生评传》，生活·读书·新知三联书店，1998年，第316页。

[2] 评颜延之《宋文皇帝元皇后哀策文》，黄侃《文选平点》，中华书局，2006年，第631页。

[3] 司马朝军《黄侃评传》，第389页。按，此部分由李婧撰写，此断亦见于李著《黄侃文学研究》。对于同时同样倾情魏晋的湖湘派，黄侃对王闿运的经学和文学却深致不满，以为其"所作文词，皆摹虚调，非无古色，真宰不存"（经学则是"臆造礼制，妄释名物，宋学亦无如是恣姚也"，分见日记1928年6月28日、7月6日，《黄侃日记》中，第321、329页），可见"见得到"与"行得到"之间的落差，在创作与学术，也是可能发生的。

多少要考虑到黄侃本身学术风格之重"发明"不重"发现"的
潜在精神影响。此题亦下文再议，这里还是继续黄侃如何"写
情"和"处情"的话题：黄侃诗词当中直接言"情"的密度很
高，这确是儒者或经生中罕见的，但多为感性的即兴的两性之
情铺写，像《醉太平》：

> 无情有情，亲卿怨卿，楼头对数飘零！有箫声笛声。
> 灯青鬓青，愁醒梦醒。深宵倦倚云屏，听长更短更。[1]

像《浣溪沙·江干却寄四首》之一：

> 欲藉柔情度此生，锦长书重语丁宁。只怜幽意总难明。
> 莫遣秋风悲画扇，空教深夜掩云屏。望赊翻觉是无情。[2]

无论"却为伤春怜杜牧，人间谁识此情深"，[3] 还是"会因难
得兼甘苦，情到能深杂爱憎"，[4] 大抵这类模糊了明确书写对象，
更像一种内心喁喁独白的书写，是黄侃诗词中最精彩的部分，
正符合"春情"的本来面目。黄侃之词"绝少豪放之作，专事
婉约之体"显然根源并非他"对词体功能的认识"，而是情性所

---

[1]《黄季刚诗文集》，第 345 页。

[2]《黄季刚诗文集》，第 348 页。

[3]《夜坐》，作于 1912 年，《黄季刚诗文集》，第 18 页。

[4]《无题》，《黄季刚诗文集》，第 43 页。

近，犹如他的"表情达意过于直露浅白"，[1] 同样是情性所致。

黄侃的才情翩翩不仅令章太炎格外护持，刘师培同样高看，"重其文采，以为虽贾生俊发，无疑过之"，[2] 晚清词人况周仪（1859—1926）亦称美有加，认为黄词婉约豪放得兼，"周情柳思更无伦，偶然疏处见苏辛"，叹惋他足以媲美纳兰性德，"剧怜饮水不同时""彩笔能扶大雅轮"，如今词坛更是"青眼高歌望吾子"，期待黄侃"人天慧业好同参"。[3] 但犹如其充满忏悔自责情绪的日记，对于诗词创作的态度黄侃也是类似的游移纠结，其弟子常任侠（1904—1996）回忆：

> 当二年级我住高师宿舍时，黄师曾将《撷英集》诗集交我附录，后来他又叫潘重规同学向我索回，说是诗多艳体，老师后悔，不要传出。我亦未尝一询，此谜终亦莫解。[4]

按覆目前问世的《黄季刚诗文集》并无《撷英集》此卷出现，我们无从判断其"艳"到了何种程度。

---

[1] 李婧《黄侃文学研究》，第 79、83 页。

[2] 潘重规《季刚公传》，转引自《黄侃年谱》，第 14 页。

[3]《原刻繡华词况周仪题词》"减字浣溪沙"，词中还叹"玉箫声里识君迟""桃花潭水此情深"，见《黄季刚诗文集》，第 342 页。

[4] 此处指 1928 年 10 月常任侠经黄侃同意以特别生资格进入大学读书（中央大学，时应为东南大学改组的第四中山大学）。参见常著《忆黄侃师》，《常任侠文集》卷六，第 25—26 页，亦见《黄侃年谱》，第 271 页。

抑或因此特重"恩好之情",世人印象中性行乖张散漫[1]的黄侃,其对待女性,特别是家人,从母亲到妻子、女儿,却居然看上去没有多少可议之处,甚至1928年2月8日他致金毓黻函中自言:"缘第五儿断乳以后,竟夕啼呼,阃人提携三幼,性不能堪烦辱,我若出游自写,适以召其责言,与君深交,故以实告。"[2]这哪里是世人口说白日必花天酒地乃至寻花问柳的黄侃?他的如上言行实是在对妻子的"惧内"与"体贴"的两可之间。

简直要被同时人视为"汉口流氓"[3]的黄侃流露在日记与日常中,尤其是其家庭生活,居然经常令人感受到传统、温厚的一面。

例如他孝顺慈母、不惜因此失业:[4]

老亲喘气殊剧,耄年衰躯,予本不应违之远出,盖亦不得已。今后苟得饘粥不绝,亦真不忍佗行矣。[5]

---

[1] 诸如他1927年如何与吴承仕决裂后离开北京师范大学,坊间流传就有他言辞随便令女生反感乃至当堂便溺等不经之说。参见《黄侃年谱》,第227页。

[2] 金毓黻《静晤室日记》,第2027页,转引自《黄侃年谱》,第238页。

[3] 杨树达《积微居日记》第46册1949年8月12日,转引自《黄侃年谱》,第295页。

[4] 指养育母田氏,黄侃据《仪礼·丧服》所规"慈母如母"称之。参见《黄侃评传》,第27页。

[5] 1921年11月12日,《黄侃日记》上,第30页。日记同年12月19日再次说到"家慈耄年,多气上疾,然往岁殊不如今之衰,万不能稍离左右,今岁内绝不它行","若因此而致失馆地,亦无悔也",《黄侃日记》上,第39页。

他追念亡父、自责不能挺立：

> 侃孤露时已十三，而无所知识，故于我先君之学术、行谊、文章、书法，皆不能深知。既而叔兄亦亡。刊以孤子当室，从师受学，帖括是求，于楹书绝不能读；长，略知学而苦贫奔走，又通轻侠，不能折节；荐遭丧乱，糊口四方，提携老幼，远别丘垄。今则年向四十，而先人著述未获重刊流布，墓碑、祠主尚俱未立。此罪责真擢发难数矣。[1]

他会因儿女不能上进而责罚他们：

> 挞念华等，以其荒嬉也，不好纸笔，唯觅栗枣。宗武之名，徒称骥子；兖师之美，虚号凤雏。念堂构之维艰，闵门户之遂圮，隐几而坐，揽镜而吁，虽有醇醪，独能痛饮耳。[2]

也会认真和长大的女儿"谈家事及诲以保身成人之道"。[3]他甚至也会经常关怀民生，以为"安宁活民，吾辈所求止

---

[1] 日记1922年2月1日，《黄侃日记》上，第76页。再婚之后特别将新生之子分别命名为"念祥（其父名祥人）""念慈"，无疑皆是出于对父母的纪念。

[2] 1922年2月5日，《黄侃日记》上，第85页。

[3] 1922年2月19日，《黄侃日记》上，第110页。

此耳",写诗也会在"微躯自欲忘甘苦,老母谁教问燠寒"之外"犹为苍生冀暂安"(《闻近事感赋长句》)[1]。当然你可以认为这是传统儒生的陈词滥调,但至少他头脑中还有这根筋。即使偶闻他人的丧亡际遇,他也会感叹"此极人世之悲辛"。[2] 至于1922年新年伊始就根据《周礼》太祝将自己的斋号改成"六祝斋",并且发愿"非唯善其一身,亦欲民命皆活":[3]

> 顺祝,顺丰年;年祝,求永贞;吉祝,祈福祥;化祝,弭灾兵;瑞祝,逆时雨、宁风旱;策祝,远罪疾。[4]

他会认真考虑安排家务(诸如迎葬原配王夫人灵柩、让女儿念容学医、不令儿子念华念田失学、节省储蓄),并且进行具体的自我诚勉:

> 年已三十有七,身弱家贫,仰惟门户之计,下顾儿女之爱,不得不摄生自保,积精养神;先集未刊行,微学未成立,不得不努力篇籍,发愤求明。至于无益之文词,过多之嗜好,宜一切屏之也。[5]

---

[1] 1921年11月12日,《黄侃日记》上,第30、48页。
[2] 1928年7月4日,《黄侃日记》中,第328页。
[3] 1922年1月1日,《黄侃日记》上,第42页。
[4] 1922年1月1日,《黄侃日记》上,第42页。
[5] 1922年1月1日,《黄侃日记》上,第42—43页。

他也会对照佛学标准，不满自己杂乱失序的日常生活：

> 日事蒱而废诵读；迟眠晏作；面垢头蓬；书史错陈于几
> 案而无秩次；窗纸敝漏来风，无瑕潢治，信来盈轶，不能及
> 时作答；病虽向愈，不复摄养；出行之计，尚未专定何方。
> 此则掉举惛沉、懈怠妄念，以度斯晨夕，良可惜也。[1]

而这种杂乱失序应该跟黄侃那段时期基本处于独居（彭氏妇久留北地）、身边只有老母儿女相伴有关。饶是如此，他还是脚踏实地开始对治这种日常的疏懒。不久之后的 2 月 10 日洗脚时发现自己"蹢躅厚数分，爪长至包指，乃一涤除"，感叹"自非久病，何至若是"，"年方强壮之间，何为颓废乃尔"！他认为自己"性与玄风违远，亦不需土木形骸，徒令人疑为作伪也"，既而决定：

> 自今日始，三日一浣，剪爪镊髭。晨八时兴，非颒面治鬓，不观书见客。[2]

就此后的日记看来，这几条他坚持得都不错。但很快他就有了新的放纵自我的方式：博戏（赌博）。而且振振有词，有

---

[1] 1922 年 1 月 18 日，《黄侃日记》上，第 53 页。

[2]《黄侃日记》上，第 103 页。

名儒前辈可以效仿:

> 余半月不出矣,出亦无他事,唯博戏耳。马融大儒,
> 尚云:"道德既备,长好摴蒲。"况我辈乎? [1]

同年4月4日他跟朋友"手谈(下棋)达晓",认为"后当戒之",但第二天就又重复了这一行为,尽管事后即觉得"殊无谓也"。[2]

他真是很容易给自己找到台阶下。不仅在日常琐事上,也在两性关系上,诸事都受制于同一种"情性"状态。

黄侃一生数易妻,室家之乐不甚平坦,过多的生儿育女令他生活负担加重,经常觉得读书生涯受到干扰。[3] 他诗词写作中颇多怀念的原配夫人早早即为其背叛——狭邪风月按下不表。他和黄绍兰的相遇对于后者堪称灾难。即使据说他诗词中大量写"梅"写"兰"的缠绵悱恻之作都是写给黄绍兰的,诸如"玉珰缄札恨茫茫""剧怜幽独待谁看""凄凉分定更无言"

---

[1] 1922年2月11日,《黄侃日记》上,第119页。

[2] 《黄侃日记》上,第137、139页。

[3] 不包括黄绍兰所生之女,黄侃与原配及黄菊英至少育有十个以上儿女(存者八人)。虽时有夭亡,然次子婚后又很快添丁进口。终黄侃一生均靠其一人授学上庠乃至鬻文润笔养家糊口,他自己未尝不叹"安得身如董仲舒,不关家事但窥书。二毛已见犹漂泊,转学治生计恐疏"(《戏题计簿上》,1931年9月1日,《黄侃日记》下,第735页)。

（《浣溪沙·赞梅》）云云；[1] 甚至还有直接缅怀"痴梅"的所谓
"忽忆六年前此际，正偕痴梅寄迹沪滨夷落中"[2]——民初上海
那段生活简直呼之欲出了；朋友嘱托他赋写"盆兰秋晚，一花
幽异"，他也魂不守舍一般念叨"容自往在燕台，眷吴妓陈兰
香，自经丧乱，久无消息。因怜芳草，复忆嘉名。悱恻之怀，
庶斯能喻"；[3] 诸如此类不一而足。但这般胡思乱想无以弥补对
方生命的实际悲剧意味。黄侃和许多文章之士类似，他们乐于
也擅长在文字当中抒发各种情思爱意，却裹足不前于对他者与
伦理的严肃踏实的不惮琐碎的介入与承荷，[4] 往事余哀对他们的
意义经常就仅仅停留在"岁月迁流，悲欢变幻；独行荒径，追
感华年；衰柳寒蝉，似并助余凄抑也"。[5] 何况"短缘偏令我魂
消"，"温柔又惜是他乡"，[6] "作无益之事，自遣劳生；续已断之
缘，犹期来世"，[7] 黄侃对于眼前的短暂诱惑恐怕从来没有打算

---

[1] 《黄季刚诗文集》，第 347 页。黄绍兰"原名学梅，字梅生"，参见《黄
　　侃年谱》，第 171 页注释 1。

[2] 《风入松》小序，《黄季刚诗文集》，第 402 页。

[3] 《木兰花慢》小序。另外一次"触忆嘉名"则还是跟"梅"有关，词中
　　"暖寒唯自觉，朱粉倩谁分""但使琼枝在，宁嫌芳梦疏"（《触忆》）的
　　表达，确实也颇令人联想到黄绍兰。但我们不妨同时记起黄侃自己早年
　　也是"字梅君"。分见《黄季刚诗文集》，第 373、51 页；潘重规《黄
　　季刚先生之笔名》，收入《量守庐学记》，生活·读书·新知三联书店，
　　2006 年，第 188 页。

[4] 这一点，并不长于文辞却极为擅长"对他者与伦理的细致踏实的介入"
　　的熊希龄处理婚姻与家庭的方式，毋宁就是最好的对照。参见本书后文。

[5] 《风入松》小序，《黄季刚诗文集》，第 402 页。

[6] 《瘗语》，《黄季刚诗文集》，第 271 页。

[7] 壬子（1912）六月《繆华词》编成自记，《黄季刚诗文集》，第 372 页。

拒绝过。

平情而论，在黄侃最后一桩婚姻中，尽管颇有"诟谇"不已的争吵记录，[1] 也频频抱怨孩子吵闹有扰治学，却也不似《黄侃评传》中分析的那样不堪。[2] 以黄侃的气性暴躁 [3] 以及日常生活常态，夫妻间时有争吵实属正常，况且他们之间"款语" [4] 的出现频率并不比"诟谇"更少。他不仅颇有"齐家"的努力，例如"与陶论家道"，[5] 更在在可见生命最后十二年他的日常生活颇称稳定，在"妻帑同胜赏，不负水云乡" [6] 的安适中享受天伦之乐；偶尔离家外出，更是思儿念女甚是情长，还要寄情诗给妻子 [7]；类似《浣溪沙·春晚寄内》"临砌爱看花结子，

---

[1] 1928 年 8 月 11 日等处，《黄侃日记》中，第 353 页。

[2] 参见该著第 179—183 页。所谓"附骨疽"（1928 年 8 月 11 日）的说法以及妻子何以"前日相扑伤臂"（1928 年 8 月 16 日），据 8 月 14 日"诟谇叫呼，令人不胜其忿，至午少衰，犹无饭吃，携两儿食于快活岭"之后即遣去"佣媪吴"并认为"此人善挑拨，使室家不宁"的记载，显然此前局面乃是黄妻与佣人之间发生的冲突，而非他们夫妇间大打出手。

[3] 其知友汪东所谓"遇小事，弁急不能忍晷刻"，见《蕲春黄君墓表》，转引自《黄侃年谱》，第 21 页。

[4] 1928 年 8 月 29 日等有多处记载。

[5] 其妻黄菊英字"亦陶"，1928 年 6 月 4 日，《黄侃日记》中，第 301 页。

[6] 《五月廿日与妻子泛舟北湖》，1928 年 7 月 7 日，《黄侃日记》中，第 331 页。

[7] 参见 1928 年 7 月 17 日—28 日游庐山期间日记，《黄侃日记》中，第 337—338 页。他写下"日日书帷对岚色，争如天际认烟鬟"这样妩媚的诗句，还要卖关子"此诗别有兴寓，不可语人"，却直接将诗寄给了妻子（第 338 页）；得到妻子的回信他会"甚乐"（第 344 页）；甚至担心年轻的妻子"夜凉甚，不知为儿加衣被否"（第 337 页）；回到家中看到儿女并俟他也心感"甚慰"（第 348 页）——此类近乎婆婆妈妈的儿女情长在在多有。

卷帘喜迓燕将雏，始知春晚胜春初"[1]之类表达，虽然无法确认他的诚恳度（犹如他写给黄绍兰那些诗），但至少在字面上他很是讨好自己的小妻以及满意自己儿女绕膝的中年——当然你不能深究他"不能解脱合缠绵"的立场是否吻合佛教教旨，既然早岁他的佛教体验可能也不过就是"侬愿为欢死，憔悴更不辞。俱生世尊前，缠绵无尽时"。[2]妻子生日时他每次都会特意记下岁月："生二十七年矣""年廿八矣""廿九岁"，[3]结婚纪念日也会特别注明"亦陶来予家八整年矣"[4]……这毋宁是一位年长夫君的低调的温存。面对年方双十就嫁给他的小妻，和他情绪波动、涕泪涟涟与彭氏纠纷的那些年相比，无论从主观还是客观，黄侃对生活的满意度和平静感都明显好转，他安稳了不少。即使遭逢战乱流露的逃难之苦，他依然觉得"惟幸妻帑差解事，晨征夕宿总相依"。[5]但伴随着岁月磨损与业力勾牵，黄侃生命最后三年对家庭生活的不满的确相对增多起来。例如1933年7月25日，"家事益见纷纭，令人无言"；同年8月27日，"七夕佳节，瓜果阙然，独坐怅惘而已"；同年10月

---

[1] 1929年4月28日，《黄侃日记》中，第544页。

[2] 分见《无题》（1923—1924年）、《华山畿》（1912年），《黄季刚诗文集》，第11页。

[3] 1929年阴历九月二日、1930年10月23日、1931年10月12日，《黄侃日记》中，第580页；下，第677、745页。

[4] 1932年2月3日，《黄侃日记》下，第765页。

[5] 《辛未除夕和苏子瞻除夕野宿常州城外诗二首》，《黄侃日记》下，第774页。

23 日,"三界无安是真语,实语,不诳曲语";1934 年 8 月 25 日,"为家用不节,甚烦";同年 9 月 6 日,"儿辈无人照管,为之不怡至夕";1935 年 8 月 8 日,"儿女无人照管加衣,为之心烦";等等。日记中频频出现的"枭鸣"确实暗指了家人的吵闹。但他仍然会为妻子购买衣橱置其榻前(1934 年 9 月 24 日)等琐事加以关照。[1]

在黄侃的主观认知中,尤其是对儿女的婚姻大事上,我们依然经常会看到一个相当传统、理性的儒者:

> 为儿女求婚姻,皆宜审慎,若子娶不肖之妇,固为家道之忧;而女适非人,乃无异沉沦猡犴。尔时预干与则已迟,不干与则不忍。进退维谷,不亦伤乎? [2]

虽然自惭且自居于"章句之儒",他一定还是以某种"儒"来自我定位的,例如《感事》诗中他会自称"长贫良不愧儒生",[3] 他甚至会一本正经表彰他那些节孝旌表的嫂氏如何"身执勤苦,小小恭敬",并且希望"举一门为例,而天下可知也"。[4]

也正因此,黄侃之词的确只能算作"情词",并不淫艳,

---

[1] 分见《黄侃日记》下, 第 914、920、933、932、1014、1095 页。
[2] 1922 年 2 月 20 日,《黄侃日记》上, 第 112 页。
[3] 1922 年 3 月 17 日,《黄侃日记》上, 第 121 页。
[4] 1932 年 10 月 21 日,《黄侃日记》下, 第 843 页。

例如和他万万看不上的易顺鼎相较。但像如下《浣溪沙·萧寺秋夜》之类，"顶礼空王一瓣香，死生流转费推详。爱河觉路两茫茫。　　但得团圆甘堕落，为他忏悔更思量。残灯清磬易回肠"，虽然没有易顺鼎式的"礼罢空王礼花王"泼辣露骨，精神基调却也是一致的。基于眼光与心性的某种聪明，黄侃对于不够雅驯的文学表达格外敏感而反对，例如指责杨无咎《逃禅词》"诸词直是淫哇"，"虽庄士阅之，亦未免荡心"；[1] 对于"艳诗连篇"的写作他明确表示"可厌"。[2] 他喜欢的词学风格，如果说周邦彦更多基于音韵，纳兰性德和晏几道毋宁更接近他的情感需要和审美品位：[3] 柔丽，清秀，薄脆。他的爱拟六朝民歌，尤其惯摹欢场女子声口，也是不必讳言的。

四、"发明""发现"与"黄绢"无著

被世人期许甚高的"章黄"之学于 1935—1936 年先后落幕。更大的遗憾当然属于英年早逝的黄侃——章太炎毕竟年将古稀且著作等身。黄侃身后，同样已将不久人世的章太炎依然记得弟子著述无成的遗憾：

[1] 1922 年 4 月 17 日，《黄侃日记》上，第 148 页。
[2] 1931 年 3 月 17 日，《黄侃日记》下，第 690 页。
[3] "晚归诵纳兰词""阅小山词竟"，1913 年 10 月 12 日、1922 年 3 月 29 日，《黄侃日记》上，第 16、126 页。

> 季刚不轻著书，余趣之曰："然轻著书，妄也；子重著书，吝也。妄，不智；吝，不仁。"[1]

黄侃遗著为其弟子辈整理出版，章太炎的序言更为正面地给出了黄侃 "不轻著书" 的理由：

> 说经独本汉唐传、注、正义，读之数周；然不欲轻著书，以为敦古不暇，无劳于自造。[2]

章太炎此言应该是有本的。证据之一，是黄侃生前尝叮嘱子弟，异日著作付梓时其诗词不必附载，其理由则以牌语相拟，"天九已为古人攫去，吾获地八耳"。[3] 早在 1930 年 7 月他即尝对日人仓石武四郎言及 "读书不必自出新义，能解古人之意，于余足矣"。[4] 1933 年 4 月 6 日也在日记中直言："吾辈今日仓皇著书，朝成暮刊，为悔多矣。" 但当年 10 月 12 日他又自拟联语 "俗坏空思医国手，体羸犹起著书心"，[5] 去世前不足一月甚至有了颇为具体的撰述计划，"思辑论古来传注疏得

---

[1] 章太炎作黄季刚墓志铭，转引自《黄季刚诗文钞》"校订说明"，湖北人民出版社，1985 年，第 1 页。

[2] 1936 年 4 月，《黄侃论学杂著》章太炎序，台北文史哲出版社，2014 年，第 1 页。

[3]《原刻量守庐词钞曾缄序》，《黄季刚诗文集》，第 338 页。

[4]《仓石武四郎中国留学记》，第 195 页，转引自《黄侃年谱》，第 313 页。

[5] 分见《黄侃日记》下，第 886、929 页。

失，为传注通诠"，[1] 于此也算念兹在兹。

笔者以为，黄侃年未及中寿固然是其著述无多的重要原因之一，但"五十之前不著书"的发愿则不仅跟黄侃一度重"发明"而轻"发现"的治学理路内在相关，[2] 亦跟其中岁开始折中汉宋的学术立场有关，更跟其情性状态以及现代"述学"文体的转型有关。

黄侃生命后期已经不再如早年的一味轻视"罗（振玉）王（国维）"之学，[3] 对于其他学脉也不再一味尖刻攻击，[4] 甚至对于时文与桐城都不再一味排斥，[5] 对于他护持甚力的骈体文也察

---

[1] 1935 年 9 月 9 日，《黄侃日记》下，第 1103 页。

[2] 吉川幸次郎《我的留学记》中将"发明"之学大体概括为"发掘文献内存的证据""重新获得理解、见解"，并在和黄侃的对比中将"当时在日本作为权威看待的罗振玉、王国维两人的学问，从哪个方面看都是发现，换句话说是倾向资料主义的"（转引自《黄侃年谱》，第 325 页）。这显然并不公平。晚近针对王国维学术的"发明"之功，学界多有发见，兹不赘述。

[3] 尽管 1928 年 6 月 15 日"缮流沙堕简、汉晋书影甚有味"，6 月 18 日却又激烈攻击此"要之经史正文忽略不讲，而希冀发见新知亦掩前古儒先"的"今日风气所趋"，分见《黄侃日记》中，第 309、313 页。而章太炎 1924 年致吴承仕函中所言"今之治乌龟壳、旧档案者，学虽肤受，然亦尚是旧学一流"即是针对黄侃反对时学的激烈态度发言，并且自知"劝之必不听"。《章太炎全集·书信集（上）》，第 445 页。

[4] 所谓"南皮、吴县之徒，则以目录金石眩人；李慈铭、王闿运之党，则以大言浮词感世；至端方辈，则清客而居大位者也康有为辈，则奸民而饕盛誉者也。不独纪、阮之淹博，惠、戴之精纯，去人已远，即姚、曾辈亦何可几及哉"，1928 年 6 月 28 日，《黄侃日记》中，第 321 页。

[5] 1933 年 3 月 8 日，"时文岂可尽非乎"，《黄侃日记》下，第 678 页。

觉到其"通病"所在,[1] 并开始反思"枣木传刻,盖已失真。是用勤探金石之书,冀获壤流之助。近世洹上发得古龟,断缺之余,亦有瑰宝"的可能性。[2] 在事关黄侃的判断上,基于他的情性,任何"坚决"乃至"刚正耿直、精勤刻苦"[3] 之类说法可能都是可疑的表达。他在日记中留下了不少关注新兴"发现"之学的证据,例如在金陵大学借"龟书三种";托人代购《殷墟卜辞》、求《藏龟之余》《书契精华》;求罗振玉《殷墟书契菁华》《秦汉瓦当文字》《古镜图录》《雪堂所藏吉金文字》;求董作宾《新获卜辞写本》等。[4] 他开始承认仅好许书(《说文解字》)而"于数百年所出之古文字,所见未宏"毕竟遗憾、山川鼎彝足以羽翼《说文》、不可"徒执木版传刻之篆书"。[5] 但就后来的事实看,他似乎并没能够得其三昧。辛未(1933)正月初一理书:"以敦煌出书及龟壳文字置之屋中架上,近世之所谓古学也;无瑕观之,姑以自娱,亦犹乡人偶入城市,归诧家人以未尝到者而已。"此言毋宁语带讥讽。那天他的日课还是"诵《周礼·正义·天官》"。[6]

---

[1] 日记 1929 年 2 月 12 日,"《史通》《叙事篇》:'应以一言蔽之者,辄足为二言;应以三句成文者,必分为四句。'此骈文之通病,非独史也",《黄侃日记》中,第 492 页。

[2] 《与徐行可书》,约于 1929 年 9 月中旬,转引自《黄侃年谱》,第 289 页。

[3] 李婧《黄侃文学研究》,第 1、8 页。

[4] 1929 年 10 月 23 日、28 日、31 日,12 月 15 日、19 日等处记载,《黄侃日记》中,第 590、591、596、597、598 页等处。

[5] 1929 年 11 月 1 日《与徐行可书》,转引自《黄侃年谱》,第 293 页。

[6] 1933 年 2 月 17 日,《黄侃日记》下,第 683 页。

但这依然不能单纯归因于黄侃的保守旧疆拒绝新知。1935年7月7日，其时距离黄之突然去世仅剩四个月，读《清史·传》之余，黄侃特意抄录一则：

戴敦元金溪（开化人，刑部尚书，谥简恪），幼有异禀，十岁举神童，博闻强识，目近视，观书与面相摩，过辄不忘。至老或问僻事，指某书某卷，百不爽一。尝曰："书籍浩如烟海，人生岂能尽读？天下惟此义理，古今人所谈，往往类同。当世以为独得者，大抵昔人唾余。"罕自为文，仅传诗数卷。喜天文历算，讨论有年，亦未自立一说。

他并且说明，"此传读之，深契予意"。[1]

黄侃喜欢高标自赏，他的表达一般都应作两解。如上举证，一方面说明他对学问的义理大体确实有所会得："发明"与"发现"作为他学术视域的核心议题依然成立。而他善于批评的天性也决定了他的对反意见同样会针对自己，所谓"偶思营禄惭妻子，每欲刊文畏友朋"，[2] 这种尖锐极端的个性对于必须有所"结构"的"立言"[3] 并不利。但另一方面，此语也是

---

[1] 《黄侃日记》下，第 1087—1088 页。

[2] 1931 年 7 月 1 日，《黄侃日记》下，第 718 页。

[3] 当然尚且为圣贤、亲情、学问等保留崇高地位的黄侃毕竟不同于"解构冲突"强烈到消弭一切的易顺鼎，参看本书第一节相关论述。

为自己宽解，所谓"书籍浩如烟海，人生岂能尽读"。黄侃读书用功固是事实之一面，另一面却也是日日嬉游，他花在酒宴、牌局（后期稍好）、游山玩水上的时间实在很多，日记中经常看到他大醉归家继续点校书籍的记录——我们是有理由怀疑如此读书的精诚与效果的。最明显的证据无过 1935 年中秋节前他"且因节近，令偿诸债。酒债六十二元，书债仅二十五元耳"——他自己都觉得"可笑"。[1] 此际距离他的去世已经仅剩一月时间。何况长期不检点的生活习惯以及岁月渐增已经让他感到了"竟日昏睡，精力衰矣"的体力下降的现实压力。[2] 无论众人追忆还是日记自陈，虽然中岁之后黄侃的确"努力篇籍，发愤求明"，学问上有相当勤奋一面，绝非自暴自弃之人，[3] 但在摒弃"过多之嗜好"方面他显然并不成功。他太容易分散精力，烦恼障很深，[4] 比照他在中央大学讲堂中告诸生"心

---

[1] 1935 年 9 月 6 日，《黄侃日记》下，第 1103 页。

[2] 1935 年 7 月 29 日。触目皆是的"午后醉眠，至暮乃起"以及相应的熬夜、"醉甚"，乃至"夜赴打牌……至一时半乃归"是遍及日记的。而 1935 年 8 月 22 日他开始购花镜，《黄侃日记》下，第 1092、1013 页。

[3] "学术众多，人皆努力"，"人之生，又安可以自弃乎哉"，1922 年 1 月 19 日，《黄侃日记》上，第 54 页；又如"以后钞、校、点、撰为每日之程课"，1928 年 6 月 4 日，《黄侃日记》中，第 301 页；一旦"连日无故缺课"之后他就"意殊恨之"，1928 年 9 月 7 日，《黄侃日记》中，第 367 页。

[4] 去世前两天，日记中依然有"益懊恼""更烦人心"的记载，虽然这的确跟他当时的病苦有关，1935 年 10 月 6 日、7 日，《黄侃日记》下，第 1111 页。

者, 虚壹而静"[1] 的微言大义, 读者未免会有很梦幻的感觉。而
"其学或不专"的问题 [2] 章太炎似乎早就有所认识。

这客观与主观原因甚至黄侃自己亦皆有所见, 1926 年 2
月 20 日《致徐行可书》有谓:

> ……兄积书连屋, 鲜繁寻之功; 弟妄念纷纭, 无贯彻
> 之望, 此宜互相督过也。常人每自尊大, 至于吾辈, 见事
> 略多, 辄自谓比于古人, 曾无其足垢之一屑。前路遥远,
> 我劳如何乎? [3]

这一点毋宁也是黄侃与其师章太炎最明确的分野: 和多
嗜欲的黄侃相校, 章太炎近乎是"无嗜欲"的另外一个极端例
子。此题本书另文详述, 此处从简, 仅聚焦"章黄之学"异同
而略作阐发。

章太炎虽常被视为"古文最后的压阵大将"(胡适语),
其一生奔走于政治与学术之间才是不争的事实, 黄锦树
(1967—)昔年稚嫩锐利却颇见才气的硕士论文曾相当好地展
现了章太炎的生命风姿:

---

[1] 1935 年 5 月 9 日,《黄侃日记》下, 第 703 页。
[2] 桥川时雄《章太炎先生谒见记语》, 载《制言》第 34 期, 该谒见发生在
    1931 年 8 月 3 日, 参见《黄侃年谱》, 第 339—340 页。
[3] 文见《黄季刚诗文集》, 第 506 页。

　　章太炎一生思想数变，生活也可以说波折很多，可是他的立足点始终没有放弃（即使是短暂的、策略的——这是他和其他革命、维新及后来的新青年的根本不同），也可以说是他一直并没有辜负俞樾给予的八年诂经精舍的传统文化教养，他把中国文化的命运当做是自己的责任承担了下来，把个体生命和文化角色（的功能）连结起来，对于传统文化的批判、拆散也并非把批判、拆散当做目的，而是为了重构——把个人的经验结构和时代感受植入，是以解码是为了重新符码化……"余学随有师友讲习，然得于忧患者多"。（《自定年谱》，317）理解和书写的历史性，已尽在此言中。[1]

　　与同钱基博以为"（章太炎）自诩前识，其言往往而中。然世儒之于炳麟，徒赞其经子诂训之勖，而罕会体国经远之言；知赏窈眇密栗之文，未有能体伤心刻骨之意"类似，[2] 黄侃所撰《太炎先生行述记》中也明确道出老师的心曲："其授人国学也，以谓国不幸衰亡，学术不绝，民犹有所观感，庶几收硕果之效，有复阳之望。"[3] 可以说这也是被时人认为黄同样"主张以经治国，故极力专研小学"[4] 的原因所在。和神迷"共

---

[1] 黄锦树《章太炎语言文字之学的知识（精神）系谱》，新北花木兰出版社，2012年，第63页。
[2] 氏著《现代中国文学史》，《中国现代学术经典·钱基博卷》，第94页。
[3] 转引自黄锦树《章太炎语言文字之学的知识（精神）系谱》，第65页。
[4] 1935年10月26日《王子壮日记》，转引自《黄侃年谱》，第427页。

管"的郑孝胥（1860—1938）不同，[1] 黄侃甫一听闻"三民主义将化为三共主义"即断其为"不祥之言"，[2] 这毋宁是经由文化自信挺立的国族敏感。

但和乃师相比，黄侃"嗜欲重"的表层反应就是他没有章太炎的坚韧、执着，"七被追捕，三入牢狱，而革命之志不辍"，章太炎将中国文化的命运与自己的命运一体而共的性格与毅力因此带上了一种相当奇异的宗教色彩。黄侃却未能避免轻飘飘的文人气。

章太炎昂扬顽强的"大体"与"主体"生命的挺立，[3] 饱经"忧患"之外亦缘于他思想资源的丰富而驳杂，[4] 其中对宋明理学的吸收亦昭彰可见。黄侃一度对宋明理学的接受似乎同样出于生命的自觉，1931 年 11 月 6 日他开始阅读《宋元

[1] 参见本书《情性，还是政治：郑孝胥的深心》一节。

[2] 1931 年 12 月 27 日，《黄侃日记》下，第 762 页。

[3] 在此问题，黄锦树关于龚自珍的一段论证颇说出一段理趣："（龚自珍）的意义在于，他在某种意义上解放了困锁的认知——实践主体，而着眼于当世之务，布衣论政，既上乾嘉朴学衰败，又是'常州精神之所寄'。……龚自珍的意义在于他初度尝试让失落的'主体'和'大体'复归。就这一点而言，他不愧是晚清思想解放的先驱，也无怪乎维新知识分子会把他追认为精神上的父亲。"文见氏著《章太炎语言文字之学的知识（精神）系谱》，第 47 页。所谓"存经文，玩大体"，见上书注 14。章学诚《文史通义》亦尝言之："不知大体，用功愈勤，而识解所至，亦去愈远而愈无所当。"（第 136 页）

[4] 王汎森尝以此作为太炎身后章门弟子颇陷困顿之一解——因为他们均没有乃师这种游走驳杂之间而不为其困的能力，亦可参考。见氏著《传统的非传统性：章太炎思想中的几个面相》，《章太炎的思想——兼论其对儒学传统的冲击》，上海人民出版社，2012 年，第 12 页。

学案》[1]——本年 6 月 30 日还曾在日记中录下黄宗羲(1610—1695)诗"至文不过家书写,艺苑还从理学求",并言"此语余甚爱之"。[2]11 月 13 日写信给弟子也是日后的女婿潘重规(1907—2003)即称:

> 若夫养心制行,非问道宋、明先儒不可。近日日读宋元、明《学案》一卷,对于生平行事,悔吝多矣。何术以晚盖? 尚不能知也。[3]

他简直都要在学术立场上再次改换门庭了。此后不久,该年 12 月 5 日,章太炎写下《与黄季刚论理学书》,其中提及"理学需取其少支离者""王门高材,多在江西""然因是谓理学可废,佛法可专尊,则又不然。人世纪纲,佛书言之甚略。五戒、十善,不如儒书详备多矣"[4]等观点。12 月 10 日黄侃特意摘录"晦翁(朱熹)读书法六条":"循序渐进。熟读精思。虚

---

[1] 《黄侃日记》下,第 749 页。之前他已经有接触《濂洛风雅》(元金履祥)。不过根据作于 1929 年的《文学纪微·标观篇》(发表于《晨报·副刊》)判断,当时他对理学风味的文学观念如《文章正宗》(宋真德秀)和《濂洛风雅》被视为"文彩不彰",是比较负面的判断。转引自《黄侃年谱》,第 300 页。

[2] 《黄侃日记》下,第 717 页。

[3] 转引自《黄侃评传》,第 323 页。

[4] 载《制言》第 16 期,转引自《黄侃评传》,第 324 页。1932 年避寇北上期间,章、黄师徒之间亦曾针对明儒之学有所评骘,见日记 3 月 1日、4 日。《黄侃日记》下,第 756—757、780—781 页。

心涵泳。切己体察。着紧用力。居敬持志。"[1]12 月 17 日续读《明儒学案》，19 日甚至"枕上习静，颇有所得"——开始了工夫实践，然后为自己提出了"主养和"的修身要求，其中包括"终日无疾颜遽色。乐道而忘人之执。无情之物不足以烦恼；无情之人[2]不足以烦恼；无可奈何之事不足以烦恼，不能思之理不足以烦恼。人有不及，可以饶恕；非意相干，可以理遣。往事不可悔，徒悔无益；修来，则改之、补之矣"[3]等细致条目。只是从他生命最后几年的实际情况看，他是看得到却未必得到，尤其是难以坚持。至于所言"看学案至泰州颇有省"，"看泰州学案，王一斋似有可取"，[4]既能看出黄侃"重情"的倾向依然故我，[5]同时也不能太把他此言当真——例如之前他曾将"泰州教"和"义和团"相提并论。[6]也就难怪《汉唐玄学论》中他诋毁宋人"（朱子）不悟其思虑之纷纭，议论之支离"；[7]日记中也有针对《论语》中"子罕言利，与命与仁""性与天道，不得

---

[1]《黄侃日记》下，第 759 页。

[2] 耐人寻味的是，此语之后黄侃自注，"自妇子佣人以至所接者大抵属焉"，何以他认为自己身边皆是"无情之人"？此亦是进入黄侃"情性"世界的要点：与他诗词世界的"无题"的"独语"类似，他和他人的情感沟通显然并不顺畅。

[3]《黄侃日记》下，第 760 页。

[4] 1931 年 12 月 25、26 日，《黄侃日记》下，第 762 页。

[5] 关于晚明泰州学派，可参见黄文树《泰州学派的教育思想及其影响》，《汉学研究》第十六卷第一期，2000 年。

[6] 1922 年 1 月 18 日，《黄侃日记》下，第 55 页。

[7] 文载《制言》16 期，转引自《黄侃年谱》，第 365 页。

而闻"等观点认为"宋明儒者,常言之矣。学其学者,备闻之矣"为"可怪"。[1] 黄侃的精神主调确实只能算作文士——或如其言"章句之儒",精思博辩所得甚浅,遑论真修实证。虽然他自己同样不满"文士可贵不当为,文章毕竟是何物"(《题〈归潜志〉》),[2] 这一点也是章太炎早看得透彻,以为"佛法义解非难,要有亲证,如足下则近之(笔者按,指吴承仕),季刚恐如谢康乐耳"。[3] 同时章太炎对黄侃的"性情乖戾"也甚为了解,"去岁曾以'忠信笃敬'勉之,彼甚不服",并且预感到"季刚性行,恐难免于乱世,是则深可忧耳"。[4] 实事求是讲来,无论存世书信的数量与质量,明显是吴承仕(1884—1939)与章太炎的关系更为亲密,甚至也更深刻。1935 年 9 月 16 日《制言》第一期出版,一份公开的弟子名录里,的确吴承仕名列第一,

[1] 1931 年 12 月 28 日,《黄侃日记》下,第 763 页。

[2] 1933 年 11 月 9 日,《黄侃日记》下,第 937 页。

[3] 1918 年 11 月 13 日章太炎与吴承仕书,同函当中太炎还道及"往者季刚辈与桐城诸子争辩骈散,仆甚谓不宜。老成攘臂未终,而浮薄子又从旁出,无异元祐党人之召章、蔡也",《章太炎全集·书信集(上)》,第 414—415 页。所谓"浮薄子"即指彼时正在北大发动的新旧文学之争。1917 年 5 月 23 日另外一封致吴承仕函中,章太炎又言"每见欧阳竟无排斥理学,吾甚不以为是,此与告季刚勿排桐城派类似。盖今日贵在引人入胜,无取过峻之论也"(同书,第 412 页)。《黄侃日记》(上)也保留了吴承仕于佛学甚精进的记录:"(《瑜伽师地论》)每卷之末,皆有简斋题阅书月日,归敬本尊。"(第 46 页)章太炎之深知黄侃还包括"揣季刚生平,敢于侮同类,而不敢排异己"(1924 年 10 月 23 日)这一别致判断。

[4] 1927 年 12 月 6 日《与吴承仕书》,《章太炎全集·书信集(上)》,第 463 页,转引自《黄侃年谱》,第 231 页。关于该书信时间,后者有所辩证。

而黄侃名列第三。[1] 举世好称"章黄"，大约也是为吴承仕低调持重、朴实简净的个性不太容易博人注意。

黄侃对理学的接触和接受与佛教类似，不久便搁置一边，继续其"书淫"[2] 生涯。他为自己 1932 年 2 月 19 日新生之子命名"念宁"，祝愿天下安宁、牵挂辽宁战事、以其生于江宁之外，第一理由就是希望儿子"他日师宁人（笔者按，即顾炎武）之淑身淑世"，其小字也定为"师绛"，[3] 可见他的师从体系又已经跑到顾亭林一边了。[4] 而众所周知，能说出"经学即理学"这句名言的顾炎武，其学传承宗趣并非纯粹性理一脉。即使顾炎武身处宋明理学之后（明朝结束所象征的）之宋明理学遗绪中一个"救弊"的位置上，他有愿力必须把六经所指涉的客体（典章制度）重新召唤回来，以限制晚明过度膨胀的实践主体；同时却不能让主体的动力因而萎缩。[5] 显然黄侃绝没悟到这一层。

---

[1] 名列第二的是汪东。黄绍兰名列第十六。转引自陈学然《再造中华：章太炎与"五四"一代》，上海人民出版社，2019 年。

[2] 此胡小石语，类涴，参见日记 1930 年 10 月 7 日，黄侃则自解为"视顷身障簏，求田问舍者犹为愈也"，《黄侃日记》中，第 673 页。

[3] 顾炎武本名绛。《黄侃日记》下，第 872 页。

[4] 他的下一次阅读张载语录与龟山语录，已经是 1934 年 4 月的事了，虽然觉得前者"有味"（1 日），但也就是一过而已。参见《黄侃日记》下，第 975、976 页。

[5] "顾炎武发展出来的一条回到古代（先秦）的路，便是他开创的一套特殊的方法论；那目的地上，经学和理学尚未分家（"古之所谓理学，经学也"）、主客体尚未分离"，参阅黄锦树《章太炎语言文字之学的知识（精神）系谱》，第 20 页。

就此而言,黄侃身后,杨树达(1885—1956)对他的微词固然不免同行相轻,但也并非事出无因。杨树达不仅认为黄侃"于《说文》烂熟,然其所推论之孳乳多出于悬揣,不足为据。大抵此君读书多而识解不足,强于记忆而弱于通悟",更从学术源流的角度对"章、黄"之学毕竟不同给出了深刻评价:

> 清儒学问本分两派:皖派江、戴,主实事求是;吴派惠氏,言信而好古。皖派有解放精神,故能发展;吴派主墨守,则反之。戴弟子有王、段、孔三家,各有创见。惠弟子为江声、余萧客辈,抱残守缺而已。俞荫甫私淑高邮,太炎师荫甫,实承皖派之流而宜光大之。季刚受学太炎,应主实事求是;乃其治学力主保守,逆转为东吴惠氏之信而好古。读《诗》必守毛、郑,治《左氏春秋》必守杜征南,治小学必守许氏。于高邮之经学,不论今古文家法惟是之从者,则力诟之,此俗谓开倒车。

杨树达并直言"世人皆以季刚不寿未及著书为惜,余谓季刚宗旨既差,虽享伏生之年,于学术恐无多增益也",与本文之前的分析正可相辅相成、相反相成。[1] 甚至一生溺爱黄侃的章太炎在其身后都以"闭拒太严"而解释其"著述无传",[2] 毋

---

[1] 氏著《积微翁回忆录》,第105—106页,转引自《黄侃年谱》,第418页。
[2] 1935年10月9日致吴承仕,《章太炎书信集》,第374页,转引自《黄侃年谱》,第425页。

宁也是异曲同工。但杨树达能将侄儿杨伯峻（1909—1992）亲送入黄侃门下求学，自然更是相重之意。对黄能欣赏其治理《汉书》也是视为"真实之业自有真赏音"，"益喜吾道不孤"。[1]杨伯峻《黄季刚先生杂忆》一文中更生动记载了黄侃讲学之用力用心、对文章诗词的由衷喜爱以及即席吟咏的胜出才华，[2]此与质朴无华以"积微"见强的杨树达自有材性的具体差异，故论学也容易见仁见智。

　　历代知识人特别是以儒者自居的都难免要关心政治。早年黄侃曾因《大乱者救中国之妙药也》这篇名文称行一时并曾酒后骂座（立宪派），[3]但追求"冲决网罗"[4]与"群龙无首"[5]无非时代的一时共业，这些都不能当真。即使黄侃本人也未必当真。很快他就意识到自己真正的强项与使命就是治学，所谓"欲报父母深恩，只有绩学著书之一路而已"，劝诫好友亦以为当"勿预人事，揖志为学"。[6]但"谋国·安人·立身"这套话语依然会联袂出现于他的视域与议论，[7]这是约定成俗，也是习惯自然，也未尝不是他希望成为的那个"更好的自己"。尽管

---

[1] 氏著《积微翁回忆录》，第 64 页，转引自《黄侃年谱》，第 361 页。

[2] 参见《黄侃年谱》，第 357—360 页。

[3] 参见《黄侃年谱》1911 年 7 月 25 日条，第 57 页。

[4] 谭嗣同《仁学》，《谭嗣同全集》，中华书局，1981 年，第 4、33 页。

[5] "群龙无首他无事，好与驱除万恶门"，转引自杨天石《南社》，中华书局，1980 年，第 37 页。

[6] 1922 年 9 月 25 日、1928 年 6 月 16 日，《黄侃日记》上，第 197 页；中，第 311 页。

[7] 例如 1931 年 12 月 28 日对友人言，《黄侃日记》下，第 763 页。

恣肆放逸缺乏检束,黄侃短暂的一生的确并未放弃希望成为一个"更好的自己",犹如他会因为"看杂书亦不能毕一卷"的心思散漫的精神状态直以"可耻"自责。[1]

遗憾的是,尽管并不能单纯以"章句之儒"定位黄侃,但"以经治国"的确不是"章句之儒"能够承荷的。面对"学弊政乖人纪坏,不知青史对谁苛"[2]的此世此界,黄侃亦颇想有所作为,但和仆下身子背负苦难的熊希龄(1870—1937)或乃至对文化志业生死以之的章太炎不同,[3]黄侃这类情性状态面对"吾民之残忍侵陵,略为教化,虽至危亡,亦自取之"[4]的现实处境其实很难拿出具体有效的应对策略,况兼少有余绪他未免又去寻欢觅醉。和一生薄嗜欲的章太炎不同,黄侃一生的软肋确在嗜欲重却又没有痛下苦功自我收拾,尽管他对此有明确的理性认知,这就是充斥其日记的痛悔之情。尽管一度涉猎宋明理学,但"惟务养情性""与天地同其大"(程伊川语)的儒者细密的践行与见性工夫显然从未深入过黄侃的思考领域;"情归于性,是为至情"[5]的理学至言亦从未进入黄侃的关注视野;"致知者,惟归寂以通感,执体以应用"[6],视性情之间是"未

---

[1] 1933 年 10 月 2 日,《黄侃日记》下,第 927 页。

[2]《辛未除夕和苏子瞻除夕野宿常州城外诗二首》,《黄侃日记》下,第774 页。

[3] 参见本书之后章节的相关论述。

[4] 1932 年 2 月 4 日,《黄侃日记》下,第 773 页。

[5] 王畿《答王敬所》,《王畿集》卷十一,第 277 页。

[6] 聂豹《赠王学正云野之宿迁序》,《双江聂先生文集》卷四,《聂豹集》,凤凰出版社,2007 年,第 95 页。

发"'已发'的体用关系，"致良知"就是在情的发用上用功夫，使之合于正——这类阳明学最为经典的理念更是从未介入过黄侃的修学实践。

虽然天赋情性感性而自恣，黄侃到底因为"一生劬学""临终手不释卷"[1] 的精神使其基本底色毕竟有别于"儇薄"的登徒子，[2] 他的人格与人生依然是倾向结构的，但薄弱的自控能力使得他任情纵性、师心使气的行径被放大，不仅成为其悲剧之生的基本原因，某种程度也为"世之言国学者必称章黄"[3] 留下了黯淡不华的心理阴影。所谓"独不能吞罗什之针者，必败阿难之道。故曰：学我者死"。[4] 无论愿望与语言上如何"惟期养性深山里，坐看秋林叶返根"（《送陈敦复》），黄侃的材性终究停留在了"夜挈子听金少山唱大面，洵称妙声"，[5] "临楼玩夕照，旋步庭中，赏垂柳，向暝持螯，今日秋光差不负也"[6]——他敏于声色，长于声色，也至死没有超越声色。士之立身不可不谨，正此之谓。

---

[1] 1935 年 10 月 26 日《王子状日记》，转引自《黄侃年谱》，第 427 页。

[2] 参见《原刻量守庐词钞曾缄序》，《黄季刚诗文集》，第 338 页。

[3] 居正《蕲汉大师颂》，转引自《黄侃年谱》，第 425 页。

[4] 参见《原刻量守庐词钞曾缄序》，《黄季刚诗文集》，第 338 页。

[5] 1933 年 9 月 20 日，《黄侃日记》下，第 926 页。

[6] 1934 年 9 月 28 日，《黄侃日记》下，第 1109 页。书中误作民国十八年。

第二编
制度典章与名物文章

太炎之学光怪离奇，当代学者依然要感叹他就某方面言仍然是个谜。但根据章氏一以贯之的精神气质，其留在近代文化史上最显豁的意义还要首推他对主体的"大体"复活的满血追求。将"依自不依他"视为章氏哲学思想体系的内在统一点是一种深刻的洞见，章太炎的确是近代道德哲学史上"最自觉，最有建树者之一"。

叁 "情圣"章太炎：
《影观诗稿》内外篇

一、"迷底"章太炎

"韦编三绝今知命，黄绢初裁好著书"，黄侃五十之年"遽中酒死"对暮年章太炎是个不小的打击，"他皆凌乱，不及第次。岂天不欲存其学耶！于是知良道之不可隐也"，[1] 他自己的确也在黄侃死后仅又活了八月有奇。章门另一高足汪东则将黄侃之死的性质说得更为严重：

---

[1] 章太炎《黄季刚墓志铭》，转引自《黄侃年谱》，第20页。

> 余杭章先生闻君之殁，以为"丧予"，绝学弗绍，有
> 等孔颜，六艺之衰，过于周季。[1]

但这毋宁也是汪东在为好友贴金。虽然一时流风并称"章黄之学"，无论学术性格还是人格质地，章太炎和黄侃的差异怕是不能以道里计。

身为最后的"朴学大师"兼革命狂人，太炎之学难免光怪离奇不可方物，当代学者依然要感叹"章太炎的学术见解呈现出极为矛盾的一面"，[2]"章太炎就某方面而言，的确仍然是个谜"。[3]但让后世学人颇感困惑的"章太炎学术的矛盾之处终其一生并未得到真正的解决"，于章氏本人可能实际并不存在：他也许当真"并没有提供真正贯通诸学的义理架构"，[4]却自有其贯通一生的精神架构。根据章氏基本一以贯之的精神气质，其留在近代文化史上最显豁的意义还是要首推他不惜借鉴东西古今各种可能经验追求对主体的"大体"复活，因为这种精神气质的一致性，将"依自不依他"视为章氏哲学思想体系的内在统一点无疑是一种深刻的洞见，章太炎的确是近代道德

[1] 汪东《蕲春黄君墓表》，转引自《黄侃年谱》，第 22 页。

[2] 邓秉元《章太炎与近代经学一瞥》，氏著《新文化运动百年祭》，上海人民出版社，2019 年，第 105 页。

[3] 黄锦树《章太炎语言文字之学的知识（精神）系谱》，第 4 页。

[4] 邓秉元《章太炎与近代经学一瞥》，作者并感慨章学的光怪陆离正"与晚清民初斑驳陆离的思想局面是相应的"。氏著《新文化运动百年祭》，第 105 页。

哲学史上"最自觉,最有建树者之一"。[1] 和多少对古学更为拘泥保守的黄侃不同,章太炎能将清儒家法直斥为"以狱法治经":

> 审名实,一也;重左证,二也;戒妄牵,三也;守凡例,四也;断情感,五也;汰华辞,六也。[2]

如何理解此处的"断情感"将要关涉到章氏的"情圣"气质,此下文另详。而将"治经六法"比拟于治狱之法意味着章太炎直觉到清代"朴学"所"治"者不只是作为对象的"经",也是主体(经生、经师),在二者不断互动的过程中居然构成了后者囚徒般的存在,"朴学"的命名似乎反映了一种认识论上的共同忧患:研究者与研究对象之间无法形成真正的精神联系。经学自身的内在结构往往被摧毁,内在理路常常被割断。[3] 黄锦树在相关研究中文学化地将其比拟为"整体不断被割裂为局部,再组合为满是裂纹的整体,那正是他们内在宇宙的存在状态"。[4]

充满革命精神的"朴学大师"章太炎有明确的将"主体 /

---

[1] 张春香《章太炎主体性哲学研究》,中国社会科学出版社,2007 年,第 2 页。

[2] 《说林·下》,《章太炎全集》四,第 119 页。

[3] 参阅邓秉元《章太炎与近代经学一瞥》,氏著《新文化运动百年祭》,第 111 页。

[4] 氏著《章太炎语言文字之学的知识(精神)系谱》,第 43 页。

大体""满血复活"的愿力：因为学问的客体化过程中认知主
体遭遇到过久的长期压抑，词语经由异化反而主宰甚至排除了
认知主体。知识愈是表现得纯粹、客观，就表示它离开它的
经验根据愈远。[1] 其相反而相成的表述，亦可以说在"清儒家
法"的治理之下"作为传统知识体系的经学"此际已经"对现
实无能为力"，遑论现实当中还充斥了各种"伪经学"。[2] 章太
炎因此鹤立鸡群于晚清到民国一波强似一波的对抗"君学"却
可能更为专制的"群学"主张：要求国民向国家的最高主体凝
聚，舍弃被乡土及血缘所决定的差等爱，以新的方式再加入
（rejoined）全国性的大社群。[3] 章太炎驳杂丰沛却相当深刻的
知识来源和倔强诚挚而又相当"自我"（尽管他一生都在依凭
佛教资源试图抵达"无我"之境）的天赋情性决定了他的"大
独"与"大群"[4] 精神终其一生的双向变奏："小群，大群之贼
也；大独，大群之母也。"[5] "可以视为无政府思潮右翼的代表，
即以儒者而倾向道家，在西学中实近于自由主义"的章太炎经
由庄学与大乘佛学的思想汇流特为看重对个体生命的平等与自
由的捍卫，对于社会与政治生活中的"以众暴寡"现象高度敏

[1] 参阅黄锦树《章太炎语言文字之学的知识（精神）系谱》，第 11、42 页。
[2] 参阅邓秉元《新文化运动百年祭——兼论周予同与 20 世纪的经学史研
究》，氏著《新文化运动百年祭》，第 28 页。
[3] 王汎森《章太炎的思想》，"附录：'群'与伦理结构的破坏"，第 233 页。
[4] "大独必群，群必以独成"，这一观点首出 1894 年的《独居记》，收入
《訄书》初刻本时更名《明独》。
[5] 《明独》，《訄书》重订本，上海三联书店，1998 年，第 244 页。

感。[1] 黄锦树至于充满深情地缅怀章太炎如何"半生奔走国事，全然没有政治野心，却也几乎骂尽了当代的政客和学者。对中国的过去的深刻了解，使得他提出的许多治国方略都显得射程太远，不为讲求立即效益的短见的政客所采纳。立功不得唯有退而立言，明夷待访"，[2] 对其见地与品行之高的崇敬可谓至极。

佛学对于章太炎整体学说的构成影响至深。从《齐物论释》（1910 年初本，1911 年之后定本）的以佛证庄，到《菿汉微言》（1914—1916 年间与吴承仕论学笔录，1916 年北京铅印本，1918 年收入《章氏丛书》）的会通儒佛，再至《菿汉昌言》的见微显用、核学敦仁（重点以唯识学解读宋明理学诸家），章太炎"自揣平生学术，始则转俗成真，终乃回真向俗"，[3] "居贤善俗，仍以儒术为佳"[4] 则是其"回真向俗"的具体皈依。并且章太炎对佛学的认肯并没有停止在学术层面，他更看重其拯世救民特别是唤醒人心的强大力量、如何能够"坐言起行"，清末在东京即倡言：

　　　　我们中国，本称为佛教国。佛教的理论，使上智人不

---

[1] 参见邓秉元《新文化运动百年祭——兼论周予同与 20 世纪的经学史研究》，氏著《新文化运动百年祭》，第 38 页；《检论·订孔下》，《章太炎全集》三，第 427 页。

[2] 氏著《章太炎语言文字之学的知识（精神）系谱》，第 64 页。

[3] 《菿汉微言》，《菿汉三言》，辽宁教育出版社，2000 年，第 61 页。亦见《章太炎佛学文集》，商务印书馆，2018 年，第 6 页。

[4] 1918 年 12 月 6 日致吴承仕，《章太炎全集·书信集（上）》，第 416 页。

能不信；佛教的戒律，使下愚人不能不信。通彻上下，这是最可用的。[1]

此言发挥将近二十年后，1923 年章太炎与梁启超（1873—1929）、蔡元培（1868—1940）、黄炎培（1878—1965）等人一起倡议成立"佛化新青年会"时，这一波"老成人"对"新文化"的解读，和日后牟宗三的立论其实颇有相近之处：

> 吾国学潮，自五四运动以来，一日千里。从表面观之，似勃勃朝气，赖此一般青年即足以改造中国而有余。详考其实，而种种流弊，亦即从此发生。旷时废学无论矣，而妄心妄想，如火炽然，因是不可止息。舍本逐末，日为虚荣虚誉之是趋，全弃务实求真之修养，何异疯人之狂奔，不殊演若之寻头。……启迷解惑，其法何为？除讲明真理，实践道德，使还纯返朴，起真正之信仰，具真正之学识，别无良法也。[2]

钱穆（1895—1990）明确指认这位"最后的朴学大师"的根本学术基地乃是以佛学"进退上下中国之全部学术史"，"知

---

[1] 章太炎《东京留学生欢迎会演说辞》，汤志钧编《章太炎政论选集》，中华书局，1977 年，第 273 页。
[2]《与海内外名流》，《章太炎全集·书信集（下）》，第 1026 页。

太炎言学，儒不如释之定见，始终坚持，迄未有改"[1]。但钱穆说"概不闻太炎曾为此等禅定静坐之功"[2]却是不准确的。虽然章太炎式的"依自不依他""自贵其心，不依他力"的实际证境既不能低估——因其不是妄自尊大或无知自大地鄙夷他者，乃是文化意义上的张扬一国固有之学以振民心、启民智，"自尊之念，处显贵者不可有，居穷约者不可无，要以自保平衡而已"；[3]也不宜高估[4]——"不执一己为我，而以众生为我"，[5]"悍然独往，自尊无畏"，[6]"敢直其身，敢行其意"。[7]如果没有如实证量，稍有偏颇情识用事，结果就是灾难性的，尤其在没有制度保障的情况下。但无论主观认知还是客观实践，章太炎显然对佛法"求实证"的本质都看得极重，[8]"佛法义解非难，要有亲证"，[9]"发明真如的见解，必要实证真如。发明

[1] 钱穆《太炎论学术》，载《中国学术史论丛》（八），东大图书公司 1980 年，第 348、357 页。

[2] 《太炎论学术》，第 357 页。

[3] 《国家论》，《章太炎全集》四，第 464—465 页。

[4] 参见《答铁铮》，《章太炎全集》四，第 369 页。即使当时，欧阳竟无、吕澂等人对章太炎的唯识学也充满质疑。有关"矿物、植物等有身识"的"创见"（《与李石岑》）更是连一向活泛的太虚法师都不得不提出异议。

[5] 章太炎《建立宗教论》，《章太炎全集》四，第 415 页。

[6] 章太炎《答铁铮》，《章太炎全集》四，第 370 页。

[7] 章太炎《议王》，《章太炎全集》三，第 457 页。

[8] "余称佛法唯宗教，为道德，不如称为哲学之求实证者"，《读〈灵魂论〉》，《章太炎全集·太炎文录补编》，第 369 页。

[9] 《与吴承仕》，《章太炎全集·书信集（上）》，第 419 页。

如来藏的见解, 必要实证如来藏". [1] 按照现代学术语言的表诠, "心斋—丧我—虚无"的确就是一种通往"道"的"方法(论)". [2] 对于"亲证其无我性", [3] 章太炎无论在理论还是在实践上都有很高的热情, 这与其一生热爱中医也算不谋而合。例如 1920 年与吴承仕函中已经提到"年来婴于疾疢, 颇究医方, 暇亦时作止观". [4]1927 与李根源函则说得更为详细:

> 自仲夏还居同孚路赁寓, 终日晏坐, 兼治宋明理学, 籍以惩忿。如是四月, 果有小效, 胸中磊砢之气渐能稍释。惟把捉太过, 心火过盛。重阳后, 因即停止晏坐, 暇时以诗自遣, 苦无唱和。[5]

1928 年 12 月 6 日致李函中再申:

> 今年本以胸有不平, 研寻理学家治心之术, 兼亦习禅。四月以来, 忿心顿释, 而遇事发露, 仍不能绝……孙君(笔者按, 当为孙夏峰)亦治理学者, 虽彼近朱学, 我取慈湖、白沙, 然惩忿治心之道, 本来无二, 而遇事感激, 辞

---

[1] 章太炎《论佛法与宗教、哲学以及现实之关系》,《中国哲学》第六辑, 生活·读书·新知三联书店, 1981 年, 第 300 页。
[2] 参阅张春香《章太炎主体性道德哲学研究》第一章第二节。
[3]《国故论衡·辨性(上)》, 上海古籍出版社, 2003 年, 第 138 页。
[4]《章太炎全集·书信集(上)》, 第 419 页。
[5]《章太炎全集·书信集(下)》, 第 921 页。

中不能不露锋颖，不知宋明诸老先生在此当如何也！[1]

约 1927 至 1928 年间致徐仲荪函亦谈道：

晏坐功力，近日略进，虽尚有断续，已觉胸中澄澈，惩忿亦渐有入路。一日得两次乐境，怀中自宽，虽未能如汤沃雪，而已非向解矣。乃知勉强止怒，不如自求乐趣，乐则怒自可消，但欲拔除根本，尚须时日耳。……当晏坐时，胸中澄澈，不知我之为我，坐起则故我复续。齐死生尚易，破主宰最难。[2]

这最后一句（"齐死生尚易，破主宰最难"），可见太炎于此道见得深透，也能切实际。

章太炎一生致力于打破儒教独尊以解放诸子之学、高举国学而贬抑君学、发扬民族主义以恢复个体权力，致力于"发掘了一个'下'的、'平民'的、'个体'的、'自性'的、'在野'的文化传统，并努力肯认独立于政治之外的学问、文学、思想、政治的传统"，[3] 这与他对于佛学的融会以及对近代西方

---

[1]《章太炎全集·书信集（下）》，第 930 页。

[2]《章太炎全集·书信集（下）》，第 1134—1135 页。徐仲荪（1876—1943）为徐锡麟之弟。

[3] 王汎森《传统的非传统性：章太炎思想中的几个面相》，《章太炎的思想——兼论其对儒学传统的冲击》，第 4 页。

文化启蒙意识的接受均有关系。但这绝不影响章太炎对传统
"人格"格外的强调和重视：

> 道德的败坏，虽不止是一端，惟有人格堕落，是要紧
> 一件事。杀人放火做强盗，虽是恶人，可是还不算丧了人
> 格。这样人回转心来，尽有成就志士仁人英雄豪杰的。只
> 有丧了廉耻，就算把人格消磨干净，求他再能振作，就
> 一百个难得一个了。[1]

包括自感"六十七岁以来，精力顿减，自分不过三年，便
当长别"之时立下的《遗嘱》，第一条便是：

> 凡人总以立身为贵，学问尚是其次，不得以富贵而
> 骄矜，因贫困而屈节，其或出洋游学，俱有资本者皆可为
> 之，何足矜异？若如此养成傲诞，非吾子也。入官尤须清
> 慎。若异族入主，务须洁身。[2]

章太炎晚年提倡读经的重点在修己治人之道，将《孝经》
《大学》《儒行》《丧服》列为"新四书"，[3]"洛、闽诸儒，制言

---

[1] 章太炎《说我》，1929 年讲于震旦大学，《制言》第 48 期。
[2] 1935 年 7 月，《章太炎全集·太炎文录补编（下）》。
[3] 王锐《章太炎晚年学术思想研究》，商务印书馆，2014 年，第 108 页。

以劝行己，其本不为长民，故其语有廉棱，而亦时时轶出"。[1]
他高调批判孙中山以党治国的"党治主义"毋宁就是基于对个
体的道德救赎。他晚年的倡导礼乐，即是意图建立一种建基于
传统文化而又符合时代需要的新的社会人心的秩序，其中同样
包括了对破坏秩序的强权专制的束缚和批判。维护个体的道德
独立而批判强权或社团、组织的专横和虚幻是章太炎一生从未
止息的恳切追求。[2] 也因此，1927 年 6 月 16 日 "著名反动学
阀"章太炎在他一手缔造的"中华民国"再次遭到上海特别市
党部临时执行委员会的通缉，其具体"罪行"包括：

> 不仅不知敛迹，且活动甚力，显系意图趁机反动，殊
> 属藐视法纪。理合备文呈请钧会，迅予实行通缉，俾儆反
> 动而申党纪，实为党便。[3]

能看出"道德衰亡诚亡国灭种之根极"[4] 的章太炎对人性与
世界的构成的确有湛然澄明的认识，这位一生常被视为"章疯
子"的"否定思想家"[5] 绝非虚无的解构者，所以他要"建立宗

---

[1] 章太炎：《释戴》,《章太炎全集》四，第 122 页。
[2] 参阅陈学然《再造中华：章太炎和"五四"一代》，第 416—417 页。
[3] 《市党部呈请通缉学阀》,《申报》1927 年 6 月 17 日。
[4] 《革命道德说》,《章太炎全集》四，第 279 页。
[5] 河田悌一以之形容章太炎，转引自王汎森《传统的非传统性：章太炎思
　　想中的几个面相》,《章太炎的思想——兼论其对儒学传统的冲击》，第
　　12 页。

教"，"空虚不毁万物为实"。[1] "于天上看见深渊"，"在所有人们认为充满无限希望的普遍趋势或潮流中，看到一种深刻的不适合性"，[2] 往往基于他的不适合中包含的深刻性："群动冥生，非有为之元本者"，[3] 大千世界万物生长乃是因为其中潜藏着否定性的力量。于是和"五四"之后纷纷认肯并进入现代学术制度与政治套路的许多人不同，终其一生都在"唱反调"的章太炎显示出"老骥伏枥而志在千里"的奇异而感人的风姿：他忙于多重"解构"，却一意"再造中华"。[4] 他的确没有如鲁迅所言的"颓唐倒车"过，[5] 而是一直精神亢奋，道其"一生诚意未失，所以能够自我精进，晚年逐渐返本归根"是了解而同情之断。[6]

与黄侃类似，章太炎的个性同样相当主观，但"求是"之学的学术训练也同样给予了章太炎相当程度的"自省"的规范、能力与习惯，这一点和他中期之后乐此不疲的"晏坐"生涯一样，对主体的净化与规制无疑都是极有意义的：

> 他在"致用"的过程中，"求是"除了提供有力的论据

---

[1]《菿汉微言》，《菿汉三言》，第 20 页。

[2] 王汎森《传统的非传统性：章太炎思想中的几个面相》，《章太炎的思想——兼论其对儒学传统的冲击》，第 12 页。

[3]《自述学术次第》，《中国现代学术经典·章太炎卷》（陈平原编），河北教育出版社，1996 年，第 647 页。

[4] 参阅陈学然《再造中华：章太炎与"五四"一代》，第 423 页。

[5] 参见《关于太炎先生二三事》，收入《且介亭杂文末编》，人民文学出版社，2006 年。

[6] 参见邓秉元《纪念马一浮先生》，《新文化运动百年祭》，第 161 页。

之外，同样重要的是，一如清初三大家援器以规范几乎已经失去规范的王学末流的实践主体，"求是"的思想训练也给予他一个思想上自我要求的规范，训练他自我反省的能力和习惯，著作的一再补订增删正反映了他"求是"的精神。囚禁式的禁闭和讲学式的隔绝，正好给予他自我省视的时间和空间，以免在狂欢的大时代中迷失了自己。[1]

因此缜密的思维能力，特为注重"主体性道德"、提倡"自心之外，万物固无真""证见心造，其物自空"[2] 的章太炎同样意识到了制度对于道德的保护：

> 尔时，士人多以人心偷薄，欲改良社会，以遏贪竞之原，时时来请讲学，鄙意以为时未可也。大抵人心所以偷薄者，皆由政治不良致之。清之末造，业多败坏。及袁政府跳梁五岁，鸡鸣狗盗，皆作上宾，赌博吸烟，号为善士。于是人心颓废，日趋下流。然外观各省，其弊犹未如京邑之甚也。同是各省所产之人，而一入都城，泾渭立判。此则咎不在社会，而在政治审矣。若中央非有绝大改良／革，虽日谈道义，渐以礼法，一朝入都作宦，向恶如崩，亦何益乎？[3]

---

[1] 黄锦树《章太炎语言文字之学的知识（精神）系谱》，第 67 页。

[2] 《齐物论释定本》，《章太炎全集》六，第 116 页。

[3] 1916 年致吴承仕函，《章太炎全集·书信集（上）》，第 406 页。

章太炎的"谜面"和"谜底"确实不容易说清楚，尤其非这篇短文所能承担。而我们不妨尝试选择另外一个特别的视角：既然"中国近代道德革命的主旋律是反对家族本位主义，提倡个性解放与个性自由"，而章太炎是近代道德哲学史"最自觉，最有建树者之一"，[1] 我们何不将章太炎还诸家庭？近距离观察往往可以放大出情性的另面，例如强调"齐民""齐物"的章太炎是否可以是大男子主义的？早年追求"五无论"[2] 的章太炎既然依旧成家立业，他又是如何在个体层面上修齐治平的？何况"谜"一样的"国学殿军"留给后世的谜语之一，居然是与本书下文将要谈及的熊希龄夫人毛彦文（1898—1999）类似，赢得了"情圣"的封号。何以故呢？此不得不先将话题缩小，从章太炎的"征婚"和"结婚"说起。

如今家喻户晓乃至名声早已不甚美妙的"征婚"行为，在20世纪初叶的中国其始作俑者，据说就是清学殿军、古文学的压阵大将、暮年多少有文化保守主义之讥的太炎先生。虽然早

---

[1] 张春香《章太炎主体性哲学研究》，第 23 页。李泽厚《中国思想史论》中也提道："（章太炎）倡导佛学，便是为了提倡佛入地狱的道德精神和众生平等的道德理想；他反孔批儒，是因为'儒家之病在以富贵利禄为心'，完全着重在道德方面。章太炎对历史和历史人物的评定，也多从道德着眼……他对当时满清政府、官吏和改良派的斗争，也总是尖锐揭露对方个人道德的堕落、人格的低劣。"安徽文艺出版社，1999 年，第729—730 页。当然章太炎的"反孔批儒"是早年行径，暮年则公开表示忏悔，参见 1922 年 6 月 15 日《与柳翼谋》。

[2]《五无论》，即"无政府，无聚落，无人类，无众生，无世界"，载《章太炎全集》四，第 432 页。

在 1892 年太炎先生同样曾奉父母之命"娶妻",但太炎《自订年谱》中称之为"纳妾",[1] 或者这也是本质颇为现代的太炎先生反对旧礼教的特别方式。太炎先生的晚年弟子、著名中医陈存仁(1908—1990)就认为,民元前后因不满父母之命媒妁之言的旧式婚姻而纷纷"再行正式婚礼"者多见,"此风不仅是孙先生(即孙中山)一人,几乎那个时代大小人物,十之八九都是这样"。[2] 陈氏说来轻描淡写,后世读者却已经可以领略到所谓新旧交替时代业已湮没的太多具体的隐忍的伤痛。[3]

这位"妾身未分明"的王姓女子籍贯海盐(即太炎先生外祖家),曾偕同太炎先生赴台湾、赴日本,给章家生了三个女儿——章㷋、章叕、章㻹。不过早在 1903 年王氏夫人就已病故。太炎先生虽然此前此后一直忙于革命,但不妨"事业家庭两不误"。据陈存仁考证,1903 年太炎先生居然很有闲情逸致在北京《顺天时报》刊登了广告征婚。但陈医师之后遍查该报,并没找到广告原文,"有新闻而无广告"——于是我们很难断定这是否又是关于章太炎捕风捉影的传言一种。陈存仁是在两份日文著述中找到此事的蛛丝马迹的,此即武田熙之的《章炳麟的结婚》和高田淳之的《章炳麟传》。据说太炎这则征婚启事的要求很特别,主要意思大致如下:

---

[1] 光绪十八年条(1892),二十五岁,纳妾王氏。转引自陈存仁《阅世品人录: 章太炎家书及其他》,广西师范大学出版社,2008 年,第 4 页。

[2] 陈存仁《阅世品人录: 章太炎家书及其他》,第 4 页。

[3] 杨联芬《浪漫的中国》(人民文学出版社,2016 年)有相应写照。

　　一，以湖北籍女子为限；二，要文理通顺，能作短篇文字；三，要大家闺秀；四，要出身学校，双方平等自由，互相尊敬，保持美德；五，反对缠足女子，丈夫死后，可以再嫁，夫妇不和，可以离婚。[1]

　　此文当时一出自然全国轰动，各地报纸不由纷纷报道，也就难免以讹传讹添油加醋一番，例如笔者本人就见过有说第三条为"须有服从性质，不染习气"者的文本。[2]

　　彼时观之，太炎先生此举难免耸动视听，"国内各地报纸，纷纷写成新闻，认为一时奇谈"。[3] 但似乎却没有女子响应其征。[4] 好在那时太炎也正起劲反满、奔走全国，不久便因《苏报》案陷入囹圄，憋了整整三年，趁机好生攻读了一把佛典，这"续弦"的兴致自然而然抛掷脑后。

　　直到十年之后的 1912 年底，民国告成有日、治平大业已定，被奉为"民国元老"的太炎先生"齐家"之事自然应该提上议事日程，且因此显得分外招人瞩目，为之提亲者不少。例如据"吴中二仲"之一的张一麐（1867—1943）自陈，乃是

[1] 参见陈存仁《阅世品人录：章太炎家书及其他》，第 5 页。

[2] 参见王森然《近代名家评传》，第 177 页。

[3] 陈存仁《阅世品人录：章太炎家书及其他》，第 6 页。

[4] 被日本发行的《中国文学日报》（1936 年 8 月）"一再认为"对章太炎"有意示爱"的吴淑卿的出现大约当在辛亥年（1911 年 10 月 31 日《民立报》登载其作《吴淑卿投军文》），跟太炎的征婚已经关系不大。有意味的是，何以日本会对关于章太炎情感与婚姻的各种消息如此热衷报道与记载。参见陈存仁《阅世品人录：章太炎家书及其他》，第 6—7 页。

章太炎被袁世凯聘为"高等顾问"后，他和王揖唐（1878—1948）认为"君久无室家之乐，亦为蹇修"。[1] 然若问及太炎先生现在的择偶标准，据说"章疯子"依旧出语惊人：

> 人之娶妻当饭吃，我之娶妻当药用。两湖人甚佳，安徽人次之，最不适合者为北方女子，广东女子言语不通，如外国人，那是最不敢当的。[2]

这话的真实程度的确很像关于太炎的其他传闻，性质都未免有点可疑。例如一度被收入章太炎全集的一些口齿轻薄的挽联，根据太炎先生 1933 年 8 月 30 日《与报馆主笔》，乃是：

> 鄙人平日交游虽广，然凡素未相识或相识而死不赴告者，皆不以挽联致吊。年中或有假借鄙人名义，伪作挽联，登之报纸者，如前数年宋子文之母死、谭延闿死，今岁杨铨死，鄙人皆未致挽联，而外间悉有伪造流传人口，混淆听闻。又讽议时事之作，鄙人虽时亦有之，然大率多在诗章，辞必雅正，而外间伪作，多猥亵不经之语，尤为荒谬。[3]

---

[1] 张的回忆也证明，章太炎与汤国梨的结婚，介绍人的确是张伯纯，考虑到张伯纯之女张默君和汤国梨同学，此说甚合理。参见氏著《纪念章太炎先生》，《心太平室集》卷四，第 25 页。

[2] 参见拙作《青瓷红釉》，福建教育出版社，2010 年，第 67 页。

[3] 《章太炎全集·书信集（下）》，第 1210 页。

可见此类做法在太炎生前就已经泛滥成灾。例如这句"不敢当"就很像从袁世凯帝制自为登基坐殿之日其太太大呼"不敢当"的著名笑料转化而来（这段笑料连国父孙中山都要再三引证，拙作《袁氏左右》中亦稍有征引，此不赘述）。反正关于太炎先生的"传说"一向多得没谱，这里就不再继续跟风起哄，只简短截说。

这位最终入得国学大师法眼的"药妻"便是汤国梨（1883—1980）女士，却并非征婚条件中列举的湖北人，乃是浙江人，具体说是在吴兴乌镇，上海务本女塾（后称"务本女子中学"）毕业的高材生（师范班第一名），曾任吴兴女校教员、舍监、校长，亦曾在神州女学执掌教鞭，主持过《神州女报》，比太炎先生年轻十四五岁。汤国梨和本章另一位要角张默君年龄仿佛，更同学于务本女塾。张本人于 1912 年发起成立神州妇女协会并任会长，继之创办《神州日报》、担任神州女校校长，基本可断汤国梨与神州女学及《女报》的关涉不可能与张默君没有关系。据 1961 年风烟淡定年近八旬的汤国梨自述，她的早年经历乃是"尝参与革命运动，与民党间有过从"。[1]1913 年 5 月 26 日太炎先生写给彼时的"志莹（汤之原名）女士"的"订

[1]《章太炎先生家书》"叙言"，上海古籍出版社，1985 年，第 2 页。1912 年，汤国梨和吴芝瑛、陈撷芬等各界妇女一百余人于 1912 年 3 月发起成立神州女界共和协济社，提出妇女参政要求。3 月 16 日神州女界协济社正式成立，宋庆龄为名誉社长，张默君、杨季威为正副社长，汤国梨为编辑部部长。不久该社创办神州女学，汤国梨任女校教师。同时又创办了《神州女报》。

婚函"依然存世,可见缔姻中介确是张默君之父张通典(伯纯,1859—1915)。张也是一位著名的民国元老,1905年加入同盟会,民元策动江苏独立,曾担任过孙中山的秘书长,其具体经历我们下文再讲。章函中以"昌明礼教,为之表仪"称道彼时尚未谋面的汤女士。这段"新结婚"其实亦颇有"旧规矩"——二人婚前并未见面,汤慕章国学与革命的双重威名,直接许婚,太炎则先看到了汤女士的诗作,颇为中意。故此函已经期待"握手之期,当非甚远",而且"上约指二事"以为礼定之意了。[1]

仅仅二十天后,1913年6月15日四十四岁的章太炎与三十岁的汤国梨在上海爱俪园(哈同花园)举行婚礼。一生传说不断的太炎先生此刻自然又被无数"传说"描画为怪相迭出。例如据陈存仁说,因介绍人张继(溥泉,1882—1947)不到,而另一中介沈和甫颇显小家气有些上不得台盘,就临时拉蔡元培(1868—1940)充当介绍人;又据说新娘子不穿礼服,乃身着便装姗姗而来,太炎服装则更为怪异,似为明代衣冠却配上一顶其高无比的大礼帽,至于三鞠躬行礼时大礼帽就主动落地二次;再据说稍晚在"一品香"宴请宾客,来宾给新郎新娘大出"节目",包括让高度近视眼的太炎先生认字云云。[2]总之这些本该为先贤讳的"传说"此处也不再捕风捉影

[1] 文见《章太炎全集·书信集(下)》,第667页。
[2] 氏著《阅世品人录:章太炎家书及其他》,第8—12页。

了——但第二个"据说"却应该马上纠正，固然被讥为"明室遗老魂魄凭身"[1] 的太炎有可能穿戴奇装异服，但有婚礼照片为证：太炎穿的是西装，尽管有些不太合身，而汤女士则为西式婚纱曳地。看来这位陈医师有时也爱鬼话联翩，不大老实。而据汤国梨女士自陈，则也认介绍人是张伯纯。[2] 婚宴之时太炎先生被传即席赋得两首好诗，值得全文摘录。其一为《遣兴》："吾生虽稊米，亦知天地宽。振衣涉高冈，招君云之端。"其二为《谢媒》："龙蛇兴大陆，云雨致江河。极目龟山峻，于今有斧柯。"[3]

太炎先生一生诗作不多，但出手必然不凡，古艳盎然，苍迈雄霸。上述两诗蕴藉儒雅而又满蓄流光——太炎先生"情商"甚高的一面似乎此时已经显山见水。

新娘子或者当着这位才学绝高的夫婿难免紧张，据说她只是录了自己一首旧作："生来澹泊习篷门，书剑携将隐小邨。留有形骸随遇适，更无怀抱向人喧。消磨壮志余肝胆，谢绝尘缘慰梦魂。回首旧游烦恼地，可怜几辈尚争存。"诗中暗含了恩情偕隐、夫唱妇随的意味，后来被汤国梨女士暮年收入剔削

---

[1] 宋恕语，见倪伟编《章太炎生平与学术自述》，江苏人民出版社，1999年，第 37 页。

[2] 《岑村笔记》亦执此说，蔡元培的身份为证婚人，转引自陈存仁《阅世品人录：章太炎家书及其他》，第 7 页。坊间关于章太炎结婚的具体日期，有 6 日、16 日等不同说法。本文据蔡元培日记 1913 年 6 月 11 日"章太炎约 15 日为证婚人"（《蔡元培全集》卷 16，第 13 页）。

[3] 转引自陈存仁《阅世品人录：章太炎家书及其他》，第 8 页。

甚严的《影观诗稿》,可见她很看重。[1]

无论传说如何,这婚到底是结成了。据说"先生伉俪颇洽,日督女士读《说文》百字"。[2]然而太炎先生的生性对于革命比起结婚似乎一直都更加起劲,于是又有新婚一月之后的北上"反袁"之举,所谓"时危挺剑入长安,流血先争五步看"。[3]

太炎具体到达京师的时间是 1913 年 8 月 11 日。这段故事我在《国学大师与政治枭雄过招》[4]一文中仔细梳理了。总之,太炎先生以新郎官之尊贵,舍新婚燕尔之缠绵,冒危进入袁世凯的地盘,目的欲在率领共和党实行反袁活动(时章太炎为共和党副理事长,有领导党务之责任),"要与诸志士同出患难,为中夏留一线光明"(《致伯中书》十一)。[5]

二、《影观诗稿》内外

太炎先生的学问品格确为一世之雄且宜代代流芳,然而,笔者难免有些好奇的是,汤国梨女士嫁给太炎先生那样的夫君,她本人感觉何如?例如 1913 年这个"结婚匝月,即告分飞"的局面完全是太炎一手造成的,而且一分就是将近三年。

---

[1]《文教资料》2001 年第 1 期,第 61 页。汤著《影观诗稿》与《影观词》皆曾在《文教资料》刊出,但期数不同(后者为 2000 年第 4 期刊出)。

[2] 王森然《近代名家评传》,第 178 页。

[3]《时危》之一,《章太炎诗文选》,巴蜀书社,2011 年,第 209 页。

[4] 收入拙作《袁氏左右》,凤凰出版社,2009 年。

[5]《章太炎全集·书信集(上)》,第 622 页。

在章、汤联姻之后，这种"突发事件"还真不是只此一回。

还是陈医师存仁，他对乃师的品性在《阅世品人录：章太炎家书与其他》中可是毫不客气一口点破：

> 章师的个性有异于常人，对男女恋爱之事，是不大起劲的。[1]

此固然有天性，但亦当考虑到我们上文已经言及的太炎先生持续一生对于佛教的浓郁兴趣，所谓"阴阳交会，复非存生所急。稍习骨观，其欲自净"，和"性难蔬食"的黄侃不同，嗜欲淡薄的章太炎甚至非常看重素食："蔬笋常餐，非难下咽，兼饮乳酪，何损卫生"，"日餐血肉而说慈悲，不断淫根而言清净。螺音狗行，无过此矣"。[2]

民国坊间流传的不少所谓"另眼看名人"系列对章、汤联姻之后日常生活多有所描述，其中针对汤国梨的说辞经常显得不够厚道，这也是市井小报的常态，无足挂齿。[3] 但关于章太炎本就淡薄嗜欲的个人生活实可以有充分的资料展布，例如其早年居日之时如何"寓庐至数日不举火，日以百钱市麦饼以自度，衣被三年不浣。困厄如此，而德操弥厉"，让人莞尔的是，

---

[1] 该书第 7 页。
[2] 1907 年《儆告十方佛弟子启》，《章太炎全集·书信集（上）》，第 247 页。
[3] 拙作《青瓷红釉》中曾经对此类事实有所列举，兹不赘述。

这段追忆居然还是"好嗜欲"的黄侃留下的。[1] 实际上章太炎这一"薄嗜欲"的品行也是先世遗教,其曾祖父章均即被认为"治家俭素,教子弟通经,戒华衣酒食及诸嗜好,而身为德乡里";[2] 也是现世师教,其本师俞樾(1821—1907)不仅"雅性不好声色,即丧母、妻,终身不看食,衣不过大布,进机不过茗茶",而且晚岁"茹素念佛",被太炎之父章濬认为"贤士晚节,往往如此"。[3]

而要了解章太炎"齐家"与"处情"的最好资料无疑应该还是汤国梨那部流传不广的《影观诗稿》,尽管幽微含蓄、典雅隐晦,且为暮年手定,刊落甚多,却依然隐隐约约透露了不少汤女士个中心曲。[4]

汤国梨女士晚年曾经口述忆夫章太炎(发表时称《太炎先生轶事简述》),[5] 指称太炎先生实在不是一个女青年觅偶的好对象,原因有三:第一其貌不扬,第二年纪太老,第三很穷(太炎先生身无长物,的确如此)。但汤女士本为女学士之选,择

---

[1] 黄著《太炎先生行事记》,转引自姚奠中、董国炎《章太炎学术年谱》,山西古籍出版社,1996 年,第 132 页。

[2] 章著《先曾祖训导君先祖国子君先考知县君事略》,《章太炎全集》五,第 194 页。

[3] 分见章太炎《俞先生传》,《章太炎全集》四,第 211 页;汤志钧《章太炎年谱长编》,中华书局,1979 年,第 4 页。

[4] 《汤国梨诗词集》(中国文史出版社,2016 年)即《影观诗稿》与《影观词》集结而成。鉴于诗稿更多的写实性质,以及词稿学界已经有所研究,本文资料使用以前者为主,必要时亦参阅词作。

[5] 文载《出版参考》2005 年第 2 期。

婿甚工，看中的是太炎先生"其硬骨头气魄和治学精神"非庸庸碌碌辈可企及，为请教方便遂决定嫁之。谁知嫁了之后又发现太炎第四个毛病：脾气也很坏，"以夫权凌人"！汤女士并举证说，儿子章导出生后，她尝教之以自创小诗："春水鸭头绿，夕阳牛背红。瓜皮渔艇子，棹出小桥东。"太炎闻见，以为清新可喜，便问此为谁作。汤女士说此乃自作。太炎居然不信！汤女士一气之下从此再不肯给太炎看自己写的诗——"请教学问"的念头也打消了。经查《影观诗稿》，可知这首名为《棹舟》的小诗作于 1907 年，汤女士时在少女时期也——想想 1927 年太炎尝对李根源抱怨日来"以诗自遣，苦无唱和"，可发一粲——友朋之外，也许这闺中无人唱和的原因是双方的。

汤女士这些笑谈诙谐中寓严肃，并不虚构。例如这个"大男子主义"恐怕基本就是事实，太炎先生一生不大看得起女性的，也不收女弟子——唯一的例外就是黄绍兰（1892—1947），和得意门生黄侃不得善终那位。关于黄侃与这位同乡同宗晚辈的孽缘前文已经有所涉及。总之太炎先生在此事上甚至都一直偏袒心爱的弟子季刚先生，而汤女士显然对此很不以为然，故暮年著文不惜以师母之尊而直斥黄侃为"无耻之尤的衣冠禽兽"，"小有才适足以济其奸"。[1]

---

[1]《出版参考》2005 年第 2 期。关于章太炎性别意识的保守一面，可见其民初与张謇一起并皆反对女子参政。而作为他的对反，汤国梨恰以女性之"富有缜密之思想"可以补足男子，因此适合参政。其在太炎北上被困期间写给当时国务总理徐世昌信函称"外子好谈得失，（转下页）

　　至于太炎先生脾气的"固执",无妨更是太炎对自己理念的执一笃定。就汤女士的判断看来,太炎在家庭生活当中表现也是很"倔"的。

　　1913 年夏末,新婚月余的太炎先生告别妻子北上京师。汤女士必然要担心丈夫安危,太炎先生却只留下一句"事出非常,明知虎穴,义不容辞,我志已决,子勿多虑",说走就走,不容商量,并且安排妻子说:"我行有期,且勿外泄,我未归,子勿返浙江,以防事出意外,于我有牵制也。"[1]

　　实际上,在接下来长达两年半多的软禁硬磨当中,章太炎固然绝食几次、反抗若干,情绪波动一直很大,定力守持甚好的反而是远在沪上年轻的汤国梨,一念执中软硬不吃:

　　　　其时,余仍居沪上,袁氏为谋久羁先生,乃诱胁其接　　眷入京,于是常有自称为章先生门人或至友者来,或问余　　通讯情况,或愿代递秘密信件,意似殷勤。但余与先生结　　婚仅逾月而别,初未识其所谓至友与门人,亦无秘密信件　　之待寄,故惟唯唯而已。

　　　　后有《大共和报》、《神州日报》程某、蔡某迭造我　　门,告曰:"章先生已得当局谅解,且将畀以要职,车马

　　（接上页）罔知忌讳,语或轻发,心实无他",虽为营救丈夫而出言,却　　未尝不透显了女子特有的实际与周旋。参阅姚传德《汤国梨:中国近代　　妇女运动的先驱》,《团结》2011 年第 3 期。

[1] 汤国梨"叙言",《章太炎家书》,中华书局,1962 年,第 1 页。

洋房均以布置就绪，先生亦乐于接受，惟当局必须家属到京，方克成事，故望夫人能早日成行耳。"言颇不伦，益增疑惧。盖促余北上者，欲以此息先生南归之念，以掩其幽禁之名耳。

是故对移家北京事，余与先生有不同之顾虑。家书中时而迫切相召，时而戒不宜行，正所以见先生处境之艰危，心绪之紊乱也。余则深知委曲之不能求全也，北行既无益处，抑且徒增先生之累，故屡次请其勿以家属为念；而对彼甘言利诱，亦唯置之不理而已矣。[1]

在汤女士的暮年追忆当中这一段另有别致之处，竟如侦探小说一般。据说在说客二人无功而返之后：

（因在他们走出我家后，即由后门望到弄口，望见他们乘人力车而去。）我遂亦乘人力车，并将额前鬓发掠向后面，把裙幅撩起，临时化妆。之后，嘱咐拉车工人，紧紧跟着前两人车辆。

跟踪的结果证明，说客果然来自"北京驻上海的侦探机关"。[2]

---

[1] 汤国梨"叙言"，《章太炎家书》，第2—3页。

[2] 汤国梨《忆夫章太炎》，《出版参考》2005年第2期。

　　章太炎羁留京师将近三年，不仅屡次信中倡言求死，而且的确实行绝食，他的长女又于北上探父时在所谓"凶宅"钱粮胡同自缢身亡——这一切，对于远在上海音讯难明的汤国梨而言，心理压力不言而喻。

　　好在还有家书。

　　汤国梨在 1913 年 8 月 11 日—1916 年 6 月 12 日之间收到的章太炎家书目前存世者还有八十四封，经历战火而能绵留世上，也算国学大师难得一见的"儿女情长"了——如果日本学者据此称太炎先生为"大情圣"，倒是部分的颇为允洽。

　　谓予不信？依然举例为证——为突出"重点"，信函当中谈及时局的部分此处从略，读者自可翻阅家书原文查看。

　　"吴淞恐有大战，家居务宜戒慎，一切可询问严先生，庶无邅遽不安之事。夏秋代嬗，天气新凉，宜自珍重，勿多啖瓜果凉水、开窗当风而卧。临纸神驰，思子无极。"（1913 年 8 月 11 日）这是入京第一封家书了，体贴温柔，与本书下文将要言及的另一位"大情圣"熊希龄堪称双美。

　　"天气新凉，起居宜慎，时时弈棋打球，借以排闷，并令血脉和调，是为要务。如欲浏览书籍，案上所庋，皆可翻观，但每阅一册毕后，当仍归部属耳。"（1913 年 8 月 14 日）这封家书甚是有趣，学者太炎之爱书惯习，跃然纸上。既然"坊间流言"都说他当时在沪上至少有 8 000 册藏书，可见状况著名。这放诸案头的应该是常用的或较为珍重的。类似的嘱托，还发生在同年 10 月 14 日汤国梨告知搬家之时的回函："移家时，吾所有书籍一切，皆望整理，弗令阙失或凌乱无次为幸。此事想君初次为之，照顾周密，殊非容易，望勉为其难也。"

回到 8 月 17 日，显然那时太炎还是开心的，满怀希冀，以为不久可以南归："别已旬日，思子为劳，前寄二书，计已收到，迟迟未复，存想无极，镜中对影，幸勿含涕也……君平居何以自遣，围棋宜习，书史常翻，须一二十日后归来，视君文艺，又当刮目相看也。白露渐零，天气凉冽，龙须早去，珍重自爱。"存想风光旖旎。这封家书更透露出他对新婚妻子的"文艺"水平颇为称许。

到了 8 月 22 日，章太炎开始焦虑妻子的回函何以如此稀少："来书惟十三一件，后遂寂然，其憔悴不能操觚耶，抑已归乌镇未见吾书也？眷念既深，夜不成寐，得君片字，珍与拱璧，其有以报我矣。……君近阅何书？眠食安否？严先生家有《娱亲雅言》一书，小说之流，不失典则，其版若存，君当借阅，以排闷也。"

然而，仅仅到了 9 月 23 日，入京一月有余的章太炎在致夫人信函中已经大呼："辗转思之，惟有自杀！"国学大师也够任性。他似乎不怎么考虑年轻妻子独在沪上的承担能力。当然，一旦得到汤国梨"宛转悲愤，读之惨然"的回函后章太炎马上回心转意，又复函安慰："前书自言求死，乃悲愁过当之言"，"内念夫人零丁之苦，外思蛰公劝戒之言，亦不能不抑情而止也。"（10 月 17 日）

很遗憾如今我们已经无法看到当年汤国梨写给新婚夫婿

的信札了——因太炎在京幽闭日久，为防生祸信札都已销毁。所幸在太炎回函中还可以见及或悬揣一二影踪：例如 1913 年 8 月 26 日函，太炎称"得书教以遇人和蔼，弗召众怒，何其相规之笃也"，又说若世事无成则"老莱偕隐，孟光赁春，亦从君之雅志也"；9 月 2 日函则告知我们汤国梨给夫婿寄过小照——这张小照，或者应该就是现藏余杭章太炎故居的立影小照，着中式衣裙的汤国梨手臂所搭衣物并非自己的外套，而是章太炎在日本穿过的一件绣有"汉"字的和服，正是对夫君无声的支援——此函与 9 月 18 日函皆有"首如飞蓬，岂无膏沐，殷勤思慕，彼此同之"或"如君思我，我亦思君，有怀不遂，叹息如何"之言，这可以帮我们推断，汤国梨的信札必然也是恩深意长；10 月 2 日函则证明汤国梨有诗词作品随信附寄夫君，"辞旨悲凉，羁人为之凄绝"。而其能将太炎家书珍藏垂五十年"其间家国多难，辗转流徙，幸未散失，每一展读，如睹光仪，如聆謦欬，前尘往事，宛然在心"，正见证了她的珍惜与郑重。[1]

此外更多的生命细节我们不妨回到《影观诗稿》，这部只有薄薄 68 页的文稿却揭示了"国学大师"夫人一生不少隐衷。

《怅别》无疑正写于太炎幽居京师期间：

　　断雁蒹葭怅别思，药炉吟榻苦支离。怪君也解相轻

---

[1] 汤国梨"叙言"，《章太炎先生家书》，第 3 页。

薄，频说归期未有期。[1]

汤女士晚年一度将第三句改为"鱼书虽有平安字"——倒是原句之"轻薄"提醒我们，太炎先生果然是"大情圣"呢。

分别写于 1913 年夏秋的《裁书》《惆怅》，所言"欲写还休叠又舒""望断归鸿独倚楼"，[2] 都是对远人的怀念之意。

《夜雨》著于 1914 年：

> 风雨黄昏一惘然，离愁黯黯又经年。西园芳草迷蝴蝶，南浦吟魂化杜鹃。微命如丝空断续，春心似茧独缠绵。为灰为土寻常事，憔悴何曾算可怜。[3]

同时著于此年的还有一组《杂句》：

> 春梦了无痕，春愁独自温。杜鹃啼尽血，唤不醒春魂。
> 春光自来去，闲花开后落。不管倚栏人，肠断伤萧索。
> 病起怯梳头，脉脉情如醉。明镜却无情，不为讳憔悴。
> 客自长安来，欲问长安事。几度说长安，难尽心中意。
> 梦君远归来，握手花阴底。知道梦非真，朝来不忍洗。

---

[1]《文教资料》2001 年第 1 期，第 61 页。
[2]《文教资料》2001 年第 1 期，第 61 页。
[3]《文教资料》2001 年第 1 期，第 61 页。

织就机中锦，为郎裁作裳。愁肠如线脚，寸寸不能长。[1]

必须承认"大情圣"章太炎选太太还是有眼力的，如上两组诗，七律端庄凄迷，颇类玉溪（李商隐）晚唐哀音，杂句则甚有六朝风味，妩媚、矜持兼而有之。汤女士才情俱佳，为不易觅得之慧冶好女。太炎弟子黄朴为汤词作序称"先师文高汉魏，诗少近体，词则绝不曾为。而大家乃直己以陈，不屑师古。春风红豆，秋露明珠，触目会心，都成绝倡；伫斜阳而思故国，抚朱弦而送飞鸿，体物缘情，弥臻佳妙。洵谓旷代清才"，用以表彰其诗，也是恰当的——"蕲春黄朴"就是黄绍兰的易名。近代诗词名家夏承焘（1900—1986）称"《影观词》皆眼前语，若不假思索者，而幽深绵邈，令人探绎无穷，又十九未经人道。清代常州人论词谓若近若远，似有意似无意，此词家深造之境，庶几白石所谓自然高妙"亦非谀辞溢美。[2]至于其书法之秀媚雅健，读者自可于《章太炎家书》题签观之鉴之。

同样写于1914年的《拟寄》，本是汤女士晚年准备删削的，多谢编者有意保留下来，我们才得以见及温柔隐忍的才女——所谓"出处语默之大，米盐酒脯之细，宾萌酬醉之烦，靡不辨

---

[1]《文教资料》2001年第1期，第62页。

[2] 分见《影观词》"黄朴序""夏序一"，分见《文教资料》2000年第4期，第43、44页。

色审音，曲尽其道"[1]——对家国事大的夫君的一点哀怨：

> 若把君心易我心，方知我意念君深。红颜愁老青灯
> 里，子夜歌成婉转吟。

> 侬意如绵笑太痴，枉抛心力写相思。郎心却似天边
> 月，圆缺升沉无定时。[2]

《远吟》写于 1915 年春天，章太炎依然羁留京师，主调自
然还是怀念，"一春多是忆人时""忆君终比怨君深"之外，我
们再度见识了汤女士七绝的功力：

> 画梁双燕去还来，寂寞重门锁绿苔。织就锦文无可
> 寄，半为泪损半为灰。[3]

这是漫长的痛苦的两年半，政治时局的混乱，太炎情绪的
波动，夫妇情深的牵挂……对于年方三十出头的汤国梨无疑都
是沉重的压力。但好在还可以回娘家，上海离乌镇不算太远，
于是就有《与二妹同日归宁》——"昔日连枝树，无端两地
栽"，并且隐隐流露了对婚姻生活的不满："出嫁为人妇，欢颜

---

[1]《影观词》"黄朴序"（1945），《文教资料》2000 年第 4 期，第 44 页。
[2]《文教资料》2001 年第 1 期，第 64 页。
[3]《文教资料》2001 年第 1 期，第 65 页。

未曾开。米盐总失序，诗酒少追陪。"[1]

从《影观诗稿》中可见汤国梨十分笃于手足之情，例如她怀念"仲弟"的诗甚至比言及章太炎的还要多些。她年轻时又似颇善于酒，所以后来诗中感叹"衰年多病，与酒绝缘，回忆抚缶高歌之乐，不可复得"[2] 的时候不少。

1916 年 7 月 2 日好不容易结束幽禁之灾的章太炎终于回到上海，据陈存仁医师说，汤女士"欣喜过度，泪如雨下"，[3] 这本是人之常情。夫妻二人也一同出游西湖，如度蜜月。然没过多久，几乎是在没有任何解释的情况下，章太炎又突然离家外出宣传革命。怎怪本年秋初十月汤女士有《寄外子南洋》之作呢：

> 问君何所为，飘然走远方。若为百世名，斐然有文章。若为千金利，妻子安糟糠。南方瘴疠地，奚乐滞行藏。出嫁为君妇，辗转怯空房。阳春骄白日，枉自惜流光。朱颜艳明镜，顾影只自伤。独坐不成欢，一日如岁长。[4]

责问并不过分。几乎没有额外任何要求，只是渴望一个稍

---

[1]《文教资料》2001 年第 1 期，第 66 页。
[2]《文教资料》2001 年第 1 期，第 89 页。
[3] 氏著《阅世品人录：章太炎及其家书》，第 15 页。
[4] 诗前并有小序，"袁世凯既毙，君得解放南归，即去南洋"，《学林纵横》，第 67 页。

有笃定的生活世界。章太炎啊章太炎，如此抛家别妻甚至招呼都不打。然而谁让人家是"国学大师＋民国元老"呢？我们只好乖一点，自己闭上"鸟嘴"——其实，汤女士这首诗恐怕就是寄给太炎的"情书"。1916 年 9 月 18 日太炎有信告知妻子自己在南洋的行程，其中说："读君诗什，悽怆动人。然今总宜调养躯体为要。"[1] 看来汤女士所谓赌气不给丈夫看自己的诗毋宁也是暮年追忆中的娇嗔作态，也不能太当真。

写于同年的《望月忆远》和《中秋有怀》都是伤此别离，前者写得太好，还是全文抄录：

> 极目征鸿影，苍茫忆远游。梦逝孤馆夜，雨冷半床秋。
> 扶病搴珠箔，含情倚画楼。欲随凉月影，分照到南州。[2]

汤国梨心中是有怨的，虽然不至于"恨"。但她依然更类似古典传统的闺阁才女，所以哀而不伤。且章太炎毕竟不是俗子凡夫，不是伧客贾儿，他的"出走"尽管突然而决绝，却有充分的国族意义、文化关怀乃至悲心悲愿。汤国梨的"怨"因此显得轻柔而轻凉，更多是一种无奈吧，面对她"坏脾气"的"老丈夫"，所谓"两字相安将就过，万般事作暂时看。镜中白发催愁尽，梦里青春感岁阑"（《有感》）。[3]

---

[1]《章太炎全集·书信集（下）》，第 728 页。

[2] 1916 年秋，《文教资料》2001 年第 1 期，第 67 页。

[3]《文教资料》2001 年第 1 期，第 70 页。

《金陵旅舍》(1925 年 11 月) 中这类情绪流动更为露骨些:"吾生寂寞由来惯,不但今宵是客中。"[1] 然而终是牵挂。例如 1927 年 "内乱日亟,太炎遽离家北行",汤国梨最担心的还是他 "力任巨艰一身事,巢危终冀卵能全"。[2]

陈存仁绝不同意世人说他的章老师是 "章疯子",他很得意地宣称说:"章师天才横溢,不可否认;平日待人接物和蔼可亲,对夫人相敬如宾,更是现代人所想像不到的。"[3] 想一想章太炎对于佛教的信奉与对于弱者的共情,这话应该是真实的。陈学然曾根据章太炎晚年最后一次到北平对鲁迅依然有所惦念推论其 "维护旧生之情可见一斑" 的雅量与涵养,[4] 是为知人论世之断。何况陈存仁真正是传统意义上的 "入室弟子"(有点像 "徒弟"),每天都要去章家负责打理一切杂物的,眼见为实时多。陈存仁又称章、汤新婚燕尔之时,"婚后夫妇唱和之乐,为章师一生最欢乐的时期"。[5] 据汤国梨回忆,他们夫妇之间应该确实颇谈文艺的,例如太炎一生不填词,还尝 "笑词人为词,颠倒往还不出二三百字,故其体视诗为卑下",此时的章夫人显然并不怎么觉得丈夫以 "夫权凌人",她是可以责问他 "颠倒往还二三百字,而无不达之情,岂非即其圣处" 的,而太

---

[1]《文教资料》2001 年第 1 期,第 72 页。
[2]《戊辰感事》,《文教资料》2001 年第 1 期,第 79 页。
[3] 氏著《阅世品人录:章太炎家书及其他》,第 49 页。
[4] 氏著《再造中华:章太炎与"五四"一代》,第 411 页。
[5] 氏著《阅世品人录:章太炎家书及其他》,第 13 页。

炎此刻的反应是"无以难"[1]——此刻我们完全可以相信，我们是看到了雍雍穆穆踏歌声的"情圣"章太炎。他们婚后确实也有过温暖自然的"唱随之乐"。例如汤国梨在一首小诗"女伴约采莲，不愿相将去。池上并头花，沙渚鸳鸯侣"后有注：

> 沈君泊尘为乌镇王家垛写生，晚霞红树，沙浅渚清，渔舟晚炊，青烟霭空，君言写生时如闻饭香，神品也。既题此句，外子为书之。[2]

"外子"即是章太炎，按时间推断这应该是他们新婚不久的一次合作。章太炎将妻子的诗题于画上。再如《题垂髫女郎临波背影》后也有汤国梨自注："此句写上海有名画家沈伯诚的写生，和章太炎的五绝一首，在文化运动中失去。"[3]

但诗风还是迥异——章太炎诗不多产，但高古典雅毋庸置疑。[4]汤国梨的风格则多数时候是清新秀美、温婉多情，亦时有高韬跌宕之作。例如《五言》一首：

> 目中无余子，余子亦无我。泾渭不同流，参商每相左。

---

[1] 夏承焘《章夫人词集题辞》，《文教资料》2000 年第 4 期，第 43 页。

[2] 《文教资料》2001 年第 1 期，第 64 页。

[3] 《文教资料》2001 年第 1 期，第 57 页。

[4] 例如其幽禁北京期间一组《短歌》之二："丹阳富钱帛，吴王头已白。亚夫真将军，不知细柳屯。华膏炳明烛，督护行传箭。鸡鸣天欲曙，羞与良人见。"《章太炎全集·书信集（下）》，第 675 页。

孤根宜自荣，蔓枝还易堕。低头在草莽，何为伤坎坷。[1]

"食禄千万钟，何如煮白石"，真是有其夫必有其妇，"窗前落月光犹洁，恰与诗情一样清"，这种清气满纸又颇为孤标傲世的时候还不止一端，所谓"镜中自爱修眉好，绝未添描苦效颦"。[2] 再如《山泉》：

浴石漱云还自洁，深林绝壑任优游。如何不晓江湖浊，日夜滔滔向外流。[3]

再如《游宁波育王寺》（1920）：

照水鱼吞影，穿林鸟拂衣。信知菩萨地，鱼鸟亦忘机。[4]

她自有一段名士风流，亦如魏晋女子，眉目疏朗，神情落落，大有林下风：

我自尘中来，衣裳皆尘土。忽逢清净境，积虑为一吐。

---

[1]《文教资料》2001 年第 1 期，第 80 页。

[2] 分见《有怀》《病中杂咏》《舒君蕙桢来，见余近作曰："君将为诗人。"因自解嘲》，《文教资料》2001 年第 1 期，第 78、86、116 页。

[3]《文教资料》2001 年第 1 期，第 56 页。

[4]《文教资料》2001 年第 1 期，第 65 页。

岚光扑眉宇, 梵音悦耳鼓。流泉发清响, 岩花散如舞。胜景足游赏, 劳生常辛苦。空有丘壑情, 垂老未能补。光阴如过客, 名山谁为主。即此俯仰间, 感慨怀今古。[1]

多数时候是"浩荡心如朗月明, 人间物我已无争。夜深独坐闲窗下, 静听人家落子声"[2]的静定自然, 偶尔居然还颇有任侠之气:

兴酣落笔书无法, 酒后狂歌不择腔。一任旁人窥冷眼, 自扶残醉倚晴窗。[3]

还有特别的乐观豁达, 所谓"白头光景能多少, 应与朱颜一样看", [4]甚至"海棠谢了又樱花。我有萧然双鬓雪, 妒杀梨花"。[5]最为别致而又意兴逼真的一幕当属"酒后对瓶梅, 悠然有得, 成意境一律。句成时, 正太炎授勋, 堂上乐声盈耳":

归隐何时遂素怀, 且从意境寄形骸。千山冻雪连溪白, 万树梅花绕屋开。寻梦吟魂随蝶去, 烹茶疏石引泉

---

[1]《游灵隐》,《文教资料》2001 年第 1 期, 第 82 页。

[2]《夜静闻邻家棋子声》,《文教资料》2001 年第 1 期, 第 77 页。

[3]《酒兴》, 1909 年,《文教资料》2001 年第 1 期, 第 56 页。

[4]《晚妆》,《文教资料》2001 年第 1 期, 第 79 页。

[5]《浪淘沙》,《影观词》,《文教资料》2000 年第 4 期, 第 98 页。

回。蓬莱岂在人表外，方寸灵虚独往来。[1]

我们无法不想到他们婚礼上的那一幕——她录其旧诗"生来澹泊习篷门，书剑携将隐小邨。留有形骸随遇适，更无怀抱向人喧"。此时她却仿佛置身于另外一个世界，连同未来在《遗嘱》中要安排"余所有勋位证书二件及勋章金章二件，于祭祀时列于祭器之上，纵使国失主权，不可遗弃"[2] 的章太炎都置之度外了。所谓"太炎授勋"，应该是 1916 年袁世凯去世为"再造民国"之后黎元洪所发动。

汤女士暮年自述已经说得明白，太炎先生不是一个留恋燕婉儿女之私的人。也因此，在《影观诗稿》包括词稿中，诗人自娱自乐自我排解的气息其实是明显的。他很难说是个多好的"丈夫"，但他的确很难得，他宏大的政治关怀与文化理想以及对生灵涂炭的此世一份热烈的情念（尽管他追求的是"不住生死"亦"不住涅槃"），难得到我们无法对他"提要求"。此在太炎逝后殁世十七年（约为 1963 年），"遗梓未归，浅厝寓园，今每行吟其间，既念逝者，复自念也。旧日风流，而今安在哉"，汤国梨写下《南乡子》，其中妻子足以告慰夫君的"理解之同情"，体现最为昭明：

---

[1]《文教资料》2001 年第 1 期，第 72 页。
[2] 1935 年 7 月，《章太炎全集·太炎文录补编（下）》，第 912—913 页。

抚缶一高歌。毕竟豪情比怨多。叱咤风云弹指事，婆娑。百岁韶光似掷梭。　　何为叹蹉跎。若不蹉跎又奈何。文采风流今在否，经过。冷冢荒烟暗薜萝。[1]

《影观诗稿》中几乎不见章、汤夫妇之间的"步韵"或"联句"——比较而言章太炎与弟子黄侃之间却唱和多有，而且太炎从不讳言对黄侃诗文的青眼与高看。[2] 这点微妙也许正见证了太炎对于"学问"等地的要求恐怕还是颇高。而与之相映成趣的就是《影观诗稿》中收入了汤国梨和黄绍兰的不止一首唱和之作，例如写于1916年的《十年》：

万劫情天万丈魔，十年人事醉中过。死灰不信能重热，古井何曾更起波。拼把清愁销慧福，还凭好梦慰蹉跎。夕阳衰鬓休相妒，病已沉绵恨无多。[3]

---

[1]《影观词》，《文教资料》2000 年第 4 期，第 99 页。

[2] 例如《与黄季刚书》："山水之咏，虽未及谢公，乃于玄晖、隐侯几如伯仲，信子才之超也。……春和游兴当益佳，更有篇什，当以示我。"《章太炎书信集》，第 201 页。

[3]《文教资料》2001 年第 1 期，第 68 页，诗前有说明："时与黄君绍兰日有唱和。"再如《赠兰妹》："乱世文章贱，风流有左思。无为怜我拙，飘泊识君迟。慷慨平生谊，推敲一字师。相逢俱落莫，何以（仰可）慰心知。"（第 68 页）再如 1922 年前后的《步兰姊韵》《走访兰姊再叠前韵》《送兰姊去南通》《旅怀寄兰姊寄南通师校》《冬日和兰姊韵》；1923 年除夕的《除夕致兰姊》（第 70—71 页）；甚至"绍兰诵红楼隔雨之句戏成一绝"（《黄昏》，第 84 页）；《兰姊来，颂其"当前护惜""过去温馨"旧句，感赋》（第 116 页），所谓"若能悟得无常理，（转下页）

"死灰不信能重热"亦作"死灰早是无余热"，很可能说
的就是黄绍兰与黄侃之间的孽缘。"至性无文饰，虚怀证古
今。心声如可和，何用抱鸣琴"，[1] 汤国梨与黄绍兰之前似乎还
颇有形上交流——后者确实在易学造诣方面被称为可圈可点。
就《影观诗稿》的整体内容言，汤国梨与其夫君一样对佛教极
有好感。像早年的《题梅花折枝图》："不愁风雨妒，一任春来
去。空尽得真空，更无枯荣虑"；《顽石》："愿身化顽石，免逐
轮回转。不减亦不增，一任沧桑变"；中岁（1931）的《岁暮
望平街买梅插瓶》：

> 支解奇刑不念身，惜花还自笑贪嗔。须知色相原非
> 相，未必沾泥便染尘。[2]

她曾经"久病翻教百虑休，药炉茶灶自悠悠。天教付与闲
功课，一卷金经好自修"，[3] 也曾经《习静》，道是"人间万事同

（接上页）护惜温馨事总多"，显然她一直在试图开解黄绍兰的心结。其
子章导对二人关系的理解是"（黄）自称母弟子，母与之过从甚密，称
为兰姊"（第71页）。黄绍兰为汤词所作序中，称她们结缘始于民国五
年（1916）春，"里仁伊迩，遂相过从。月夕花晨，谭艺甚乐。一日诵
其'断梦惊魂，迥灯怯影'之句，深服铸辞工苦，不禁敛手逊谢"，而
她的从学太炎则在民国十一年（1922）春——很难说跟汤国梨没有关
系。此中提到的汤词，即《念奴娇·七夕风雨，戏赠兰姊》。参见《文
教资料》2000年第4期，第44、45页。

[1]《和兰姊闲居乐两首》，《文教资料》2001年第1期，第73页。
[2] 1931年，《文教资料》2001年第1期，第81页。
[3]《病中杂咏》，《文教资料》2001年第1期，第86页。

归尽，习静原为最上乘"。[1] 和夫君类似，她的精神世界也有些庄佛并行的意味："莫道身为累，心闲宁患身。凭危仍自泰，处垢亦无尘。有色皆空相，无为证净因。中天一轮满，历劫总如新。"[2] 从《与皇甫仲生谈轮回事有感》看来，她的佛教理念固然比章太炎"传统"很多，却也充满近代气息。[3] 太炎之孙章念驰回忆文章尝记，仅读过两年私塾的祖母依然可以同饱学的祖父谈论佛法，而且因为新颖的观点赢得太炎"听之大异，跃然称赞"其"知及乎此尽之矣"[4]——毋宁正是章太炎对于个体的人特为闳通洞达的态度与见地。

或者伴随着岁月的流逝乃至太炎先生本人"看穿当世不可为"的终于归于淡定，汤国梨笔下也难得一见出现了《元旦与外子扫雪》（1932 年元旦）这么温馨的画面："障碍去务尽，庭际清且洁。或有故人车，来与谈风月。厨中足余馔，瓮头酒新发。慎勿怨清贫，但恐芳时歇。樽前须尽欢，相看有华发。"[5]

---

[1] 《习静》，《文教资料》2001 年第 1 期，第 76 页。

[2] 《无为》，《文教资料》2001 年第 1 期，第 56 页。

[3] 所谓"为人已多事，有鬼更难休。纵免沙虫劫，能无猿鹤愁。尘缘如何了，慧业不须修。话到轮回转，怆然涕泗流。"之后更有《前与仲苏谈轮回感赋一律，今自反之，更得此句》："人生只如是，有鬼亦无妨。能振伦常道（减轮之事，报纸日有记载），何争日月光（人言冥司常阴暗）。轮回倘不转，恩怨若为偿。或得逢亲友，还同返故乡。休道轮回苦，人生实赖之。世情常有憾，天道颇无私。因果若不爽，盛衰莫（枉）费辞。何为求解脱，我佛亦顽痴。"分见《文教资料》2001 年第 1 期，第 116、117 页。

[4] 氏著《我的祖父章太炎》，上海人民出版社，2011 年，第 84 页。

[5] 《文教资料》2001 年第 1 期，第 84 页。

如下这首《廿三年（1934）夏季自沪迁苏，水土不服，复逢大旱，爰书所苦》则告诉我们，由沪迁苏不仅不是坊间流传的出自汤国梨的主意，她甚至还因此很痛苦，只是不得不顺着"坏脾气"的"老丈夫"的性子罢了：

> 置身如在空山里（地僻无邻），若比空山那得如。汲水井干茶似卤，调羹蝇集饭忧蛆。满庭乱草埋砖砾，四壁哀蛩吊鬼墟（左邻为尼庵停柩百余具，后淮张古仟邱墓如山）。回首红尘隔霄壤，可怜人自爱吾庐（太炎厌沪地烦嚣，来此意颇自得）。[1]

即使到了秋天章家在苏州的寓所大体安排妥当，汤国梨依然不甚高兴："苏寓工竣，花木布置稍稍就绪，虽得清娱，然尤有感他乡终非故乡也。"[2]那写照《梁燕》的"君似玳瑁梁，侬似梁间燕。衔泥营君屋，辛苦谁曾见"[3]是否说的也是自家心情？

但太炎更可能是受到明季大儒孙奇逢（1584—1675）选择的影响，"晚年移家苏门，声华刊落，生徒数百，结庐相

---

[1]《文教资料》2001年第1期，第91页。1933年章太炎致李根源函中，确实提到"吾近亦觉上海可厌，盖往来人士，有书卷气者绝少耳。苏州文化，毕竟未衰"，《章太炎全集·书信集（下）》，第931页。

[2]"却恨此身仍是客，故园松菊总难忘"，《文教资料》2001年第1期，第91页。

[3]《文教资料》2001年第1期，第86页。

就，其地自姚、许之后，称再盛云"（汤斌《孙征君先生日谱
序》），[1] 汤国梨所谓："外子讲学苏州有卜居之意，既买宅锦帆
路，虽觉人情风俗不似故乡，而种瓜艺竹，意颇自得耳。"[2] 甚
至激烈的太炎此时似乎也不那么热衷革命了，他开始重视礼乐
化民，觉得"课儿种菊胜封侯"。[3]

"移家苏州，忽忽二年"，时间很快到了 1936 年，68 岁的
太炎先生已经大限将至，"衰病颓唐"，这更增加了汤女士的
"故乡之思"。这个浙江女子居然一直没有喜欢上苏州："君家越
溪滨，吾生苕水边。山水俱清胜，名都宿相传。吴中非吾土，
风俗自相悬。人情岂无异，何为相周旋。"或许这也是人之常情
吧，最美总是家乡水，何况"落叶则归根，人老思归田"：

> 昔年在吴兴，风物足留连。环城山水光，入市稠人烟。
> 乌镇尝卜居，陋室洁如船。柴门临清溪，清溪甘如泉。闲庭
> 罗花木，风雨四时妍。明窗接净几，生意常悠然。[4]

同时词作中她更是一口气写下四首《菩萨蛮·如今却忆
青墩好》，感叹"青墩人已他乡老"。[5]"青墩"即"乌镇"之别

---

[1] 文见《孙征君日谱录存》，刻本。

[2] 参见 1932 年秋《苏游杂诗八首》，《文教资料》2001 年第 1 期，第
84—85 页。

[3]《文教资料》2001 年第 1 期，第 112 页。

[4]《文教资料》2001 年第 1 期，第 96 页。

[5]《影观词》，《文教资料》2000 年第 4 期，第 65 页。

名。又若干年后，作者在"少曾居之，一别此乡四十余年，而吾发已白，老母弟妹皆已没世"的情况下，又写下四组《忆江南·青墩好》。此意登峰造极的《卜算子二首·青溪词》有小序云："青溪又名乌镇，浙西佳处，昔尝卜居于是。今离此乡五十余年，常往来于魂梦间。客来为谈青溪旧事，寒宵无寐，偶拈此句，叠得十六个青溪，怀慕之深，不觉书之重也"：

> 我是青溪人，生小青溪住，画舫青溪一棹春，来往青溪渡。老去说青溪，怅望青溪路，一别青溪五十年，不见青溪树（居处有银杏，百年古木也）。
>
> 有客说青溪，来自青溪渚。我是青溪旧主人，记得青溪路。窈窕梦青溪，花隔青溪雾，若使青溪似旧时，还愿青溪住。[1]

1936 年 6 月 14 日一代文星陨落，章太炎病逝于苏州寓所。汤国梨"欲为卜葬西湖"，遂于 7 月带着年仅十二岁的次子章奇"冒暑去杭州，止于旅舍，万感萦怀，有不能已于言者"。我揣测她想到了二十年前（1916 年）同样也是 7 月，太炎结束在京师的幽禁生活南归后，应当时浙江总督吕公望之请，夫妻同去杭州休养。据说当年是特挂专列，要人陪同，红毡铺地，乐队奏乐，吕公望亲到车站迎迓，浙江省参议会即刻

---

[1]《影观词》，《文教资料》2000 年第 4 期，分见第 90、101、102 页。

召开欢迎大会:"时西子湖畔所有高级旅社,绝大部分已由都督府租赁;指定为招待太炎的宾馆。并由当地耆老与知名人士以及他们的眷属作陪。"那时太炎是全国人民的英雄,"士可杀不可辱"的精神偶像。[1] 而在 1936 年这个炎热的凄凉的夏天:"漫说炎凉劳俯仰,却看风月忆追攀(往年与太炎同过湖上)。"连太炎门生鲁迅不久都会叹息师尊"倡读经","拉倒车","失却实地,仅垂空文"。[2] 汤女士有些酸楚的影观显然并非简单的人生无常、人情反复,更有太炎先生的艰深理想似乎总是"射程太远"的不能为他的时代所理解的怅惘。然而她还是豁达的。毕竟这个人是太炎,近代中国没有几人有资格轻视他:

> 攘夷已逐平生志,归梦空随一榇还。天与斯人埋骨地,故乡犹有好湖山。[3]

太炎最后的落葬之地选在西湖边,与明末遗民烈士张苍水为邻,或者这是逝者与生者都会满意的归宿,至少汤女士如此认为:"南屏山下旧祠堂,郁郁佳城草木香。异代萧条同此志,相逢应共说兴亡。"[4] 真正的落葬要到 1950 年代方始达成。

---

[1] 陈存仁《阅世品人录: 章太炎家书及其他》,第 85—86 页。

[2] 参见《章太炎先生二三事》,收入《且介亭杂文末编》。

[3]《文教资料》2001 年第 1 期,第 96 页。

[4]《文教资料》2001 年第 1 期,第 101 页。同时《影观词》尚有《高阳台》称"英雄一例终黄土,痛萧条遗梓,来与为邻。杯酒倾怀,兴亡把臂重论",见《文教资料》2000 年第 4 期,第 105 页。

或者太炎也是幸运的，他没有见到第二年就发生且要持续很多年的抗日战争，否则这"坏脾气"的"老丈夫"又得平添不少气恼。他在苏州的好友，也是著名爱国人士、曾经几度"披麻送国殇"[1]的李根源（1879—1965）在《哭伯兄太炎先生》中就说：

> 平生风仪兼师友，万古云霄一羽毛。遗恨长城侵寇盗，谁挥大手祭神皋。

诗中并有小注："先生六十初度，余书此十四字为寿，今因之成挽诗一绝，并成挽联云：微斯人吾谁与归，平生风仪兼师友；临大节而不可夺，万古云霄一羽毛。"[2]

而高寿的汤国梨（她将安安稳稳活到 1980 年的九十八岁高龄）却还要扶老携幼一一承担，她还没来得及把丈夫安葬，战争已经开始，苏州已经被侵，她只得把丈夫的灵柩暂时留在苏寓，自己挈母将雏匆匆走上逃亡之路。写于 1937 年底的

---

[1] 李根源《泰安东战场阵亡将士忠骸》："霜冷灵岩路，披麻送国殇。万人争负土，烈骨满山香。"《曲石诗录》卷二，第 2 页。

[2] 氏著《曲石诗录》卷一，第四页。逃离战乱途中，李根源在万里迢迢的西北，曾再次怀想太炎："眷想锦帆泾，先生灵柩，尚停苏州锦帆泾宅。灯前涕泗流。天山寒月夜，有梦到苏州。曾梦至苏州见先生。"《曲石诗录》卷二，第 5 页。《宿保山省立师范，旧永昌府学也，集省县各中校学生千余人就先师孔子位前讲春秋攘夷大义》："我原府学老生员，来讲春秋大义篇。速起攘夷收失地，相期无负此华年。"《曲石诗录》卷四，第 2 页。

《涉江后步行赴义乌》跋语有谓："抗战时奉老母携儿辈流亡之作，时老母七十，奇儿十三。"诗却写得刚毅干练，不失风人之旨，新丧的"老丈夫"亦时在念中：

> 平沙蔓草没荒烟，四面危峰势插天。日落征骑嘶故垒，风前断雁下惊弦。自搔白发悲亲老，更抚黄童想父怜。莫效楚囚相对泣，艰难家国要同肩。

乱世流离廿载夫妻，1938 年荒村野店当中，这位常居都市的闺秀女子大概对"鸡声茅店月，人迹板桥霜"的诗意第一次有了切身体验，因此更加思念太炎：

> 民七年秋，外子返自四川，言途中夜宿茅店，每闻鸡鸣，凄怆之情令人欲绝，余听之亦不经意。廿七年避乱去浙东，投宿荒村，合家藉草而卧。冷月照门，晓霜侵被，忽闻鸡鸣，凄楚悲凉，益增国破家亡之痛，恨不能起逝者于地下，相与一话此情也。[1]

这几乎是整部《影观诗稿》中最令我感动的一个瞬间：这个瞬间我看见了真正的大诗人章太炎，看见了真正的大情圣章太炎，看见了温暖与患难，看见了平淡与高远，看见了有限与

---

[1]《文教资料》2001 年第 1 期，第 105 页。

无限，看见了蓄满在妻子笔下对亡夫寸寸不断的思念与眷恋。
与《影观词》中"残阳既暮，夜色凄沉，时太炎逝世数月矣，
爰成此句"的《苏幕遮》，并称绝唱：

> 暮云低，楼影直。楼外山光，山外斜阳色。嘹唳孤鸿
> 怜影只。缺月疏林，何处还寻得。　　画堂深，凉夜寂。
> 幽思迢遥，绕遍天南北。冷砌吟蛰啼永夕。扶起残魂，独
> 对孤灯侧。　　月华凉，虫语哽。梦掩空帷，倚枕和愁
> 听。泪洗残妆慵自整。万转千回，幽恨无人省。　　烛花
> 摇，光不定。九死残魂，扶起灯前影。冰覃无温衫袖冷。
> 扣遍雕栏，雨隔空楼迥。[1]

前诗所谓"民七年秋，外子返自四川"，此话具体所指，
正是1918年前后章太炎为推行他"联省自治"的政治理想奔
走西南经常离家之时：他希望全国实现非武力统一，并且以此
高调批判孙中山以党治国的"党治主义"——但那时无论他多
么在外忙于"革命"，他最终还是会回家的。

当然，还有家书。他惦念出生不久的儿子："家中安否？
衣服宜常晾晒。阿导闻已能行走。阴历八九月间，宜为种牛
痘也。"[2] 也直言对妻儿的思念："思家之念，无日忘之。想君

[1]《文教资料》2000年第4期，第70页。
[2] 1917年9月1日，《章太炎全集·书信集（下）》，第730页。

在沪，亦甚思我。水涸船阻，中途未靖，如何如何！前寄三函，约每十日一寄，未知收到几件？重庆至沪，邮政不过半月，何以久无覆音也？春气渐动，碳火少近。诸惟珍重，并问导好。"[1] 发信这天是阴历正月初三，看起来甚至是年他的除夕都是在离妻别子中度过的。

章太炎致钱玄同、吴承仕信函中也曾保留了这一段游历的壮观：

> 岁余与同人隔绝，而南方十二省亦游历几遍矣。今年孟夏始由重庆南行至施南，迤行至辰州，所过一千三百余里，山川狞恶，乃识槃瓠典型。揭来出桃源，渡洞庭，抵夏口，归至上海，则重九之前二日也。前后所行一万四千二百五里，有铁道轮舰者九千四百六十里，无铁道轮舰者四千七百四十五里。山行困瘁，抵家后揽镜自照，殆如昆仑偃息，二旬始还故态。[2]

> 现绕南方各省一匝，凡万四千二百余里，山行居三分一。西南绝域，亦间及焉。于此无益大计，而人情文野，人才优绌颇燎燎于胸次，行虽劳苦，亦不虚也。天地闭，贤人隐，诚如来旨，乱世恐亦无涉学者。[3]

---

[1] 1918 年 2 月 13 日，《章太炎全集·书信集（下）》，第 735 页。

[2] 1918 年 10 月 30 日致钱，《章太炎全集·书信集（上）》，第 224 页。

[3] 1918 年 11 月 13 日致吴，《章太炎全集·书信集（上）》，第 415 页。

还有很多故事在身后，本文不再一一展开。例如日本投降之后在苏州的太炎藏书"离乱时狼藉殆尽"，汤女士还要"乱后一生长物尽，白头和泪理残书"；[1] 例如勉力维持的章氏国学研究会还要经历波折直至关门大吉，她未免感叹"不信文章憎命达，由来魑魅喜人过。先生自有千秋业，蛇足重添事已多"：

> 难尽悠悠后死心，前尘回首痛人琴。茫茫浩劫谁能挽，文物沦亡陆已沉。[2]

这最后一句说的，正是太炎那句惊天动地的自负名言与自我期许："吾死以后，中夏文化亦亡矣。"[3]

三、"情圣"章太炎

书归正传。何以章太炎会从日本人那里获得"情圣"封号？陈存仁将其轻轻归于"后来发表的八十四封家书"，[4] 这当然是臆测，也窄化和低估了太炎的境界，何况日人下此结论时应该尚

---

[1]《文教资料》2001 年第 1 期，第 107 页。

[2]《文教资料》2001 年第 1 期，第 109—110 页。

[3] 1914 年 5 月 23 日致汤国梨，《章太炎全集·书信集（下）》，第 694 页。此类天赋绝学于一身的表白在太炎，自然不止此处。另如《癸卯狱中自记》所言"上天以国粹付余"（《太炎文录初编》，《章太炎全集》四，第 144 页）。

[4] 氏著《阅世品人录：章太炎家书及其他》，第 13 页。

无机会见到太炎家书。笔者认为, 其真正的原因恐怕还是要从 1906 年太炎出狱流亡日本在同盟会主持的欢迎大会上寻找。面对两千多留日学生, 太炎宣说当前办事的方法中最要紧的就是培养感情:

> 没有感情, 凭你有百千万亿的拿破仑、华盛顿, 总是人各一心, 不能团结……要成就这感情, 有两件事是重要的: 第一, 是用宗教发起信心, 增进国民的道德; 第二, 是用国粹激动种性, 增进爱国的热肠。[1]

"道德是从感情出发, 不从思想出发", [2] 这样的认知在当时毋宁非常特别, 也跟太炎多受晚明王学的熏陶有相当关系, 道德之必须体现为"道德情感", 此意对太炎一生也是一贯的。例如晚年讲学:

> 道德本从感情来, 不专从知识来, 感情怎么样子发生? 不专从当面的事发生, 多从向来的习惯发生。各国的习惯不同, 所以各国的感情不同; 各国的感情不同, 所以

---

[1]《东京留学生欢迎会演说辞》, 汤志钧编《章太炎政论选集》, 中华书局, 1977 年, 第 272 页。

[2]《留学的目的和方法》,《章太炎的白话文》, 辽宁教育出版社, 2003 年, 第 2 页。

各国的道德不同；并不能拿一种理去强派。[1]

立身之道发乎情，不能一断以理。一国有其礼法，一乡有其风俗，皆因情而立制，不尽合于理也。[2]

只是，设若这样的"成就感情"被当代学者理解为乃是"造就一个群情激愤的颠覆时代"，[3] 身处 21 世纪的我们毋宁已经经历了太多这样的危险时刻。"情圣章太炎"是否的确有"失却实地，徒垂空文"的时刻？但至少在章太炎本人的主观认知上，他于朴学与玄学双重深厚的功力使他明确意识到：

求于民义无负，而又不使性命之情，其唯无我克己乎？[4]

这种"无我克己"才是理解章太炎的"情感"倡议的基元。而要进一步理解章太炎的"情圣"精神，就不能不特别提到他的行"菩萨行"。"情圣"章太炎的情怀情愫所在绝不在于一家一室，而是经由他独特的"三教汇通"，铸造而成的悲天悯人的大情怀：

---

[1]《经的大意》,《章太炎的白话文》, 第 35 页。
[2]《适宜之理学》, 1933 年 10 月 22 日无锡国学专门学校讲, 诸祖耿记,《制言》第 57 期。
[3] 张春香《章太炎主体性道德哲学研究》, 第 119 页。
[4]《与徐仲荪》,《章太炎全集·书信集（下）》, 第 1134 页。

普度众生，头目脑髓，都可施舍与人。[1]

以直心正趋真如，以深心乐集善行，以大悲心拔一切众生苦。[2]

将"杀身成仁、伏节死义"视为"情志方猛，舍生舍死，皆不暇计"[3]之举，章太炎对"情"的理解无疑相当高举，"情志"一定和道德环环相扣、不一不二。暮年讲学更屡以《儒行》是尚：

儒有席上之珍以待聘，夙夜强学以待问，怀忠信以待举，力行以待取。其自立有如此者。

儒有衣冠中，动作慎。其大让如慢，小让如伪；大则如威，小则如愧。其难进而易退也。粥粥若无能也。其容貌有如此者。

儒有居处齐难，其坐起恭敬；言必先信，行必中正。道涂不争险易之利，冬夏不争阴阳之和。爱其死以有待也，养其身以有为也。其备豫有如此者。

儒有不宝金玉，而忠信以为宝；不祈土地，立义以为土地；不祈多积，多文以为富；难得而易禄也，易禄而难畜也。非时不见，不亦"难得"乎？非义不合，不亦

---

[1]《东京留学生欢迎会演说辞》，《章太炎政论选集》，第 274 页。

[2]《菿汉微言》，《菿汉三言》，第 36 页。

[3]《菿汉微言》，《菿汉三言》，第 22 页。

"难畜"乎？先劳而后禄，不亦"易禄"乎？其近人有如此者。

儒有委之以货财，淹之以乐好，见利，不亏其义；劫之以众，沮之以兵，见死，不更其守；鸷虫攫搏，不程勇者；引重鼎不程其力；往者不悔，来者不豫；过言不再，流言不极；不断其威，不习其谋。其特立有如此者。

儒有可亲而不可劫也，可近而不可迫也，可杀而不可辱也。其居处不淫，其饮食不溽，其过失可微辨而不可面数也。其刚毅有如此者。

儒有忠信以为甲胄，礼义以为干橹；戴仁而行，抱义而处；虽有暴政，不更其所。其自立有如此者。

　　……

儒有博学而不穷，笃行而不倦；幽居而不淫，上通而不困；礼之以和为贵，忠信之美，优游之法；举贤而容众，毁方而瓦合。其宽裕有如此者。

　　……

儒有澡身而浴德，陈言而伏，静而正之，上弗知也，粗而翘之，又不急为也；不临深而为高，不加少而为多；世治不轻，世乱不沮，同弗与，异弗非也。其特立独行有如此者。

　　……

儒有不陨获于贫贱，不充诎于富贵，不慁君王，不累长上，不闵有司，故曰"儒"。今众人之命儒也妄常，以儒相诟病。[1]

"《儒行》较《大学》为粗豪，然所谓'行己有耻'者，正唯《儒行》尽之。自汉至唐，卓行之士皆从此处，亦正今日施教之要务也。"[2] 章太炎对《儒行》的特别眷爱自然基于他一生特重"儒狭"的精神气质，这也是一种特别的"情"意。[3]

在张一麔（1867—1943）之类"办事"人笔下，无论如何试图隐而不彰为贤者讳，太炎"书生意气"的一面其实是呼之欲出的，例如民初太炎出任"筹边使"开府吉林试图"谋垦殖"，财政部一言不合，太炎即"大怒驰书告余（即张）"；待到张"力言于项城汇款三万圆以济"，似乎太炎又"谓北方空气不佳将图南"，不久就离开吉林去了上海。1913 年在北京，未软禁前章太炎常去找张一麔，"时至余直庐纵谈"，正是张一麔"劝其讲学以饷后进"——毋宁正是张对章的长才所在的判断，太炎的"几被幽囚"在他看来也正是"言事激切"。至于"项城既没，南北纷争"的民初乱局中太炎"往来兵间"忙个不停的事功，张一麔也就是淡淡一句："列帅重其名亦不能尽用其说"，"卒在沪著书讲学"似乎才是太炎最恰当的归宿。太

---

[1]《礼记·儒行》，《十三经注疏·礼记正义》，北京大学出版社，1999 年，第 1578—1590 页。

[2]《与欧阳渐》，载《制言》第九期，《章太炎全集·书信集（下）》，第 873 页。

[3] 参见《儒侠》，文见《章太炎全集·〈訄书〉初刻本》，第 10—11 页。

炎最后与苏州的因缘则是:

> 君于苏城为旧游地,尝买宅侍其巷,以地窄未迁。李君印泉、金君松岑请均在图书馆讲学,吴中俊秀子弟翕然从之,是为国学会之嚆矢。君乃卜筑于锦帆路,自标"章氏国学会"以别于前会。今年春夏之间,粤、桂已有违,君上书当局,得报,意甚厚,且令其门人告余,将谋一晤。适余小极,约以后期。乃未旬日,而君已病革。趋视之,则于两小时前已薨矣。伤哉。[1]

他说他们"相识四十余年,近岁同住一城,故旧之情久而弥笃"[2]并非虚言,《八一三倭寇淞沪后杂诗》之三就写到他在苏州的两位同为好友的好友——章太炎和李根源:

> 太炎不作石遗亡,犹有城南李小王。李印翁闲居小王山故。要为乾坤留正气,势歼丑虏扫欃枪。[3]

这是暮年同称"老子军"的三位友好。尽管帝制终结之后经学的地位也随之直线下降。经学似乎业已从"经世致用"之

---

[1] 氏著《纪念章太炎先生》,《心太平室集》卷四,第24—25页。

[2] 氏著《纪念章太炎先生》,《心太平室集》卷四,第25页。

[3] 《心太平室集》卷十,第13页。

业降为抱残守缺之务，[1]（清初三大家）对晚明王学末流的批判和"救弊"原本基于让"道"重新回到"器"中，唯当实践主体被舍弃之后，"器"反而取得了自身的主体性，这却也是历史以及"史学"始料未及的。[2]

> 往昔所希，惟在光复旧物，政俗革命。不图废清甚易，改政易俗，竟无毫铢之望，而腐败反甚于前。[3]

四、尾声余韵

汤国梨在《影观诗稿》中特意保留了两首《赠默君》，默君即张默君，可见她们的关系不算薄。

> 壮游已遍天南北，犹为孤芳一驻车。和靖风流今复见，新诗句句赋梅花。

> 万卷琳琅写折枝，何如一水照胭脂。（梅有所谓胭脂红者）明年莫负孤山约，尚有寒香笑索诗。[4]

---

[1] 当然"经学"的近代命运并非如此粗略所能概括。邓秉元近年来针对"新经学"的探索很值得关注。参见其主编《新经学》系列。

[2] 黄锦树《章太炎语言文字之学的知识（精神）系谱》，第 3 页，注 12；第 21 页，注 13。

[3] 《与龚未生书》，《章太炎政论选》，第 701 页。

[4] 《文教资料》2001 年第 1 期。

章太炎一生虽淡薄嗜欲却不废风雅，诗文、书法而外，他也有收藏古器的兴味，例如 1918 年 11 月 13 日结束西南之旅后致吴承仕函云：

> 在蜀搜得古泉数十品，葬玉一二事，聊可自慰。闻宛平铜器近甚易得，贾直亦轻，足下能为访求一二否？蜀人曾馈我以铜鼓，恨不得足下共观之也。[1]

《遗嘱》中留给儿子的财富，也包括秦权（铜制一枚、铁制三枚）、秦诏版、高古玉器多端（琮、瑗）、唐玉螭虎、古钱、明瓷、端砚等器物，"两男择其所爱可也"。[2]

这是章太炎与张默君之间奇异的因缘与相遇：既然认定"今之拔去五色旗，宣言以党治国者，皆背叛民国之贼也"，[3] 且极其厌恶蒋介石，自封"民国遗民"[4]的章太炎，和蒋氏铁粉、国民党的"老干部"张默君大概终生不会有多少晤面机会，但他们不仅因为汤国梨而成为有缘人，而且二者居然有很多类似的爱好与优长：诗文、书法、荀学、佛教，包括古器。此名物典章之趣，无论对章还是对张，都是大有来头。

---

[1]《章太炎全集·书信集（上）》，第 415 页。

[2] "民国廿四年七月，太炎记，时年六十八"，《章太炎全集·太炎文录补编（下）》，第 913 页。

[3] 1928 年 5 月 27 日致李根源，《章太炎全集·书信集（下）》，第 927 页。

[4] 1928 年致李根源信函中，章太炎拟定挽黎元洪联，特别嘱其"下署中华民国遗民章炳麟哀挽"，《章太炎全集·书信集（下）》，第 929 页。

> 无论学术角度还是政治角度，章太炎均不会将张默君、邵元冲夫妇放在眼里，尽管前者是其夫人汤国梨的同学，很可能还是他们婚姻的促成者。但他应该能欣赏"五古气象已尊"张默君的诗。最为有趣的是，他们不仅均是民初"荀学"的有力提倡者，且对典章制度与名物文章的相辅相成同样深具同情。

肆　玉成中国：大凝堂，名物文章的制度寄托

某一阶段，张默君（1884—1965）及其夫君邵元冲（1890—1936）在民国政坛、文坛均负富相当时望，之后似乎又双双被两岸世界同时遗忘。张默君曾经不仅被誉为南社成就最高的女诗人，"珠光剑气，英耀逼人"，[1] 诗词创作丰赡高超，其一生又精研中国书法、收藏古玉并能造诣颇深，被誉为"诗文翰墨，冰晶玉润，古意盎然，辞旨渊远"（历史博物馆"张默君捐赠古玉特展说明"）。在现实世功层面，张默君也是其时女性一

---

[1] 冒鹤亭语，转引自彭醇士《张默君先生传略》，文见《张默君先生文集》，中国国民党党史委员会，1983年，第2页。

位杰出代表，"赋性刚健，持躬清正"，历任民国政要职位。[1]
邵元冲身为国民党元老与政府要员，[2] 本人理论建树外，源于妻
缘，后人亦得在张氏追忆中稍稍窥见其人格性情、具体行止。
本文试图探讨张默君的诗学、政教理想如何承接传统中国的历
史资源、文物典章，并管窥其践行得失。"古道不能处今世"[3]
不仅是张默君时代的哀感，于今以"知耻、立志、好学"（张
言）而为"养正"的文化理想似乎也颇类"冬烘"之见。然是
否可能以及如何复活此类"冬烘"之见于高明之世，此正为
"诗教"与"情教"的紧要问题。

　　张默君、邵元冲均曾留学欧西，在他们的时代，其视野、
学望均不算狭隘迂执，他们对于"民族固有学术"的坚守，既
基于救亡图存、民族振复这一当时最迫切的现实需要，更基

---

[1] 早年毕业于上海务本女校，1912 年发起成立神州妇女协会并任会长，
　　继之创办《神州日报》、担任神州女校校长。1918 年留学（美）哥伦比
　　亚大学教育学院，曾为纽约中国学生联合会主席。1920 年回国任江苏
　　省第一女子师范学校校长。之后历任于国民政府职门，如南京考试院特
　　种考试委员会委员，国民政府立法委员，国民党党史编纂委员会名誉编
　　辑，国民党南京市党部监察委员，国民党中央监察委员、常务委员、政
　　治会议委员，考试院法典委员会委员。1949 年到台湾后曾任考试院考
　　选委员兼国民党中央监察委员、国民党中央议审委员等。

[2] 浙江高等学校毕业，1906 年参加同盟会。主持过《民国新闻》《国民杂
　　志》《民国日报》《建国周报》等笔政。1919—1924 年先后入（美）威
　　斯康新大学和哥伦比亚大学。孙中山生前为其机要秘书。1925 年后历
　　任国民党中央执行委员会青年部长、国民党浙江省政治分会委员、杭州
　　市长、国民党广州政治分会秘书长、黄埔军校政治部主任、立法院副院
　　长、国民党中央宣传委员会主任、党史史料编纂委员会主任等。

[3] 张默君《先考伯纯公行略》，文见《张默君先生文集》，第 430 页。

于他们对于深切涵泳其中的"民族固有学术"的真实体认，这一历史体认不仅形塑了他们的现世生命，更使得文化记忆的呈现以生命践行的方式鲜活而具体的得以展开。张默君（含邵元冲）对于诗学、情性、文教、政治诸问题的认识与践行，与"新学小生"或"文化遗老"并皆无缘，而是近乎在"革命"与"复古"之外颇为自负的坚信能固守传统却又开出新路。他们的革命近乎复古，他们的复古近乎革命。成仁抑或成功，也许这一番身后寂寞尚未了然。张、邵问题所关是中国人文传统在践行层面所遭遇的现代挑战。

一、比德于玉：诗教传统与文物典章

张默君生平以诗人名，以书家名，以政治人物名，这类生命样态学之所得多以见诸行事（包括创作）称能，深究刻画系统学术非其所长，然其人若有见地，则偶尔理论亦不乏可观者。张氏诗人名家，一生主持教育，故本文开篇先论其诗教问题。

张氏明言且集中论诗之文，首称民国二十四年（1935）于金陵女子大学所做《西北归来说中国诗教》演讲，直接昭示了张默君"诗学"的观点与主张。其中对于传统"诗教"的丰厚内涵，致意再三：

> 夫诗非仅消遣品也。与一代历史文化之隆替，民情风

俗之浇厚，国际地位之高下，关系至巨。而诗人一生之德业志事，所系亦甚重大。

晚近我国人之视诗也，大都有二派。一以为诗固雕虫小技，无裨人文；一于诗殊感兴趣，且好为之，但平日不事研讨，不求学养，拾古人之唾余（一做"袭古诗之皮毛"），而莫窥其风骨，或鲜至性真情，漫无寄托。或自诩规唐抚宋，沾灭灵襟。甚至成砌字之工匠，韵语之僵尸。芜词滥句，摇笔即来，并徒为世诟病耳，以见中国诗教就衰，言之滋慨。

《汉书·艺文志》曰："诗以言志，义之用也。"盖诗人者，三代以下直道而行之民也。能发乎情、止于礼义者也。先哲诏吾人曰："大丈夫富贵不能淫，贫贱不能移，威武不能屈。"吾以为诗人尤应具操守也。盖诗人者，自有其灵的境界，自有其安慰，自有其不受外物动摇之高尚纯洁坚贞之志。

夫诗者，言之精也，志也，心之精也。诗言志，宜以至正至诚之心志，抒写至大至刚至美之诗歌，扬大汉之天声，振上古之风雅，起垂死之国魂，固吾人从事文学而负雪国耻、兴民族之责者，所当努力者也。[1]

在此，"诗"承载了张默君一生最为关注与投入的几桩要

---

[1] 文见《张默君先生文集》，第147—151页。

务: 历史文化之隆替是固有传统学术问题（扬大汉之天声）；民情风俗之浇厚是主体人格养成问题（振上古之风雅）；国际地位之高下是民族国家复兴问题（起垂死之国魂）。西北作为"先哲诗教昌始之疆域"，其风土醇厚让张默君一唱三叹，西行途中她有诗推许杜甫志在邦国，"天壤长留诗史在，匡时怀抱几人知"，颇有自期意味。[1] 日后在台（1956）并再度赋诗，重伸此旨，"嫩伦成化尼山旨，辅世哀民楚屈心。应识古今诗教理，撑持天壤此元音"。[2] 张默君对诗要求的风骨性情雅正，是要求诗人风骨性情雅正。诗人不仅要成为"三代直行之民"，能发乎情止乎礼义，其所当具备的不为物役时移的操守高尚，已经足以优入圣域。此意在日后为邵元冲著述《玄圃遗书》所著序中，又曾三致。

圣人之教，以诗为本，于传统中国本是稔熟不过的常道，诗教式微、"诗道不昌"并非文学问题，而首先是社会问题、政治问题。《诗大序》赋予诗学"正得失，动天地，感鬼神"进而"先王以之维夫妇，成孝敬，美教化，移风俗"的强大功能在历史演进中已不止于"诗经"学。如果说即使对于张默君的时代此论也已渐次凋敝（即其演讲中所称"今世偶浮薄贪污之行者，而喜妄为诗，妄评诗，庸非近代诗教之浩劫乎，坐令世人鄙夷诗学"），则对于某个具体的人，却仍然可以是价值信

---

[1] 文见《张默君先生文集》，第 147—151 页。

[2] 张默君《诗教》"丙申重五"，收入《瀛峤元音集》。

仰所在，并且因此时代凋敝，而自承振衰起敝之大任。无论对
于传统文化还是其所信奉的"三民主义"，张默君性格中有明
显的"信徒"倾向。如上诗学理想不仅是张默君一生坚守，或
者还是其家学所系。

张默君家学素称渊深。张父伯纯为早期同盟会会员，一代
贤达，热心教育，在张默君的追忆与断制中，父学根底乃在
明儒王、黄、顾之学，"于姚江尤有神契"；"正人心"而"以
教育培国本"乃是其父认肯的当务之急，故其一生举办教育
（学堂、女塾）皆以"养正"名之。尽管"笃实·力行·复
仇·明耻"是父亲教书育人的宗旨，其及门弟子俊彦包括蔡
锷、赵声、禹之谟、秦力山这些辛亥前后为"缔造新中国"前
仆后继的豪杰之士。但"革命先革心"作为张伯纯最为响亮
的主张，针对的现实乃是"今日学绝道衰，智育渐进，而德
育不修，非拔本塞源，提醒其良知，则放心不收，即病根永
在"。此正不同于当时流行所谓"革命"者，倒是颇有"复古"
意味。[1]

张母何承徽（字懿生，晚号仪孝老人）亦有名于时，诗名
藉甚，湘人谭延闿称为"沈酣三唐，渊源八代，风骨既骞，芬
芳自远，海内奉为女师，异国求其诗草"。[2] "海内女师"之名

---

[1] 参阅张默君《湘乡谒父墓述哀》，收入《白华草堂诗》；《先考伯纯公行
略》，《张默君先生文集》，第 25—431 页。
[2] 谭延闿《序仪孝堂诗集》，转引自张默君《先妣何太夫人仪孝老人行述》
（民国三十年，1941），收入《玉溆山房文存》。

并非虚誉。清末两任两江总督刘坤一和魏光焘先后聘请张伯纯督办两江学务，旅宁第一学校、湖南公学、养正学校、养正女学得以陆续创办于金陵，均得何氏夫人一力辅佐。彼时养正女学既设于张家铁汤池寓所，其主持人即是何氏夫人，"其时中国风气未开，江南而有吾国人自办之男女中小学，是殆其嚆矢"。后张伯纯受命监督安徽皖江中学，何氏夫人再次受聘芜湖省立第二女校国文主任，后又受聘振华女校国学讲席，[1] 均能表现卓著。何氏之兄璞元，诗名亦佳，受知于光宣诗坛祭酒陈三立，为陈家西席，日后的书画名家、陈家长子陈衡恪即其受业弟子。[2]

张默君笔下，母亲德性之优长首在"禀至性，具远识，通经史"，其乐道安贫、气静神完，不仅子女叹为能"使先子绝无内顾忧"，张伯纯本人亦视"妻如孟光，足以适道，家庭之乐，差足慰耳"。[3] 在女子不以学名世的旧时代，毋宁说此类性情行径正是"诗教"成功的现实成果。纵然此类著述或难免溢美，却仍然足以昭示个体成长的生命方向。家教与诗教在张默君这里似乎取得了令人艳羡的统一。张默君终其一生在价值判断诸问题少见抵牾，固然缘于自身根骨非凡，或亦得益于此和谐融洽的家庭养育。

---

[1] 张默君《先妣何太夫人仪孝老人行述》（民国三十年），收入《玉溧山房文存》。

[2] 参阅陈三立《大凝堂诗集》"序"。

[3] 文见张默君《先妣何太夫人仪孝老人行述》《先考伯纯公行略》。

有此理想的诗、诗人、诗教，至少首先是张默君对诗学与诗格的自我期许，她早早就给自我人生挺立起"成圣"的愿景与标准。

"自有清刚在诗骨，欲扶正雅起骚魂"是张氏年甫十八所作诗，[1] 日后邵元冲在《白华草堂诗》序（作于 1925 年 7 月 6 日）中特意征引，可见重视。谭延闿亦曾点评邵、张夫妇二人之诗，以为"翼如风期朴雅，内蕴珠光；默君骨韵清刚，兼饶剑气"。[2] "新诗一卷见清刚"能成为时人对其诗风的公论，[3] 要非谀辞。邵瑞彭序《红树白云山馆词》有谓：

> 其词雅足以称其诗，小令近阳春欧晏，慢词近白石西麓，举凡北宋伦率之蔽，南宋刻镂之习，靡不揃摵其尽。譬之庖丁奏刀，音中桑林之舞，沈丘稟羽，气遏郢人之锋，匪为才之高，抑亦学之纯。[4]

所举正是风雅之正，"才高学纯"亦是诗风的优入圣域。如道这一断制至少高度吻合张默君本人的诗学理想，当无疑

---

[1] 《秣陵秋兴》之二，后两句为"从来文字关兴替，放眼千秋一笑存"——张默君诗学理念之成熟，可谓早矣。转引自高梦弼《大凝堂年谱》，载《张默君先生文存》，第 523 页。

[2] 张默君《哀愤十二篇》小注，《正气呼天集》。

[3] 许世英诗，转引自高梦弼《大凝堂年谱》，载《张默君先生文存》，第 529 页。

[4] 转引自高梦弼《大凝堂年谱》，载《张默君先生文存》，第 540 页。

问。同光体的诗学祭酒陈衍，亦称张诗不遗余力：

> 华实并茂，人无间言。余读其诗稿至闽中倡和，所以
> 慎遗珠而勖多士者，如读欧阳永叔礼部贡院阅进士试，苏
> 子瞻催试官考校赠李方叔诸篇，吾恐帖括取士之朝，翰苑
> 诸君，仅习时艺试帖小楷者闻之，亦可以少愧矣。[1]

与此类表彰相匹配，张默君平生诗笔的确甚为端严，辞令
稍涉狎亵即不会现于其笔端，整体风格可谓一以贯之的正气郁
勃、襟怀阔大、儿女情隐、风云气显，堪为其诗教理论的明证
与样本。陈三立为其诗集作序，谓为“风格类其母夫人（即所
谓“规抚六朝初唐，纷披古藻，雅丽铿锵”）与舅氏，而兼负
其父驰骋之才”，此言不落空地。时人谓张默君论诗“不专主
性灵，以为非遍读古今之书，善养浩然之气，纵有清词丽句，
固不足以言诗”，又谓其“慎于择题，严于立体”，[2]“摛辞发藻
不类儿女子，亦不甘为伧父”，[3] 都非无根据之浮誉。强调的正
是其立意能正大（择题）、着墨必典雅（立体）。著于六十花甲
之年的《默君自传》中，她对自己出生之前异梦先兆的自负记
载以及童年（四至七岁）“宝螭戏墨”的自况，均可见及自我

---

[1] 转引自高梦弼《大凝堂年谱》，载《张默君先生文存》，第 542 页。
[2] 李竟容《大凝堂诗集序》。
[3] 丁治盘《大凝堂诗集序》。

期许与平生抱负。[1] 辉煌顾盼的"先兆异梦"是其乳名"宝螭"之由来，张父更借此"肇锡嘉名"，名曰"昭汉"（光大汉族意）而字曰"漱芬"（漱六艺之芳润意）。日后辛亥八月"光复苏州"之役，正是由伯纯、默君父女主持。[2]

可为张氏之生性严正硬朗做一注脚的，尚有其著《中国文字源流及历代书法之演进》亦可"因人废言"："凡有立身欠正，大节有亏，如元之赵孟頫，明之王铎辈，名列二臣者不举。"更进一步言及书法艺术之运笔用力："顾生平为书，最恶以笔尖欹跛弄姿，侧锋取媚，致堕外道。欲免斯病，是殆非万豪齐力，纯致中锋，不为功也。"此语不仅道出她书法的好处，也是她诗作的好处。对于曾亲历辛亥之役的张默君，"轩辕裔胄之创建精神、开国儿女之信史"[3] 的刚健正直之风，"中原处处咽胡笳，等是萧条失故家。不为苍生为鬼神，毋劳虚席贾长沙"（《苍生》）式样的心忧天下、志在国族，乃其荣耀与信条，

---

[1] "距今六十年前，农历重阳前三日，祖妣李太夫人夜梦厅际流辉如白昼，仰视一银色巨螭盘正梁，双目炯炯，光芒四射，势欲飞腾。惊寤。天方破晓。辄闻内室婴啼浏亮。殆余适于斯时挟毕生忧患堕尘埃矣。太夫人喜，以为必系一男。趋视乃一女，心窃奇之。见予眉目隽爽异常儿。转欣然谓予母曰：贺尔得不栉进士矣。并告以梦。"见《默君自传》，收入《玉渫山房文存》。

[2] 张不仅奉父命作"光复苏州六言布告"，更将白布二丈八尺制成长纛，以布帚蘸墨汁，"伏砖地上作擘窠大书'兴汉安民'，之后悬于北寺塔，此"昭汉手书"独立旗帜"凡沪宁车驶入苏州"乘客皆可见之。见《默君自传》，收入《玉渫山房文存》。

[3] 参阅《斥妄》文后小注，该文亦为辛亥冬张默君主持江苏《大汉报》社论之一，收入《玉渫山房文存》。

单纯而明朗，无多算计。

一部《大凝堂集》中时时可见张默君弘扬"中国固有之学"与振奋民族精神的努力，所谓立极、树人、诗教、母教，所谓"侧身天壤，俯仰古今，耿耿丹忱"，[1] 意均在此。而乱世托命为诗人，诗教自然还是她一生致力承担的核心。

尤有甚者，张默君的诗教理想还将进一步开拓为文物典制，发明历史，严耐礼仪，寄托身心，美化精神。

丙申（1956）飘蓬在台的张默君用其最为擅长的章草写下《玉德篇》，以她一贯典则大雅、清真醇厚的诗体风格记录下玉于民族历史、文化渊薮、典制制度、个人修身的诸种意义：

> 鸿蒙判庶物，石器肇优先。玉为石之精，圭瑗形乾坤。中字自兹成，国奠文化宣。礼言不去身，诗咏其相仙。虹变出玄圃，烟暖出蓝田。黄琮以祀地，苍璧为礼天。珑祷农旱灾，琥象肃杀权。凭璋起军旅，举珏绝恶缘。温其比君子，瑟彼若婵娟。品推旁达嫩，质重方流鲜。贾害虞叔志，无贪子罕贤。仲尼答问玉，九德加被焉。白虎通六瑞，典制书尤全。文明觇嬗晋，禀节殊刚坚。神光焰溟宇，皓月辉潭川。膏无其莹润，雨无其泽

---

[1] 参阅《默君自传》，收入《玉渫山房文存》。

渊。至德配天壤，仪型千亿年。[1]

　　玉所具备的"至德"与"仪型"的文化价值的绝对性、永恒性，无疑正是张默君一生钟情所在。既然"神皋文物看垂绝，延驻何年至道恢"（《至道》），张默君对物（玉）的执着与收纳，即是对道的执着与收纳。文物典章之双美于斯为盛。

　　隔年丁酉（1957）二月，张默君更将生平收藏的三代古玉五十件，捐赠台湾历史文物美术馆（今历史博物馆前身），"公诸国人，俾国人知中华真正传国之宝而共起国魂之认识"。[2] 此前的 1953 年张还作有综论性质的《中国古玉与历代文化之嬗晋》。文中对中国古玉的文化价值进一步说明。具体形制演变之外，尤其强调玉为祥瑞（礼器信物，胥以成玉）、君子德玉（玉有九德，君子无故玉不去身）等诸种精神意义的承载，并转引当时法国《万象报》中论中国古玉之言，"代表抽象之原理，至高贵至纯粹者"。玉既然关乎德法典制、大国风度，研究古玉之人更需具备慧眼、精心、旷怀、雅趣，能够"殚哲学之真理，纵艺术之眼光"，进而"珍重开国之宝，发扬爱国之思"。

---

[1] 书载氏著《中国古玉与历代文化之嬗晋》，印刷品，年代当为张默君献玉之年即 1957 年，其中半为张所献玉图谱，居前收录文字为均为一时名流对此事的弘扬赞叹，据台湾大学藏本。

[2] 转引自高梦弼《大凝堂年谱》，载《张默君先生文存》，第 551 页。据陈盈达《战后大陆来台古典诗人张默君及其〈瀛峤元音〉》（新北花木兰出版社，2016 年）中考证，张此次捐玉行为可能是出于经济窘迫的出售。但此亦无妨于本文所要阐发的张氏在物之意义上寄托的国族理念。

有别于世间玩物丧志者，张默君的玉学思维高至为国族立命的程度：

> 中国之中字，乃古玉圭璧或圭瑗并合之象征，即乾坤之象所由立，人类生生不息之义所由成也。概乾行刚健，坤德温厚，以代表人类阴阳之性，繁殖绵延之义。

至于历数产玉之地，更浩叹"吾产玉最美之新疆，早入俄帝魔掌，即产玉之本部蓝田、荆山，及边远青海、松花江等，亦并沦胥。是可忍孰不可忍，我炎黄华胄应如何明耻教战，卧薪尝胆"，匡复之志，形见乎辞。

捐玉之春，台湾忽降大雪，张默君难抑诗人秉性，将天降祥瑞与捐玉之行建立联想并纪之以诗：

> 献瑞中兴秉六情，丹忱奚止重连城。春回晶宇天人悦，万里江山玉换成。[1]

物性寄托思想哲学之丰富，美玉为尊。她并且特意在诗后注明："六情即六艺也。"不仅要明示自己认肯儒门的一贯立场，更以"情之正"者必挽和六艺自居，生恐读者后世对

---

[1] 张默君《四十六年丁酉春，以生平所藏三代古玉倾献中枢后，台瀛忽大雪，感赋》，载氏著《中国古玉与历代文化之嬗晋》，第 16 页。

此"情"有所误谤。难怪当初其与邵元冲结缡春申对方要谦称
"惭愧寒筠倚紫薇"。同为咏物之诗，再如《鸥园美枞堂》，张
默君的大气端严亦堪为一代女子之冠：

> 明月媚瑶池，清辉入梦迟。六朝金粉地，绝代雪霜姿。
> 岂与夏虫语，难教鼷鼠知。岁寒见风骨，况乃秉天彝。

> 壮志全未酬，风雷说石侯。恩仇托孤剑，成败总千秋。
> 乔木凌霄健，长江挟日流。狂来杯在手，扶醉看神州。

张默君于玉学之能"所见远大，所择谨严"是为一时专家
首肯的。其收藏历程似乎也有分外的文化寄托意味。例如民国
二十年（1931）她首次担任高等考试典试官"为国量才"之
际，即得古玉尺两端；之后并以"玉尺楼主人"之号行世，陈
散原（三立）亲自为其题写楹额。张默君也特意纪之以诗，有
谓"天开文运此堂堂，玉尺还凭玉手量，青眼高歌迈前古，独
怜崇碏作男装"。[1] 如此对待物学的态度，也即张默君对待诗学
的态度，"文物典章"二者一脉相承，可互为诠解。张默君的物
学与诗学都有其独特意义：物重建历史，也承担历史，诗吟咏
性情，更规约性情。

---

[1]"玉尺量才"这一美好感觉显然为张默君喜爱，之后包括在台，她多次
　　以此典故书写担任试官这一经历。

　　张默君夫妇的文物典章之雅非止于玩玉。收藏明季文物、拜谒遗烈陈迹乃至再版明季文献同样一直是他们特有的爱好。张默君曾记邵元冲为熊开元（檗庵大师）捐资修墓。邵元冲身后，张默君更以其卖书余资"助绍邑刊明祁忠敏公彪佳遗书行世"以"续公志"，时人亦有以祁佳彪夫人商景兰之"哭忠敏诗"拟与张默君之哭邵元冲"哀愤诗"为"异代同悲"者，所谓"寓山同调在，读罢一沾巾"。[1] 邵元冲身后，犹如汤国梨之于章太炎，张默君也选择了紧邻岳飞庙与张苍水墓之处作为夫婿坟茔（具体位置在杭州武林九里松石莲亭），其中的象征与寄托不言而喻。1950 年（庚寅），身在台北的张默君更在邵元冲六十冥诞之际写下"差同皋羽哭西台""恫绝文山死国年"这样的句子，尽管这一次她用来比拟夫君的对象是宋季的英烈。

　　在足以形塑张默君个体生命的历史资源中，追怀明季（偶尔上溯宋季）显得格外分量持重。对这段历史的记忆或"想象"于其人格形成、诗文创作乃至政治判断均产生了很大影响。这里有时代共业所致，"晚明想象"在清末民初蔚为显学；[2] 亦有个人因缘聚合。

---

[1] 沈复庵《书张默君夫人哀愤后诗》。并参见张默君《谒檗庵大师塔》，收入《黄海频伽呀》；《哀愤十二篇》《二十八年己卯四月十四日滇南哭翼如夫子先烈冥诞时公死国三载矣，前章未尽所哀再哭十六截句》《哀愤七哭台北庚寅四月十四日……》等，收入《正气呼天集》。

[2] 参见拙作《清末民初的晚明想象》，北京大学出版社，2008 年。

二、历史追忆：明季之痛与精神楷范

资料显示，尽管张默君与邵元冲一生均对明代尤其明季历史表现出相当兴趣，具体旨趣却各有趋向与千秋。本节论述以张默君为主要对象，话题所及，邵元冲的相关问题也有必要澄清，以便展开之后的建言。

《心理建设与民族复兴》问题一直是邵元冲的关怀。换成张默君的语言，即是与诗教紧密相关的树人之学——如何养成"健全人格"。[1] 如何从往圣前贤的历史追忆中汲取生命营养，成为二人的共同选择。

1929—1930 年之交，四十初度邵元冲在日记中有如下自省：

> 本岁惟日孳孳，幸免大戾。然人事卒卒，学业鲜孟晋之效。此后宜黾勉以赴，惕日省之功，怀冰渊之惧，庶几纯粹冲和，以堪艰巨，以保初衷也。[2]

> 比来负责愈繁，而谤渎亦随之以兴，倘自省不疚，固无恤人言，然百密一疏，处事或不免草率，应接或不免疏

---

[1] 参见张默君《中国今日教育之三大危机：民国二十四年一月二十一日在南京党部纪念周演讲》，《张默君先生文集》，第 141 页。

[2] 《邵元冲日记》，1929 年 12 月 31 日，上海人民出版社，1990 年，第 591 页。

怠，加以学术荒陋，又阙澄思眇虑之功，则阙失愆尤之丛集，尤宜再三亹勉也。兹当岁首，谨誓于列祖列宗及皇考妣以数事自勉：

一、实心任事，二、虚衷纳言，三、公平仁恕，四、谨小慎微，五、砥节砺行，六、刻苦治学。

倘悠悠忽忽不自振厉，或放言昭昭而堕行，冥冥者神其殛之。[1]

1930 年岁杪，邵元冲又用这样一段反省结束本年日记：

时日卒卒，一岁之期，行复骏麦。此一岁中以事务较繁，每多疏漏，蒙衍积尤，亟宜力自振刷。至学术荒落，无深湛之思及缜密系统之研究，尤引为大惧。此后务宜厘定时间，节无益之酬佐，而从事于弥补寡陋。对于体育之训练，嗜欲之节制，亦宜深自刻厉，冀萃精神于事业。吾身多尽一分心力，即政治上多获一分效果，积铢累寸，计日程功，孳孳汲汲，无倦而已。[2]

徘徊在"政治与学术"之间的邵元冲显得颇为痛苦。一切价值都在重新整合的时期让历史记忆因此更显重要。"党内大

---

[1]《邵元冲日记》，1930 年 1 月 1 日，第 595 页。

[2]《邵元冲日记》，1930 年 12 月 31 日，第 689 页。

猾小丑, 朋比为恶, 支离割裂, 惟恐元气之不尽, 此又明季故辙, 而今亦步亦趋, 惟恐不肖者也"[1] 的忧心忡忡既然时时出现, 上溯传统资源即成为对治时代伤痛的首选良方。

乡邦记忆与船山情节

或许因为清代中叶以来, 伴随"汉族官僚集团兴起"之风, 湘籍士人纷纷跻身时代的政治、军事、社会、文化生活, 蔚为显宗, 较之中国其他省份, 清末民初湘籍人士的"地域敏感"与乡土自负显得分外强烈。可以做一例证的, 如杨笃生 (1871—1911) 与杨度 (1875—1931) 分别写过《新湖南》和《湖南少年歌》, 均透露出"以天下为'湘'任"的豪情与任勇。[2] 这一流风并非个别现象。湘乡人张默君同样对于乡土精神资源的承继表现得十分自觉和明确, 例如对"三户遗风"

---

[1]《邵元冲日记》, 1934 年 12 月 31 日, 第 1194 页。

[2] 杨度在《湖南少年歌》中, 生动再现了这一特殊的"湖南精神":"父兄子弟争荷戈, 义气相扶团体结。谁肯孤生匹马还, 誓将共死沙场穴。一奏军歌出湖外, 推锋直进无人敌。水师喷起长江波, 陆军路过阴山雪。东西南北十余省, 何方不睹湘军帜。只今海内水陆军, 无营无对无湘人。"湖南人甚至"独从中国四民外, 结此军人社会群", 纷纷以从军为乐:"农夫释耒只操戈, 独子辞亲去流血。父死无尸儿更往, 弟魂未返兄逾烈。"在杨度眼里, 湖南之于中国, 是斯巴达与古希腊、普鲁士与德意志的关系, 由此得出"若道中华国已亡, 除是湖南人尽死"的结论。"只知霸道不知儒, 学剑学书相杂半"的杨度, 同样自我期许:"每思天下战争事, 当风一啸心纵横。凭兹百战英雄气, 先救湖南后中国。"参见《杨度集》, 湖南人民出版社, 2008 年。

与"潇湘幽梦"的敏感与强调：[1] "湖南乃灵均（屈原）诞降之地，紫阳（朱熹）南轩（张栻）讲学之区，宽柔以教，不报无道。"[2] 对乡邦文化的自豪感常见于张默君笔底。这点乡土情结与地域豪情，甚至在张母何懿生身上也有类似显现："宋明季世四岳之域胥沦异族，而南岳独巍然，且湘民忠勇，彼倭寇安敢犯长沙。"[3] 历史记忆成为今人的楷模乃至凭靠。"应教尺幅烟云里，认取灵均泪数行"，[4] 对乡邦先贤的仰戴于张默君一生为人、为学、为政的启示意义相当鲜明，也成为她诗学精神、诗教理想的一部分。词集《扬灵集》命名，即取典于屈原《九歌》："望涔阳兮极浦，横大江兮扬灵。"[5] 诸如李文正东阳（茶陵）、罗罗山泽南（湘乡）这些明清时期湖南本土的杰出之士，

---

[1] 例如《故乡六忆》其二："国殇满地漫招魂，一炬长沙事忍论。三户遗风须记取，年年铁血铸乾坤"（《三户遗风》），"曾侯珂里是吾乡，并世人豪萃一方。万树梅花半轮月，水云无际梦潇湘"（《潇湘幽梦》）。张默君并在诗后十分动情地写下如是小注："抗敌军兴以降，全国兵额，吾湘居首，而湘乡为一省冠，各地矿产之盛，世所称羡，近数载中以人力物力贡献中央，完成抗建大业者至巨，而民风淳质，急公慕义，不屑权位之争，一时民谣，有'衡郴铁，湘乡血，不怕死，倭寇怯，长沙火，哪忍说，不争权，不攘位，亡秦三户硬干得'之风传，乌乎，亦可见吾湘艰苦卓绝之民族特性矣，湖南不亡，中国焉能亡哉。"收入《正气呼天集》。这后一句难免不让我们想起杨度的《湖南少年歌》。
[2] 张默君《读船山遗书概述》，收入《玉溆山房文存》。后者作为"南方之强"语出《论语》并被拣选进入《中庸》文本，强调的正是"君子居之"的"强哉矫"精神："君子和而不流；中立而不倚；国有道，不变塞焉；国无道，至死不变。"
[3] 张默君《先姚何太夫人仪孝老人行述》，民国三十年，收入《玉溆山房文存》。
[4] 张默君《书禅》，收入《玉尺楼诗》。
[5] 参阅《扬灵集》周钟岳序、黄稚荃序。

也时常成为她诗词吟咏的对象。"承云踏剑渺难攀，不羡仙家紫玉环。一去鸣高殊细事，塞途荆蔓待谁删"，[1] 张默君在自己的湖南前辈身上看到的，主要也是这样一种传统中国渴求"内圣"之后返身入世的儒者理想：主动选择承荷人世红尘污秽的拯民愿望。曾国藩那段"独赖耿耿精忠之寸衷。与斯民相对于骨狱血渊中，冀其塞绝横流之人欲，以挽回厌乱之天心。庶几万一有补"的著名告白，也被她纳入自著《中国政治与民生哲学》成为结语。

正是在此乡邦认同的背景之上，后世方得更好理解张默君以为表率与楷模的系列历史人物中，何以王夫之一直备受推崇：

> 予稍长治六经毕，渐涉猎百氏，最心折明季大儒顾炎武、黄宗羲、王夫之、王守仁诸氏学案、遗书。而于船山服膺弥笃。又阅宋明贤烈岳武穆、文信国、史可法、郑成功、张苍水、黄石斋、戚继光、俞大猷等传。辄仰头长啸，仗剑悲歌，或绕室疾走，泣数行下曰："天下兴亡，匹夫有责，匈奴未灭，何以家为。"吾曹顶天立地，秉气含义以生。固应以身许国，定乱扶危，继汤武革命，吊民伐罪，复兴汉族。[2]

---

[1] 张默君《读明李文正公年谱感赋》，收入《扬灵集》。

[2] 张默君《默君自传》，1953 年，收入《玉溆山房文存》。

张默君不仅在著述中时常征引船山事迹与诗文，[1] 并将自己写作《中国政治与民生哲学》的行为也赋予了直接上承船山的意义，所谓"开生灵眼膺经筵，卫道匡时凛仔肩。举世狂澜期共挽，愧闻得众动人天"，[2] 正以船山后学自居。到台湾之后，张默君还专著《读船山遗书概述》，要旨盖在凸显民族、民权二意。文章分"髫龄读明儒学案之感想""喜见王船山先生自题画像诗及刘继庄赞语""船山小史及其自铭墓辞""始读船山遗书益坚经世致用卫道匡时之志""船山学术思想大略"几部分展开，具体到如何理解王夫之学术与思想，张默君则将其概括为：甲、运化日新之宇宙观；乙、笃实自强之人生观；丙、时代进化之历史观；丁、治经别开生面、纲纪天人；戊、治文艺着眼南华屈宋。[3] 已经是深具近代教育特色与西学濡染的阅读眼光。类似的意思张默君在此前此后不同场合与著述都有重复强调。作于1952年的《弘道降魔以济世》，虽然主旨乃在祖述仲尼、心仪《诗》《易》，她亦将其归结于对船山之学的承继与发扬光大，尤其拈出船山之学的诗教精神即为改造人心计：

　　　　明儒王夫之船山先生于国变后，匡复不遂，隐衡湘著

---

[1] 例见张默君《四十四年高等考试国文试题说明暨评阅标准》，收入《玉溧山房文存》。

[2] 参见张默君《甲申春湘全省政党会议特请予专讲近著中国政治与民生哲学听者甚盛感赋》，收入《扬灵集》。

[3] 文见《玉溧山房文存》。

书百万言，以发扬民族民权之义，倡导国人雪耻救国，其晚年所著《俟解》中有云："有豪杰而不圣贤者矣，未有圣贤而不豪杰者也。能兴即谓之豪杰。兴者，性之生乎气者也。"又曰："圣人以诗教荡涤其浊心，震其暮气，纳之于豪杰，而后期之以圣贤，此救人道于乱世之大权也。"盖王子见明季士大夫之不振，不能奋起图强雪耻，至国终不救，迫恫乎言之。生生之谓易，易其至矣乎，易所以崇德而广业也。船山曰：乾以纲修己，坤以柔治人。道之大纲尽于乾坤矣。[1]

张默君视"六经"能立"人道万祀之极"，既是"大本大经，简严易直而天人备，体明用达，理一而分殊，万法而归一，运天下于一心焉"，又能够奋然"体国经野而上跻圣域"，"智不足以烛理，勇差堪以卫道"，[2] 固然由其所受教育背景资源决定，[3] 却往往必然自觉于对王夫之的阅读与借鉴。《中国政治

---

[1] 张默君《弘道降魔以济世》，"中国之中道：大药"，收入《玉溆山房文存》。此段文字又见张默君《中国政治与民生哲学》。

[2] 张默君《中国政治与民生哲学自序》，（1944），收入《玉溆山房文存》。

[3] 参见张默君《中国政治与民生哲学自序》，收入《玉溆山房文存》。此语归结自然在《中庸》"唯天下至诚，为能经纶天下之大经，立天下之大本，知天地之化育"。毛泽东其在青年时代致友人书中，同样十分关注"大本"问题："圣人，既得大本者也；贤人，略得大本者也；愚人，不得大本者也。"（转引自陈晋《毛泽东的文化性格》，中国青年出版社，1991年）刘小枫《儒家革命精神源流考》中悍劲的批判精神虽不够"体贴"这种"圣贤"源流，但无疑提供了一个让人深入考索历史资源对后世影响形塑的尖锐视角，文见氏著《儒教与民族国家》，华夏出版社，2007年。

与民生哲学》"自题"便是如此一段"续往圣，继绝学"的自我期许：

> 生面奚繇辟六经，独持玄钥启灵扃。参天微悟天人奥，治世先教世宇醒。正则离忧三户泪，横渠况瘁一西铭。扶轮绝学殷民命，千古舍心照汗青。

某种程度上，如果断言张默君的"船山情结"在精神服膺之外掺入了不少特有的"乡邦"情热，两者相辅相成，也许并不过分，尽管"宋学的成圣论在晚清已是儒教教育的通识，支配中国个体人格成形的文化精神结构"确算某种社会"现象"，[1] 有追求"成圣"倾向的张默君属于她的时代——然清末民初"船山热"的发起与流布湘人的参与与推动自是有目共睹。[2] 乡土关怀之外，王夫之博大精深而特立独行的精神气质为整个时代所渴望。于是"晚明三大家"在张氏眼目中的排序，自然该是王（夫之）、顾（炎武）、黄（宗羲），而非一般习见的顾、黄、王，且王夫之又被赋予独占鳌头的超群实力：

> （诸子）胥负绝人之姿，为世所不为之学，欲相与振宗风，拾堕绪，继圣学，以挽五百年既倒之狂潮。船山尤

---

[1] 刘小枫《儒家革命精神源流考》，文见氏著《儒教与民族国家》，第 96 页。
[2] 参阅拙作《清末民初的晚明想象》第一章"从江湖到庙堂：晚清的'晚明三大家'"。

杰出孤风，高出近古。[1]

　　《大凝堂诗集》"序"中，陈衍尝谓张默君其人"宜若驰马试剑，旧学问略观大意不屑深究"，这一评价可谓入木三分。对于诗人气质浓郁的张默君，王夫之治学是否真的抵达"六经待我开生面"的程度与深度，或者是她无法恳切周密加以阐发的。她要追随与秉承的，是诗学的王夫之，是诗教的王夫之，是对于人世悲苦、人格建树有所担当与负责的心气、志气，是诗的精意精气，所谓"经世致用卫道匡时之志"，具体言之就是"阐天人性命之旨，别理学真伪之微，进而发天地日新之化功，延圣贤将堕之学脉"。[2] 对张默君而言，甚至某种生活方式的具体选择，例如著述讲学，她亦需将其意义上溯王夫之，都可以王为表率：

　　　　船山当明季著书讲学，谓："不屑之教诲，是亦教诲之，以保天地之正，使人心尚知其有不知而不逮，亦扶世教之一道也。""吾得天之健，故不倦，得地之厚，故不厌。一身穷通奚足道。凡事豫则立，不豫则废。试思为国族制未乱与谋已然者孰贤。幸得扶世教以保天地之正。吾当如武侯之鞠躬尽瘁，死而后已。"[3]

---

[1] 张默君《中国政治与民生哲学》，收入《玉渫山房文存》。
[2] 张默君《读船山遗书概述》，1953 年，收入《玉渫山房文存》。
[3] 张默君《玄圃遗书特辑序》，收入《玉渫山房文存》。

　　张默君一生都是"三民主义"的忠实拥护者与追随者。"民族"问题对她尤其分外在心，这自然由于特殊时代激烈的民族矛盾激而成此。早在民元肇基，张默君登上清末民初社会舞台初试啼声，便从自居"神明华胄，大汉儿女"开始——张默君的"船山记忆"与此相得益彰，分外体现在"振乾坤之浩气，扬大汉之天声"的呼吁。[1] 甚至其日后分析"五四运动"得失，亦认为固然民主隶属民权主义、科学隶属民生主义——惟"忘却揭橥民族主义之救国，殊为舍本逐末，铸成大错"。尽管这一断制值得商榷。[2] 如其分析日本强国原因，视为"彼自命为立国精神之所谓武士道，无非拾自中国之唾余，彼之文化，无一非获自中国之皮毛，其文修武备之道，实受我国朱舜水先生之启迪"，[3] 虽然亦是时势使然，定论或难免狭隘民族主义之讥。近现代中国的明季历史叙事中，每每将"民族大义"纳入"爱国精神"进而张大其词，对于这一时期社会意识形态与舆论环境形成的影响，实不可低估：或者说，正是由于近现代中国"国族"问题的鲜明凸显，明季记忆方才必然被形塑若此。[4]

---

[1] 参见张默君《敬告国民书》，此为"辛亥冬主办江苏《大汉报》社论之一"，所谓"即黄帝纪元四千六百零九年民元前岁也"，收入《玉溪山房文存》。

[2] 张默君《雪耻兴邦与弘道救世》，收入《玉溪山房文存》。与此类话题相关的分析，刘小枫《儒教与民族国家》中有所涉及。

[3] 张默君《国难中之精神建设》，民国二十二年（1933），收入《玉溪山房文存》。

[4] 1962 年山西省中医研究所一本铅印册子《傅青主医学著作考》（何高民著），其中针对明季遗民傅山的描述，依然让后人生动体认了这一巨大的惯性力量。

励志修身与历史对勘

邵元冲的晚明记忆，较之张默君又另有侧重。如下这段话是邵氏阅读《翁山文外》（屈大均著）的个人感受，却生动揭示了那代人，或者可以说是传统中国一代最后的"士人"、一代依然浸浴在"士大夫政治"文化建构中的政治人，从明季记忆中仍能感发的身心传承：

> 翁山身适国变，故其辞多激楚之音而豪宕感激，顿挫沉雄，蔚为词宗，反复咏叹，不能已已。余遭时磑屯，又务以气节自砥，平生交游，又多鲜信义反复无行，故于古昔节慨之士，其文辞之苍凉激昂者，每为所感，故有取于翁山也。[1]

对历史的选择性记忆显现了一些人乃至一个时代自己独特的"精神气质"，例如何以此时要张大"民族以历史为其精神上之动力"，[2] 犹如对于父学源流的裁断，张默君同样一口断定其夫婿"生平服膺王（夫之）、黄（宗羲）之学"。这里可能更多属于一种主观判断。邵元冲学之所得，非明季所能限定。

邵氏在日记中保留了大量关于励志、修身、进德的愿望与

---

[1] 《邵元冲日记》，1927 年 2 月 23 日，第 307 页。
[2] 此为邵元冲观点，转引自张默君《中国政治与民生哲学》，收入《玉溧山房文存》。

努力，正是为了绵密对治自身身处乱世的迷茫与焦灼。颇让后世我人联想到宋代至于清代一直在士人当中保持的"日记"传统："不可任此身颓衰，须日日有工程。"[1] 其中诸多话题则尤与读书关系密切。其早期阅读对象中，以西学或介绍西学之读物较富，间关辅以娱情闲书，[2] 后期则明显转向中国典籍尤其明季史籍与文集。或是因为"时变纷纭，处置不易，惟有以静制动，坚忍有恒，勤于自力，忍以观变，放眼远大，勿汲汲于旦夕之成败得失"，[3] 或是因为"比于入世之义，多所怀疑，以为社会究竟有无可治，中国民族究竟有无希望，盖观于民德之偷薄，友朋之欺诈，殊为疑也"。[4]1927 年开始，邵氏日记中关于读史的记载骤然增多。[5] 晚期例如 1934 年，则更多注意

---

[1] 《颜元年谱》，中华书局，1992 年，第 98 页。并参阅王森《日谱与明末清初思想家》，收入氏著《晚明清初思想十论》，复旦大学出版社，2004 年。

[2] 例如《邵元冲日记》1924 年提及的有《美国独立史》《法国革命史》《俄国革命史》，讲演有《大战前后欧美之实业状况》（8 月 5 日），即使阅读中国典籍，似亦以消遣为主，例如《梅村诗》《定庵诗》《义山诗》《韩冬郎诗》；1925 年情况大体相类，除校阅出版《各国革命史略讲义》，本年的阅读书目包括《英国劳工运动略史》《地方自治通论》《俄国最近之政治施设》《美国独立史》《经济侵略下之中国》《七修类稿》《班马字类》《随园诗话》，此年购买碑帖古籍不少，虽然在读《屈翁山诗》（6 月 12 日），却没有太多感慨；1926 年《国际政治大纲》《苏俄之教育》依然是他的阅读对象，《曾涤生日记》亦开始出现。

[3] 《邵元冲日记》，1927 年 1 月 1 日，第 293 页。

[4] 《邵元冲日记》，1927 年 10 月 2 日，第 363 页。

[5] 本年邵氏日记中所载书目包括：《中国文化史》、《唐书·食货志》、《中国文学通论》、《王荆公政史》、《管子》、《商子》、《南游记》、《诸葛忠武书》、《百丈清规》、《黄梨洲年谱》、《陶庵梦忆》、《清朝先正事略》、《孙子略》、《皮子文薮》、《东洋史》、《政治思想史》、《经济学》、（转下页）

研读史学中较为"持躬谨严，为学切实"的部分。[1] 这一转型本身实则内有某种源自明代理学精神的感召。[2] 邵元冲自承不断"广搜明末遗民及忠烈之传记"，[3] 日记中关于明季文献的阅读记载频频出现。除却对明季"士夫习为浮薄萎靡及不痛不痒之态"的深恶痛疾，他更看重"疾恶必严"的儒者的"忧时之怀"（1930 年 7 月 19 日阅《刘绳江集》）。[4] 如果说阅读《明

（接上页）《社会学》、《社会进化史》、《欧洲中古史》、《欧洲近代史》、《心之建设》（J.H.Robinson: *Mind in the Making*）、《法国革命史》、《三民主义》、《社会主义思想史》等。以后陆续出现在邵氏日记中的明清读物至少还包括：《虞山妖乱记》、《虞山丛刻》、《明诗综》、《列朝诗集》、《冯钝庵集》、《牧斋初学集》、《顾亭林年谱》、《史阁部集》、《南雍记》、《颜习斋年谱》、《日知录》、《大明会典》、《今水经》、《亭林文集》、《明代千遗民诗咏》、《夏内史集》、《吕晚村集》、《郑蜇阳集》、《曝书杂记》、《明史》、《清史》、《黄梨洲待访录》、王夫之文集及年谱、《颜习斋学记》、《颜李丛书》、《鲒埼亭集》、《祁忠敏日记》、《庚辛壬癸录》。他甚至还因此与冒鹤亭一起做了点明季人物的身世考证（顾静和事。见日记 1931 年 1 月)，所谓"静和芬芳悱恻，而埋没垂三百年，今余辈乃得起而表章之，并予刊布，阐潜德之幽光，播清芬于后代，静和有知，可以无憾"。1932 年 11 月 14 日更一次性购得《八胭纪年》、《明季稗史》、《明季南北略》、瞿稼轩（式耜）、傅青主（山）、谭襄敏（纶，嘉靖甲辰进士）、谢迭山（枋得，宋遗民）诸家文集十余种（见邵氏是日日记，第 1051 页)。

[1] 1934 年 1 月 2 日读《中州名贤集·洛贤学规》，涉及孙夏峰社约等，第 1071 页。又开始留神张居正之学。参见《邵元冲日记》，第 1071、1202 页。

[2] 例如《邵元冲日记》1935 年 10 月 19 日言及明人丘骏所著《大学衍义补》而发出之感慨，第 1323 页。

[3] 《邵元冲日记》，1933 年 12 月 31 日，第 1068 页。

[4] 与之相类，对《明儒学案》中之"东林健者"刘永澄能够"刚健纯粹""彰善辟恶，胥无所隐，而克己尤严"深表赞叹，所谓"殊为钦挹"并"足资效法"。见《邵元冲日记》，1929 年 7 月 30 日、8 月 5 日，第 555、556 页。

史纪事本末》（该书在其日记中曾反复出现）让他忧心钦钦于
"时变纷纭，大乱将作"，[1]《纪春明梦余录》让他看到的"载汴
京碑版，明末皆烧灰筑城，又碎之实炮"恐怕更是具体原因，
因为"历史文化之摧残，盖非一朝一夕故矣"。[2] 这是作为学
士、诗人的邵元冲与张默君最为灼伤的痛楚。

邵元冲对明季历史的兴趣与阅读的"异代相感"，[3] 其强烈
的现实针对性，张默君颇能心领神会：

> 近十年公每览史至宋末明季，内政失修，外侮弥剧，狐鼠
> 夜走，贤豪贬黜，辄拍案长吁，泣数行下曰，何酷似今日耶，
> 复与予之中部祭轩辕后，遍谒周文武秦始汉武唐文诸陵。[4]

"国政瘵坏，人心陷溺，外侮迭乘"的现实处境成为"明
末政鉴"的最好空间，[5] 宋末尤其明季对于清末民初的意义乃至
之后对于抗日战争的意义，当首先在于"民族"危亡的空前紧
张，这在张默君身上已经有着鲜明体现：

---

[1]《邵元冲日记》，1931 年 12 月 17 日，第 807 页。

[2]《邵元冲日记》，1932 年 2 月 27 日，第 835 页。

[3] 诸如"阅《清史》，于明季将相之牵制，指挥之不统一，兵卒之瘵败，
君主之多疑，觉其执败者，非无故也"，《邵元冲日记》，1936 年 1 月
16 日，第 1357 页。

[4] 张默君《二十八年己卯四月十四日滇南哭翼如夫子先烈冥诞时公死国三
载矣，前章未尽所哀再哭十六截句》，收入《正气呼天集》。

[5] 张默君《玄圃遗书特辑序》，收入《玉溪山房文存》。

朱明季世骄贪佞，赵宋南迁走金壬。在莒邦人须自省，拯亡先拯溺沦心。[1]

相对于张默君激越的诗人气质，邵元冲往往更多表现出睿智的冷静。例如1933年1月21日他在日记（第952页）中记载了对明末帝崇祯的看法以及对后世我人"想象"晚明常会遭遇的主观性的辩难与警惕；阅读王崇岩（永积）《崇祯朝政记》他也流露出类似的淡定，重在"皆可正史文之缺误"，"惜间多残缺未为完书也"。[2] 而诗人的激情却时常会给张默君的学术著述带来某种偏颇，例如她每每惯于将古人（例如王守仁）与今人（例如孙中山、蒋介石）相提并论（《国难中之精神建设》），甚而至于在《母教》（写于1958年母亲节）中扯上蒋（介石）母与戴（季陶）母，殊未免有违其"雅正"自期而陷于"阿谀"——即使可能是一种"真诚的阿谀"。较之每每在日记中颇为警惕"媚兹一人"的邵元冲，以《荀子·议兵篇》文意而定其集名"大凝"的张默君，性格显得更为执拗，尽管当时她把这笔账记到了孔子头上。

学养同样颇富文人风采的邵元冲并非只会以一种单调的政治思路阅读晚明，他的阅读经常旁逸斜出，同样显出诗人的意趣与修养。例如日记1936年8月29日（第1415—1416页）

---

[1] 张默君《二十九年七月七日抗敌三周岁感书十绝》，收入《正气呼天集》。
[2] 《邵元冲日记》，1928年10月11日、13日，第465、466页。

载彭孙贻诗：

车中阅《茗斋集》，明末彭孙贻（羿仁）著。父太仆公期生，殉国于章江，故国变后终身奉母不出。所为诗几达八千首。又《流寇志》《彭氏旧闻录》《太仆行略》等书，皆足备明末史籍之未备。其诗渊懿沉雄，而吐属自然，无丝毫斧凿之痕，而自然锤炼，实为遗民之雄，尤在翁山之上也。

阅读《农政全书》之后更是记载了如下一番详细体悟：

徐光启当明季风气闭塞之时，而能汲汲致意于天文、数学及农学，陈子龙所谓以忠亮匪躬之节，开物成务之姿，博究天人，主于实用，诚远识先觉之士。当时秦中饥民，初揭竿为变，有言曰："自今以德国所患者，贫而盗未易平也。中原之民，不耕久矣，不耕之民，易与为非，难与为善。"张天如亦谓："公方究泰公历学，扫室端坐，下笔不休，室仅广丈，一榻无帏，则公起卧处也。公初筮仕入馆职，即身任天下，讲求治道，博极群书，要诸体用……精默好学，冬不烟，夏不扇，每推算维度，昧爽细书，迄夜半乃罢。登政府日，惟一老班役，衣短后衣，应门出入，传语易箦，橐中不盈十金。古来执政大臣廉仁博雅，鲜公之比。"

他并且由衷感叹："老成典型为足法也！"[1] 再如日记 1936 年 10 月 4 日（第 1426—1427 页）记顾炎武事：

> 阎百诗与顾亭林遇于太原，即与戴唐器书，谓"读顾氏音学五书，心花怒放，背汗浃出"。又言"此地晋绅有如马宛斯其人者，文学中有傅青主、顾宁人其人者，使后生小子感奋兴起绍明古学，直追金华、嘉定诸先生之遗风"云云。前辈之尚友崇善如此。

后世我人于中看到的乃是一位渊深博雅的谦谦君子。仅仅两个月之后，邵元冲即殒命于"西安事变"。

历史之于当下如此重要，或者就在后人对于历史、历史人物、人物精神的不断"模仿"。张默君、邵元冲那代人得益于社会环境与教育资源，其所承荷的巨细不一的中国历史的记忆与想象，共同参与了他们个体生命的人格追求、政治判断、诗文创作这些"形塑"过程，他们所镜鉴或"模仿"的历史资源当然不止于明季、明代，所谓"今日者，乃吾辈激发良知，牺牲一身，以拯四百兆于水火，为万世子孙造无量幸福"[2] 的期许，虽关涉王（阳明）学熏陶，更是传统中国士人尤其儒家延绵甚久的愿望，"横渠四句教"之"为天地立心、为生民立命、

---

[1] 《邵元冲日记》，1932 年 8 月 30 日，第 900 页。
[2] 张默君《敬告国民书》，1911 年，收入《玉渫山房文存》。

为往圣续绝学、为万世开太平"于此沿袭承续中继往开来。但特殊时代必有其特殊因缘，明代之学尤其阳明之学能够"笃践履、致良知，足起腐儒为志士，屏曾舌以归躬行"对清末民初士人构成了极大吸引，固然有对清代学术的反动，更有"今日当务之急"的渴求。[1]

三、见诸细事：夫妇之道与性情之正

张默君"垂髫犹记读民约"，[2] 成年能够留学美洲，所受教育在当时可称全面。"漫夸仁术能医国，绝学欣看在乐群"，[3] 成年之后张默君在中学西学问题上亦算通脱。如果明季记忆的追索与模拟依其时代需要成为张默君以及邵元冲诗学理想、人格铸造的重要资源之一，他们对传统文化的上溯，有理由与能力更远举而上行。

曾被选择性记忆的历史对于人类精神生活的深刻影响乃至血脉交融的形塑过程，更多是一种生命的滋养与照亮、生动的渗透与"复活"。既然治国之道以修齐为根底，个人生活尤其处"情"态度，亦当有与传统诗教步趋相一致处。"诗者言性情之学"，不诚无物，无情非诗，[4] 诗学之正，取决于性情之正；

---

[1] 张默君《读船山遗书概述》，1955 年，收入《玉溪山房文存》。

[2] 张默君《瑞士过卢骚讲学著书处》，收入《白华草堂诗》。

[3] 张默君《己未春美利坚冒雪视学至麻省蒙特荷约克及斯密司两女大学》，句后并有小注"斯密司以医学及社会学闻于时"，收入《白华草堂诗》。

[4] 邵元冲语，转引自《玄圃遗书》张序，台北正中书局，1954 年，第 12 页。

性情之正，最见诸修身齐家，最见诸细事琐务，甚至最见诸闺房之中。《汉书·艺文志》至于以为"房中者，情性之极，至道之际，是以圣王制外乐，以禁内情，而为之节文"，可见此神明无欺之状。某种程度儒教完全可以被视为"性情"之教。

前述张默君诗学理想中，诗教旨归正在养人性情之正。张默君于邵元冲罹难两年之后做《玄圃言行恫忆录》，首揭即是"情性"，当非无因：

> 翼公生有异禀，灏气贯胸。尝曰："宇宙惟真具至性者，乃有至情。有至情者，乃有至言、至文。有至言至文者，乃有至业，乃有至节。"[1]

但能够落实于现实而具体的日常生活，才是成活之理，才见性情之真。本节内容主要取自邵元冲日记，盖为依循张默君之诗风，日常细节不太容易被其纳入诗笔。邵氏日记此类记载足为张默君情态之镜像，其刻画入微，有诗所不及者。

基于家教与诗教的双重记忆，"伉俪间相尚以道，互励以学"成为张默君"处夫妇"的伦理理想。1924 年 9 月 19 日张默君、邵元冲新婚，生性严正的妻子为夫君诗文运典稍涉绮丽而谓其"有异风人温柔敦厚之旨，力戒注意"。[2] 婚后三天，夫

---

[1] 文见《张默君先生文集》，第 446 页。
[2] 《邵元冲日记》，1924 年 9 月 19 日，第 56 页。

妻之间更有如下关于诗歌创作的对话：

> （邵元冲九时后归，读《韩冬郎诗》，音节靡曼）
>
> 白华谓余诗本雅正，若靡靡及儿女之私，燕婉之辞者，习而不返，必荡无所归，匪特格调日趋于凡下，且泪其性灵，此明代七子之诗，所以习于佻纤，而为大雅所弗崇，今子习耽香艳之词，殊失雅正之义，宜本国风大雅，以矫浮习，以端趋向云云。其箴规之意，相尚极为恳挚。
>
> 余平日学诗，亦力趋汉唐之醇厚，因迩日流于风华之什，遂稍耽之，白华乃防微杜渐，勉我于雅正，我亦何敢不兢兢自励，以治诗者省身，以省身者敏事，庶几天君澄澄，净洗浑浊，以葆我虚灵纳于正轨，日月明明，庶昭鉴之，以无负白华殷挚之意。
>
> 华闻言，亦觉稍慰，因共披览碑版良久。[1]

闺房之内有此风调，可谓良师益友，风仪肃整——张默君在为其父母所写行状中，曾特强调"整秀"之度，可见其于此态甚为看重。尽管新婚燕尔，其对"雅正"见乎夫妇的诗学追求始终鲜明而执着。

在传统中国，张默君属于缔姻甚迟之列（民国十三年秋四十一岁始完婚）。分析《邵元冲日记》，大致可断是为某种不

---

[1]《邵元冲日记》，1924 年 9 月 22 日。

为人知之原因致姻缘偃蹇。[1]1924 年 5 月 14 日邵氏日记如此概括了此段隐情：

> 午后至总部办事，得白华一缄，盖答余前次贻书籍者，虽寥寥数言，知其意未能忘情于我，回忆旧谊，怅然不怡，以为今日之能解决白华问题者，舍我而外，殆无第二人，我不蚤为之谋，则长负斯人，何以自安？彼曩日之举，虽处我有似逾分，然为我所挨之辛酸，已足相偿。

日记 8 月 8 日又言："续成致白华书，披肝沥胆之言，自谓生平对人宣泄此问题者，此实为第一次。"邵元冲此时乃将"神州未靖，白华未安"作为一担风雨同时挑上自己肩头（日记 9 月 2 日）。二人婚后他曾明确表达追求"情之正"的观点，并欲将"古今人言情之作，其蕴藉悱恻而不流于佻巧者汇为一编，以见风雅之正"（日记 1924 年 10 月 6 日、7 日）。1924 年 8 月 28 日，两人时隔八年之后重逢沪上的场景，邵元冲日记有详细记载：

---

[1] 1924 年 5 月 26 日载，"接白华（张之斋号）一函，意仍悱恻，而于前事仍有未能释然者"。第二天邵"午前作复白华长函一通，凡十九笺，犹未能尽所欲言"，又说"此函为白华谋者甚挚，冀彼能速自决，完此一重公案，结束八年来绵绵长恨耳"。同年 8 月 7 日，邵接张之长函暨答诗十章，"凄戾感慨，览之泫然"，并言"十三年来，吾负白华之衍，百身莫赎，此后惟有努力完成晚盖之谊，且重圆旧梦也"。邵日记中曾言张默君早年一度怒焚邵写给自己的二千余封书简。

> 九时后至"神州"（女校）访白华，相见之下，几疑梦寐。白华状似微瘁，然英爽之气，仍不稍减。握手悲喜，百骸皆震。平时所蕴蓄欲言者，至是乃格格不知所欲吐，词句断续哽咽，每及悲怅处，几欲泪随声下，然恐益引起白华之酸辛，勉自镇定，然彼之眶亦微莹矣。余既以曩日密事，一一倾宣，华之意亦完全谅解，且对我之怜慰有加。嗟乎！吾姊之遇我，深挚若是，我乃不早有以慰解之，悔痛之忱，弥难自安，此后再不倾肝胆，剖赤忱，以慰我姊，我真有忝面目矣！

至本年 9 月 19 日婚礼前，邵元冲的焦灼与热烈，张默君的矜持与犹豫，在此间邵氏日记中有充分体现（所谓"其从容之度，纾徐为妍之笔，殊令人无可奈何其矣，瑾之善为曲笔也"，日记 8 月 21 日）。这是一段当时不算多见的"姐弟恋"。因二人都属"名人"，似此缔姻还多少有些政治挂碍。[1] 张颇望夫妻今后能致力教育著述而尽量远离政治利害。

1924 年岁末，新婚三月有余邵元冲在日记中总结一年得失成就，大半篇幅留给了他们的婚姻评价，不仅强调夫妇之间同样需要志行之坚贞、友谊之高尚，甚至期待能为夫妇关系史提供典范类型，由此成就诗学之楷模：

---

[1] 如邵氏日记 1924 年 12 月 13 日载张默君函，有谓"黄炎培向蒋维乔等处诋毁，谓华（即张）结合民党予彼等不利"。

本年以三分之一时间留欧，三分之二时间在国内。留欧时以行旅颇促，考察所得，尚乏系统，顾抱残撷英，亦足为研治之大助。在国内时以事务纷纭，鲜有大成就，草定《劳工法》及"各国革命史略之讲义"等，皆足稍留鸿爪。而与华快缔良缘，完成十三年来绵绵宿愿，证吾二人志行之坚贞，吾不负华，华亦不负吾，此实毕生欣幸之事而可庆可志者。此后，惟有互怜互爱，葆全往日贞素之挚谊，为历史上创一新型、为后世歌咏感发之资，此吾之所自任，亦愿与华互任之者也。

1925 年 1 月 1 日"新春励志"，正陪同孙中山人在北京的邵元冲又在日记中表述，渴望恬穆全性学以润身，至于希望德业慰妻，斯乃张、邵共同追求的理想的夫妇之道：

比来思虑纷杂，缺宁静之趣，又以白华远隔，时怀辗转，月余来颇少致力于问学，此后，宜致力于恬穆以全性，浸润于学以润身，起居有恒，动作有度，庶德业渐晋，以慰吾华，庶无负伊人黾勉之谊及予之所以自任也。

即使之间发生隔阂龃龉，邵元冲已经能够反求诸己：

昨今精神不快，故几次欲下笔寄华而毁稿数次，盖不快之辞，易流于感慨激荡，若以是累华以增其感痛，岂余

所忍！华多感人也，余当善慰喻之，以尽怜悯之谊，决不
能因其牢骚，而亦与之强辩，以身明我之为人，则我宁耐
之耳。(《邵元冲日记》，1925 年 2 月 19 日)

每逢张默君生辰，邵元冲均郑重其事且载入日记，关于
自己，却只记录了"四十初度"，聊以自励。张默君身体不适，
只要可能，邵均会在家"伴疾"，公务不得不外出便殊感不安。
就邵氏日记中看，刚强严正的张默君居家似颇多褊急躁郁，所
谓"肝气又作，语多牢骚"，邵颇多体谅、隐忍包容，偶亦无
奈。日记记载中多此恻恻：

近日脑力仍未甚苏，而家庭琐故时来扰人，默又肝气
过旺，动辄剧怒，殊非摄生之道，再三比喻，仍未能少节
制，烦苦殊甚。余遭时蹉屯，外之无以安国，内之无以宁
家，踌躇再四，惟有决以此身致力于社会及青年之运动，
造成建设之基础，俾孙公建设大计，不自余而中坠，则虽
与一切恶势力相奋斗，遭遇一切艰难挫折，亦甘之如饴。
若夫缠绵歌泣于闺阃之中，坐耗盛年，亦辜众望，坐令群
小辟猖，无以振拔，则孙公之目不瞑，亦岂余所以自待自
任者哉。(1927 年 2 月 9 日)

默以琐事相谴，遂妨宵寐。余性固偏耿介，而默之性
刚使气，亦何尝得养生处世之道？外患日严，进不能得同
心一德之友，以共任艰危，退亦不容恭默思道，以砥砺学

业。神明授之，悚愧何穷。(1936 年 1 月 1 日）

　　红尘因缘在有烦恼，气性升华显得尤其必要。"性刚使气"固然频添日常不快，却也正是张默君"颇饶剑气"的性情写照。"襟期原冰雪，冰雪为卿热。素抱契灵襟，悠然天际心"，张默君原也自有"深情"，甚至难免绮艳言行。[1] 这从《白华草堂诗》多次"偕翼公（邵）"出游可以看出。还有两人珠连璧合的唱和。[2] 夫妇共同任职于立法院，张默君于美枞堂外作"天壤双清"擘窠大字，二人偕居焦山张更有诗"红树白云同梦处，双清心迹照江潮"——"红树白云山馆"并因此成为她另一斋名。红尘夫妇，把臂连袂，情致和合，也算善缘嘉会，

---

[1] 例如婚后三月小别所写情词："十三年已轻离别，者番何事愁如结。会少总离多，有涯生奈何。江南春讯早，绿到长干草。红豆夺燕支，相思知未知。"邵氏日记 1924 年 12 月 19 日有载："以今日为吾与华缔婚后第三度月圆之期，天涯远隔，正深惆怅，忽邮使以巨里入，启视则为十四日来之长函一通，菩萨蛮五阕，红豆十粒，且谓每豆曾各吻十度，沁沁刻骨之辞，令我魂销，岂独相思而已！因亦每豆各吻十度，寘之内衣，永以为宝"，之后深夜并"拥红豆而寝"。这些红豆，当即蜜月期间张默君曾经言及的，"在南京贮有红豆数十粒，相传若富有情感者，时时摩挲之，则色益鲜润，谓异日当分贻共赏云"(1924 年 9 月 23 日）。

[2] 例如《乙丑冬莫扫叶楼联句偕翼如》，起句即见二人的胸次与素养："古寺峙西北（默），危楼恣吟啸（翼）。空翠媚寒林（默），大江衔落照（翼）。"再如《乙丑春白门晓发车中联句偕翼如》："淑景媚劳人，飞车破晓春。江浮诗梦绿（默），月落古潭清（翼）。纵目烟断，还怜鸥梦真（默）。买山曾有约，偕隐入芳辰（翼）。"还有《梁溪返沪遇雨车中联句偕翼如》："飞澍浣轻尘，芳郊万木春（翼）。桃溪三曲涨，山翠一天新（默）。拾屐香泥润，同车快语亲（翼）。互看襟上句（默），豪气薄青旻（翼）。"

所谓"夫妇同官前世无，平生风仪本相扶"，[1] 所谓"同梦生花笔一枝，抡才艰巨两心知。开张天马君濡墨，寥廓高鸿我咏诗"，[2] 邵元冲自己亦沾沾于"吾家文献殊足自负"（日记，1935年1月10日）。《礼记·乐论》称道："情深而文明，气盛而化神，和顺积中而英华外发。"文明之教正从此用情深久处转而追求如何将此人世深情理顺升华，免成痴缠而徒增苦痛。

1936年"西安事变"，邵氏突然罹难，时年不足四十七岁。之后张默君写了不少感人的悼亡之作。例如："我今消瘦胜梅清，起舞吴钩作怒鸣。傥问华郎何所似，三年泪雨不曾晴。"她用小注的形式对"华郎"之呼即"白华"典故加以说明，毋宁更是表达对亡夫的殷殷思念："公曩以古诗'白华玄足，在渚之曲，堂堂处子，无营无欲'之义，字予曰白华，尝以华郎相称。"（《二十八年己卯四月十四日滇南哭翼如夫子先烈冥诞，时公死国三载矣，前章未尽所哀，再哭十六截句》）即使悼亡，张默君的端庄刚毅依然溢于言表：

> 泣遍南枝又北枝，枝枝红泪夺燕支。伤心歌乐山头月，照我梅边独咏诗。（《歌乐山梅下对月怅怀翼子》）

较之夫唱妇随或妇唱夫随，这一幕更其哀感顽艳。"古

---

[1] 胡汉民赠诗，转引自《大凝堂年谱》，《张默君先生文集》，第537页。

[2] 1931年，时受命典试第一届高考，转引自《大凝堂年谱》，《张默君先生文集》，第538页。

人所谓诗教涤邪荡秽，崇德业而正人心，以久大民族之历史"
（《大凝堂诗集》李竟容序），"文以载道"立意到底更在"缘
情"之上。所缘之"情"或"情"之所缘，在诗教传统与情性
规定，更需树立正轨：以此言之，载道、立情，乃是一事。

四、出儒入释：文教政教与复古革命

邵元冲殒命于"西安事变"，说是中了流弹。据说张默君
此后一直失眠，并一度返归故里隐居，欲不再出问政事。出于
伤心与追忆，她在民国二十八年（1939）写下《玄圃言行恫忆
录》。邵氏生前尝谓汪精卫为人"无骨有口，有才无守"，显出
某种目光如炬而又疾恶如仇。就其日记言之，文辞俊雅而颇立
意高古，自承婚后张默君多次劝其要"敛性戒饮，行迹矩乎中
正"，其人的人格质地与精神追求也算可以圈点。至于具体的
政治选择与政制施为则又另当别论，尤其是在创巨痛深的历史
转型期。

张默君终身志业以教育为主，对于"精神教育"尤其倾
情。这并非单纯基于对"唯物主义"的强烈反感，对"形而上
之学"层面的关注与热忱，源自天性，也源自传统中国保留给
她的熏习与底蕴，所谓"文章世运，互系盛衰，人语天声，往
来相应"。[1]

---

[1]《玄圃遗书》张默君序，第 13 页。

　　和她几位湖南乡贤类似，并不太喜欢推广欧西文明的张默君对于普鲁士尤其费希特却显得情有独钟，费希特所认定的彼国"虽有内容，毫无精神；虽有教材，没有中心思想"[1]的教育误区，被张默君引为同道，以为正堪针对中国弊病。严正刚强的个性更促使其亲近管、荀之学，教育理念至于发展出"劳教与死教"：

　　　　民欲佚而教以劳，民欲生而教以死，劳教定而国富，死教定而威行。[2]

　　将毕生心血之作结集而成"大凝堂"更意味着近乎盖棺的价值认肯。

　　"大凝"之典出自荀子《议兵》："兼并易能也，唯坚凝之难焉。古者汤以亳，武王以镐，皆百里之地也。天下为一，诸侯为臣，无他故焉，能凝之也。故凝士以礼，凝民以政，礼修而士服，政平而民安，士服民安，夫是之谓大凝。"这段引文见诸张默君生平得意之作《中国政治与民生哲学》"自序"。如此渴望凝聚之力，性情之外，亦是时势，渴望一盘散沙的中国有所安顿，所谓士人能服、百姓能安。

　　然而这是尴尬的一幕。在张默君与邵元冲认肯的价值体

---

[1]《劳教死教与中国今日教育应有之精神：二十五年十月在金陵大学讲演》，《张默君先生文集》，第161页。

[2]《劳教死教与中国今日教育应有之精神》，《张默君先生文集》，第158页。

系中，社会结构不同于他们实际面对的时代，"凝士"或"教士"、"凝民"或"教民"有其公理与制度的保障。当下"吾道尚孤峻"与"民德剧浇漓"[1]之对分并未引发张默君的精神困惑，反而成为她振发向上的动力，"吾人所负救国救世之使命，何其艰巨而神圣"，[2]"牺牲小我，而救大我"，[3]历来都非能针对"全民"要求。这一宏愿在实际践行上从来都是困难重重，而且必须直面更为令人不安的变质走调。"媺伦成化""辅世哀民"的古典情怀是否依然适用于"民权革命""民主政治"的政治设计？"以天德王道为立国之基本精神"与"以德法兼施为治民精神"的政治伦理是否能够适用于"民权革命""民主政治"的政治格局？张默君的"民生哲学思想之渊源"从"上自轩辕孔孟下迄船山国父"即以"轩辕—大禹—孔子—张子横渠—王子船山—国父中山"为"六宗"的系谱直接开出未免奇怪，至称"国父乃冶古今中外于一炉，而集千古哲学之大成"或"广孔孟经世长民之心法"，[4]更是近乎政治信念而非学术判断。当然，这一论断原本就是孙中山本人的自期，[5]后更将孟

---

[1] 氏著《甲寅春西湖小麦岭吊吴一粟》，文见《张默君先生文集》，第207页。

[2] 张默君《树人救世》，《张默君先生文集》，第162页。

[3] 张默君《劳教死教与中国今日教育应有之精神》，《张默君先生文集》，第158页。

[4] 张默君《中国政治与民生哲学》，收入《玉溮山房文存》。

[5] 所谓"中国有一个正统的道德思想，自尧舜、禹、汤、文、武、周公至孔子而绝，我的思想就是继承这一个正统的道德思想，来发扬光大的"。参见戴季陶《孙文主义之哲学的基础》，第22页，《孙中山全集》第九，第532页。

子、程颐纳入其"思想系谱"[1]——对于横渠之学与船山之学的垂青与吸纳，倒属于张默君本人的创造，更是她对于历史资源的特有吸纳。著于 1933 年的伊洛五古长篇，结语有言：

> 二程达明城，圣轨聊复随。邵张奋千祀，道统扶衰微。经世皇极在，成化西铭垂。坐缅孙登啸，鸾凤音清悲。载拜饿夫茔，危涕纷交颐。岂弗厌薇蕨，大义严华夷。贞亮自超越，泫泫安足窥。[2]

此处邵、张，自然是指邵庸、张载，因与邵元冲、张默君同姓，沾光之意可见。平心而论，女子而有此手笔，渊默深雄，雅健端稳，即使只是"诗"，已足为一时、后世楷范，海内公推女师。遑论历来并无能完全脱离诗人品性的皮相之诗。

而现代政治却似乎越来越成为文教化育的死敌。"本斯志以从政，依斯仁以教民"[3] 的古典政教理念业已渐行渐远。对张默君与邵元冲那代人或这类人而言，尽管"民国"已经成立，他们的自期与定位依然是"民众导师"，"对学问能融贯，对思想能创造，以为民众之指导"——此语见诸邵元冲纪念孙中山逝世演讲，[4] 核心精神依然是流传有序的"士人"情怀，"明善

---

[1] 参阅孙中山《与日人某君的谈话》，《孙中山全集》第九，第 532 页。

[2] 转引自《大凝堂年谱》，《张默君先生文集》，第 539 页。

[3] 张默君《玄圃遗书特辑序》，1945 年，收入《玉溆山房文存》。

[4] 题名《学者精神之孙先生》，1926 年 3 月 23 日演讲于北京大学，见《邵元冲日记》，第 135 页。

诚身之功，尚未能笃行，殊以为惭"：[1]

> 比日购《乾坤正气集》读之，欲以自厉，不堕于小人
> 之归。昨日在立法院纪念周，亦一再以见危授命、见义不
> 为无勇之理，反复诏示本院百执事，亦明示以标的，俾不
> 自反汗其颜。君子之趋，小人之归，皆在近日俄顷之间，
> 特书此以为左券。[2]

张、邵二人的一生大量收藏古玉，至名其斋为"玄圃"，[3]
根本意义正为此"君子比德于玉"之美好象征。"天地生君
子，君子理天地，君子者，天地之参也"（《荀子》）的自期作
为信念对于张、邵显得不乏某种真实而体贴，所谓"彼面朋党
虺。反复旦莫，只增其丑。余自镜坦然，又讵屑与魑魅竞光，
惟省察克治，闇然日章，其济民之福也；不济，亦足以自全其
天，拨乱反正，匡俗砭谬，孳孳不懈，终身而已"。[4] "达者兼
善天下，穷者独善其身"依然是他们真诚的追求与寄托，"羁
于国事，奔走半生"的同时能够"栖山枕谷，覃心学术"[5]始
终是他们更渊源有自的怀抱与理想——所谓"行己有耻，博学

---

[1]《邵元冲日记》，1928 年 10 月 29 日，第 470 页。

[2]《邵元冲日记》，1931 年 9 月 1 日，第 769 页。

[3] 取"虹变出玄圃，烟暖生蓝田"意，见张默君《玉德篇》，收入《瀛峤
元音集》。

[4]《邵元冲日记》，1929 年 1 月 1 日，第 493 页。

[5]《邵元冲日记》，1930 年 4 月 3 日，第 619 页。

于文；亭林之训，学人之准"：[1] 邵元冲那代知识人即使有过留学欧美的经验，例如邵氏本人，在选择从政之后似乎还是更多秉承了传统中国"士大夫政治"的某种特质。此亦证明，一种社会转型、文化转型发生之时的必然缓慢与艰涩——晚清以降在宗法帝制国家与现代民族国家的政制转型之间焦灼或迷茫而不自知其焦灼迷茫的中国"士夫"绝非少数。[2] 张与邵可算一类典型。邵氏弟子黄杰谓邵"学则务实致用，行则勤朴刻励，刚健笃实，为立身之大本。皆自学问中来"，[3] 自是一代人根基所在。

早逝的邵元冲对于古典"政教"的本质，仿佛更为清醒一些，试图"探民生哲学之奥，济近代政治之偏"：[4]

> 民族正气之培养在于教，民族正气之发挥存乎文。所谓政治，在充实民族正气。所谓教育，在培养民族正气。[5]

---

[1]《邵元冲日记》，1933 年 1 月 1 日，第 947 页。

[2] 刘小枫《儒家革命精神源流考》中有谓："自由主义政治理论的价值论基础是，不把某一人生的价值理念变成社会法权强行在制度安排上实现之。儒家政治理想则相反，总是以儒家道德理想为天下的正道，而此道又偏偏是关乎国家社稷的，这里并没有给个体以人生意义自己的抉择，而是政治性地教化万民。"（氏著《儒家与民族国家》，第 153 页）此意固然并非毫无偏颇，付诸清末民初中西文化理念纠结中的知识人的入世情怀与政治处境，尤其沉重。

[3]《玄圃遗书》黄序，台北正中书局，1954 年，第 3 页。

[4]《玄圃遗书》张默君序，第 9 页。

[5]《玄圃遗书》，转引自《张默君先生文集》，第 163 页。

政教合一的愿景已经溷入末世。入世济民的热忱如果只能内敛为出世独善的高蹈，毋宁是令精神倍为感伤的。

然而张默君似乎没有经历这种撕裂。后人甚至不很容易判断她是"知其不可而为之"的忍辱修行，还是诗人理想主义的单纯遮蔽？笔者的判断是，"万豪齐力，纯致中锋"的追拟圣贤气象非皮相中能得来。就张默君一生行止、其诗其笔通观，她的信靠与坚守，有相当纯净简洁成分，"又见春回天地宽，道腴心淡倍清欢"（《岁朝偕翼公试笔》，1934）之境，非强作欢颜而能得。

> 悲悯人天动百神，看从苦海起沉沦。禀彝毕竟同攸好，还尔庄严自在身。

是诗著于张默君少年时期，为天足运动而做。这种在现代社会往往被嘲谑为"救世主性格"的理想精神，却根本源自传统中国的生命哲学，亦是儒佛会通的交汇基点。这种生命哲学不仅化育了中国历史"从'时间'中萃取'超时间'，'超时间'在'时间'中展现"[1]的光明俊伟的哲学性格，更让出入儒释成为有唐之后中国士人的鲜明趋向，"大生广仁"之教成为公理。在本文的研究对象，张默君及其母夫，显然于此都没有遭遇先儒严别儒释的困扰，也许经由上千年的消化吸纳，儒家的知

---

[1] 参见黄俊杰《儒家思想与中国历史思维》，台湾大学出版中心，2016 年。

识世界早已复非"原儒"的"简单而单纯"[1]，而后人又未必敢断这"简而纯"是否基于后人的一厢情愿、自我臆断。

不仅张母何氏是虔诚的佛教徒，张默君本人也从未否认自己亲炙佛教，出现在其作品署名中，就有"白华居士""无诤居士""慧观居士"等数处。时间贯穿其后半生。如此明确的皈依，应该跟邵元冲的横死创伤有关。她特意记载了邵氏罹难后，印光法师对她的安慰之语。打碎时间，打碎空间。现世党争不幸罹难的邵元冲也可以在华严境界顿证齐登。

邵元冲生前"兼耽释典"见于张默君的追忆，她的亲近佛教与此多少有关。邵元冲殁后，伤心之余张默君似乎深受华严宗吸引，所谓"髫龄依母礼佛，仿佛菩提。追与翼如结缡，就其邺架所储，遂稍涉内典"（《湘垣南岳建华严息灾法会销侵救国刻经暨制寒衣劳军寿母八十兼回向翼公殉难周年序》）。后记载其母往生瑞相所用笔致，也是端合佛子身份。《选印金刚般若波罗蜜阿弥陀等经序》《玄奘大师归骨志憙》诸文，涉及佛理言说亦犹如其诗，稳健典雅，无轻狂外行语。但大体论之，尤其见诸行事，仍以儒家为基本，这从以"大凝堂"名其诗文集即显而易见。"三至五岁受《诗》《书》《孝经》于先姊仪孝老人，六至十二岁受《易》、《春秋》、诸子于先子伯公，稚齿含经，童心味道"，儒学善于吸收，或正近乎玉质。内佛外儒

---

[1] 参阅葛兆光：《"周孔何以不言"：中古佛教、道教对儒家知识世界的扩充与挑战》，《史学月刊》2011年第1期，第20页。

并不吃力地成为张默君甚为妥帖的精神安置，犹如她一贯硬朗刚正的诗风，纠结困顿并不容易见诸其笔。抑或这也是一种“根骨”佳处。

这一特殊的“诸教合一”的文化倾向同时常见于那一代传统中国读书人的日常生活。本书以后的章节还要涉及，例如另外两个湖南人熊希龄和聂其杰。即如邵氏夫妻，双方都有留学欧美的经历，却依然温和置身于如斯传统的信仰生活：“本日为旧历中元节，泰水主祭祀祖先，因与默君稍备祭菜等，于午间及晚间各祭祀一次。”（邵氏日记）时维1926年8月22日。

癸亥（1923）年仲春，身在南京的张默君既愁“霪雨兼旬岁歉已兆”，更悲“环顾国中正气否塞军阀猖披”，她此际的哀恳显得分外沉痛：

> 劝君莫诩朱颜春，还须珍重白发新。此身弗免犯风雨，更有日月来煎人。日月风雨代复代，烂柯几度江山改。山中碧血恨千年，江上红愁乱如海。（《春雨篇》）

此时刻这忧闷已经超越了具体的政治立场[1]乃至“经世致

[1] 张默君与邵元冲身后寂寞，政治立场自是原因之一。陈布雷追忆浙江高等学校同学，却是将邵元冲与邵飘萍相提并论，有“冲夷平和”“清正亮直”“悃幅无华”“不计功利”诸评价，虽则悼念文字未免有所美化（尽管陈氏自言“不敢有一语虚伪溢美之词以负我死友”），其性气好尚，却不离谱。参见氏著《我所认识的邵翼如先生》，收入《玄圃遗书》，第997—1001页。

用"的士人情怀，走向了更为深广的历史人生进而至于人之存在本身。

"湖南清绝地，万里一长嗟"，这是诗圣杜甫入湘一声叹息；"清绝湖南万象开，洞庭瀁沸泻飞哀。杜陵一叹高千载，不数瞿塘滟滪堆"（《甲申春湘中载读船山遗书感赋十章将复之蜀东别诸父老》），此乃才女张默君离湘一声告别；此刻她试图模拟的"历史资源"乃是杜诗。她的精神活力与思想资源，即源自中国奔腾不息的文明传统的信靠与加持，即使过于单纯，却也相当真诚。

第三编

秩序崩解与社会重建

> 彼此相差一岁，熊希龄和章太炎是同一时代不同领域的中流砥柱。1913年"人才内阁"总理为军阀枭雄暗算而溃于"热河行宫盗宝案"的时候，章太炎恰好也在北京，而且是被袁政府软禁中，且对埋头苦干、硬干、穷干的实干家"熊凤凰"颇有冷嘲热讽。

伍 实干家的抒情诗：熊希龄的坚守

一、小引：旧士绅与新教育

身为湘西名城凤凰第一个中进士点翰林之人，尤其之后更成为中华民国第一任民选总理，熊希龄（秉三，1870—1937）及其教育志业在近代中国虽然不算新鲜话题，但更不是鲜亮话题，而这事关"情性之教"这一大传统遭受的近代挫折。发覆熊希龄教育理念中的这一传统即本文题旨所在。

熊希龄紧凑而忙碌的一生中充当过各种要角。不仅1898年"湖南新政"年少气盛的熊翰林（熊生于1870年，1891年中举人，1892年中贡士，1894年中进士、点翰林）是核心骨干，无论江宁请械、筹议行轮，还是开通航运、奔走路矿，当时不少要务熊希龄都一任在肩、奔走在先。即使经历了"戊戌

政变"的惊吓磨折被革职交职官严加管束, 他也尽力襄赞地方
教育乃至专注实业。更在 1903 年经由赵尔巽（1844—1927）
专折保举复出后 [1] 高调参与了晚清—民国这一"易代之际"许
多关键时刻: 随使出洋、暗中组党、积极立宪、东北善后、清
理财政, 直到翊赞共和。1913 年 8 月受命出任北洋政府内阁
总理算他政治生涯的高峰, 却显得短暂仓促而祸乱丛生, 包括
"热河行宫盗宝案", 受袁世凯胁迫签署"解散国民党""解散
国会"令, 至于仅仅维持八个月, 1914 年 2 月他就在一片羞
辱声中辞职下台。对于这位视"保全名节"直如"八十老翁过
危桥" [2] 的传统儒士而言, 他的苦涩一定苦不堪言, 1917 年 1
月 5 日致赵凤昌信（1856—1938）中尝谓:

> 弟以庸才, 躬丁乱世, 辛亥为公责以大义, 不得不勉
> 效驰驱, 虽明知项城权诈, 然因时势所趋, 百般迁就, 冀
> 其统一寰宇, 存此社稷。不料竟为所卖, 几濒危险。择木
> 之智, 不如少川远矣。[3]

---

[1] 作为"戊戌政变"之后的朝廷"废员"（和陈宝箴父子同等待遇的"革
职、永不叙用、并交地方官严加管束"）, 1903 年出任湖南巡抚的赵尔
巽的专情上折, 对于改变熊希龄当时的政治处境相当关键。参阅周秋光
《熊希龄传》, 百花文艺出版社, 2006 年, 第 131—134 页。
[2] 《批评其不识大体致寿峰三弟捷三七弟函》, 即 1910 年 3 月 9 日致熊燕龄、
熊岳龄函, 《熊希龄集》（二）, 湖南人民出版社, 2008 年, 第 32 页。
[3] 少川即唐绍仪（1862—1938）。文见《熊希龄集》（六）, 第 5 页。

不过这其中悲欢熊希龄并非没有预感，"今以浮暴之徒，造成一寡廉鲜耻世界，虽孔子复生，无补于世。希龄拟俟蒙边少定，即归营实业，不复与闻政事"，所谓"与现在之暴烈分子、腐败官僚两派绝不相容"（1913 年 7 月 17 日《致袁大总统电》）。[1] 因此，这民国总理任上一场折腾还是又带上了些"天下事知其不可而为之"的儒家特有的悲壮色彩。

1914 年熊希龄辞去国务总理及财政部长后，从此于民国政坛渐行渐远，转身继续他早年热心亦擅长的教育工作，尽管 1916 年 6 月之前即袁世凯殒命之后他才得以真正彻底脱离官场。生命最后二十年熊希龄成为一个专业慈善家。赈济灾民、兴修水利、平民教育之外，1920 年 10 月中国历史上第一家专收孤贫儿童的"香山慈幼院"的成立让熊希龄投入了余生大部分精力。身为世界红卍字会总会会长、南京国民政府赈款委员（1928 年 8 月初聘），在一波接一波的天灾人祸、战火纷飞面前，熊希龄照样任劳任怨，一秉其"实干""傻干"乃至"硬干""穷干"精神埋头做去。

价值判断与道德观念经常陷入混乱的清末民初时局，对熊希龄这种实干心性其实很不利。他不仅经常要背上些莫名其妙的骂名，例如 1912 年南京临时政府参议会中激进派人士视其为"前清猾吏"，[2] 也似乎因此很难有舒舒服服施展拳脚的余地。

---

[1] 致袁世凯辞任命电，上海《时报》1913 年 7 月 6 日（要闻），转引自《熊希龄传》，第 304 页。

[2] 参见《熊希龄传》，第 281 页。

叶景葵（1874—1949）在《凤凰熊君秉三家传》中叹他"平生似遇而实未遇，欲有为而终不可为"。[1] 揆诸其一生际遇，可谓知根底语。

因为"无可如何且洁身，保全人格作诗人"[2] 的现实无奈，一生自负"办事"而无意文学的熊希龄居然也留下了不算单薄的诗词作品。其诗意如此盎然，至于朋友都会刻意提醒这位"实干家"不要搁意于诗：

> 经济文章付外篇，独将吟玩遣华巅。苍生犹望资霖雨，不信山泉老倔佺。[3]

本文所述事实将会证明熊希龄并没有玩物丧志。

身为文字功底深厚的翰林学士，熊希龄如果试图吟风弄月、红牙檀板，他并非没有机会。但他的诗词就是他的性情，一以贯之。集中最早的词作是写于1891年的《辛卯马王城怀古》，那是浩叹"诸葛功名，伏波意气"的有为青年；写于1892年的《摸鱼儿·壬辰烟台》感触"当年事，合约条条都误。金汤之险谁顾。岛夷出没烟波里，万里重洋可赴"的壮志

---

[1] 《叶景葵杂著》，上海古籍出版社，1986年，第29页。

[2] 《题画菊》，《熊希龄集》（八），第841页。当然，如果他的书法与绘画也颇有传世价值，这其实更多基于材性，尽管熊希龄确实并非一般意义上的诗人材性，但古典时代的翰林学士的修养与功底仍然使得他可以于这一领域驾轻就熟。

[3] 《双清集》葛毓芝（1857—1942，字养田）拜题四首之四。

激扬。[1] 国族多难的 1894 年存世诗词最多，约十首。《与友人谈时事》《书感》均写于是年。[2]《念奴娇·甲午谒史忠正公墓》下阕似乎预见了作者一生的命运：

> 休问得失与亡，只期一死，便了平生矣。费尽千辛谋半壁，都已付之流水。算不由日，尽其在我，大抵皆如此。忠魂何处？夕阳衰草无几。[3]

1895 年原配妻子和幼女均去世，是年存诗词五首，有悼亡之作，但更多还是“闭户读楚辞”“孤愤屈子邻”[4] 的意气。台湾被割，他同样痛苦于“父老有心同死守，元戎无面独生还。祖宗血战艰难业，尺寸何能弃百蛮”。[5] 这种痛苦直到 1937 年赴海外会议遥望岛屿都未能淡去，兼之日本再度侵华，令他新仇旧恨涌上心头，所谓“四十三年割地羞，谁知国难复临头。遗民血泪流成海，海有枯时泪未休”。[6]

庚子年（1900）因政治变故避处湘西，《题蜀葵》中“物生原不贵，劲节始能奇。夕影虽偏向，孤心终不移”，以及

---

[1]《熊希龄集》（一），第 20—21 页。

[2]《熊希龄集》（一），第 34 页。

[3]《熊希龄集》（一），第 35 页。

[4]《北事》，《熊希龄集》（一），第 37，38 页。

[5]《台湾》（乙未，1895），《熊希龄集》（一），第 39 页。

[6]《与彦文夫人出席爪哇禁止贩卖妇孺远东会议，一月二十一日舟入基隆港口，远望大好山河沦为异域，不胜感愤，口占二绝纪之》，《熊希龄集》（八），第 829 页。

《题雨景山水》中"故山千万叠，烟雨暗难开。不畏风波恶，一帆归去来"，[1] 当然都是励志之语。三十年之后的 1930 年，因好友谭延闿（1880—1930）过生，熊希龄写下《金缕曲·戊辰冬寿谭祖庵五十生日》，称道谭氏"十七年来坚苦事，要全凭旋转乾坤手。容与忍，是首功。书生故态仍依旧。共流连，笑谈欢乐，顿忘昏昼。末路故人多变节，谁是始终成就？真不负平生操守"。[2] 坊间广为流传的关于熊希龄早年画"木棉花"而自题"此君一出天下暖"的故事，更像后世针对慈善家生平志业的事后盖棺，未必真实。倒是谭延闿本人写过一首极耐人寻味的《豆花》诗：

> 自是人间有用身，不矜香色斗芳新。城中何限闲花草，只与游蜂哄一春。[3]

此诗用来形容熊希龄一生的诗词写作，居然十分允当。

熊氏诗词风格稳健，遣辞端庄，七律尤其工整，据说丹青也颇见工夫，[4] 但他显然并不在艺事上太花心思，甚至早年还自

---

[1]《熊希龄集》（一），第 110，111 页。

[2]《熊希龄集》（八），第 260 页。

[3]《谭延闿集》，湖南人民出版社，2013 年，第 927 页。

[4] 其友叶景葵尝言，"余与秉三燕谈时，屡见其拾故纸，提笔作水墨花卉，意态生动似童而习之者，叩其师承，知封翁云卿先生世为儒将，兼娴绘事，故喜仿为之而未竟其学"，《双清遗珍》，台北故宫博物院，1978 年，第 21 页。

谦称"本无学术，只管办事，不知其他"。[1] 或者因此，熊氏诗学所呈露的精神意义一直未曾得到学界的充分关注与重视：一位传统中国老派士绅特有的价值关怀，作为核心与基要的人格养成与情性化育，自然而然于诗学世界中丰沛流溢，并进而反身润泽其精神质地。进入这一诗之世界，对于理解和丰富熊希龄的生命世界，尤其后期致力"慈幼"的精神旨趣，其实相当重要。

二、为何是"慈幼"

一生以其特有的实干、傻干乃至硬干、穷干精神，以各种形式锲而不舍救国救社会的熊希龄，贡献最为卓越者最终还是落实在了慈善教育。甚至即使对于教育，他也是伤心人别有怀抱。"破坏原为建设初"，对于清末民初这最先开眼看世界的第一批儒者而言，现实的业力汹涌显然远远突破了他们的精神预期，例如民初新进政治人的教育素质令他深感意外，"瓦釜雷鸣钟毁弃，不堪重读老人书"（《题顾子用所藏马相伯先生序稿》），[2] 连教育也都已经很难维系他们曾经熟悉的理想教育了，至于成了日后慈幼理念的负面教材：

---

[1]《为时务学堂事上陈宝箴书》，1898 年 7 月 15 日，《熊希龄集》（一），第 96 页。
[2]《熊希龄集》（八），第 837 页。

　　我记得当初在日本游历时，见我国的留学生的会，每次开会时不是相骂，便是相打，飞墨盒、推桌子，秩序是极不好的。我心中很不谓然。那晓得民国元年，第一届国会开幕后，许多议员都是从前留学日本的学生，所以养成不好的习惯，到了议员，仍然是紊乱秩序的，我因此发生感想，就是慈幼院提倡自治，使他们的脑筋中添些常识。[1]

　　曾经对新建的中华民国怀有与时俱进希望的熊希龄到底被民初政局的翻云覆雨伤透了心，尽管当此乱世他算得上大节无亏。记者黄远生（1885—1915）尝论熊1914年辞去总理的原因，大体是公允之断：

　　　彼以数月经验之所得，实渐驱其理想陷于悲观，而其人虽有种种批评，但自其本质言之，实亦不失为自爱其鼎之贤者，良心自觉，决然竟辞，而总统制之问题，乃益促之短命也。[2]

　　叶景葵亦以熊氏此辞为"来去清白，有古大臣风度"。[3] 实则1916年6月袁世凯去世之前熊希龄已经再三表示要"归隐深山，奉母终养，不再与闻世事"，然"环顾桑梓，老弱流离，

---

[1] 1922年6月《香山慈幼院创办史》，《熊希龄集》（七），第555页。
[2] 《远生遗著》卷4，第15页。
[3] 氏著《凤凰熊君秉三家传》，《叶景葵杂著》，第277页。

此心终觉不忍"。[1] 十年之后的 1926 年 12 月 3 日熊希龄写下《丙寅十月二十九日为淑雅夫人五十初度赋赠》这一长篇叙事诗，于中基本涵纳了自己五十六年来的系列遭际与反复思考。从"我生忧患中，失意常八九。赖君共艰难，岁月不觉久"，到辅助妻兄朱其懿（1846—1910）办教育时得以"湘中教育史，无能出其右"，以及"丙申丁未年，[2] 立宪腾众口。随节赴欧美，考察谋强富"。熊希龄认为在清末民初一系列令人进退两难的政治出入与前途抉择上，自己还是热衷入世，甚至不如生性英锐果决的妻子的判断来得更有智慧：

> 壬子和议成，群雄将入彀。君能测未来，劝我勿相就。我不听君言，蹉跎至癸丑。持节驻木兰，往御匈奴寇。君仍图自立，沪米囤转售。亏折至巨万，坚苦自忍受。不肯累夫婿，不假军符购。即此见君操，一丝不肯苟。国会告成立，被拥权紫绶。君复电阻云，后辙勿再覆。余志在澄清，反为操莽嗾。[3]

"余志在澄清，反为操莽嗾"可谓是民初最后的士人一片伤心之语。他不是不懂得，也不是不明白，只是他此刻仍然必

---

[1] 1916 年 4 月 19 日《请商请中央顾全大局罢兵休战致张一麐电》，《熊希龄集》（五），第 416 页。

[2] 丙申、丁未即 1896 年、1897 年。

[3] 《熊希龄集》（七），第 858—859 页。壬子即 1912 年，癸丑即 1913 年。

须选择"澄清宇内"的有为法，这是传统之"士"的宿命。

熊希龄自知在逆流而动，"历尽冰霜气未孱，晚霞天半拥朱鬟。可怜世界皆成紫，独有孤山不改颜"（《为叔通画朱菊并题》），却至老豪气不衰，"奋斗艰难已半生，斩蛟射虎气纵横。回思三十年前事，梦里犹闻击楫声"（《题三十年前照片》）。[1] 于此你就必须考虑到他独特的近代湖南气质，所谓学必"经世致用"，所谓"龄本草人，生性最戆，不能口舌以争，惟有以性命从事"，[2] 所谓"实际能医读死书，古人曾有带经锄。埋头硬干和穷干，怯弱身心病自除"。[3]

然湘人固然性格霸蛮，一旦立身处世，随时遭遇的道德焦虑仍难免是传统之"士"特为敏感的，也是最为看重的。能在拜谒岳飞庙时直叹"当时若抗班师诏，必启军藩割据心""屈死甘心不背恩，军人守法庙堂尊"，[4] 看起来熊希龄当真被民初的军阀混战伤到了。1919 年因为调停"南北和谈"失败被指为"五四运动"的幕后推手，他更是伤心宣布"迩来厌倦政治已达极点，且深觉世界虽变，人心不变，政治社会均属罪恶之

---

[1] 两诗均见第 843 页，《熊希龄集》（八）。此"叔通"，不知是否为陈叔通，即陈汉第之弟，详见下。

[2] 《为时务学堂事上陈宝箴书》，1898 年 7 月 15 日，《熊希龄集》（一），第 103 页。

[3] 《甲戌八月廿五日平民教育促进会景慧中学校纪念熊朱其慧夫人寄赠》（1934 年 10 月 3 日），《熊希龄集》（八），第 648 页。

[4] 《岳王庙》，《熊希龄集》（八），第 836 页。

薮"。[1] 有此大失所望，熊希龄急流勇退离开政坛、终其余生
成为一个职业慈善家与社会教育家，尤其特重转化人心的情性
之教，也就很好理解。"恩被于物""慈爱于人"也许这是乱世
张皇中的最好选择了。何况熊希龄终其一生都没有真正放舍过
"天下"。1910 年他写给兄弟的信函中尚有如此温热的关怀：

> 盖吾人所担当者，国家之事，关系于公众安危，非
> 一人一家可比。故以世人比兄弟，则兄弟为亲，而以国家
> 比兄弟，则兄弟为轻，国家为重也。……古人云：公极则
> 私存，义极则利存。义利之界不容紊也，紊则求荣反辱
> 矣。……夫人当境遇困难时，愈宜站定脚跟，不为利动，
> 不为苟且之事，方是豪杰。[2]

作为翰林出身的传统儒者，他毕竟有着在现世事功中成就
主体人格的强烈的真实愿景，所谓："漫言科举得人才，相业
都从论语来。不重文章重人格，典型犹在有遗哀。"[3]

---

[1] 1919 年 5 月 17 日《声明退出和平期成会不再过问政治致和平期成会联
　　合会电》，《熊希龄集》（七），第 179 页。
[2] 1910 年 3 月 9 日《批评其不识大体致寿峰三弟捷三七弟函》，《熊希龄
　　集》（二），第 32 页。同函中又有："兄生平最详于公私义利之辨，其事
　　果公，则公心战胜，虽亲如骨肉，不敢以私废公也。其利非义，则义必
　　战胜，虽数只分毫，不敢见私忘义也。弟等倘能以兄之公义为公义，则
　　兄虽受尽辛苦，为弟等担任养家之费，亦所不辞，若任性妄言，陷兄于
　　不义，兄宁死不愿与弟等同流也。"（第 31 页）。
[3]《题陈菊园先生书院课卷》，《熊希龄集》（八），第 833 页。

　　"功名虽重同尘土，人格完全乃可称"，[1] 生命最后二十年主持香山慈幼院的熊希龄依然坚持，"教育意义，重在审辨真伪，明定是非，若因回避责任而自欺欺人，即属教育破产，人格破产"，[2] 养成"人格"一直被他视为无论践行教育理念还是实现社会环境的最重要标准。[3] 然而现实社会似乎一直都在摧毁他试图全力保全的文化传统与人格信仰，1918 年《题顾端文试卷》中熊希龄直接抒发了时代变迁首先导致的儒门德育的价值失落：

　　　　科举何尝少大儒，东林正气见遗书。国亡尚可存廉耻，太息今人更不如。[4]

　　《题段芝泉赠相》中熊希龄叹息的是"一代人"的用心良苦：

　　　　虽然政策失人心，毅力能当大节临。爱国不为群所惑，岁寒松柏更森森。[5]

---

[1]《岳王庙》，《熊希龄集》（八），第 836 页。
[2]《就慈幼院学生王国镛跌死事致朱子桥等先生函》，《熊希龄集》（八），第 820 页。
[3] 这一趋向，从 1893 年 6 月 17 日就"拟在沅州建书院"问题致函汪康年，到 1905 年 8 月 27 日《请设西路师范传习所禀稿》，都有呈现。分见《熊希龄集》（一），第 22、174—175 页。
[4]《熊希龄集》（六），第 998 页。
[5]《熊希龄集》（八），第 843—844 页。

段芝泉即段祺瑞（1865—1936）。这位爱国而不得民心的北洋元戎虽是军人出身，却极爱追步圣贤之学，也极爱倡言"情性之教"，还因此留下了薄薄一本《正道居集》以劝世。《产猴记》中他因目睹猴之父母因溺爱幼崽而压迫其至死的悲剧后设喻：

> 爱之不以其道而杀之，虽爱，侯益。盖物之爱固无异于人。……初娶之妇，善教之，则难养之性以驯；婴孩之子，善教之，则礼义之方以立。及其长也，勤课问学，以立身督责，克己以接物，达己达人而中正之道于是乎成。谚云：人莫知其子之恶，溺爱者恒如是也。纵其情欲，任性而为，迫死到临头不堪救药。藉使锥心泣血而亦无可如何耳。[1]

《内感篇》中段又明言"欲壑难填，任情而动"。[2]《灵学特刊序》中亦倡导"若智者误用聪明，斫丧性灵，纵其情欲，快其身心，不知礼义廉耻为何物，损人利己，不夺不厌，情业所牵，死则为鬼，堕于三涂"。[3]如果将这些言论对照段氏一生实践，足可征其发言出于真诚，其行事刚正亦复刚愎，当真不为"群惑"，但这类未免冬烘的发言能有多少实际效果，又确实不

---

[1]《正道居集·文》，第 23 页。
[2]《正道居集·文》，第 9 页。
[3]《正道居集·文》，第 18 页。

便高估——似乎只剩下了"岁寒时见后凋松"的历史凭吊的价值。熊希龄此处在失却人心的政策否定与大节无亏的毅力肯定之间的直言毋宁让人莞尔。

与段氏相较，倒是熊希龄式的柔韧与实干，包括他更为个体化、私人化的诗学风格，其渗入时代土缝的能力，似乎更为可圈可点。

从《丙寅十月二十九日为淑雅夫人五十初度赋赠》（1926年12月3日）诗中可见，1916年之后，"自此谢轩冕，不复离瓮牖"的熊希龄是被社会需要推着走，他的最终选择慈幼，毋宁说也是慈幼选择了他：

> 此时北五省，洪水若昏瞀。次复遭旱荒，困毙及牲畜。群雄置闉闺，燃煮泣其豆。十年九战争，乌合若鸟兽。朝客夕为囚，昨仇今复友。名与实相离，言与行相缪。饿殍群在野，肥马乃在厩。丁巳至丙寅，[1] 乱极谬复谬。余以不忍心，治水功稍奏。君以红十字，救护绩屡懋。外则至欧美，内则至遗胄。惜乎力太微，挂一恐万漏。东扶西又倒，此起彼又仆。头绪纷纭中，幸乎得君副。有事相筹谋，有过相绳纠。两非幸运人，直一患难偶。[2]

---

[1] 笔者按，即 1917—1928 年。
[2]《熊希龄集》（七），第 859 页。

天灾人祸迭加中国。在熊希龄看来，不仅发生在大地上的内战不过乌合之众的争权夺利，此际人与人的关系也演变成尔虞我诈、朝秦暮楚。传统文化特为看重的名实、言行等人格修养的关键趣向一例遭到践踏。即使在作诗当年（1926），因为"环顾全国中，兵士尚甲胄。老弱转沟壑，何忍具杯酒"，[1]他连为妻子正经祝寿都觉得于心不忍，儒者情怀促令他成了杜工部的同道，看不得"朱门酒肉臭，路有冻死骨"的人间惨痛。而早在之前的 1918 年，重阳节携家人登高，他就无法有悠游独乐的享受的心思，因为"独把茱萸看仔细，年年端为避灾忙""欲就落英持紫蟹，那堪浩劫泣红羊"。[2] 兵荒马乱的生民流离在熊希龄不足古稀的一生基本一直都在持续。难怪他日常生活的具体感受就是"头绪纷纭中，挂一恐万漏。东扶西又倒，此起彼又仆"。[3]1922 年 10 月 19 日他写下《词一首》，感叹的还是"问天天道何凭。忧民尽是欺人语，看纷纷，悍将骄兵。最难听，啼饥号冻，一片悲声"。[4] 同年《和葛养泉九日香山登高原韵》诗中同样显得忧思不改：

忧心切切复京京，时难年荒过一生。桓景避灾曾载

---

[1]《熊希龄集》（七），第 860 页。

[2]《戊午重阳日挈家游香山登高赋此志感》（1918 年 10 月 13 日），《熊希龄集》（六），第 873 页。

[3]《熊希龄集》（七），第 859 页。

[4]《熊希龄集》（七），第 585 页。同册第 853 页收入《高阳台·和吴镜予重九原韵》（1926 年 10 月 21 日）下阕同此。

酒，王维思弟似悬旌。身凌万仞老当壮，诗足千秋穷得
名。欲佩茱萸除恶气，可怜关外阵云横。[1]

对于民生疾苦他始终就是"放不下"。

这是不能"放下"，更是不肯"放下"，这是儒者的"民
胞物与"，更是佛门的"大乘菩萨"。因为"彝师、泽老均已化
去，仅余鄙人，奔走道途，一事无成，殊有愧于作者矣"，[2] 对
于他所继承的传统而言，"神州袖手"都是无法接受的逍遥，
他一定也应该继续"有为"，即使这"有为"需要不断调整、
经常饱受委屈。他数载斟酌，最终得出的结论是，慈善与幼教
最不容易引发最令他感到沉痛的道德焦虑:

> 世界的不和平都是贫富不平的缘故。我们要从这里去
> 着想，便都肯拿钱做好事了。……而且做好事的人，决没
> 有危险的事。因为人人都是有个良心的。……我在世上甚
> 么事都经验过了，我觉得总是悲观的，政治的罪恶是不消
> 说了，就是实业呢，我也曾入了股。我觉得经理人都不是
> 拿良心对着股东的，所以我也灰心了。就是社会呢，我办
> 过几年赈，我觉得真是用良心做事的少，甚至有几个殷实

---

[1] 1922 年，《熊希龄集》(七)，第 597—598 页。第 673 页重复收入，题
做《奉和养泉先生九日香山登高原韵》，1924 年。
[2] 《告知旅途情况致朱淑雅夫人函》，1915 年 9 月 1 日，《熊希龄集》
(五)，第 303 页。

的绅士，也要不干净。……所以我很悲观，我只缩小范围办我的慈幼院，他们孩子都是真心的爱我，把我当成他的父母，我确把他们当我当儿女，成立我们这个大家庭，这便是我的终身志愿了。[1]

抑或渡尽劫波之后，他算来看去，唯有教养儿童方是人间最少争议的慈善：

赤子何辜失所天，文王仁政此为先。更将教养求新法，民族才能达健全。

礼云天下以为公，子子无分是大同。各集良方供讨论，总期幸福到儿童。[2]

当然这同时也是基于熊希龄的天性，他承认较之性格严正

---

[1]《香山慈幼院创办史》"希望教育家及慈善家的帮助"，《熊希龄集》（七），第578—579页。

[2]《题扇诗》"民二五·八四青岛全慈大会，以扇题到会会员，题此赠之"，《熊希龄集》（八），第840页。应该说，在熊希龄和张謇（1853—1926）的慈善思想中，救济只能救人之身，慈教却可救人之心，慈幼更可救人心之先决，是很笃定的。而在教育实绩上，熊希龄和张謇贡献之突出，是被认为具有当时世界领先水准的。参阅周秋光《熊希龄传》、曾桂林《殊途同归，善与人同：张謇与熊希龄慈善事业之比较》，《社会纵横》2011年第3期，第58—64页。

的朱其慧夫人，自己待人接物更像"慈母"。[1] 何况"年愈幼则气质语言较易变更"[2] 本就是他早年就认定的人性的潜在可能，"从娃娃抓起"对于情性化育毋宁是极有优势的。因为传统中国汉唐以来一直存在的儒佛汇通的大传统，也基于熊希龄个人对佛教的深刻好感，选择慈善与幼教作为人生的最后方向对他成了最顺理成章的事。

关于不再参与彼时愈演愈烈的军阀政治，熊希龄是毫不动摇的，写于 1918 年的《戊午和赵式如双清别墅原韵》中他视此退步抽身为具有自知之明的急流勇退、壮士断腕之举：

> 树色山光雨后匀，长松不改四时春。双泉石上揣流急，似策当机勇退人。

> 一丘一壑一池泓，日日松声杂水声。消受清闲甘老拙，此心尚有自知明。[3]

1925 年《寿赵次老八十生日用画舫朱氏原韵》再次借机表达了自己洁身自好、绝不与时合污的决心：

---

[1] "而君教以严，我反慈如母"，《丙寅十月二十九日为淑雅夫人五十初度赋赠》，《熊希龄集》（七），第 859 页。

[2] 《湖南时务学堂大概章程》，《湘学报》第 25 册。

[3] 《熊希龄集》（六），第 997 页。

末劫谁能扫群魔，云生辽海蜃楼多。筹边伟略思充
国，教子名言记伏波。勇退急流登彼岸，悟参静性识恒
河。洛阳纵有耆英会，怎奈尧夫懒出窝。[1]

此处之赵次老当为"次帅"赵尔巽。和他逊清之后守志
在野的恩公类似，如今熊希龄当真儒佛并参，"天乐窝"的邵
庸（尧夫，北宋五子首座）同样成了理想的生存状态。同年作
《乙丑寿罗通甫五十》还是重弹此调：

不事王侯见节操，洪流天下任滔滔。梅妻鹤子神仙
福，莫管霜寒入鬓毛。[2]

实际上，对熊希龄本人，一生必须保有节操是固然，"神
仙"之福他却似乎从未享受到。退出政界乃至实业都绝不意味
着放弃责任。他一直在各个领域埋头苦干，更时时都在努力体
现一种"忘我"的精神，探索一种以"无为""出世"之心行
"在世""有为"之法的可能性。1917 年 1 月 5 日他写下《登
泰山绝顶观云海》，即表达了这种于"真空"中行妙有的愿景：

故碑剥落已难传（即李斯立石俗称无字碑也），汉武秦
皇亦渺然。自有清空无上极，何必立石最高巅。

---

[1]《熊希龄集》（七），第 780 页。
[2]《熊希龄集》（七），第 786 页。

云海苍茫一望空，无心出岫又随风。倏生倏灭刹那顷，大地山河幻影中。[1]

1918 年的《戊午旅行江南题栖霞寺天女散花图》同样毫不犹豫宣称自己投身与背负苦海的决心：

扰扰何时见太平，众生苦痛已非轻。原凭妙手回春力，不治维摩治众生。[2]

时隔四年之后，香山慈幼院已成立有日，《游森玉笏》（1922 年 5 月）再次重申了这一发愿：

远看塔影漾湖波，又听群儿唱晚歌。惟念众生无限苦，万松深处一维摩。[3]

虽处居家而不着三界，示有妻子却常修梵行的维摩诘居士，[4] 是他追随在心的表率。如何能够处相而不住相，对境而不生境；直心正念真如，亲证平等实相；具足恒沙烦恼无量功

---

[1]《熊希龄集》（六），第 6 页。

[2]《熊希龄集》（六），第 998 页。

[3]“壬戌五月余久病初愈，率童子军游森玉笏，即支帐驻宿于此”，《熊希龄集》（七），第 536 页。

[4] 详见《维摩诘所说经》，此为通典，不赘述。

德，起方便教化，使一切众生除心源上之烦恼，显心源上之功德，这应该是深喜佛教的熊希龄最看重的。1927 年《题卓君庸〈自青榭〉集》就直接呈现了自己心甘情愿的"不忍"与俯下身子的付出：

> 结庐香山深，原拟避世乱。反以世乱故，良心不忍见。欲民出水火，奔走弗辞倦。托钵贵族门，乞醯邻人闲。春秋多佳境，于我如冰炭。屡过自青榭，未尝入门看。

对于卓君庸（1886—1977）现在能够不再孤芳自赏囿于"自青"，而是走出"小我"，走向社会，普缘大慈同体大悲，熊希龄实在太高兴了，他渴望有一天香山此处可以"青色满村艳，润泽同普遍"：

> 近来屡助我，博施常不厌。乃弟亦热诚，努力同患难。即此养志堂，亦为锡类劝。有邻德不孤，分惠古所赞。富者贫之托，不足补以羡。贫富苟不平，自为社会患。群众苟乏食，即富难独餍。君能惠此乡，乡民均恋恋。愿此自青榭，青色满村艳。与彼第一泉，润泽同普遍。[1]

这无疑正是维摩精神的具体与落实。

---

[1]《熊希龄集》（八），第 136—137 页。卓君庸即卓定谋（1886—1967），现代章草大家。其妻为林徽因姑母。

三、如何能"慈幼"

发愿尚属容易，一生坚持甚难。无巧不成书的是，熊希龄早年有个斋号即是"有恒"，[1] 正见其心志。熊氏生命最后二十年操持慈善幼教的过程可谓一波三折、艰苦备至。借着他善于实务的实干、傻干、硬干、穷干精神，他一次又一次化险为夷。这些具体历程在相关研究中已有充分呈露。[2] 本文聚焦所在乃是熊希龄"慈幼"事业的精神导向——为何他一直强调"学校—家庭—社会"的三合一教学——其中的情性化育问题。

熊希龄对"家"之意义的特别重视不仅体现在身为长子一生竭尽全力对家族的护持，"忆自庚戌出门，于今七年，奔走国事，毫无补救，乃于七旬老母垂暮之年，尚复不知归省，长依膝下，稍尽乌私"，[3] 也得益于原生家庭给予他的教养，所谓"老辈勤俭之风，真为国宝，余等晏安之罪大矣"：[4]

余幼年时家训最严，一切动作，不准使唤仆人，即聚

---

[1] 参见 1908 年 2 月 2 日—3 月 7 日《戊申有恒斋记事》，《熊希龄集》（一），第 342—355 页。

[2] 参见周秋光《熊希龄传》中的相关描述。

[3] 《为建熊氏武烈节孝祠等事致朱淑雅夫人函》，1915 年 11 月 7 日，《熊希龄集》（五），第 311 页。

[4] 《告知旅途情况致朱淑雅夫人函》，1915 年 9 月 24 日，《熊希龄集》（五），第 305 页。

餐时，父母长者之盛饭，亦由余等兄弟服役。余今虽年已六旬，所有一切服物，无不躬自料理，未尝假手于人，仆役亦不过仅供传达之使。设一旦贫如某世家子，余亦可以自行烹饪荷物，无须仰给于人，此皆家庭教育之所赐也。[1]

关于儿童之不能"失教"，熊希龄尤其看重母亲的影响。据其回忆，幼年家族多难而其母特能自立，以为"家之贫富，宁在田宅耶？吾有诸儿，但勿失教，所获之丰，当如何矣"："希龄等所以自树立，幸弗亏辱先德者，谓皆家母一语贻之可也。"[2] 香山慈幼院"学校—家庭—社会"三位一体的办学宗趣显然跟他认为家庭气氛对人格养成具有深刻作用相关，"蒙养立其根基，故嬉戏亦须具有教育宗旨"，[3] 特别是母教：

凡欲得良好之子弟，必须有贤明之母教，母子情感出于天性，随时随地随事皆可注入慈训，故贤母实为幼稚教育之第一要件，因其情感之深，相依之久，朝夕熏陶，易于同化也。[4]

而只有成功的家庭教育才能导引出成功的国族担当：

---

[1] 熊希龄《儿童教育特刊词》，天津《庸报》，1930 年 1 月 1 日。
[2] 《熊凤凰为母征寿》，长沙《大公报》，1917 年 5 月 3 日。
[3] 1928 年《慈蒙新课本序》，《熊希龄集》（八），第 274 页。
[4] 《香山慈幼院发展史》（1927 年 6 月），《熊希龄集》（八），第 37 页。

　　《传》曰:"君子不出家,而成教于国。"古之圣贤豪杰能卓然自立,有功于社会国家及世界者,咸由于家庭教育之功。《大学》所谓修身、齐家、治国、平天下。本末先后,罔不然也。[1]

　　这些话出自熊希龄之口,显得异常真诚。

　　罕见熊希龄正面批评 1919 年前后发起的这波"新文化运动",但这位晚清新政曾经最勇锐无惑的老"运动员"于此的实际批评恐怕无所不在。例如:

　　近年国人浮慕文明,偏重物质主义,对于精神教育,弃之不顾,虽学业技能皆有所长,而于人情物理,毫无常识,即饮食、居处、言语、动静、应对、进退之间,亦觉其杂乱粗鄙,无秩序,无条理,无轻重,无缓急。[2]

　　为此他不仅在慈幼院日常运作中以"家庭"样式安排教养员与儿童的关系, [3] 便于"以师保为父母,随时随地随事皆应

---

[1]《闽县卓芝南先生暨德配曹夫人七旬双寿叙》,《熊希龄集》(七),第889—890 页。

[2] 1928 年《慈蒙新课本序》,《熊希龄集》(八),第 276 页。

[3] 参见 1930 年 1 月 1 日为天津《庸报》所撰儿童教育特刊词,《熊希龄集》(八),第 373—381 页;1932 年 1 月 20 日《在上海中华慈幼会欢迎大会上的演说词》,《熊希龄集》,第 470—474 页。

施以家庭之相当教育，而后可免近日学风之缺点"；[1] 逢年过节更要组织家庭聚会："壬戌中秋集两院儿童于广场，赠以果茗，庆此良宵，诚盛会也"，告诫群生"儿辈须知群最乐，人间无此大家庭"。[2] 他甚至特别设定自 1935 年始每年 7 月 7 日成为慈幼院的"回家节"，并于次年有诗纪之：

乱世悲无家可归，人民城郭是耶非。香山尚有回家日，各诉离情泪染衣。[3]

但他并不宠溺孩子。他一生奉持的"人格教育"依然故我，[4] "养全他的廉耻"成为慈幼的核心，[5] "我想体罚的事总是最下乘，孩子们挨惯打的，脸皮也厚了，廉耻也忘了，此后便没有法子去加重，总是用种种善诱的法子好"，[6] 对中学部以上

---

[1] 1928 年《慈蒙新课本序》，《熊希龄集》（八），第 276 页。

[2] 《壬戌中秋月夜赋诗》，壬戌当为 1922 年，《熊希龄集》（七），第 584—585 页。

[3] 《为香山慈幼院第二次回家节纪念日而作》（1936 年 7 月 7 日），《熊希龄集》（八），第 708 页。

[4] 1924 年 9 月 4 日《反对因汽车案与彼方发生争执留谕各院学生书》中，熊希龄如同家书中一样，自然谈起"吾人人格所在，生不见谅，死后自明""果其……余之人格完全破产，应为中外人所不齿"，《熊希龄集》（八），第 328、329 页。

[5] 1922 年 6 月《香山慈幼院创办史》"以往的经验和效果"，《熊希龄集》（七），第 562 页。

[6] 1922 年 6 月《香山慈幼院创办史》"现在的缺点"，《熊希龄集》（七），第 567 页。

比较成熟的孩子要求更是贴切:

> 本院对中学之教育, 注意在人格教育, 以彼辈正在青年, 血气方刚, 情识初启, 幻想亦多, 正可善可恶之时, 若不于此时植其道德基础, 则品行前途实为可虑, 故本院之教育宗旨最重者, 即为尚气节, 能自立, 不图幸进, 不求倚赖也。[1]

从第一学期"因孩子们在家时少教育, 习惯多是粗野的"而"取严格干涉的主义", 到第二学期"孩子们有点知识, 我们即放宽些, 渐渐向活泼方面去行", 再到第三学期"大的孩子们长进很快, 简直许其自治了", [2] 熊希龄一贯脚踏实地的务实精神依然彰显。他甚至细致地观察到"孩子们有点偏在读书一方面, 做事时有点不敏捷, 不会想主意的毛病, 所以仿照南高的办法, 主张用设计的教育, 凡事要他们自己计划"。[3] 而从对"学生自治会"的效果深感满意可以看出, [4] 熊希龄依然是那

---

[1]《香山慈幼院发展史》(1927 年 6 月),《熊希龄集》(八), 第 45 页。

[2] 1922 年 6 月《香山慈幼院创办史》"历次改革的办法",《熊希龄集》(七), 第 559 页。

[3] 1922 年 6 月《香山慈幼院创办史》"历次改革的办法"。同样令人感动的还有, 这位古典翰林甚至连女孩渐大以后"换衣等事诸多不便""经期的时候有许多变象"都要一一考虑。分见《熊希龄集》(七), 第 559、560、562 页。

[4] 1922 年 6 月《香山慈幼院创办史》"以往的经验和效果",《熊希龄集》(七), 第 564 页。

个晚清时期最乐于和西方对接的新锐的现实派。同时中国传统的艰苦耐受同样被带入到对慈幼院的管理理念中，像《奉和九日香山登高原韵录呈教正》（1923 年 11 月 30 日）所言：

> 蔼然仁者言，净此众生业。……儿辈静勿喧，且听余训责。登高意何为，旷观渺万物。沧海一浮沤，大地一片席。神游寥廓中，奇妙不可笔。心虚物乃容，量宏众方集。秋容既皎皎，秋气复恻恻。嗟彼坐井人，少此明远识。吾师今所言，言浅意深切。农人富收获，终日勤汗血。病夫体羸弱，平时耽安逸。心洁等秋清，志坚若山立，不必佩茱萸，亦可免凶厄。试额篱下菊，霜枝傲秋色。[1]

香山慈幼院的"家庭—学校"足以自成格局，但孩子们终究要走上社会、投身国家。因为对当时民国风气的一般性堕落非常所望，熊希龄甚至不放心把自己辛辛苦苦调教出来的孩子交出去：

> 我想总要陶熔得几年，使他们真正成一个好孩子，才不致受恶社会的传染。……我们慈幼院既是注重养成一般良善社会的国民，将来分散到各处去做工，能够保得不受

---

[1]《熊希龄集》（七），第 631 页。关于"我幼稚的时候，我的父亲很严"的具体内容，参见同书第 567 页。

社会化吗？[1]

他甚至因此一度设想，在香山附近乃至苏北、东北等地开辟几个新村，以备将来慈幼院的孩子学成长大之后可以继续在此成家立业、安身立命[2]——这明确是要再造新社会的进一步努力了，难怪从儿童时期他就特别看重学生自治能力的培养。[3]

在香慈第一次"回家节"上熊希龄专门赋诗，其二即明确凸显了"学校—家庭—社会"的血肉关联：

> 漫言桃李在公门，教养全蒙社会恩。念念勿忘同类苦，牺牲私利始能存。[4]

1936 年第二次"回家节"他再次强调：

> 大家应化小家私，国尔忘家共勉之。珍重一言期努力，天涯挥泪寄新诗。[5]

---

[1] 1922 年 6 月《香山慈幼院创办史》"将来的筹划"，《熊希龄集》（七），第 571 页。
[2] 1922 年 6 月《香山慈幼院创办史》"将来的筹划"，《熊希龄集》（七），第 571 页。
[3] "学生自治的设备"，《熊希龄集》（七），第 554 页。
[4] 《回家节赋赠诸生》，《熊希龄集》（八），第 690 页。
[5] 《为香山慈幼院第二次回家节纪念日而作》（1936 年 7 月 7 日），《熊希龄集》（八），第 708 页。

这种"大家—小家"的辩证关系毋宁本身就是传统中国的核心认知之一。熊希龄一生都认同此意，念念于心。即使在写给儿女的诗词中也时时处处不忘教诲他们"家—国"一体的信念："国危累卵，苟延残喘。此仇须报，勿家为念"，"但觉人亡邦自瘁，须知国破家何有"，"愿辛勤为国效驰驱，存三户"。[1]

就其一生行止可以看出，熊希龄生性温厚笃实，特重家庭伦理，他教养理念中情性化育的充分呈露颇有制度性考虑，例如在"娱乐的设备"的布置方面，他更细腻体察到家庭环境对儿童情识发展的影响，"不良儿童"如何"性情顽梗，屡戒不改"[2] 熊希龄显然感同身受：

> 儿童年龄到情识将开的时候，最为危险。况且贫寒家的孩子，习惯是不良的，性质是多暴戾的，所以设立了几个网球场、篮球场、军乐队、中乐队，使他们天天演习，直到日入始息，疲倦方休，涵养他的乐趣，免除他们的不良思想，才不致于有损他们健康的身体。[3]

同时，依其慈爱细腻的天性以及与时俱进的精神，传统教育出身的熊翰林甚至对于儿童的天性应该如何顺势而教，都有

---

[1]《满江红·送霖儿赴沪，筹航空事业》《满江红·题谢皋羽西台恸哭处》《满江红·送霖、香夫妇赴欧》，《熊希龄集》（八），第829、834、831页。
[2]《香山慈幼院发展史》（1927年6月），《熊希龄集》（八），第17页。
[3]《熊希龄集》（七），第554页。

入微的考量：

> 凡幼稚儿童，莫不富有好动好奇之性，往见春日种植期，各教室宿舍之儿童，或向农场求其籽种，植于室舍之外，或向蚕场求蚕卵幼虫，养于书桌之内，兴趣勃勃，不可遏制。苟各教员能于此时利用机会，乘机指导以种养方法，则于儿童爱慕农业之萌芽，不啻植其基础。无如更教员之本身，不谙是类学识，放任者听其自然，尚不致有挫儿童之生机；固昧者且将加以干涉，予以惩罚，使儿童之兴味，变为犯过之行为，是无异戕贼其天性也。[1]

关于个体情性如实化育的具体关切尤其体现在熊希龄写赠给儿女、学生的诗词当中。1927 年 4 月 3 日长女熊芷结婚，他写下《赠芷儿与霖婿》，谆谆教女之意细致体贴：

> 古人重婚礼，妇顺为要点。顺则内和理，家乃可长远。由家推之国，和顺系治乱。近人误解此，谓顺为卑贱。傲慢起争执，嘉偶变成怨。人类本互助，亦以和顺断。矧于夫妇间，岂可有高慢？今汝加笄日，举此以为勉。汝当幼稚年，性情已淑婉。……汝能不辞劳，服役亦相愿。以此种种行，养成良习惯。以此同情心，开为社会

---

[1]《香山慈幼院发展史》（1927 年 6 月），《熊希龄集》（八），第 28 页。

献。对人能如此，对婿必更眷。父母钟爱汝，要以此为
盼。……愿汝以所长，不厌而不倦。成立好家庭，为世之
模范。余尚有一言，汝当时在念。男性多坦直，疏略或不
免。女性多静细，察察以为判。每于细故间，因疑起滋蔓。
彼此多谅解，乃可少此患。爱极必求全，过求反生恨。亲
极必多虑，过虑反生惮。少年伉俪中，往往缠此茧。汝量
甚宽容，尚无女性短。必能与汝婿，故敬等鸿案。慎勿视
和顺，误作卑屈看。须知父母心，始终为儿算。今往送之
门，既喜复恋恋。倚门赠此言，祝汝双星灿。[1]

　　他很传统，所以依然看重"妇顺"的美德，而且认为今人
追求的"傲慢"跟"我执"有关，夫妇之间何必"贡高我慢"；
但他又有很现代的一面，甚至从心理学角度提醒女儿，男女性
格性情各有差异，应该体谅周察，勿要作茧自缚；他也依然看
重只有美好的家庭才能成就社会的模范这一核心观念。

　　1928 年侄女生日，他写下《戊辰寿骝侄四十生日》：

　　　　社会古所重，良妻与贤母。少年好新奇，鄙此为陈旧。
须知教育学，蒙养居其首。苟无母之贤，根坏枝何有？况
无好国民，国弱乌可救。其次为家庭，重在得嘉偶。一生

---

[1]《熊希龄集》（八），第 6—7 页。诗中言及这段婚事的因缘是"汝婿性
和厚，早孤至弱冠。母抚如所生，两小无见猜。父母允此婚，各方皆
圆满"。

之幸福，系此婚姻媾。抚育与出纳，烹饪与井臼。衣食等
琐屑，一一皆亲手。苟非有良妻，男子能此否？家事即职
业，工作独女负。男实依赖者，是言诚不谬。[1]

重申"贤母良妻"的时论之外，更强调"蒙养"与"母
教"的关系。特别令人惊奇的便是，翰林出身的"前清猾
吏"（激进民党攻击熊氏的特别称呼）居然对女性做出了社会
学意义上的充分尊敬："家事即职业，工作独女负。男实依赖
者，是言诚不谬。"而且这并非唯一一次。1929 年他亲自撰写
的《醉桃源·慈幼院女校上工歌》中也充分表达了这一思考：
"一家生活女当冲，男儿何有功？亲井臼，习烹缝，尤须薄记
工。"[2] 他为妻子五十寿辰写下的贺诗也充满甜美的谦退：

　　幸君胜丈夫，志大非筲斗。平民广教育，千字医文
瞍。普度及众生，其泽弥宇宙。较我香山业，我仅一隅
囿。大小事悬殊，我实不胜忸。君尚猛精进，而我已衰
朽。糟糠毋相忘，老作同心藕。[3]

毋宁也是对女性一种很特别的尊重。

---

[1] 《熊希龄集》（八），第 261 页。
[2] 《熊希龄集》（八），第 369 页。
[3] 《丙寅十月二十九日为淑雅夫人五十初度赋赠》，《熊希龄集》（七），第
　　857—860 页。朱是"平民教育促进会董事长"。

　　意义类似和同样感人的，还有写给香山慈幼院学生的诗。学生吴廷献长大成人要结婚了，熊希龄不由忆起孩子十五岁刚刚入学时候，自己如何耐心观察、因材施教，引导他走上正路：

　　　　福兴本室家，道兴始闺内。古人所郑重，嘉礼婚为最。汝今既已冠，即非孩提类。当其入慈校，年仅十五岁。汝父来告余，谓汝多浪费，余加以精察，始知汝根蒂。酒食有所耗，多属分人惠。长者有所赐，概以汝同辈。充此同情心，必能助社会。观过斯知仁，余乃为之慰。自后教有方，勤俭以为诲。汝过能力改，观摩复砥砺。

　　少年不负其望，在慈幼院茁壮成长表现出色，这让熊希龄深感宽慰。他送给学生的新婚贺词依然殷重恳切：

　　　　父母爱汝切，为汝聘佳配。汝当益奋勉，鸡鸣相惕励。勤则善心生，逸则学殖废。忠孝家所传，祖武绳勿替。何况学不足，尤耻躬不逮。譬如沂水舟，不进则必退。[1]

　　更令熊希龄甚感幸福的是，同一年，两个在慈幼院长大的孩子居然也联姻结婚了。他写下《丁卯贺明贺两生结婚》，认为这简直是最好的婚姻了，即保守又先进，"视彼富家婚，岂

[1]《丁卯贺吴生廷献结婚》(1927)，《熊希龄集》(八)，第137—138页。

能乐如汝"。比较世间那些或者不讲礼法，或者困苦不堪，或者浮华堕落，或者重利轻义的人际关系，"我校兼家庭，自幼皆习矩。男女别嫌疑，交际守秩序"的教育环境下长大的男孩女孩是新旧优长去取中和的刚刚好。在东西文化的交汇之间熊希龄似乎一直颇为精准地能够取长补短而避其偏弊：

> 世衰礼法驰，夫妇之道苦。富者畜姬妾，闺内多争怅。贫者少教育，诟谇难与处。及至欧化行，喜今而詈古。不凭媒妁言，不由父母主。交游邂逅间，可以身相许。女为男所欺，男为女所侮。恋爱不几时，转瞬弃不伍。况乃竞繁华，日日事跳舞。夫家月所入，不足供赛赌。利尽则轻离，败者尽可数。以此论婚姻，新旧宜去取。新者过自由，旧者失顽腐。苟能得其平，宾敬乃可睹。庶免夫妇间，交易同商买。我校兼家庭，自幼皆习矩。男女别嫌疑，交际守秩序。贺生心诚朴，明生性和煦。彼此久所知，师长知更普。沈姥为介绍，遂成两良侣。汝等今结缡，当不忘贫窭。俭节以持家，女必亲砧杵。勤工以修业，男必亲机杼。贤母与良妻，儿童之基础。须为好模范，彼此勿龃龉。有此良家庭，不负余所抚。视彼富家婚，岂能乐如汝。叮咛复叮咛，赠言当酒脯。偕老终百年，为汝祈天祐。[1]

---

[1]《熊希龄集》（八），第138—139页。

　　"江南文物最清新，勤苦艰难守本真。汝学将成余亦老，他年当慰倚闾人"，[1] 这样的愿望对于熊希龄，无论对儿女还是对学生，是一视同仁的。

　　熊希龄甚至明明知道自己特重"家政"的观点在当时即使"在女子视之，必有以为迂阔者"，他并不否认这背后依然具有儒家立场的立政传统。但他自信，认为越是到了"将来世界潮流生活程度日益增高"，节俭家政与自食其力越将变得极其重要：[2]

　　　近数年女子创为职业独立之论，谓中国男子视女子为玩物，女子依赖男子为可耻，必须从事学问，以与男子平权。此论一出，遂多视家庭为无足轻重，殆亦矫枉过正之失业。夫女子之教育，应与男子同等，原亦公平正大之理由，但若以家庭事业为轻，则未免囿于一偏之见。家者，社会之基础，中国政治本源在家族制度，其家事多全操于主妇，经理一家之财政事物，以及和睦宗族，抚育婴儿，驱策婢仆，其事甚繁而不易理。是家政实一重大之职业，非男子所能独立担负者，有时关于家政经营，男子尚倚赖于女子。盖男女性质本各有其相近，男子所不能为者，女子或优为之，必须有双方合作之精神，而后能享完满家庭之幸福。[3]

―――――

[1]《自题五十生辰照赠骊儿香儿》，1920 年 8 月 9 日（熊氏生日为六月二十五日），《熊希龄集》（四），第 341 页。

[2]《香山慈幼院发展史》（1927 年 6 月），《熊希龄集》（八），第 48 页。

[3]《香山慈幼院发展史》（1927 年 6 月），《熊希龄集》（八），第 46—47 页。

四、以何而"慈幼"

熊希龄生命后期对"平民教育"投入甚多，一则的确配合了清末民初启蒙救亡的时代趋势，二则，其实是战乱频仍、民生凋敝、生灵涂炭的现实压力让这位"务实"的实干家不得不先顾吃紧处，完其慈悲救世的一腔关切：他先后创办了北京北洋平民工读学校、湖南平民大学、长沙兑泽学校、孔道学校，1921 年 12 月与蔡元培、黄炎培等人创办中华教育改进社，1924 年 8 月由其夫人首倡发起中华平民教育促进会。由高居上位的教化者走向全活民命的补漏者，与其说改变的是价值判断，还不如说是由于时局凌迫，"绅儒"之为"绅儒"本就体现为一种对现实社会与政治生活的投入与担当，而非单纯捍卫某个胶着的书斋理想。

"中国数千年教育之根本为何？即无贫富贵贱阶级之平等教育也。"[1] 但平等的是获得教育的机会，并非实际教育的成果——熊希龄对于"无产阶级天才儿童"的特别厚爱基于他深知并非所有儿童都具此天才，何况古老的义利之辨已为时代改写：

> 近年来士气浮嚣，人心浇薄，对于义利之界，不能辨析分明，自权利公仆主人之说起，遂致学生人人自为主

---

[1]《香山慈幼院发展史》（1927 年 6 月），《熊希龄集》（八），第 64 页。

人，不为公仆，应享权利，不尽义务。……故本院对于升
学学生，定为担保借款方法，使知负有偿还之义务，不生
一切依赖之心，而励其勤俭之节。并使各生知为家道贫寒
之人，尤须坚定意志，不可受多人之恩惠，致令难以酬
报，且为将来办事时情面之障碍。[1]

《百字令·奉答叔雍师兄和词并赠呈惜阴主人》应该是写
给被称为"民国产婆"的赵凤昌（"惜阴"为其堂号）的，除
了高度称赞赵的调和之功，也追溯了民国建元以后社会遭受的
种种道德崩解困境，毋宁也是熊的夫子自道之语：

> 共和初幕，有运筹帷幄，无名豪士。苦口调和诸领
> 袖，独尽其心而已。视国如家，为而不有，高洁其如此。
> 滔滔天下，算惟有使君耳。
> 无奈愿与心违，东扶西倒，溃似洪流水。赖有佳儿
> 能继志，大隐之庾朝市。出岫看云，灌园种菊，不问尘劳
> 事。乐天知命，殆将终老于是。[2]

靠什么支持此际人类摇摇欲坠的精神世界？熊希龄对佛教
的好感与亲近是毋庸置疑的，这也成为他一生最强有力的思想

---

[1] 《香山慈幼院发展史》（1927 年 6 月），《熊希龄集》（八），第 64—65 页。
[2] 《熊希龄集》（七），第 846 页。叔雍即赵凤昌之子尊岳（1898—1965）。
参见 1926 年 8 月 7 日《请寄赠尊人玉照致赵叔雍书》，同书第 845 页。

支柱。

　　无法确认熊希龄浸淫佛教的最初时间——似乎1898年那场救他一命避免成为"戊戌七君子"的大病之后，对于因缘果报之说他就颇生信好之心。1916年4月11日身在常德写给夫人的信札中，熊希龄已经在明确索要"余之佛教书"。[1] 对于熊希龄一生的意义取舍而言，他是佛徒还是儒生，或者对道教是否有理趣或实践上的涉入，[2] 都不是第一要义，关键在于他一直坚信"信道创于前，行慈继于后""大道得推行，卍帜扬宇宙"[3] 的立体的生命价值观，对于"余信仰宗教者"[4] 他是从不否认的，并曾专门就"重视宗教"问题致函蒋介石。[5] 早在1910年1月15日写给堂弟熊岳龄处理产业函中，已经涉及熊希龄待人处事的如下几个原则：其一，"（合于商业破产之法）即问之于心，对天地鬼神而无愧"；其二，"吾辈做事，只要合理，即格外险阻，亦复何惧"，"信之一字胜于身命，苟合乎义，即为弟事挂误，亦所甘心"；其三，"古之君子，惟患难乃

[1]《熊希龄集》（五），第392页。
[2] 熊希龄晚号"妙通"，但《造化秘蕴跋》（1928年2月）中涉及道家修炼传统时他亦署此号，见《熊希龄集》（八），第168—169页。对于他的时代和"同类人"例如段祺瑞而言，这种信仰乃至"工夫"的杂染毋宁更是常态。
[3]《画眉梅寿图寿何素朴六五生日》，《熊希龄集》（八），第825页。
[4]《反对因汽车案与彼方发生争执留谕各院学生书》，《熊希龄集》（八），第329页。
[5]《请重视宗教并陈所见致蒋介石函》，《熊希龄集》（八），第363—367页。

见其真"，"艰难仗友生"。[1] 无论"天地鬼神"还是"合理"守
"信"，都是恪守现实标准之上还另有道义原则，对于熊希龄和
他稔熟的文化传统而言，人格教育原本就关乎信仰问题。

1923 年他撰稿《为设立佛教总会恳予批准立案呈内务部
文》特别强调佛教在中土的发展与圆满：

> 窃自欧战告终，西方人士挟全力以研究东方文化，而
> 东方文化对于宇宙观／人生观能为圆满之解释者，莫若佛
> 氏。佛氏之教，虽始天竺，发挥光大，实维震旦，是为汉
> 人种贡献世界莫大之伟绩。近日西土研究，谓大乘之教萌
> 于印土，成于支那，非复然也。夫立国天地，非发扬民族
> 固有之文明，未有能吸集世界智识，而先用自益者。[2]

1925 年 9 月 30 日的《为中国心灵研究会题辞》和《为养
真社题词》主要运用的也是儒佛汇通的观点：

> 光明大觉中，澄澈无边际。世有大医王，观根善调
> 剂。精神用无穷，流行自通利。性灵无苦乐，呻吟亦梦
> 事。(《为中国心灵研究会题辞》)
> 养真以祛伪，性域无城府。泛爱而亲仁，恩仇融水

[1]《为寿丰店善后事等致寿峰三弟函》，《熊希龄集》(二)，第 12 页。
[2]《熊希龄集》《七》，第 636—637 页。

乳。合群广容众，民物吾胞与。(《为养真社题词》)。[1]

"法到圆时犹应舍，虚空粉碎有何哀"，[2] 因为这种信仰的力道，虽然熊希龄的确一生"似遇而实未遇"，民初政局的荒诞不经更是给他留下了难以磨灭的精神创伤，[3] 但大体而言，熊希龄埋头"办事"的一生——他有多忙，看其一生存世文章绝大部分都是各种电报公函，最可见得逼真——因为信靠佛法，他一生的主调与基调始终都是积极光明、乐观向上的。这也充分见诸其诗作，例如 1925 年作《菩萨顶》：

> 菩萨顶上礼真容，此是东来第一峰。我愿佛施平等法，世人同听自由钟。[4]

---

[1]《熊希龄集》(七)，第 754 页。

[2]《游台山中台》，1925 年，《熊希龄集》(七)，第 783 页。

[3] 例如《百字令·五七生辰感叹》(1926 年 8 月 3 日)，"丙寅六月二十五日，为余五七生辰，余适旅行吴门，回首平生，不胜感叹"："辛壬以后，叹过江如鲫，孰非名士？多少穷途悲晚节，吾莫如之何已。狐鼠生涯，鸡虫细故，所得才如此。干糇失德，众生真可怜耳。自念壮不如人，老而尤甚，逝者如斯水。只合激流谋勇退，说甚山林城市。血气既衰，戒之在得，遑问儿孙事。此心何住，佛云如是如是。"所谓"辛壬"以后，即辛亥、壬子的民元、民二，这是令他受尽艰难、委屈乃至羞辱的两年。他的念念不忘即证明了其沉重不堪。《熊希龄集》(七)，第 845 页。

[4]《熊希龄集》(七)，第 784 页，1925 年作。同时还作有《塔院寺》，"博济年来尚未能，四方呼吁苦难应。未来欲借文殊力，普度群生绝爱憎。"同书第 785 页。

他看得透因果轮回，依然希求冤亲平等："其与豆，煎何急。橘鸟与蚌，争何力。便河山破碎，有谁收拾？后浪只推前浪进，循环起伏无时息。愿冤亲平等入菩提，狂澜寂。"[1]1928年秋重游汤山公园，他接连写下两首《水龙吟》，强调如何经由散财与戒杀偿付业债：

> 莫问兴亡存败，总难逃，贪嗔痴爱。江边鹬蚌，巢中鸠鹊，利争为害。华屋山丘，谁能免此，桑田沧海，且放怀身外，千金散尽，了今生债。(《水龙吟·重游汤山公园》) [2]

> 转眼繁华衰败，更休论、谁憎谁爱。浮云富贵，得之何利，失之何害。佛曰因缘，众生无量，执迷狂海。盼英雄梦醒，屠刀放下，减轮回债。(《水龙吟·再叠前韵》) [3]

1929 年 7 月 31 日他为自己贺寿，写下《金缕曲·己巳六月六十生日自寿》：

> 老大徒伤耳。回忆处，十常八九，不如人意。六十老翁何所欲，养性读书而已。悲过去此心难治。凡相皆为虚幻影，似城中若达多头戏。狂未歇，我非是。

---

[1]《满江红·丙寅烟台观海有感》，1926 年，《熊希龄集》（七），第 866 页。
[2]《熊希龄集》（八），第 238 页。
[3]《熊希龄集》（八），第 239 页。

如来一大事因缘，深可悯，婆娑世界，众生沦坠。余
也自嗟闻道晚，自救敢言他利。果何日尘缘俱弃。念念无
常真迅速，便朝闻夕死方无愧。期假我，数年矣。[1]

可奈世人就是看不开。《为国家前途就有关问题提出建
议致吴子玉函》他最看重的是战乱杀戮对于人类心性的恶性
影响：

希龄久隐林泉，不闻政治，自民五以来，即从事地方
公益，教育孤寒，赞襄水利，凡直接有便于民生者，则附
骥于仁人君子之后，勉竭其力，冀赎衍尤。习之就久，愈
觉民生困苦，日迫一日，目击心伤，几同身受。因念征战
连年之将士，杀人如麻，均以残忍为习惯，不知人道为何
物，其与吾人之日之慈业中，养成一种不忍人之观念，性
虽相反，易地皆然也。矢人函人业虽不同，然所以养之
者，不可不慎也。倘使战争不已，人类相残，无所顾忌，
恻隐之心全然丧失，又与禽兽何异耶？灭种亡国，为之惕
然。是以起自民五，迄于今日，十年之中，各方战事初
兴，弟即有电劝阻，虽事实多属无效，而良心自觉稍安，
袖手以立视其死，实非仁者之所为也。[2]

---

[1]《熊希龄集》（八），第 324 页。
[2]《熊希龄集》（七），第 880—881 页。

这种试图平息战争的信函，犹如各种办事的电报，他一生中不知写了多少。《与陈汉第等祭赵尔巽文》中所称道者又何尝不是他自己的辛苦：

> 解衣推食，尤惠童婴。香山之麓，黉舍经营。惟公之力，乃得落成。经费支绌，中道将倾，惟公之力，乃得支撑。五次兵祸，呼啸及门，惟公之力，乃得安宁。赖公之德，仗公之名。儿童千六，覆荫无形。[1]

他看得见这人性内在的罪恶之源（"社会滋复杂，治衰俗乃变。人生各有欲，逐欲致争乱"），他也看得明这世界共业的彼此勾牵（"豪强肆兼并，贫弱嗟离散。仇富既悬绝，酿成不平患。将成世界争，宁独吾国难"），他的选择与坚持却始终只有一个：

> 天下皆饥寒，宁能安保暖。佛以慈为宗，孔以仁为本。自利复利他，方可称兼善。[2]

《子建老伯大人像赞》所说毋宁就是熊希龄自己的教育理想："以教以养，风俗纯良，天相明德，子孙繁昌""力田孝

---

[1]《熊希龄集》（八），第80—81页。陈汉第（1874—1949）之弟即陈叔通（1876—1966），其子陈植（1902—2002）为建筑大师。
[2]《己巳六月和陈一甫五九自述诗》，《熊希龄集》（八），第324—325页。

悌，训子义方，济人利物，救死扶伤"。[1] 他认为当时中国的当务之急是必须振济乡村，认为如此方能改变物欲流行、拨乱反正，"世方大乱，物欲披猖，群趋都会，农村乃荒。先生不尔，自乐农桑"：[2]

农业衰颓世界荒，渐移城市就工商。人人都到乡间去，始是仁民救国方。[3]

说到底其实还是何以改造人心、化育情性的方法问题。《寿钱玉堂先生七十》中所言也正是他自己一生未尝止息的愿力：

天下饥荒天下寒，一身温饱岂能安。惟凭不忍行仁惠，大众能生心始宽。[4]

佛教中"色身非净，法相非真。四大和合，亦非我身。何物为我，我实不存。我既无我，朽骨何灵？凡相虚妄，焉用佳城"[5] 的基本理则，对于熊希龄的生命状态，并无消极避世的味道，而是一直向更积极救世的层面转化，此即 1932 年春《为

---

[1]《熊希龄集》（八），第 844 页。
[2]《子建老伯大人像赞》，《熊希龄集》（八），第 844 页。
[3]《甲戌八月廿五日平民教育促进会景慧中学校纪念熊朱其慧夫人寄赠》（1934 年 10 月 3 日），《熊希龄集》（八），第 648 页。
[4]《熊希龄集》（八），第 846 页。
[5]《为香山生圹自撰墓志铭》，《熊希龄集》（八），第 505 页。

香山生圹自撰墓志铭》中的宣称：

> 今当国难，巢覆橡崩。若不舍己，何以救群？誓身许国，遑计死生！或裹马革，即瘗此茔。随缘而化，了此尘因。我不我执，轮回不轮。[1]

熊希龄能写工整典雅的古体诗词，但他显然意不在此。因为活泛而务实的性格，熊希龄并不拘泥于自己的背景与趣味，他考虑到学生未来的就业情况，主张香山慈幼院行白话教育——回思清末"湖南新政"中曾有的类似举措，则熊希龄实在是末日帝国曾经最勇锐新进之人。他自己后期经常也用白话童谣题画，[2] 为婴儿教保院撰写白话标语对联，[3] 也写《嘲锅巴》《嘲泥戏》《咏麻雀牌》《嘲大帽》《嘲喧宾》之类打油诗。[4] 最为典型的则是他甚至亲自用"醉桃源"词调为香山慈幼院的孩子写下《上床歌》《下床歌》《饭前歌》《饭后歌》《上课歌》《下课歌》等系列口语化的歌词。这位按理只会将"玉米"称作"包谷"的湖南翰林，[5] 居然学会了使用"棒子"这个北方民间称谓！

---

[1] 《熊希龄集》（八），第 505 页。

[2] 例如《题画（小双蒂生日）》，《熊希龄集》（八），第 842 页。

[3] 《熊希龄集》（八），第 344—347 页。

[4] 收入《熊希龄集》（八），第 830、831、832、833 页。

[5] 此为笔者专门向湘籍道友求证。

馒头棒子豆芽汤，蒸蒸扑鼻香。我们幸福等天堂，精
神体魄强。

堂以外，心可伤，穷孩满四乡。如何救彼出饥荒，时
时不可忘。[1]

他依然绝不希望他的孩子们身在福中而忘记社会，因为慈
幼院能得以存活于世本身就全靠良性社会养成。

1937 年"淞沪抗战"的枪林弹雨中，一生务实年近七旬
的老人每天坚持打坐，却依然坚守在救亡一线，一如既往做了
许多琐碎朴素、没有华词丽句却件件人命关天的事：

当战事初生时，亦有劝余远走者，余以老病之躯，又
无（官守言责，本）可行就安全之地，但以国难当前，余
亦国民一分子，应为国家社会稍尽义务，以求其良心之所
安，故决计留沪，与红卍字同仁从事救护工作，设立临时
医院四所，难民收容所八所（此专指十会而言，其他团体
尚有百余所），共救出伤兵千余人，难民十五万人。[2]

这是熊希龄 1937 年 9 月 20 日身在沪上写给内侄朱经农
（1887—1951）的信，时值"八·一三"抗战第八天。仅仅二

---

[1]《熊希龄集》（八），第 379 页。
[2]《谈沪上救护情形致朱经农函》，《熊希龄集》（八），第 778 页。（ ）中
字原缺，此据手稿猜补。

月之后他将遽然病逝香江。

五、关于"艳词清福"

熊希龄晚年出现了一桩别有韵致的意外，事关艳福，也涉及艳词。

熊氏暮年以两大壮举再度震惊了世人。壮举之一，是1933年妻子朱其慧病逝之后熊希龄捐出全部家产成立"熊朱义助儿童幸福基金社"，自诩"且放怀身外，千金散尽，了今生债"（《水龙吟·重游汤山公园》），[1] 他是有资本的。壮举之二，却是"白发红颜"：以六十六岁高龄续弦子侄辈的毛彦文，还留下生命中空前绝后的一批"情书"。而这，正是我们深入熊希龄的情性构成精神世界的另外一个绝佳维度。此当另文详书。篇幅所限，此处只作简略钩沉。

熊希龄第二任妻子朱其慧（1876—1931）是其恩师朱其懿幼妹。朱其懿对熊希龄一生品学根基均影响极深。熊氏早年就读的沅水经堂为1889年朱氏一手创办，是以"实学课士"的新型书院，以经史为治学根本，注重"经精史腴"："辨义利，尚践履，核名实，兼宗汉宋，戒门户之见，以防流弊。"[2] 这些几乎都是熊希龄生平最为看重的信则，宜乎其一生均以"夫

[1]《熊希龄集》（八），第238页。
[2]《通禀到任后察看大概情形条陈应办七事》，《守沅集》，第17页。

子"师事妻兄，包括朱氏典衣质物以备膏火之资的自费办学精神，日后都将在熊希龄身上进一步发扬光大。而朱其懿在湘中声誉之高，至于其 1910 年病逝沪上，湘省学界迎梓归湘葬于长沙，并于沅州建堂、常州建亭以纪念。[1] 朱其懿也甚为看重熊氏，以为这位得意门生"岂但玉堂之选，必为开国之臣，名满天下"，[2] 故熊希龄 1895 年断弦之后即妻之以幼妹。朱其慧性格严毅而持家能干，这在熊氏手撰祭文中有充分反映，[3] 挽联中更以"同德同心同情同志并誓同患难，生死相期"许之。[4] 对于笃重伦常的熊希龄，他和朱其慧的婚姻于传统规约之下已是相当理想的结合。

熊希龄性格的真挚细密同样体现在私生活上，例如他终生反对纳妾。如果环顾他的周遭，一生纳妾不断的康有为（1858—1927）固然不必再提，满纸仁义道德的段祺瑞却也不能不娶姨太太，甚至引领一代风气的梁启超（1873—1929）都未彻底免俗。可见这一点在当时社会也并不容易做到。似乎只有谭延闿和熊希龄于此最称同好。谭氏中年丧妻却拒绝续弦，且在诗作中讲得明明白白，这基于他有求道的心：

而我平生有微尚，四十学道求真腴。孤愤独居意有

---

[1] 任福黎《朱其懿事略》，《守沅集》附录。

[2] 刘成禹《洪宪纪事诗三种》，上海古籍出版社，1983 年，第 161 页。

[3] 1931 年 9 月《祭朱其慧夫人文》，《熊希龄集》（八），第 422—424 页。

[4] 见《熊希龄集》（八），第 422—424 页。

别，马牛一任旁人呼。[1]

对于沉湎儿女情长的友人谭氏甚至直言相谏：

欲续朝朝暮暮缘，徒添世世生生业。青莲火宅出何时，十万量珠计亦宜。[2]

与之类似，熊希龄对两性问题的庄重态度还体现在他早年在湘中与旧派名士王先谦（1842—1917）、叶德辉（1864—1927）等人的冲突，其中重要原因即在此二人"挟妓饮酒，声名甚秽"，"娼优杂处，秽声在道"。[3] 实事求是讲，熊希龄垂老暮年和毛彦文的结合最初更带有寻觅志同道合"同志"的意味——尤其在他身后继续他和亡妻坚持多年的"香慈"事业。熊希龄认为情路坎坷而又恩深意长的毛彦文"有协助他办理此事的能力、热情与爱心"。二人婚后也是齐心致力于慈幼院的相关工作。[4] 但，何以一定要诞生那些和熊希龄绝大多数诗词风格迥异的"艳情"之作呢？这其实要从毛彦文本人的人生与情感际遇讲起。而正是经由这段婚姻，我们有机会见识到"凤

[1]《得闲止诗及映庵书梦诗，叠前韵答之》，《谭延闿集》（二），第936页。
[2]《后洞房谣》，《谭延闿集》（二），第1005页。
[3] 分见1906年6月上旬《代湖南留日学生拟恳请撤换王先谦湖南学务议长禀稿》、1906年6月《奏为湖南劣绅把持新政攻击恐酿事变请遴选老成正绅力出维持以专责成折》，《熊希龄集》（一），第208、211页。
[4] 毛彦文《相交半世纪》，《北平香山慈幼院院史》，第112页。

凰才子"暮年不仅浪漫柔情，而且共感共情的精神风姿。

青春相遇"新文化"的毛彦文（1898—1999）无疑同时兼具了新女性与旧道德的双美，[1] 但这并没有保障她不成为情感与婚姻的双重受挫者。论及天赋性情，毛彦文很是"宜其室家"，这在她和熊希龄短暂的共同生活中也可以看得分明，但命运却跟她开起另外的玩笑：她自幼抗婚自主择配的表兄即未婚夫朱君毅却移情别恋。毛彦文为人温柔敦厚，孝悌仁慈，在朱所就职之东南大学教授群中早有"贤惠"的令名，其中包括日后对她穷追不舍的吴宓（1894—1978），但她还是遭遇了人间世最无理可讲的"遇人不淑"。朱、毛之间的情变当时成为南京教育界一大新闻，不仅朱君毅的朋友们（包括吴宓）都很同情毛彦文，时任金陵女子大学的校长 Mrs.Thurston 甚至把朱君毅找去学校，善意地询问"是否金女大的教育出了毛病，把一个女孩子在一年当中教坏了"。在得知朱选择退婚的理由是"我现在要的是十七八岁的中学生"（当时毛已二十六岁），Mrs.Thurston 当面痛心指责留美归来的朱君毅"学到的是（美国）黑暗的一方面"。[2] 其实像朱君毅这类"洋学生遗弃结发之妻（包括已订婚的未婚妻）"的现象，作为时代潮流当时曾经风靡一时。因此付出生命代价的包括戏剧家欧阳予倩（1889—1962）的妹妹欧阳立颖——她差不多就是毛彦文的

---

[1] 毛氏早年就读于金陵女子大学，曾留学美国哥伦比亚大学，具体参见《往事》（百花文艺出版社，2007 年）中的相关叙述。

[2] 参见《悼君毅》，毛彦文《往事》，第 45、47 页。

同龄人，[1] 而且"生平无疾言厉色，事父母姑嫜能孝，待兄弟姊妹能友，处乡党戚友能和，事夫婿尤能贤敬"。[2] 和无辜殒命的欧阳立颖品行类似的毛彦文"被分手"之时，得到了社会舆论主流的强力支持。熊希龄甚为能干的夫人朱其慧则趁"中华教育改进社"在金陵开会之时（1925 年夏天），干脆替"太老实"的毛彦文主持公道，正式解除了这份名存实亡、只能让毛更加痛苦无法自拔的婚约。与会者多为当时教育界名流，如张伯苓（1876—1951）、陈衡哲（1890—1976）、朱经农等人。[3]

毛彦文自承，因为朱君毅情变事件，"从此我失去对男人的信心，更否决了爱情的存在"，但"青春逝去，年越三十许，不能不找一归宿"。她不是先她十几年就敢于"万红旖旎春如海，自绝轻裾首不回"[4] 的一代词媛吕碧城（1883—1943）。毛彦文渴望"快乐家庭，伉俪偕老，子女各一"的"最低希望"。她最终选择和熊希龄缔结婚姻，最初直感也说不得"幸福"：

熊秉三先生因朱夫人已逝世四年，拟续弦，托人向我议婚。当时反常心理告诉我，长我几乎一倍的长者，将

---

[1] 周立《自由离婚下面的新鬼》，《觉悟》1922 年 8 月 1 日"通信"栏。参阅杨联芬《浪漫的中国》第三章"自由离婚：吊诡的现代性"，第 136 页。

[2] 陈家庆《镫宵恨语》，《申报》1922 年 8 月 31 日，第 18 版。

[3] 具体过程参见毛彦文《往事》中的相关描述。

[4] 《访撄宁道人叩以玄理多与辩难归后却寄》，《吕碧城诗文笺注》，上海古籍出版社，2007 年，第 27 页。

永不变心，也不会考虑年龄，况且熊氏慈祥体贴，托以终
身，不致有中途仳离的危险。

我只认熊氏正人君子，可托终身，至于是否能彼此真
心相爱，犹如少年夫妻的热情，便不得而知了。[1]

"变心""年龄""仳离"云云，毛彦文当真是被与朱君毅
的伤情伤怕了，犹如惊弓之鸟，此时考虑的几乎全是安全问
题。好在花甲之年的熊希龄彼时意图寻找的似乎也不是纯粹的
"爱情"，关于此意，熊、毛婚礼演说致词中他并不回避，所谓
"内助无人，事务多难料理"：

毛女士曾留学美国，学识、经验俱丰富，尤其挚爱儿
童，可协助吾办理香山慈幼院。她与吾内侄女等同学，从
来为一家人，此次经内侄女说合，毛女士以理想、职业相
同乃允婚。[2]

熊希龄不仅是清末与民国在政治、实业、教育皆能独当一
面的科举能人，就其处理与毛彦文这段感情的方式而言，他居
然也像全新的人物——或者我们不妨说，在三纲五常的名目规
制之下，传统文化养成的儒者与君子也并不缺乏现代意义上的

---

[1] 毛彦文《往事》，第 51、69—70 页。
[2] 毛彦文《往事》，第 63 页。

"爱的能力"。

　　阅读年近七旬的熊希龄写给毛彦文的情词之艳丽，是让年轻读者都有些脸红的事。熊希龄忙于求爱之际可是"几乎每天写信或填词"的，其情词之最，例如"取书将欲读，瞬又心他属。辗转似轮驰，思君无断时"，[1] 再如"一双燕子，又海国飞来。结巢新住，商量旧约，准备湖山同去，并入百花深处，且尝遍甜霜蜜露。逍遥蓬岛长春，忘却天涯羁旅"。[2] 据统计熊希龄一生目前传世词作仅有 64 首，写给毛彦文的就有 12 首，且首首情意美浓，其认真介入与毛氏的感情之后温柔缠绵之态可见一斑。最称"香艳"的自然是结婚满月纪念词，若非道破天机，谁能相信它出自一位七旬长者之手：

　　　　缟衣摇曳绿波中，不染些儿泥垢。玉立亭亭飘白羽，同占人间未有。两小无猜，双飞不倦，好是忘年友。粉腮香腮，天然生就佳偶。

　　　　但觉万种柔情，一般纯洁，艳福容消受。轻语娇频沉醉里，甜蜜光阴何骤？纵与长期，年年如此，也若时非久，一生花下，朝朝暮暮相守。[3]

---

[1]《菩萨蛮·怀人柬彦文》（1934 年秋），《熊希龄集》（八），第 664 页。

[2]《双双燕》，"民二六年二月九日，为余与彦文二周年结婚纪念，适在爪哇万隆逆旅中"，《熊希龄集》（八），第 735 页。

[3] 后该词为熊氏题其自作《莲湖俪影图》，"为慈范堂补壁"，《熊希龄集》（八），第 691 页。

难怪毛彦文婚后，尽管或许朱君毅还在其灵魂深处停驻，她自己也认为"障碍没有多久便给他的挚爱拆除了，使我内心感到他是我最亲爱的丈夫，我俩真正成为一体"。但众所周知的是，熊希龄早年即已对道佛诸教产生浓郁兴趣。即使对儿女夫妇之情，早在 1916 年致朱其慧函中他也似乎已经勘破：

> 余自此次经历艰险，万念俱空，现专事奉母甘旨，及研究道佛诸书，将来丹成时，再来度君母子也。余之《水调歌头》词，即寓是意，人生如白驹过隙，年将半百，夫复何求。而近数年来所历之人情世故，尤觉非人类所堪，此五浊世界，无所容其贪恋。劝君亦须皈依佛法，涤除烦恼，免致同溺爱河也。[1]

写于 1918 年的《戊午年香山七夕和赵式如原韵》，同样对此溺情有所反思：

> 废织都缘乐胜流，始知织女误牵牛。神仙应悔余痴爱，一念相缠岁岁酬。

> 夜半私盟岁岁同，岂知一夕亦成空。由来色相皆须幻，谁信天河与海通。[2]

---

[1]《熊希龄集》（五），第 392 页。
[2]《熊希龄集》（六），第 995 页。

1922 年《题哀弦集》他的态度也势必要"一刀斩断情丝去，此是如来大觉时".[1]

如前所言，尽管熊希龄生平不以诗词名，其志亦不在此，但基于心性与修养，传世作品数量也颇可观，生前即辑有《双清集》传世，其作品多"偏带衰飒气味"也是公论。[2] 尤其关乎佛教理念的谈空说无之作可以说频频出现。[3] 如果说，基于香山慈幼院的身后事业考虑，青壮年时期即已对佛道教义的出世精神深有好感甚至不乏体证的熊希龄，年近古稀仍然选择和毛彦文缔姻尚好理解，那么该如何看待他这些绝非虚情假意的情书尤其是情词书写？毕竟，"艳福""清福"频频出现，即使对于传统中国室家之内的品性要求，也是未免有伤绮丽的。

我们不妨理解为，蔼然仁者熊希龄此举别有苦心，苦心乃在如何慰藉情伤深重的年轻妻子。证据即在他的情词本身，我们不妨举例为证。

1935 年 2 月 21 日，熊、毛联姻 12 天后，共回毛氏家乡，熊希龄写下《江郎山》"江山省亲与彦文谈往事"：

> 山横双塔知城近，石劈山峰插地长。婺水依然清可爱，江郎今已易湘郎。*彦文旧稿中有婺水依然、江郎安在两语，故及之。*

---

[1]《熊希龄集》（七），第 597 页。

[2]《朝野新谭》载姜剑魂语，转引自黄去非《熊希龄词浅论》，文载《云梦学刊》2006 年第 2 期，第 115 页。

[3] 详见上节中的具体分析。

痴情直堪称情圣，相见犹嫌恨晚年。同挽鹿车归故里，市人争看说奇缘。彦文旧稿叙及往事，情真语挚，声泪俱下，令人感叹。[1]

如前文所见，朱君毅事件对毛彦文的打击之大近乎无法治愈之痛，生性细腻体贴的熊氏此时处处彰显他对新妻的情爱之密，所谓"江郎今已易湘郎"；也包括他对新妻深于情（即使此情是针对前人之情）的不吝赞美，所谓"痴情直堪称情圣"；以及他自身对于这份情感选择的自信果敢，所谓"市人争看说奇缘"；我们毋宁在在看到了一位立志建立"理想新家庭"的正人君子对新妻的呵护与疗愈——如果我们不去认真追究他的佛道立场，质问他这算不算再次"同溺爱河"了。

至少熊希龄确实并没有简单地沉溺"爱河"。即使这次省亲，因为江山上年遭遇特大旱情，导致百姓民不聊生，他又顺路赈灾了，筹得赈款三万余元、米二万石，并兴修水利公路等施以工赈。此举为江山人民感恩戴德，1935 年 10 月并书之贞瑶即"甲戌救灾纪念碑"，所谓"幸遇吉人仁声久著，大力盘旋登高呼吁"。[2] 而他以高龄新婚对待毛氏家人之"亲切""谦恭"也赢得了时人"交相赞誉"。[3]

---

[1] 《熊希龄集》（八），第 680 页。

[2] 参阅周秋光《熊希龄传》，第 527 页。该碑目前尚在江山城南景星山公园。

[3] 毛彦文《往事》，第 72 页。

　　熊希龄如此高调处理他的暮年新婚，另外一个重要原因是基于他想向世人示范一种"模范新家庭的可能性"——上文已经论及，熊希龄特别看重成功的"家庭"对于情性之教以及社会国家的深刻意义。1935 年 7 月 7 日香山慈幼院第一次回家节，筹备会希望能将熊、毛联姻照片付印"赠与诸生，作为纪念"。熊希龄专门赋诗，其四于此说得很是明确：

　　　　现代家庭少健全，愿希梁孟以身先。有情眷属皆圆满，并祝妻良母又贤。[1]

　　联想到终生反对纳妾的熊希龄一曲绮艳的《鹧鸪天·洞房口占赠彦文》（1935 年 2 月 9 日）[2] 是写给新婚妻子的，而他乃是一位翰林出身的所谓"旧式文人"——我们不妨再回思一下，反而是留洋归来的朱君毅还在考虑"徐图纳妾"，[3] 则此举之新颖动人毋宁更值得赞美。

　　相较于同时旧式文人，熊希龄对女性的尊重态度尤其显得极为特殊，前文已经言及他鲜明提出"家事即职业"这一放在今天也绝不过时的倡议。一位能以如此劳工平等之见尊重女性的儒者，即使放在当下恐怕都是凤毛麟角。1931 年朱其慧夫人去世，熊希龄在祭文当中如此总结了妻子持家的重大意义：

---

[1]《回家节赋赠诸生》，《熊希龄集》（八），第 689—690 页。

[2] 收入《熊希龄集》（八），第 680 页。

[3] 毛彦文《往事》，第 48 页。

> 治家理财，吾不如君，阃内之事，托诸一身。朱、熊两斋，惟君是凭。统两姓之父母、兄弟、姊妹、妇媳三十余人。生者婚、嫁、教，死者棺衾，孤者教养，困者矜怜，自幼稚以至于老壮，无一不为君之亲手所经营。严而不刻，刚而有仁，苦心孤诣，精力为倾。

据祭文中所称，仅朱家三位兄长先后谢世后就遗下"十七孤儿女"，朱其慧扶持他们"十留学于异域，四毕业于高黉，饮食教诲，咸皆有成"；熊家同样是"服劳奉养，父母所依。椿萱并谢，泣血涔涔。两弟及妇，又后凋零，侄儿男女，养教循循"。至于熊希龄要感叹"以一女子而肩此重任，当亦古今中外之所难能"，"我先君死，家尚可撑。君先我死，家乃如萍"。[1] 可见他"家事即职业"这一高明见解的提倡确是发乎真心实意。

虽然亡妻贤惠能干若此，熊希龄在与毛彦文缔姻之后高调"秀恩爱"也并不来得勉强，除了毛氏性格持重沉稳让熊深感自己"教育生涯同偕老，幼幼及人之幼，更不止家庭浓厚。五百婴儿勤护念，众摇篮在在需慈母"[2] 的愿心没有落空，同时，天性重情又"宜家"的毛彦文婚后迅速表现为一位让他非常满意的妻子、爱人。1937 年 1 月 28 日他们同赴爪哇，熊希龄日记中特别提到毛彦文不愧"情圣"之语：

---

[1] 1931 年 9 月《祭朱其慧夫人文》，《熊希龄集》（八），第 423 页。
[2]《贺新郎·定情柬彦文》（1934 年冬），《熊希龄集》（八），第 670 页。

本日仍行大海中，天晴无风，如在长江，身心恬适。而有彦文同游，谈笑议论，更为生平所未有之快乐也。彦文爱余甚至，调护不遗余力，如抚婴儿，余前称为情圣，洵不愧也。[1]

善于炊事的毛彦文也会在富春江舟中"躬自烹饪，其味至美"，让熊希龄享受到"扁舟权作小家庭。炊烟飞不断，纤手自调羹"[2]——比较他一生都在忙于维护建设各种"大家庭"（本族的、学校的、社会的），这一幕毋宁也很令他心旷神怡吧。这才有《醉太平·东海道中与彦文柁楼晚坐》：

飞霞媚晴，流云幻形。一弯新月争明，比眉青黛青。
怜卿爱卿，心营目营。愁卿消瘦耽惊，又风声水声。[3]

更有《菩萨蛮·南昌初别寄彦文》

东风曾鼓鸳鸯翼，双飞双宿江南北。一万五千时，时时形影随。
忽觉须臾别，滋味愁难说。江岸月三更，惊闻双雁声。[4]

---

[1]《赴爪哇途中日记》，《熊希龄集》（八），第734页。
[2]《临江仙》，《熊希龄集》（八），第832页。
[3]《熊希龄集》（八），第834页。
[4]《熊希龄集》（八），第835页。

这些都是熊希龄诗词中绝难一见的柔情蜜意。他是未免
"沉溺"了，所以才会"携手并肩行，衣香人影花荫下，各自
寻情话"。[1] 这点"沉溺"或者也基于其一生劳顿，如今子女
婚嫁粗完、社会责任略可宽减之后，这位来自旧文化的"新人
物"居然有闲情逸致受用起来一些"自由恋爱"的美好感受
吧。1935 年秋天毛彦文生日，他专门为她画了《菊寿图》，又
填词以贺：

> 甜蜜光阴速。正长安，众芳看遍，又开黄菊。暮暮朝
> 朝形共影，忘却半生劳碌，都不管韶华三六。回忆呱呱初
> 堕地，似迟迟留待鸾胶续。两相爱，万般足。
> 感君伴我忘幽独，对西风，卷帘人瘦，好词同读。但
> 觉百花开尽了，只有此花超俗。可与友岁寒松竹。空谷幽
> 居高士宅，是竹篱茅舍非金屋。长相守，享清福。[2]

对于这朵姗姗来迟的艳福幽花，熊希龄真是太满意了，
"玉种因缘，泥拈你我，便是年来谜。几生修到，两情长此相
慰"，[3] 他甚至觉得连东汉的大名士严子陵（前 39—41）都要羡

---

[1]《醉花阴·中秋前三日与彦文夜游兆丰公园》，《熊希龄集》（八），第
    836 页。
[2]《金缕曲·菊寿图寿彦文》，《熊希龄集》（八），第 835 页。
[3]《念奴娇》"丙子二月九日为余与彦文结婚周年，仍移居花旗公寓以纪念
    之"，《熊希龄集》（八），第 704 页。

慕他才是，"浮家泛宅能偕隐，自较先生独钓优"[1]——新婚当年重九前一日他们还一起登山，"登高笑指双栖处，偕隐他年在此峰"，[2] 却不知国难频仍，无常迅速，留给他们的时间与欢乐都已经无多，他们的婚姻因为 1937 年 12 月 25 日熊希龄突然中风病逝只维持了短短不到三年。

[1]《乙亥九月十日偕彦文夫人登严子陵钓台》（1935 年 10 月 7 日），《熊希龄集》（八），第 694 页。

[2]《乙亥重九前一日偕彦文夫人游金华北山访双龙冰壶诸洞》（1935 年 10 月 5 日），《熊希龄集》（八），第 693 页。

> 　　如果说实干家熊希龄是由政治而诗人，晚清一度同为"立宪派"中坚的郑孝胥则是由诗人而政治。可惜，无论"诗人边帅"还是"诗人总理"，郑孝胥留在政治生涯中的身份都相当可疑。而可疑之外，他是否真的"伤心人别有怀抱"？

陆　情性，还是政治：郑孝胥的"深心"

一、前　言

　　十余年前撰写博士论文，其中一节涉及"郑孝胥的深心"，论题制约，无法展开，再申之念一直缭绕心头。原因首先基于郑氏的才华，其诗文书法，尤其壮岁时作，雅洁自律，精工悍劲，很难不让人喜爱。他的暮年"失节"，从亡废帝，"建国"东北，执政枢纽，比汪精卫似乎更令人痛惜，也因此更像一桩"文化事件"，甚至关系到"政治"的内核。作为人的本质的社会性为东西古典之学共同认可，脱离了公共领域即无成德可言，而人伦之大莫过于治国。[1] 亚里士多德在《政治学》中

---

[1]　参阅和辻哲郎《孔子》，东京植村书店，1948年，第93页。

说：个人只有在公众的政治生活中才能实现"至善"这一终极目的。[1]1897 年 1 月 2 日，岁在光绪廿二，郑孝胥（1860—1938）时年三十八岁，他在日记中留下如此一笔："何谓君子？曰，笃于行己，不以毁誉为喜愠是也。何谓贤者？先知先觉，足以淑世善俗是也。"这是明确依循东方圣贤传统追求修己而后安人，即"至于善"。他的一生是否在践履此言？又是如何践履此言？

时光退回十五年前，1882 年 8 月 4 日，年方廿三尚未成为"八闽解元"的青年郑孝胥，在"入梯云里，过贞寿坊，遥见荔枝树下有门"之福建老屋中夜半醒来，听觉隔壁在说唱平话：

> 四更，月明如昼，寒甚而醒，朦胧中闻方说《碧桃花》小说，辨二语曰："人心曲曲湾湾水，世事重重迭迭山。"为之喟然。起坐床上，月影满帐，花枝低亚，横窗如画图。方惆怅久之，又闻一语曰："锣钹一声当七年。"顿觉冷甚。[2]

这个细腻敏感近乎工愁善感的青年显然天生就是诗人之质。正是又十二年后在纸墨相当之时能够"纸佳。与墨相发。故有百金骏马注坡蓦涧如履平地之乐矣"（日记 1895 年 7 月

---

[1] 转引自赵敦华主编：《西方人学观念史》，北京出版社，2005 年，第 35 页。
[2] 文见《郑孝胥日记》（一），劳祖德整理，中华书局，2005 年，第 18 页。

18 日）的书法好手，也是又四十年之后见山庄十月铜钱花盛开叹其"朱白相间，骀荡不似秋花"而名之曰"秋十锦"的温秀书生（日记 1921 年 10 月 11 日）。

又半个世纪之后，在沦陷于日本的辽东，郑孝胥但逢机会就要宣讲"王道"，赠送《孔教新编》《大学衍义》等讲义予人，一度劝说殷汝耕（1883—1947）"于通州设王道研究所，以《王道讲演》及《广义》遗之"，至为国外人士叹其"于王道殆若教士"。[1]1937 年 6 月 1 日设在长春的王道书院正式开讲，据说当日有"满洲人一百三十余人，日本人一百七十余人"到场，郑孝胥在日记中记录了自己的"说略"，具体到包括书院的课程安排，基本可见其"王道思想"大要：

何谓王道？王道者，乃道德与政治合一之学说。自霸术横行，数千年来以来言政治者多悖于道德，言道德者不通于政治，故使列国竞争，人民涂炭。今据孔氏《大学》一书，发明道德与政治一贯之原理，学者深明此理，可以感化世界之和平，挽回霸术之流弊。用何方法可使道德、政治合为一贯？从孔子所言"修己安人"一语下手，故

---

[1] 参见《郑孝胥日记》1933 年 9 月 7 日、1936 年 4 月 17 日，第五册，第 2482、2624 页。其宣讲与寄赠行为散见这一时期日记各处，不赘言。当然"教士"只是一种比喻，郑孝胥秉承了某种自觉的中国传统，以为"神道设教者，只可施之愚夫愚妇，何足以陈于士君子之前哉"（日记 1937 年 6 月 6 日，第五册，第 2673 页）。

此学说名曰"人己之学"。书院大略之课程如何？书院之
课程以《大学》为本经，以《论语》《孟子》《春秋左传》
《礼记》为兼经。第一年为读经之课，以精熟经文、透彻
主义为及格。第二年为论世之深，以穷究得失、判断是非
为及格。书院之宗旨虽曰讲学，尤重实行。窃望学者毕业
以后，抱定宗旨，使言行相符，则人格高尚，必有风行一
世之效力矣。[1]

郑孝胥的王道理论，基本可诠解为"德政"，[2] 具体践行路
径，则是明"人己"之学。教材不脱四书五经范围，而以"大
学一篇为王道具体之学"，[3] 注重经世致用，强调个人宗旨与知
行合一。演讲《王道救世之要义》中郑孝胥则通过"内圣外
王"对"王道"与"人己"的关系给出了明确解释：

> 然则王道安在乎？今以一言蔽之曰：在于人己之间而
> 已。内圣者，王道之属于己者也。外王者，王道之属于人
> 者也。……君子莫大乎与人为善。[4]

---

[1]《郑孝胥日记》，第五册，第 1672 页。

[2] 郑孝胥的这一主张自然不是发明孤陋。政治与道德作为中国文化结构性
的核心问题，基本可作学界定论。但"政治与道德"是一回事，"政治
即道德"是另一回事。此不能不明。

[3]《王道救世之要义》，氏著《王道讲演集》，收入林庆彰主编《民国时期
哲学思想丛书》第一编 106，文听阁图书有限公司，2010 年，第 18 页。

[4]《王道讲演集》，第 6，15 页。

凡此种种，关涉到郑孝胥的立言诚伪与具体施为，暮年"从逆"这一部分最难处理。针对其诗歌、书法乃至王道理论本身，年来已颇有论文涉及，兹不赘述。本文旨在探入诗人、书家郑孝胥的情性维度，尤其放诸儒学传统在清末民初的发展脉络当中，一窥郑孝胥深心寄托，以图准确把握其暮年心态与作为，尤其是"王道"理想的本真意义与"人己"之学何以可能。文字可以撒谎，无论诗歌还是日记，尤其有意出版传世者，尤其郑孝胥这类极擅处理文字的高手。但文字又很难撒谎，端看阅读者能否突入文字相背后，直抉眸子。传世五册郑孝胥日记几乎涵纳了他成年之后的一生，[1] 溥仪撰写《我的前半生》都要援以为据，可见其自有一定的"信史"意义。本文资料来源，即主要依据郑孝胥的日记与诗歌，逐一细读与梳理。

二、情·义·礼·气：道德与嗜欲

2003 年《海藏楼诗集》出版，校点者在"前言"中剖析郑孝胥心理常有鞭辟入里之精见，亦多从情性问题入手。例如文中直称郑氏"以如此物欲情性，欲追蹑陶（渊明）、韦（应物）高风，岂非南辕北辙"，更称海藏楼诗因此"虽有韦（应物）之清淡，但无其醇厚；有柳（宗元）之清峭，但无其峻

---

[1] 现存郑孝胥日记起自 1882 年，止于 1938 年，延续五十六年。虽 1891 年之前十年日记各有缺失，1892 年之后四十六年日记完整无缺。参见劳祖德《郑孝胥日记》整理说明。

洁"。这些都是正中郑氏诗风要害语。然而，若言郑孝胥一生体现在语词或创作中的"大言"只为有意"欺世"，仅仅是在"摆摆姿态，绝非由衷之言"，怕也是委屈了他。[1] 在笔者看来，这种触处无法一致的满地矛盾，毋宁体现的是"行其所知"何以如此艰难，岁月往往教会一个人掩抑、平淡原初秀美勃发的情感，欲望却能够扭曲、污秽初心一点玲珑剔透。经由情性抵达德行，当真山高路远。轻盈的灵魂总是如此容易输给沉重的肉身，"心口不一、言行不一、内外不一"经常会成为人类精神生活的普遍现象，而非郑氏一人之不堪。

郑孝胥生于书香宦门（父为翰林，卒于吏部），适逢世变，长于忧患，论其天资，才气过人。"早年郑孝胥"无论流露在诗歌还是日记，均显得清才绝艳，聪明尖刻，他的文字犹如他的书法，观者会出于眷爱才华而非"研究需要"主动藏纳。关于他的"物欲情性"，在郑氏日记中的确可以找到显豁例证。

1891年9月23日，时任清国驻日使馆书记官的郑孝胥留下如此一段"戏言"："我辈今所冀者惟三等耳：有权在手，上也；有饭可吃，中也；有名可传，下也。无权无饭，名又难传，不亦苦哉！"此时郑孝胥年过而立，距离他高中"八闽解元"已近十年。即使不做高调要求，如上排序，未免还是让人窥见了清末一貌似清高文人的真实心地：在在是根基不牢靠

---

[1] 郑孝胥《海藏楼诗集》"前言"（黄坤、杨晓波），上海古籍出版社，2003年，第10页。本文关于郑氏诗歌征引均出此本。

语。"太上三不朽"之立德、立功、立言，直接转换为"要权、要饭、要名"，甚至"名望"还要屈居权势与物质之下。

两年之后，1893 年 11 月 18 日，时任日本神户大阪总领事的郑孝胥在友朋聚会"各言所乐"时，将这番热衷叙说得更情切了些：

> 使吾于苏州、钱塘、京都各有佳屋，岁挟数千金，翱翔往来，皆置佳庖，来时日日良友必至，张饮。书籍、碑帖、金石、名贤字画充物其间，既文字饮而又侑以红裙。如是者十余年，此求志之至乐也。至五十之后，则不复自惜，以身许国。或于边省乞一节钺以捍外患，或赞襄帝侧，言无不行。八十而至仕，天下系其安危者又三十年，此亦可谓达其道矣。苟不至此，则蔬食饮水与席丰履厚，其趣等耳。

"以身许国"需要在满足世乐之瘾之后，这恐怕也是很难见诸传统圣贤教诲的发心。"蔬食饮水"与"席丰履厚"是否果真能够"等趣"，怕也言不由衷。

又两年之后，1895 年 2 月 12 日，时在张之洞幕，郑孝胥以"戏言"形式再一次赤裸裸表达了他对于物欲的执着：

> 人不可以不富，贤者尤甚，故谋生而不能致富者，皆不得谓之有才。使有伯夷之清而不至于饿死，有伊尹之任

而不至于割烹，不亦美哉。

此处说的是财气与才气双赢，清操与富贵兼顾。自承"家累颇重"的郑氏再两年之后还引证了另外一种相关表达为自己辩护："吾曹岂屑屑求富者，彼养天下士与计天下事者，岂可使有内顾忧哉。"（日记 1897 年 8 月 3 日）即使放诸今日，此言同样甚显奢华，"内顾不暇"经常可以就是钳制精神的手段。

"物欲"渴望如此显赫掌控并跨越了郑孝胥精壮之年的精神世界，原因多多，他身为长子需要养家糊口的压力等都应予以考虑。但究其实际，对于物质生活郑孝胥从来并非"穷居陋巷而不改其乐"之流，这在其日记中有反复的明确表达。当然手头宽裕之后他也经常周济困顿。他的有手段、"会经营"（日记 1918 年 5 月 27 日）在同时名流诗人中显得特别突出，自己更隐隐以并非"穷措大"（《天津入都车中》）、"寒酸诗人"自负（日记 1922 年 8 月 12 日）。

将郑孝胥视为"实一政客"的汪国垣，在《光宣以来诗坛旁记·谈海藏楼》中，曾道及郑氏为官耻居下僚且直接与"经济收入"挂钩："仕官而任微秩，无日不趋承上，在外犹得温饱，居内有贫而不能自存者，吾不欲久于其位矣。"[1] 难怪坊间一直认为，郑孝胥中岁之后经济颇为优渥，乃是其"诗人而为边帅"以四品京堂充广西边防督办时（1903—1905）发了

---

[1] 文见《海藏楼诗集》附录三"各家评论摘要"，第 574 页。

点"外财"。[1] 倘以此欲念对勘其日后主张"王道中国"时被问及儒术治国的大旨，他答以董仲舒之说，主张"正其谊不谋其利，明其道不计其功"（日记 1932 年 5 月 14 日），以及多次强调"（教育之中）以争利为厉戒，以居仁由义为先导"，[2] 确是未免会让人惊心其中的诚恳度，也即情伪问题。倒是身在日本所发"庶富后教"（日记 1934 年 4 月 1 日）的主张可能更符合他的心地。"国家紊乱之日，其财政必先紊乱，国家振兴之日，其财政必先振兴"[3] 的主张并非没有道理与见地，只是这种语言与语言的矛盾，行为与行为的乖张，促使我们必须深入郑氏心曲：他的一生到底有无定见？具体为何？

郑孝胥生平行事在当时有一著名公断：惯会"负气"。《海藏楼诗集》卷一所收第一诗即出现了"一生负气恐全非"（《春归》），可见郑不仅自知"负气"，且于此"负气"颇为"自负"。据上句"三十不官宁有道"推断，则此诗当作于己丑年（1889）。[4] 曾从其学诗的史学家孟森（1869—1938）为海藏楼诗作序，也称郑氏"才分有定，爱好之结习与负气并行，所行皆负气之事，所作亦皆负气之诗"。1937 年（丁丑）身在"旧都"（沦陷的北平），年近古稀的孟森"被迫"（再三"以序言

---

[1]《郑孝胥日记》1904 年 5 月 24 日，曾提及自开银号为外间所詈，第二册，第 942 页。

[2]《第二回教育厅长会议训词》，《王道讲演集》，第 93 页。

[3]《中央银行开张训词》，《王道讲演集》，第 57 页。

[4] 诗见《海藏楼诗集》，第 9 页。

为督"）为身在"新京"的郑氏写下这份序言，无疑沉重而勉强。郑氏算其恩公，又有半师之分，1937年11月78岁高龄的郑孝胥赴京，15日还专程去协和医院看望病中的孟森，并赠款二百元，孟亦于病榻赋诗赠郑，可见交情不俗。但以治理明清史名家的心史先生面对郑之暮年"失节"，亦只能草草结以"负气之事之果为是非，将付难齐之物论"，而将郑之索序于己淡淡归于"念旧之意，何其厚也"。所谓"海藏谓出处之故，情随境变，未可执也"，倒像在暗示某种情性的不笃定。[1]

如果"负气"首先是一种自负，则郑孝胥的"自负"尤其道德自负，太常见诸日记言表，诸如"吾以刚清制命，不为随波逐流之行，虽违时背俗，盖自谓百折不挠者矣"（1894年10月28日），乃至暮年的"自诩知微且见几"（1936年4月4日），所谓王道更惟道德是举："兵力、财力、劳工者皆未必能征服世界，唯道德可以征服世界。"[2]其诗同样豪言壮语甚多，触目可见，如"吾今服孔子，敢死气磊砢"（《海藏楼杂诗》）、"名缰利锁中，何从见人豪"（龙州《杂诗》）之类。只是壁立千仞无欲则刚，"清刚自持"者首先需要对治的就是"心中贼"。而欲望的打扫净尽又谈何容易，往往便会在潜移默化中主导了人"志气"的方向。于红尘受用犹有贪着，有了功名之

---

[1] 孟曾为郑广西布政司任上幕僚，为郑激赏，资保其赴日就读于东京法政大学。参见《郑孝胥日记》，第五册，2693—2694页。孟序见《海藏楼诗集》，第7—8页。

[2] 《新京日满教育联合会开会进言》，《王道讲演集》，第68页。

心与负气之举。

关于郑之貌似枯淡而内则热衷，时人多有类似评价。不过，如果推原他的人生背景，有些热衷也实属情理之中。例如年方壮岁焦虑于"身事潦倒，不知所归，仰视碧天，帝安置我"（日记 1887 年 10 月 1 日）只能算生命常态。"少负致君志"（《闻诏述哀两首》）之类也原本乃是他的传统与他的时代仍在赋予他的主流教育。只是何以"其气过人"竟成为晚节不保的原因呢？所谓"只缘英气平生误，未信寒蛟竟可瘔"（汪国垣《光宣诗坛点将录》）。同为有清遗老，连溥仪都认为深信"圣德日新""天与人归"的 [1] "陈师傅"陈宝琛（弢庵，1848—1935）在"附日"问题上与郑颇有分歧，干脆将"功名"与"英气"之间做一直线勾连："太夷（郑）功名之士，仪、衍之流，一生为英气所误。"据说陈氏早年就有诗谶，谓郑"子诗固云然，英气能为病"。[2] 郑氏自己诗作中也直言"英气殊为害，风情每自嗟"。[3] 此处的"英气"似乎意味着一种不够沉稳的躁动冲突？！他一生恰恰不愿以官吏、文士自居，而是自认为英雄、豪杰之流（日记 1931 年 11 月 6 日）。在郑孝胥这里，"负气"与"矜德"居然轻易就成了一体两面："遇益蹇，

---

[1]《我的前半生》（全本），群众出版社，2007 年，第 87 页。

[2] 文见汪国垣《光宣以来诗坛旁记·谈海藏楼》，转引自《海藏楼诗集》，第 574 页。为朝廷斥退之后曾闭门读书二十五年，深于传统教育的陈宝琛显然比郑孝胥更多承继了情性之教的工夫次第，方有此断。郑孝胥身上的谋士气、策士气，日记中在在可见。

[3]《西河兴夜饮》，《海藏楼诗集》，第 79 页。

气益雄，迹益奇，德益进，吾所恃以无闷者，盖在此矣。”（日记 1895 年 1 月 25 日，甲午岁除）笔者以为，这正是郑孝胥于传统之学未有深造的表现，对于博地凡夫难以避免的“气性夹杂”“落在气边”，[1] 他不仅不重视，甚至经常无意识。在郑孝胥蛰伏上海当“遗民”将近二十年中，难见他对古典学问去下系统的工夫，充实于日记的倒是“国破山河在。赚取浅颦浓笑，奈倾城态”（1920 年 3 月 18 日）的看戏游艺，悠游度日，即使他还不至于“端的彩云易散，眼前除却巫山”（1920 年 5 月 20 日），而那也是彼时沪上遗老的真实生涯之一面。

郑孝胥“急功名而昧于去就”（汪国垣《光宣诗坛点将录》），大半是他“受庇倭人”之后的追认。当年海藏楼独立沪上，甚少人如此想他，否则何有“思深气道，骨力坚强，无一字涉及凡俗”（邵镜人）或“公诗如其人，纯以气胜，前无古人，则豪旷固其本色”（陈曾寿）的交口称誉。但民国年间另一位自负的闽籍诗人与论者（例如甚至认为诗圣杜甫都当屈居其下）林庚白（1896—1941），于文墨有颇为发达的嗅觉，对名高一时的同光诗人均有评骘，认为郑孝胥“诗情感多虚伪，一以矜才使气惊人”（《丽白楼诗话》），[2] 以“情”“气”并举共论，气胜其情。而让人感慨的恰是，一生酷爱柳宗元的郑孝胥之高柳（抑苏）处，亦在“苏（轼）氏才气过于性情，尚不如

---

[1] “气·性”问题是儒门心性之学的要目，“转化气质”可谓儒门工夫的常课，此处不容赘言。读者可参阅之作甚多，兹不赘述。

[2] 转引自《海藏楼诗集》附录三“各家评论摘要”，第 559 页。

柳子性情无处不见也"（日记 1885 年 9 月 8 日）。他倒是极为看重性情真挚的。此处，人之认知与实践再一次分离了，见得到，未必行得到。犹如 1895 年前后分明正纠结于物欲浓烈的郑孝胥，偏偏却会在日记中大谈"修身以制欲"。[1]

虽然于传统之学未能深造，郑孝胥偶尔也以"儒生"自居，后期常对佛老俱表反感，[2] 他晚年一力主张的"王道"愿景里当然被赋予了相当的转化人心、养成人性的成分，[3] 讲解

---

[1] 日记 1895 年 7 月 23 日，《郑孝胥日记》，第一册，第 506 页。

[2] 日记 1934 年 7 月 21 日录入《腐儒》诗，感叹"天心或欲收残劫，王道何妨起一隅"；又见同年 10 月 5 日诗；暮年他甚至会明确拒绝他人赠送的画佛（1936 年 4 月 30 日），朔望茹素也要特别声明"非持斋也"（1937 年 1 月 13 日）。无复昔年地藏寺中施油、下协街上放生之举（1889 年 9 月 25 日、1890 年 3 月 5 日）。《郑孝胥日记》，第五册，第 2535、2549、2625 页；第一册，第 139、163 页。

[3] 根据陶德民先生的研究，当时在辽东，崇拜郑孝胥的日本人倒也不乏其人。郑孝胥死后，日人太田外世雄甚至在其墓侧成立了"太夷精神"劝学社。参见氏著《郑孝胥与水野梅晓的交往及其思想初探》（《关西大学中国文学会纪要》第 26 号，2007 年 3 月），彼时日人乃至西人经由反思日本明治维新以来的"全趋欧化，美恶杂糅"以及日俄战争之后的"战胜而骄，暴富而侈"而对于"王道政治"保有真实研究兴趣的，也自有之，例如郑孝胥日记中提及的小柳司气太、西山政猪、南大将、吴索福（俄）等人（日记 1933 年 9 月 16 日、9 月 17 日，1935 年 2 月 2 日、3 月 2 日，1935 年 6 月 10 日、23 日）。以郑氏在诗文、书法诸方面的修养，被一时异域视为"东方文化代表"也并非没有可能（日记 1934 年 6 月 18 日）。据说当时大阪甚至出现了"崇郑学会"（1937 年 6 月 9 日）。但另一方面，例如 1943 年 4 月之后伪满文教部甚至直接规定"不能信仰儒教"，祭祀天照大神取代了祀孔，正是其侵略本质的露骨反映（中央档案馆等《日本帝国主义侵华档案资料选编》，中华书局，1990 年，第 299 页）。

王道也必须回归内圣传统，[1] 并一度表态"欲编王道修己学分为四章，日教义，教让，日戒傲，戒贪"。[2] 问题的核心仍在如何实地践行。正因于儒学并非深自有得，纵观郑氏一生，关于"情""气""心""性"诸儒学传统概念的细密辩难与辨伪，并未真正出现于他的关注视野。[3] 但情性之教既然是传统儒学的核心关怀，[4] 郑氏一生也还是以不同形式持续表达了自己对此类问题的理解。尤其是"情"，可谓其诸多关怀的核心关怀，在日记中出现频率极高，并涉及情与义、礼、气之间的关系辩证。

1885 年 8 月 21 日，郑氏在日记中正面谈及对"情·义"关系的看法，持二者并重论：

伦类之相恃，二者而已，一曰义，二曰情。义疏而情

[1] 参见日记 1935 年 7 月 29 日，第五册，第 2593 页。《王道讲义》第一篇就是"内圣之学"（福文盛印书局，1935 年）。《王道救世之要义》中郑孝胥明确指出"王道之学，谓之内圣外王之学"，同时申明"果行王道，必先荡涤爱国之思想，而以博爱为主；必先革除军国之教育，而以礼义为先"，《王道讲演集》，第 5 页。

[2] 《王道救世之要义》，《王道讲演集》，第 19 页。

[3] 《郑孝胥日记》1932 年 10 月 9 日借日人之口，提出了"日本学者所研究者皆外王而非内圣，故未能踏实"，但显然郑于此并不敏感，更不在行。第五册，第 2415 页。

[4] 这一命题为儒门公认，原本毋庸多解，但这一命题可能也是新文化运动以来伴随"情欲解放"思潮（甚至还要将其上推至于晚明）被遗忘最深久的命题。笔者曾撰"情性之教如何可能"的学术专栏讨论之（《高教发展与评估》，2017 年全年）。读者可参阅杨儒宾《从〈五经〉到〈新五经〉》，台大出版中心，2013 年。

密，义长而情短，圣人使之相互恃，而后人类各安，而相
弃相背之风可鲜矣。

甚至民元鼎革他的恪守"君国"，理由都是归之于情义。[1]
至于 1930 年 9 月 24 日他为溥仪答问"齐家之道"，依然以
"情义"出之，依然持二者相辅相成论："用情则勿失义，行
义则勿害情。礼不可弛，纲不可坠。庶几近之。"[2]1933 年
8 月 12 日，他又在日记中记载了是日对来访者曾恪士的一番
言论：

> 人类之智愚强弱与贫富贵贱，迭为得失，以成世事。
> 治乱盛衰，率由于此。圣人有作，养其民德以治天下，足
> 矣。彼欲改造人类使同牛马，或趋使斗争以求统一，皆异
> 端也。治世者必保人情而后仁义有所依附，道德托命于嗜
> 欲，苟悖于人情，则仁义亦无效矣。[3]

是年郑氏七十四岁，行将拱木，上述言论可视为其一生
在"情·义"问题于公私领域的基本立场大体没有改变。这里
新出现的一组德目是道德与嗜欲，此刻他对欲望是明确加以肯

---

[1] "世界者，有情之质；人类者，有义之物。吾于君国，不能公然为无情
无义之举"，《郑孝胥日记》1911 年 11 月 14 日，第四册，第 1356 页。
[2] 《郑孝胥日记》，第四册，第 2297 页。
[3] 《郑孝胥日记》，第五册，第 2475—2476 页。

定的，甚至以为正是道德之托命，犹如他认为人情是仁义之依附。就此而言，前文所见郑氏"物欲"之重于是并不奇怪，而是有着明确的理论自觉。况兼明清以降"重情重欲"的儒学进路本也是显要流派，[1] 郑孝胥依其情性，只是随大流罢了。郑孝胥甚至也直接考虑过"情·气"关系，却未能深造自得，至于将"情·气"问题简单理解为俗情与意气：

> 无定识，无定力，则为俗情所移，唯凭意气用事，终非第一流人物。《易》曰："贞固足以干事。"言不为俗情所移，意气所用也。[2]

显然他对自己的"定识"与"定力"同样是自负的，于"俗情""意气"相当藐视。"乘兴而来，兴尽而止"一类文人佳话，他恰恰以为"颇妨于修己之事"（日记 1931 年 9 月 5 日）。为逊清帝师之际，也要求溥仪做事能够"自反克勤，不可为血气所使"（日记 1931 年 8 月 26 日）。此处的血气可视为俗情、意气的同义词。《王道救世之要义》中解"修己以敬"，同样从气中见："所谓惰慢邪僻之不放于四体。"[3]

郑孝胥于这类概念辨识不能深切，与他一生轻蔑宋明理

---

[1] 有关于此，最显豁的现象该说是戴震学说的接受、诠释，包括误读。参阅杨儒宾《异议的意义：近世东亚的反理学思潮》。

[2] 《郑孝胥日记》1931 年 9 月 1 日，第四册，第 2339 页。

[3] 收入《王道讲演集》，第 8 页。

学的立场有关，此下文另解。正因为传统心性之学为其素所
忽略，"情·性"这对核心概念一直未见其有深度探讨。所谓
"礼义名教皆生于人情"（日记 1893 年 4 月 1 日），此"情"非
凡情、俗情而能尽。与此类似，"情·礼"关系也是郑氏有所
关注的一对德目，他认为对此最透彻的解释只能是"敬慎重正
而后亲之"："敬者，爱之至也；礼之于人犹衣之于体也，衣所
以隐形，礼所以隐情。"[1] 可见对郑而言，"情"与"（物）欲"
是他理解人性与社会的基础概念。1895 年 7 月 23 日，他在
日记中否认了他认定的宋儒的"性善情恶"论，以"欲"为移
情失性之罪魁，以"心"与"身"两分而定"性"与"欲"两
分。这些泛泛之论恐怕都未免有落皮相。"情性"之辨却要涉
及"王道政治"的另一对核心议题：礼与理。

经由"克己复礼"从而"天下归仁"，[2] 是王道政治的基本
理路。礼是人性修养的重要途径，此所以有"以礼节性""以
礼复性"。而礼中势必包含理，且对个体而言必须抵达心性的
层面才算完成。容易"流入空渺"固然是性理之学常见的授
人话柄，但人心气质不经转化，"典章制度"难免同样徒托空
言，人之"情性"更是难以凭靠。尤其在清末民初这一"典章
制度"已无可凭靠的阶段，挽回人心更成时代要务。不仅"礼"
要"隐"情，更必须有"理"来养情、制情、节情，"治经而不

---

[1]《郑孝胥日记》1931 年 1 月 21 日，第四册，第 2312 页。
[2]《王道救世之要义》，《王道讲演集》，第 8 页。

治心，犹将百万之兵而自乱之"，[1] 或者这正是郑氏"昧于去就"
的根本原因？他一生言论都对理学尽其轻薄。传统之"理"如
果不是其思想的空白地带，至少也是薄弱环节。这在伪满洲
国建国宣言中僭用"礼教"的作为中，最可见得透彻。[2]

　　"情义"伦理或"人己"之学，需要真切见诸切实行事，
不能单纯见诸文字理论，故本文不打算再针对郑孝胥这方面的
言论过多纠缠，而是注重剖析其行为处世。清人阮元《论语论
仁论》中曾言：

　　　　春秋时孔门所谓仁者，自此一人与彼一人相人偶，而尽其
　　敬礼忠恕等事之谓也。相人偶者，谓人之偶之也。凡仁必于
　　身所行验之而始见，亦必有二人而仁乃见。若一人闭户斋居，
　　瞑目静坐，虽有德理在心，终不得指为圣门所谓之仁矣。[3]

---

[1] 黄式三《畏轩记》，收入氏著《黄式三全集》（五），上海古籍出版社，
　　2014 年。郑孝胥海藏沪上之时经常参与读经活动，散见其日记各处。
[2] 笔者断言郑孝胥于"转化气质"的心性传统未有深造自得，若立论再
　　大胆些，就"体质诗学"言之，生于暮春夏初（闰三月十二）的郑孝
　　胥每每在日记中言及自己"肝燥""肺燥"、素有咳血宿疾、"舌痛久不
　　愈，为心火灼木故"，且郑的"肝热""肝脉稍张"的症候要一直持续到
　　晚年——此亦其长于议论而拙于成事之原因欤？参见日记 1932 年 3 月
　　23 日、1937 年 4 月 29 等。这种思路绝非笔者生造。早在毕达哥拉斯，
　　就已经以为"知觉和理解活动完全是由于物质上的原因，完全依赖于身
　　体的状况"，参阅 Guthrie, *A History of Greek Philosphy*，转引自
　　《西方人学史》，第 37 页。
[3] 阮元《擘经室一集》，卷 8，第 1 页，转引自杨儒宾《异议的意义：近
　　世东亚的反理学思潮》，第 349 页。

"相人偶"语出《中庸》"仁者，人也"郑玄注，意为"必与人相偶而仁乃见"。虽然阮元以此释仁意在消解理学传统下的"仁"的心性意与形上意，[1] 但其所强调的"仁"自伦理格局中见的层面，并非没有意义。暮年主张"王道"的郑孝胥一度直接将"王道政治"释读为"人己之学"（见前1937年6月1日书院讲则），所谓"仁之字为二人，即所谓人己也，千万人犹二人而已"（日记1932年10月9日）。笔者以为，两性关系尤其是伦理关系中特殊而又敏感的一维，尤其能够见出儒者的真实质地。[2] 故本文接下来将尝试探查郑孝胥齐家与处情的具体作为，这并非趋向低下的小道之为，而是甚有可观。

三、夜起庵中：伦理与痴溺

众所周知，郑孝胥大半生以"中宵即起，坐以待旦"的"工夫"自负，并有号称"夜起庵"。[3] 清末同光体的祭酒陈衍（1856—1937）在《石语》中保留了一则花边八卦，内容与此相关。陈先道郑氏"堂堂一表，而其妻乃淮军将领之女，秃发跛足，侏身麻面，性又悍妒无匹"，据说"苏戡纳妾，余求一

---

[1] 参阅杨儒宾《异议的意义：近世东亚的反理学思潮》"玖：丁若镛与阮元——相偶性伦理学"。

[2] 参阅赵园《家人父子：由人伦探访明清之际士大夫的生活世界》，北京大学出版社，2015年。

[3] 可证明此事的重要与知名的，是《王道讲演集》中所收郑氏小传，都特别提到"夜起"之典故。

见，其妻自屏风后大吼曰：'我家无此混账东西！'"陈并笑郑
于此的反应是"杖落地而心茫然"，下揭便调侃郑孝胥"夜起
庵"之名号并挖掘其道德缺失：

> 清季国事日非，苏戡中宵即起，托词锻炼筋骨，备
> 万一起用上阵，实就其妾宿也。为妻所破，诟谇之声，闻
> 于户外。苏戡大言欺世，家之不齐，安能救国乎！

"大言欺世"的问题下文再议。郑孝胥"夜起"是否只为
"就其妾宿"，怕多少也是冤案。至少其原配吴夫人去世后，郑
氏携妾居于关外，"中宵即起"之习并未改易。汪国垣《光宣
以来诗坛旁记·谈海藏楼》中所载轶事，当更合事实，且约略
分析了郑氏心曲一端：

> 吾尝见孝胥为其侄孙彦纶书簏一诗云："山入旗鼓开，
> 舟自南塘下。海日生未生，有人起长夜。"此为其早年居
> 福州南台山之作，凌迈无前，寄意深远。细细味之，颇有
> 刘越石闻鸡起舞之意，而其人之不甘寂寞，低首扶桑，真
> 可以窥其隐微矣。

1933 年 6 月 26 日郑孝胥身在关外，此日专门录入日记的
《练魄制魂说》，算是本人对"中宵夜起"的一次正面回应，同
时说的也是"情性之教"如何践行的问题：

人生始化曰魄。既生魄，阳生魂。不能练魄则多欲，不能制魂则多思。多欲多思则流荡忘返，良知本性皆汩没于多欲多思之中，永无见道之日矣。昔陶侃朝夕运甓，此练魄之术也。达摩面壁十年，此制魂之术也。故学道之士必先练魄，次以制魂。吾自辛亥至今二十二年，半夜即起，坐以待旦，乃得练魄制魂之说。《孟子》所谓养心寡欲，《周易》所谓无思无为，皆不外此。[1]

郑孝胥不能入儒门心性之学，或者也不屑入，他理解"良知本性"的角度带着时代与个性的清晰痕迹，"魂魄"说虽不是郑孝胥的生造，却少见于传统理学。[2] 这或者也是他生平"好为奇计"的学术表现。前文汪国垣道郑孝胥"不甘寂寞"、不肯"低首扶桑"是有确证的，这包括郑氏 1932 年前后在日记中流露对日人强烈的不满，也包括日人在其就职总理大臣不足一年就逼迫其去职。此事下文再表。本节关注的乃是"夜起庵"事件中透出的郑孝胥的伦理情伪。

"堂堂一表"的郑孝胥属于他的时代，他起身清贵名门，蝉联早岁科第，也有名公子出入歌楼楚馆的经历，但他的洁身

---

[1] 《郑孝胥日记》，第五册，第 2468 页。

[2] 另外，郑氏持续一生的夜卧早起，除了情志因素，应该也基于郑氏养生学的认知。《郑孝胥日记》1931 年 6 月 25 日，他特别记载了《大公报·勿多睡为长寿秘诀》，说自己"素持此论"，第四册，第 2330—2331 页。

自傲在在可见。几多"留宿"的沪上乃至日本欢场女子为他拒绝，并非出于虚伪，而是自视甚高、不肯轻易"沦陷"。况兼他对"美色"还真有独到认识，所谓"果有绝美，当尊严若神，但妖冶固不足言耳"（日记 1891 年 8 月 23 日），用于青楼，则是"冷静无尘气""无狭邪态"（日记 1887 年 7 月 30 日、8 月 2 日）。寻常脂粉世界在他看来"此真罗刹境界也"（1891 年 7 月 7 日）。问题在于，郑孝胥讨论这类问题隐含的态度，相当自恋与自炫。

郑孝胥从来不是随随便便的人，真正构成一段包含情感温度的"艳遇"是与名伶金月梅的一场悲欢离合，也是唯一能从其日记中完整勾勒出故事情节的一幕，最可见得郑在"相人偶"问题上的立场与守持。钱仲联先生（1908—2003）《梦苕庵诗》中也记载了这段轶闻，颇多浪漫之想，故事首尾被描绘为：

> 月梅乞委身焉。海藏以在仕途，不愿纳优伶为妾，致干清议，且又无力作金屋之藏，乃坚辞之。月梅则斥绮罗，服荆布，矢与海藏同甘苦。乃赁庞同栖焉。月梅虽力事撙节，然夙昔习于奢靡，海藏不能给，月梅终不言去。既而海藏终与之绝。其绝之也，实爱之深也。

厚道的钱先生真正高估了无论郑还是金之"用情"的深浅与真伪。倒是"习于奢靡，海藏不能给"是实情话。爬梳郑氏日记，其中波折自明。

1901 年 3 月 14 日，四十二岁的郑孝胥日记中第一次出现了"女伶金月梅"，第一印象就是"甚佳"。四天之后试图"叫局"而金不至。

之后金再次出现于郑氏日记，时间已经过了一年有余（1902 年 4 月 26 日），可证郑确非为色轻狂之人。此刻他常去"群仙"听她唱戏，印象总是"甚佳""极妙""动人"，乃至叹为"绝技"。他第一次去金家是在本年 5 月 11 日，"敏锐非常，巧于言笑"的金氏很吸引他。这之后，他为她题写扇面、匾额（"双清馆"，金氏自号），向她索要照片，并向她馈赠金钱。而据他说，她对他也是"意颇殷勤"。

本年 5 月 21 日他独访金宅，月梅不在，金母留他长话，此日的日记被他剪去五行百余字，于是我们并不清楚这段夜话的具体内容。值得注意的是郑氏日记中被他剪去的两处都与金月梅有关。此当为他们仳离之后有意为之，岂不正证明了其"重要"？ 5 月 25 日之后，金氏"顾左右而言他"，畅谈他客对自己的眷顾之情，无疑正是向郑氏暗示自己"情有独钟"。5 月 27 日郑离开上海赴武汉，金氏并有"离别可怜"之状。二人已不耐狭邪"人众"而不能独尽情欢。果然这一路上郑氏几乎天天有信寄给金氏。6 月 19 日购买香篆而镌刻"双清"字样，并于三日后托人带给金氏，当是有所寄托为之。

他们再会是当年 11 月 14 日，"握手极欢，登楼看雨"，当晚金氏粉墨登场演出《富春楼》，在郑氏看来正是"妖冶绝

伦"，卸妆后二人又同归双清馆共尽枣粥，郑氏在日记中以为
"是日之乐殆为百年所不能忘者矣"。对于这个一贯矜持刻薄不
大流露热络之人，这一表态已经近乎得意忘形了。16 日他一天
两过双清馆，楼中听雨、促膝谈心，只是"余语月梅，今日一
谈，可销半年之别恨"这一句，使得他冷静甚至薄情的一面又
跃然纸上。难怪第二日即出现两人对语至暮，郑"屡起欲去"
而金"屡止之"的场景。一月之后，12 月 18 日，他第一次记
下"假榻于双清馆楼上"，且一"假"就是七天。

　　癸卯年正月十九（1903 年 2 月 16 日），即将卸任汉口、
旋归海上、继而出任"边帅"（广西边防督办）的郑孝胥行年
四十四岁，他在日记中追忆了庚子以来南北风气之变，沪上
"酣歌恒舞，逾于平时"，但这些只是装点门面语，压抑不住的
兴奋只在凸显金氏，"月梅以花旦独出冠时，压倒诸伶，其精
彩夺人如彩虹竞天，观者莫不神眩"。如下这段是又被郑氏后
来剪去四行七十余字的余留：

　　　　双清之初出，倾倒一时，所居甚隘，然车马之迹常
　　咽于户外。有干某者，日日从之于剧场中，辄投金钱以媚
　　之，已乃款门自通殷勤，清对之凛然若不可犯，周氏子复
　　侮之，干遂赧颜而退。周挥霍年余，亦不能得其意，颇自
　　愧恨。

　　这段余留实在不够漂亮，我们借此完全可以推论在与金

氏仳离之后他剪去了什么内容。自命不凡、欢场得意的男子此刻以为独得芳心，再次得意忘形了。日记中这位失意的"周氏子"周立之曾经为此呈诗金氏"羡君能自营三窟，愧我终当逊一筹"，并酸溜溜地以为"可使苏戡（即郑）共参之"。郑氏此时的反应正是得意者的胜券在握、居高临下，以为此语为"小儿戏我"。只是郑、金这段欢场遇合最后的结局，却颇让人以为周氏子不幸言中。

郑孝胥此时尚为官身，他接下来应朝命要以江苏候补道身份入川办理商、矿务。他是试图邀金同往的。金却拒绝了。她此刻决定暂抛旧业，离沪北上，说是"埋头年余，以待君之迓我"。为此怅然良久的郑孝胥太息而起，给了金承诺："子乃如是，吾不负汝。"

赴香港船上，郑孝胥收到妻与妾的双双来信，妻子中照情词悱恻，引证苏东坡词"与君各记少年时，须信人生如寄"——郑居然从中只读出了"语有隽味"；此时被称作凤雏（郑孝胥曾赠其小印，名此）的金月梅三纸书信则皆"湿渍泪痕"，声明"君不欺我，我万不能欺君，惟凭此心而已"——郑从中感受的居然是"惊叹其天资之高绝也"？你能不怀疑此人"用情"的深度与纯度？他活像在旁观他人的情感戏码。

此去经年。郑孝胥有家庭情亲，有功名利禄，有诗才书艺，甚至你可以说他有家国大志。他转入广西任上，颇为忙碌任事。即使"丁宁千万，何日如人愿？苦惜年华，意密翻成怨"（《点绛唇》寄双清，日记 1903 年 8 月 8 日），他也难免怀疑并淡化这段遇合，所谓“彼姝有高风，求田复问舍。弃我忽如遗，泪痕烂香帕”（日记 1903 年 11 月 25 日）。但他们的书来信往并未中断，大概信中还在彼此相许，上演苦情，互寄相片。郑也并未断念相迎，只是他不能去，她不肯来，“人生易老、自求多福”的达观背后毋宁就是情缘的有限与凉薄。毕竟身在龙州的郑孝胥有妻女相伴，家庭之乐融融。一介女伶对于他的生命，无论如何都只能是一分，何况他还有惯有的冷静与把持。

曾经与郑孝胥对床夜语“说杜十娘故事”的金月梅夜似乎早早出现了背弃。谁晓得是否是因为看透了郑氏本性呢？她在郑离沪不久即赴烟台，被江湖传说为醋坛母虎的中照夫人似乎试图阻止她离开，致意丈夫“以速回为劝”。金“虽愿来龙，事多阻梗”“家务难离，决不能来”的真正原因到底为何？郑似乎倒真有决心派人迎接。但她似乎很怕他去接，一度还自称将返太原，让人怀疑要玩“失联”（1904 年 7 月 10 日、17日）。好笑的是郑孝胥一度的“情敌”周立之偶尔还会来信，告郑金氏如何在烟台经营别墅（日记 1903 年 12 月 11 日），甚至力劝郑辞官之后要亲往烟台迎接自称矢志不嫁的金月梅。同样值得发为一哂的是，《海藏楼诗集》中居然收入两首赠周之作，“二十年来周立之，休提往事只论诗”（《赠周立之》）中的“往事”只能是此事，他们与金月梅共同的缘分。另一首《周立之目送归鸿图》表情稍微真切些，“当时吐气似长虹，情感中年入苦空”，还是围绕此事若明若暗打转。以郑之心思缜密细致，读者不要以为此举为日后无意为之，这同样是郑在"自标身段"。此情场先后之难兄难弟，也算妙对。

1906 年 2 月 5 日，辞官一年并将诸事安妥、还乡展墓之后，离别整整三年甚至不通音信已经一年半，郑孝胥还是亲登海轮前往烟台探望"凤雏"。对方在否、嫁否，此时他均不知，于是此举同样显得很有郑氏风骨，颇为"负气"。这一时期的日记中甚至保留了他不愿收入诗集的一点轻艳。这段感情难得地让他梦绕魂牵了。所谓"边关病卧忽三秋，轻别真成悔下楼。金锁绿沈零落尽，归来空剩一生愁"，所谓"三年旧恨欲成尘，又见人间别后春。枉向边城乞残骨，不知谁是梦中人"。那天晚上在轮渡他辗转夜起，同样有诗："人定舟弥速，梦回天自宽。明朝应有见，冥想更无端。"这一贯追求冷静节制的人，此刻的心思都在围绕那个人儿回环。

2 月 6 日船抵烟台，郑孝胥顺利找到"凤雏"，"悲喜相持、絮语终夕"。他轻而易举就听说金在烟台数年已与他人有染。金当然亦要力辩其无。但也许这毕竟就是那时烟花常态，郑丝毫没有显露芥蒂，而是以"海藏楼文案幕友"的身份收纳了金氏（本质当然是"相逢复有扁舟约"），且自矜此番来胶为"诸葛孔明之收姜维"，战攻胜取皆为神速。他总是喜欢炫耀自己的精明能干，即便是在情场。

金氏此次返回沪上是本年 4 月 12 日，郑孝胥四十七岁生日后不久。他在春晖里为金氏租屋另住。而当年 9 月 30 日，居然出现郑孝胥欲为金氏与南京庄某撮合媒定之事。金虽"泣

辞不愿”，这段关系还是显出某种尴尬。丙午岁暮（1907 年 2
月 12 日），郑孝胥总结自己“一生最奇之境莫如今年。吾之待
己与待世者，皆开从古未有之新意”，这便是他的“人己”之
学，洋溢出压抑不住的得意，自认“为特立独行乎？为随波逐
流乎？曰皆有之”——他处理这段故情的方式，大概也要包括
其中。

　　郑之“金屋藏娇”是桩闻名遐迩的事实。沪上词人故老
如朱古微（1857—1931）都要闻名求见。然仅仅又过了一年，
1907 年 4 月 20 日，已于 3 月 25 日再赴烟台的凤雏来函主动
绝离，道是“依君一年，自惭无功坐食，而婢母犹啧有烦言，
婢自无颜立于君家”，又言“今愿自苦，复理旧业。请勿相迎，
婢不来矣。寄去茧绸两端，乞存之以表微意”。郑氏得书之后，
“肌跳头眩，几不能坐”——这个一贯冷静节制之人，显然难
得地被深深刺痛了。这也是他日记中罕见的严重用语，甚至多
年之后面临暮年丧子之痛，他都在努力“以道力自持”。此处
如此出格的表达，基于他的自负、自信、自恋而突然遭遇了抛
弃，太令他意外。

　　郑孝胥是试图挽回这一化离的，4 月 21 日他一书凤雏，
“汝病疯耶，乃为此语。我诚有负情义，使汝有去志耶？明有
天地，暗有鬼神，岂可欺也”；4 月 22 日再书凤雏，“一年之
爱，岂不加于曩日？金之依郑，天下所知，复理旧业，实损吾
名。想汝虽有此言，旋自悔之。茧绸姑存，须汝自来，手自裁
制以衣吾体耳”；4 月 24 日三书凤雏，“二月十二日春晖里楼中

叙别之情，今为三月十二日，宿热犹在肌耳，岂可视我如路人哉！必践前约，或母子偕来，或汝身独来，商量日后之计，决无所难也"。

此时绝情的是金月梅。日后情绝的是郑孝胥。也许这是"男女有别"。但你能不说郑氏如上三函更多是在顾忌自己"面子"受损？本年5月14日，不顾郑氏一路苦情热劝，金月梅在天津天仙戏园重新挂牌演戏，算是正式与郑分手。郑于此并未下一语点评。但丁未岁末（1908年2月1日）他却无复上年振发之情，道是"老态已成，殊无生趣。厌世之情益坚，弃官其余事耳"。他不曾明言原因。读者宁看不出原来"情场失意"对于时年四十九岁的郑孝胥也是很有杀伤力的？即使到了1911年7月7日，他也拒绝友人之邀再观金戏，之后"何故妄用吾情，何故妄用吾信，又何故已觉而不能自遣"（8日）的反责当非无所指之言，而是追问自己内心的动荡何以如此难以平复，可见此事对他的影响非同凡响。一直到1912年12月31日，乃至1915年6月2日，他仍会在日记中记下"金月梅复至上海，今日在登春台出台""（金）复至凤舞台"之类消息，可以断定，他绝不会再去看这类演出。此种平淡处，正是曾不平淡处。

情到深处实是一类乎宗教体验的"自失"。郑孝胥天赋情性的把持与节制使得他或许不算薄情寡义之辈，其情却难以共感动人——谁知这是否金月梅最终选择离他而去的理由之一呢？当然经济一定是重要原因。过于"成熟"的感情无论如何看待都更像一桩"政治"。1910 年 5 月郑孝胥因事过天津，分手三年之后，郑氏日记中记载了他人传来的双清（金氏）语录，其一是"郑君待我诚厚，其人家庭甚笃，吾不忍使有间言，乃忍而去之耳"，其二是"沦落贱业，无言见郑，夫复何言"——只是此举仍然让人觉得郑孝胥在为维系自己颜面寻找理由。他何尝真的关心那个风尘中人？ 1910 年 5 月 26 日，面对另一与金相熟之风尘女子金宝，他吐露了自己仍在的"痴"与"溺"，但你仍会觉得他沉湎的只是他曾经付出的这份情感本身。世人尤其文人欢喜艳传"知君不是章台柳，好向春风惜舞腰"[1] 之类给足自家面子的遐想。郑孝胥无人注意的一组《津沽杂感》，推论时间，正当他此时路过津门所作，他的一脸悻悻还是溢于言表：

莫信人间有后期，狂花风里难自持。袖中书字何曾灭，恰到三年意尽时。

年来得酒思拼醉，不饮何能似昔年。醉得几年情又变，从他更道不如前。

心许谁能意遽寒，盛衰开落太无端。花前连日东风恶，却避残红不忍看。

---

[1] 传为郑为金题扇诗之七，转引自《海藏楼诗集》"前言"，第 13 页。

无论"等闲离合不足云，所恨多情人易老"（《七夕》），还是"心知成永诀，未免恋一霎"（《伤逝》），郑孝胥情感状态的节制理性总难免有几分孤冷。某种程度上他符合被朋友谓为"戒定人"的评价（日记 1891 年 10 月 19 日）。郑、金仳离二十四年之后，1930 年 11 月 22 日，七十一岁的郑孝胥"检双清遗影及书札，共十八件"。他不是滥情之辈，也坐实了这段情遇对他确实很难磨灭。

郑孝胥之于金月梅能如此痴溺，非情色能尽，一如他对于"人情易溺，色之蛊人与毒之蛊人，且乘其情而入"（日记 1894 年 6 月 7 日）早有警惕；一如他 1911 年 7 月 8 日再造昔年亲接"凤雏"的烟台，对于"根器浅薄，则心志不坚"的隐痛还是如此尖利。他真是倾心金氏的才艺。他和天资出众的伶人关系一向深厚，例如后期的王灵珠（梅笙）与周信芳。他欣赏王梅笙更在对方"为人热肠仗义，过于缙绅远矣"（日记 1922 年 7 月 24 日）。伶人如王、周对郑也是十分亲近敬重。他们之间的关系近乎惺惺相惜的知音之爱，郑孝胥毕竟是真才子，即使在戏院之中，他所感领的也是"戏情雅逸，颇有诗意，孰能编此"。[1]

对于一时艳名诗名均甚籍的同龄人易顺鼎（1858—1920），郑孝胥是看不上的，认为他"殊乏雅正处""浮滑无味"（日记 1894 年 11 月 16 日、1895 年 7 月 8 日）。但过于"雅正""爱

---

[1]《郑孝胥日记》1931 年 1 月 18 日，第四册，第 2311 页。

好"的郑孝胥何以却成了真诗人例如林庚白眼中的虚情假意之徒？节制当然是某种类型的自爱。惜乎过于"自爱"者一不留神，却演绎成了"自私"。"人己感应之机，似微而至显，似缓而至捷"，[1] 欺人未见得就容易。一观 1912 年 9 月 4 日五十三岁的郑孝胥独往天津携回那似乎不被容于室的侍妾婉秋，《偶占》一诗居然高调到"犹有婵娟怜晚节，万重云海伴归来"，这就矫情过头了。这种诗当然不能当真。而这种诗恐怕在在多见于海藏楼诗。处理他太过漂亮精致的文字材料，真要万分小心才能不上其当。

至少在日记当中，郑孝胥对原配夫人从无一句怨怼，相反倒是频频显示两情缱绻。新婚不久即明确表示了对妻子的满意："余性孤冷，与人落落，在江南尤无深交，所深谈者独闺中一人。余尝称'佩也真吾友'，余于闺中，兼有朋友之乐焉。"（日记 1882 年 6 月 9 日）十二年之后（1894 年 3 月 25 日）在日本，夫妻之间偶然发生了如下对话：

> 风起，午后，雨作。中照坐楼畔，叹曰："此间无可恋者，独园林山海之胜为堪忆耳。"余笑曰："何害！吾胸中自有佳处，洞天福地，胜此百倍。视局促于此，岂可堪乎！"乃欣然俱笑也。

---

[1]《王道救世之要义》，《王道讲演集》，第 8 页。

　　这一幕，堪称"闺中兼有朋友之乐"吧？再十八年之后，1912 年 6 月 27 日上海，老夫老妻逢夜月极明犹要共倚楼阑，"因忆盟鸥榭、濠堂胜处，往事与月俱坠，惘然而已"，无论如何都比他翻滚欢场来得静定亲切。

　　何况他与外家的亲厚并非只有夫妻之爱："吾寄居吴氏十余年，太夫人爱而礼之，异于恒婿，知己之感，非独光禄公而已。"（日记 1892 年 1 月 8 日）郑孝胥岳父为光禄卿督办福建船政大臣吴赞成（1823—1884）。严肃婚姻从来乃是一桩社会事件，绝非单纯男女之情悦能尽。

　　吴夫人去世之后，郑孝胥不仅接连十几天赋诗悼亡，并曾一一回忆二人生平"四十九年来同居之宅"，[1] 1930 年 4 月 12 日返沪，过亲人墓葬之地薤露园，更是"墓头徙倚久之"。他自有他多情的方式。至于江湖流传其妻不能容妾，就郑氏妾常需在外租屋而居（月梅之后婉秋同样如此，参见日记 1912 年 9 月 28 日）窥探，怕是不假。但以人情衡之，两性情伪，"妒妻"正是常情。1935 年 3 月 20 日行将入土的郑孝胥承认"齐家始于不妒忌，其事甚难"，或者也算一生于此有所心得的表示了，或许因此《王道讲演集》中他特别要讲"齐家"之道。

　　郑孝胥诗"最工于哀挽"，不仅为闽籍诗友陈衍认可，此可征之具体作品。"工于"缘于其用情尚真，他尤其善于在不

---

[1] 诸诗包括《闰二月十日中照以微疾卒于沪寝携景垂自青岛航海十八日到沪》等十三首，见《海藏楼诗集》，第 355—360 页。

动声色中大量运用细节刻画情感。正如陈衍所谓"长处在层层逼近，不肯平直说去"。[1] 天伦于他笔下，似乎总比"情色"来的真切沉重——此或正是郑氏一点难得。难怪他暮岁要如此钟情"孔教""王道"，这些均是基于伦理的开显。

那个时代，丧亡总是常情，曾经充满家族温馨的"梯云里"竟而"回首梯云云断处，连宵归梦堕苍茫"（《汉阳视嫂侄等》）。1901 年福建迭遭大疫，9 月 2 日郑孝胥得知萱妹"临产又卒"，直言"天果欲杀我而先磔其手足也"，"夜，坐盟鸥榭，向江一哭"，寥寥数语，沉痛至骨。之前他两兄一侄已相继病逝，郑孝胥写下著名的《述哀》组诗："我欲叱阎罗，鬼籍除其名。不然当把臂，地下先从灵。"（其四）"登舟一凄惶，去去意殊酷。楼头卧更起，船尾灯犹绿。江波闇涨天，风雨欲揭屋。余生付残世，何地同啜粥？"（其七）与孟郊《闻砧》之音[2] 确有同调之雅。难怪时人交口称叹，"读之心如中刃"（叶玉麟语）。汪荣宝甚至谓为"以宋贤之意境，而有汉晋之格调，深远悲凉，惊心动魄，何止近世所无，直当独有千载"。[3]

郑孝胥本人所生子女，先他而亡的至少就有三子二女。生于日本的三子东七，两岁即病死。郑有哀诗记载此"父怜母复

---

[1] 转引自《海藏楼诗集》"前言"，第 11 页。
[2] "杜鹃声不哀，断猿啼不切。月下谁家砧，一声肠一绝。杵声不为客，客闻发自白。杵声不为衣，欲令游子归。"转引自《海藏楼诗集》"前言"，第 11 页。
[3] 转引自《海藏楼诗集》，第 24 页。

爱，抚汝两脚直"的巨大哀伤：

> 儿死肤未冰，卧板借以裸。出门别吾友，归敛已不早。入棺望始绝，父子缘遽了。犹当书两和，白骨知此恼。纸钱送汝去，遗烬那忍扫。今宵我不寐，床下灯皎皎。后房汝啼处，絮泣剩婢媪。一家各上床，掷汝向荒草。岁尽冶城旁，月寒新鬼小。

1908 年 3 月 12 日，年仅十三岁的少女惠病逝天津，郑孝胥写下《伤女惠》："我欲执汝手，汝手何从牵？我欲抚汝面，空想悲啼颜。我欲拭汝泪，却觅衣上痕。我欲抱汝身，惟有三尺棺。"1918 年，戊午正月初三，就读同济医工大学的三子郑胜（小乙）英年早逝，《哀小乙》同样从细节入手，质朴无华却令人肝肠寸断：

> 昧爽赴吴淞，落日归黄浦。挟书独往来，海鸥久为伍。锡名乃为胜，好胜由尔父。未明唤儿起，去去不言语。回头望楼窗，目力尽街树。饥饱儿自知，风雨儿自御。安知儿已伤，精髓暗中腐。卧床未十日，到死无一语。无穷父子情，草草遂终古。倚楼默自失，泪眼复何睹。

郑孝胥父母早亡，作为家中兄长，需要下扶幼弟，犹如晚清"江南四公子"之一的杨云史（圻，1875—1941），因儿女成群而感叹"仲宣意气消磨尽，逼人婚嫁杀英雄"，[1] 他不可能没有现实压力，"门中二十口，舍我将谁寄"（《述哀·六》）。"门户要人扶"与"降志而辱身"（《书桯弟扇》）的矛盾焦虑几乎成为他在"英气"与"志气"之间的厮打，构造成一种苦闷的"俗气"。郑诗素称"精悍""伉爽"，[2] 但精悍、伉爽的只是其运笔形式，却非精神质地——这一点，似乎他再一次上演了"言行分离""内外不一"。陈衍曾道郑诗"一首往往有一二语极佳者，其余多趁笔"，[3] 堪称知音，是正明其"气"不连贯、英雄气短。柳亚子论诗称"郑（孝胥）陈（三立）枯寂无生趣"[4] 并不十分精确，陈姑不论，郑诗之不够痛快淋漓，个性使然之外，更多缘于长期生活压力与社会际遇确实令其难以开颜——他恰恰又十分"在乎"处境是否丰裕。慘佛《醉余随笔》称郑诗"境界太狭，无复雄博气象，则亦时代为之乎"，[5] 乃到位语，时代的共业便是如此渗透了个人别业。1890 年 1 月 31 日复幼莲信中，郑氏有言："独居深念，已迫中年，而一家衣食，不能荷担，愤与惭并。"1891 年 7 月 29 日更自责："念兄之齿长，己之力微，不足为家中倚赖，诚可愧也。"这一点压力或担当，甚至在三十多年之后又以另一种方式幽灵重现，所谓"婚嫁粗

---

[1]《南昌军幕感怀》，杨圻《江山万里楼诗词钞》，上海古籍出版社，2003年，第 298 页。
[2] 陈衍《石遗室诗话》，转引自《海藏楼诗集》附录三，第 553 页。
[3] 黄曾樾《陈石遗先生谈艺录》，转引自《海藏楼诗集》，第 554 页。
[4] 转引自《海藏楼诗集》"前言"，第 12 页。
[5] 转引自《海藏楼诗集》附录三，第 560 页。

完身可去，兵戈间阻事无端"（《将赴天津》，1926 年 11 月 30
日）。他的"暮年""有为"简直带上几分家事粗备、以身许国
的"壮烈"感！

"孝子贪官"作为症候，据说乃中国由家而国之文化传统
的特别弊病。看重亲情的郑孝胥是否因此犯下类似错误？至少
在意识中，郑孝胥对"文人"相当没有好感，尤其是"失节文
人"。1937 年 5 月 3 日他收到上海寄来黄秋岳 [1] 的《聆风簃诗》，
在日记中留下如是一段评价：

> 行谊犹体魄也，文辞犹衣服也，体魄不足观，衣服岂
> 足贵乎？今日之文人多矣，非之无举，刺之无刺，则亦乡
> 愿而已。[2]

因此，无论当世如何看待郑孝胥，他还是不甘为一诗人，
不甘"区区王谢非人物，空向新亭泣楚囚"，不甘"自是衰迟
偷生者，汗颜翻为一诗传"，且因为自赋高远，所谓"读书白
发成何用，饥溺苍生正可忧"，[3] 从而构想并实践了他至今让后
人很难置喙的"王道政治"梦。

---

[1] 黄浚（1891—1937），字秋岳，闽侯人，诗人，室名"花随人圣庵"，
　　精于文物品鉴，1937 年以汉奸罪被南京政府处决。
[2] 《郑孝胥日记》，第五册，第 2668 页。
[3] 《郑孝胥日记》1926 年 3 月 11 日、10 月 31 日，第四册，第 2091、2122 页。

四、王道之梦：理念与作为

身处"九·一八"事变之后的辽东，郑孝胥大倡特倡"王道立国"，"王道学说，以博爱为资本，以礼义为器械，不制战具，不蓄武力"，[1] 以为"国家因种族国际之恶念以取战祸"，"故今日之行王道，即欲消灭种族国际之恶念而已"，[2] 作为理念的出发点未必不是美善之德，放诸具体的历史时空，却处处显出荒诞不经。大言"王道则不主爱国而主博爱，不用军国教育而用礼义教育"（日记1932年7月19日）、"满洲国无种族之分别，满洲国不设军备"（日记1934年2月5日），一旦作为历史的发言，未免近乎没有心肝、没有头脑。

曾经亲历甲午败绩、戊戌政变、庚子事变诸创巨痛深，对于习气深重、偷生苟且的晚清时局，才气、志气皆不俗的郑孝胥在主观意识上是深恶痛绝的。他四十六岁壮年即"急流勇退"，远离官场，那些年他热衷立宪与实业，一度被杨度视为沪上唯一尚富"野性"之人（郑氏日记1909年9月26日）。这毋宁说的是一种"生机"。1905年决意弃官之时，他对妻子中照一番慷慨似乎成了日后"附逆"的预言：

---

[1]《王道或问》，《王道讲演录》，第26—27页。
[2] 答上海法文日报总理，《郑孝胥日记》1932年9月23日，第五册，第2410页。

一生收束，列传、行状皆可预作。从此以后，若中国讫无振兴之日，则终老山林，不失为洁身去乱之士；倘竟有豪杰再起，必将求我。虽埋头十年，至五十六岁出任天下大事，依然如初日方升，照耀一世。是吾以一世之人作两世之事，岂不绰然有余裕哉！（日记是年2月5日）

面对一个让人绝望、窒息、无处用力的政府，颇有能力与手腕的郑孝胥选择了"社会"。他的弃官"海藏"因此带上了极为近代的精神气息。这个常因其保皇立场被视为"保守"的近代人物并非墨守成规之流，他的精神结构早已相当新潮，甚至西化。"儒生论秦轻诟病，昆山可作真吾师"（《端午桥中丞嘱题秦权拓本》，作于1901年庚子事变前后），对于政治或曰"理想政治"，他倒也当真有一番自己的深入考虑。1911年11月22日，郑孝胥直言他对国家政体的态度抉择，反对共和而支持帝制：

南方士大夫毫无操守，提倡革命，附和共和。彼于共和实无所解，鄙语有所谓"失心疯"者，殆近之也。以利己损人久成习惯之社会，而欲高谈共和。共和者，公理之至也，矜而不争，群而不党之效也，此岂时人所能希望乎！君子一言以为智，一言以为不智，扰乱天下，能发而不能收，其祸可胜言乎！

持君主立宪主张的"保守"人士在当时不在少数，郑氏日

记 1912 年 1 月 19 日载有"陕、甘、新三省绅民"致资政院
电文，所谓"草泽英雄何胜指数，正恐非少数代议士所得左右
之，将来不至斩木揭竿、四海鼎沸不已。而蒙藏地广人众，尤
难不生事端。是共和所欲伸民权者，适以贼民命矣"。而郑本
人则另有立足于"国民性"（群体情性）认识的基本判断，以
为"中国人无真面目，作伪乃其天性，自今以往，当有假统
一、假共和之现象，拭目以观之可矣"（日记 1912 年 2 月 21
日）。六年之后，面对"唯尚兵力，法律、公论皆无可言"的
国中乱局，他更加坚持自己"非德贤能专制之政府，不足靖乱
息争"的观点：

> 如君主立宪政体，则廿年可成；必欲为共和政体，数
> 十年未必能成，且与专制抵制太甚，恐求治者反为天下不
> 许矣。

民国建元，反思"共和"之失或说经由惯性而无法适应
一个从天而降的"共和"的，不止郑孝胥。1912 年 1 月 5 日，
国民党元老章太炎新创共和党，《大共和报·发刊辞》亦在箴
规"共和之失"，郑孝胥尚且以为其"语意尚浅"。[1]1920 年 9
月 25 日，他在日记中抄录了他一直甚为欣赏的严复（1854—
1921）的复函：

---

[1]《郑孝胥日记》，第三册，第 1378 页。

自铁良、袁世凯袭德、日之说，举国练兵，至今使不
义之人执杀人之器，祸在天下。始知不揣其本而务其末之
为害也。仆自始至终持中国不宜于共和之说，然恐自今以
往，未见有能不共和之日。足下所云，亦愚为虚望而已。[1]

抄录意味着赞同。"人纪扫地，衰年望治"（罗振玉语）此
刻是他们共同的痛楚，包括选择自沉于水而"义无再辱"的王
国维（1877—1927）。严函中关于义与力、本与末的看法应为
郑深所称许。而严不认同他的所谓"虚望"，恐怕就类似郑孝
胥后半生的此类作为。即使严复没有早早去世（1921 年 10 月
27 日），他也不可能卷入郑孝胥的暮年事业，"英气"过人的
郑孝胥有个英雄梦："谁惜英雄袖中手，枉教弄笔掣长鲸。"（日
记 1921 年 1 月 9 日）一旦事关"大义"，理上见识，严复会更
为清醒些。严复去世，郑孝胥挽之以联，"诸夏兴哀，无怪《太
元》杂符命；后生安放，从今河岳罢英灵"[2]，也算了解之同情。

那是一个即使寻常节气也要"禁阴历甚厉"的时代。[3] 郑
孝胥及其同道的坚持，原因甚多，诸如基于岁月、惯性、学
养、深刻、理想……却均有甚深的理由。直到 1930 年 1 月 1
日，在《东方杂志》读到《罗马皇帝与意皇定约始末》，郑孝

---

[1]《郑孝胥日记》，第四册，第 1842 页。

[2]《郑孝胥日记》1921 年 11 月 17 日，第四册，第 1886 页。

[3] 言 1931 年 2 月 16 日（除夕）南京、上海之风气。《郑孝胥日记》，第
四册，第 2315 页。

胥并不敏感于法西斯党"专制"的危险，反而期待"中国以孔教为国教，当与天主教并立为东西两大教。大支那与大罗马，并立为东西两霸国"，[1] "惟有实行王道"即是"消灭革命之良法"（日记 1937 年 5 月 2 日）。具体到重建"节义"与"名教"的切实思路，例如《孔教新编》，则是民初他海藏沪上之际已经开始构思。[2]

1912 年 9 月 15 日，郑孝胥日记中记载了被日本奉为"战神"的乃木希典（1849—1912）及其妻子自杀以殉明治天皇事，并于次日作《吊乃木希典》，此刻他看重的是"彼以愚忠为重，我以犯上为能"。[3] 然而他却能够如此冷漠面对乃木"攻克旅顺，威名震世"的现实，面对发生于中国大地上的血战并有旅顺大屠杀的惨剧无关痛痒。难怪日后他在关外论及日军侵华的节节深入，你常会觉得他的态度更像一个"日本人"，不断沦陷的国土似乎与他无关，而是"上海华人狙击日陆战队"——华人是与日、英并称的第三国（1936 年 9 月 24 日）。他经常明确以"国（民党）军"为敌方、日军为己方。[4]

[1]《郑孝胥日记》，第四册，第 2264 页。

[2]《郑孝胥日记》1912 年 1 月 5 日，第三册，第 1379 页。

[3] 郑孝胥对乃木希典的崇尚之情不止于此。二十年之后在辽东，日本三好市求其定购助印《乃木将军传》，他慷慨允诺。而郑氏这首诗自是深受日本人欢迎的。参见《郑孝胥日记》1932 年 10 月 21 日，第五册，第 2419 页。

[4] 参见《郑孝胥日记》1933 年 3 月 15 日，第五册，第 2448 页。1937 年 8 月的上海抗战，他是常以"华机""华人""华方"称呼抗日的中国（日记本月 15 日，第五册，第 2682 页）。

这位手捧《论语》口诵"王道"的曾经的"八闽才子"当真是
以"满洲国人"自居了。这个"满洲"与中华无关，即使那是
"回看赤县事终非""迷途举国不知非"的中华。[1]"七七事变"
之后蒋介石率众抗日，在他看来只是"如饮酖取醉，纵狂突，
亦立弊耳"，于是他居然能用如下语词描绘当时激烈的战争：

> 闻宋哲元侵入热河，日、满军已击之，乘胜逐北。
> （1935 年 1 月 25 日）
> 夜十时，闻汽笛齐鸣，乃已克南京之捷报也。（1937
> 年 12 月 10 日）

他不惜为日军出谋划策，虽然理念中亦包含"可免涂炭人
民"。[2]甚至日人为东北、上海战役中死亡日军编写《尽忠录》
也要请郑题字代售（日记 1933 年 3 月 24 日）。日本关东军为
奉天、热河战役中阵亡日军举行"慰灵祭"，并祭"犬马之殁
于阵者"，"总理"（郑）与"执政"（溥仪）均要到场"鹄立风
雨中"（日记 1933 年 4 月 27 日）。此种"助祭忠灵塔"的公务
行为，要持续他整个任期。道其昏聩乃至无耻，又何委屈。

郑孝胥对于自己能"任大事"是自负的，也是在乎的，他

---

[1]《郑孝胥日记》1935 年 1 月 21、22 日，第五册，第 2566 页。

[2]《郑孝胥日记》1937 年 7 月 17 日、7 月 22 日，第五册，第 2678 页。
也正因此，1937 年 8 月 24 日，日军在上海"敌前登录"，他认为日方
"不顾死伤，其不仁若此"。

从未打算以一诗人终老，故中年会有"诗人边帅"（《题西厅
新作》）之自我调侃，晚岁更有"诗人总理"之自矜自得（日
记 1937 年 1 月 16 日）。他在日记中多次凭相者之口，记载下
某种自我预期，所谓"功名之士而有生杀之权者也"（1887 年
11 月 10 日），或者"目怒眉劲，重义之士也，当掌刑杀矣"
（1888 年 1 月 17 日）。乃至已过耳顺之年，他仍然要翻出多年
以前的命书，认证自己有"真火炼真金"之象："能陶铸万类，
甄别群伦，经济文章，超今迈古"，"所谓光远而自他有耀者
也"（日记 1923 年 10 月 11 日）。是年 10 月 21 日，他拟作一
联："至性至情，非关文字；危言危行，何负神明。"1924 年
10 月 2 日，他再次变相重复此意，又作一联："爱物利人，是
为长者；孤行独往，何负神明。"1930 年 12 月 5 日当他被问
及何以"所作五古皆气力十倍"，他的回答是："不事铺题，则
气力自倍。独来独往可也。"这与其说的是诗文，毋宁说的还
是性情。"不甘寂寞"首先来自这份自命不凡。一个人自负到
足以自接神明的地步，他的反省精神也就岌岌可危了。怎怪他
七十七岁生日会有如此自大自夸的自寿诗：

> 余年兄弟未全衰，只似机云入洛时。一代名流多见
> 许，千秋佳传定能奇。信天岂易闲方信，知命非难老自
> 知。不解尼山孜孜者，假年学《易》欲何为？[1]

---

[1]《郑孝胥日记》1936 年 5 月 2 日，第五册，第 2626 页。

终其一生，即使在日记这种最私密的文体中，郑孝胥也难得留下一点价值判断的自省或犹疑，[1] 他的自负过于强大和耀眼。郑孝胥在意识上向往传统，以"揭孔孟之道因以阐扬旧学"自任，也被认为保守传统，[2] 但郑孝胥真正接续了中国传统的精华之思吗？尽管在理性上郑氏也主张"心学以诚为本，以自反为下手处"（1928 年 9 月 27 日），通观其一生，他的"自反"能力还是让人很不放心。1891 年 7 月 20 日郑孝胥曾经记录下自己对于宋儒"心性"之学的某种不满，话题同样涉及"情性"问题：

> 宋儒最精究者，喜怒哀乐已发未发数语耳，往往坠入杳茫。余则谓学问验于性情，不从喜怒哀乐观之，则人人可谈矣。且学问将以治难办之事，处难安之境，虽刻苦皆乐地。徒谈无益。

同年 12 月 13 日再次反思"已发""未发"之意，仍重"不观其发，何从知其真伪"。显而易见他对基于工夫涵养的"复性"之学是完全无感的。三十余年后，1923 年 5 月 11 日，郑孝胥再次用相反的方式表达了他对"已发"之"喜怒哀乐"的重视：

---

[1] 偶尔，例如 1891 年 7 月 20 日记下友人暗中讽喻自己"夫己所不善，而必讥之使难容，非忠厚也；不能面正人，而含词以诮之，非直道也"，认为"其理甚直"，他也并非没有直面自己的能力，只是改也难。

[2] 《郑孝胥日记》1923 年 7 月 23 日，第四册，第 1957 页。关于他的研究，将其定位为"清末保守型精英"是目前学界的基本方向，兹不赘述。

《中庸》所谓"喜怒哀乐之未发谓之中，发而皆中节谓之和"，验人之所养，莫切于此。平日虽深情厚貌，及有所争，则真状毕露。……因思宋儒讲学，争论几于殴詈；欧人平日盛言哲学，及兵争既剧，则盗贼禽兽之狠毒，彼皆为之。观于所争，可以知其人矣。

1928 年 10 月 12 日在日本二松学社演讲，所言"孔孟之教，重道德，轻文辞。然道德亦以实践为重，非空谈也"，强调的是类似的意思。可以说，郑孝胥深心所在，以为情性必见诸作为，这是有其高度的"理论自觉性"的。可惜他特重开显"性情"，却昧于根本之教，[1] 不明人之情性要发为正确的"喜怒哀乐"，需经历内转、升华、澄明。即使名义上最为看重的道德问题，所谓"丈夫处世，出则以学问佐君国，退则以道德化人民"，[2] 关于道德的人性依据与践行手段，他也实在未必有过深入系统的切入。答美人海阁问中，将青年思想设定为"若居欧洲，青年必思为豪杰；居美洲，必思为富翁；今居满洲，度必思各守本分、安居乐业而已"，[3] 已经可见一斑，正与 1919 年他运筹沪上之时以为"使我执政，先行三事：禁结党，封报

---

[1] 对于宋儒的情性辨析，无论程朱张载，郑孝胥都一以贯之表示强烈的不满，以其远离孔孟教法。参见日记 1894 年 4 月 1 日，《郑孝胥日记》，第一册，第 402—403 页。

[2] 1936 年 3 月 24 日赠行日人语，《郑孝胥日记》，第五册，第 2622 页。

[3] 《郑孝胥日记》1934 年 11 月 6 日，第五册，第 2556 页。

馆，停学堂"[1] 相映。

郑孝胥菲薄宋儒不止一处，且理由多端，所谓"务躬行而简口说""谈论宗旨，标榜派别"最常被指摘，[2] 尽管他晚年也常讲论"格物""一贯"之类儒门概念，亦关心"天理""人欲"的关系问题。郑孝胥去世前两年，曾不断"以《格物》《一贯》说寄日本诸友人"，或手书分赠身边的中日友好，[3] 这固然已经涉及理学家极为重视的核心概念，但考虑到"近世东亚"有一种特别的"反理学思潮"，且此思潮的代表性人物多有日本古学高士，[4] 则统观郑孝胥一生的自负自信、特立独行，我们几乎可以想象他处理这些理学名相的基本方向。

1930 年 12 月 5 日，他在日记中记下："以理养气，以气养体，行之以久，合体于气，合气于理，一以贯之。"[5] 这是难得出现的"理"之关注，此语颇可帮助我们理解他的"一贯"

---

[1]《郑孝胥日记》1919 年 6 月 23 日，第四册，第 1787 页。

[2] 日记 1893 年 10 月 25 日。又如 1928 年 9 月 26 日在日本，他发言《礼记》所记孔子语，非止《大学》《中庸》，这一经典的错失便是宋儒之失。池鱼之殃尚有阳明；并以"道学"为"捣鬼"。参见《郑孝胥日记》，第一册，第 378、379 页；第四册，第 2199 页；第二册，第 901、989 页。

[3] 参见《郑孝胥日记》1936 年 1 月 15 日、1 月 18 日、2 月 11 日、2 月 27 日、3 月 5 日、3 月 19 日；1937 年 4 月 23 日。除此之外，他对于"致知""知至意诚"也曾有所陈述（日记 1937 年 6 月 22 日、6 月 28 日）。日记 1937 年 7 月 22 日又提到"物格知至之后，尚有理欲交战一境；以理胜欲，即克己复礼、修己安人之事"（第 2779 页）。

[4] 参阅杨儒宾《异议的意义：近世东亚的反理学思潮》。

[5]《郑孝胥日记》，第四册，第 2306 页。

解。但此"理"并非"理学"之"理"，[1] 此"体"亦非宋儒之
"体"，而是郑孝胥"魂魄"意义上的肌骨之体。郑氏并非"汉
宋"之争学术阵营中人，他即使于经学也未尝深入。究其实，
是晚清"经世致用"的思路给予了郑孝胥如此理解"心性"之
学的特殊进路，是当时所谓"实学"精神的一种折射。被指称
只能"袖手谈心性，一死报君王"或"抽象思辨"的义理之
学，每逢乱世必然要遭遇一次问难，以为其与重建社会秩序之
类更显而易见的工作无关，甚至适得其反。[2] 无可否认，经由
清代学术转型对宋明理学的有意矫正，兼之清末民初内忧外患
的现实压力，无暇顾及或疏离蒙昧于性理之学是这一时段士人
越来越普遍的精神状态，超越被视为一种虚幻的架构，被下拉
到此世的、经验的价值层次。甚至直至当下，作为儒门天道性
命之学要义的情性问题，其本质也可能被研究者简单界定为
"不过是本然与自然、社会与个人之关系"。[3] 怎怪早年郑孝胥
就认定"我曹但明人伦而不言天道，则天下不事为恍惚无稽之
谈"，"年来专就平实，惟知后天情理，不事先天道妙"，甚至

---

[1] 《批程克祥天理人欲论》中，郑孝胥直接将"天理"与"性灵"挂搭：
"天理系于性灵，人欲系于形体，天理当令则人欲不能为害，人欲当令则
天理可致灭亡。"（《王道讲演集》，第137页）可见其与理学实无所得。

[2] 参阅 Chow Kai-wing, *The Rise of Confucian Ritualism in Late
Imperial China*, (California: Stanford University Press, 1994);
张寿安：《以礼代理——凌廷堪与清中叶儒学思想之转变》（台北"中央
研究院"近代史研究所，1994年）。

[3] 曾亦《本体与工夫：湖湘学派研究》"引言"，上海人民出版社，2007
年，第1页。

"窃欲以此灭彼"。[1]

"驰心高妙"与"明察于人伦庶物"是否一定是对立不得统一的关系？那些被后人鄙视为"虚谈"的部分，在传统士人的生命中，皆是必须实修实证的部分。道德固然不能缺少"很实际的人我交接之际的当下互动完成"，但同时更不能缺少个人提升的内在问题，二者相辅相成，缺一不可。前者与当代寻求多元、平视他者的关怀也并不相侔，而恰是更高意义上的成全。即使"二人为仁"的相偶性伦理学在当代胜义尽出，也不影响"仁"的状态同时也是心性论的和超越论的，其中依然有体用论的关系可以说道，"道德情感与道德事件源自作为本体的仁体之不能自已"，因此"如何逆觉的体证此仁体"仍然是"工夫首务"。[2] 经验界（例如被归为礼之基础也是郑孝胥特为看重的"人情之好恶"的"喜怒哀乐"）固然基础而重要，那些被"归为"超验的境界，不过是一些特殊的经验，不经由真修实证的工夫进路不得向人人敞开罢了。"体用不二""明体达用"原本是传统中国最重要的修身传统与思维模式，但在一代"中学为体，西学为用"的思潮冲击之下，不仅"体用"日趋割裂，此"体"更已面目全非。[3] 郑孝胥同时也是时代的祭品。

[1] 日记 1885 年 9 月 2 日、1983 年 4 月 1 日，《郑孝胥日记》，第一册，第 69、346 页。

[2] 参见杨儒宾《异议的意义：近世东亚的反理学思潮》，第 333、335 页。

[3] 当然，即使是在溥仪笔下，"体道静观"作为语词也是十分贵重（《郑孝胥日记》1929 年 10 月 15 日，第四册，第 2254 页），民元之前郑孝胥日记摘录诸上谕中可见，"体用兼备"更是作为通儒必备的套语。但中国文化的"道体"何在，不能不说在清末民初的认知中是相当混乱的。

"爱国为体，博爱为用"[1]之类僭用"体用论"的戏语已经近乎诡辩，或者仅仅归于"敦厚而已"。[2]一旦昧于"大体"，他的"终不改进取之计"（日记1929年8月3日）的方向会严重偏差。

不否认郑孝胥有他自己独到的修身养性方式，包括前文提及的"魂魄论"，包括他持续大半生的"中宵即起，坐以待旦"，甚至也要包括他同样持续大半生的工工整整的日有所记。所谓"人定胜天，在于自克"（日记1919年9月3日），他的确是个相当能够自我管理的人。据说其居海上时，曾"居恒习勤不少驰"，"昧爽起，巡花木数匝；诣人无远近，必徒步"，[3]至少在语词中，郑氏对人生磨砺看得极重：

> 人生三十至五十，此诚力学之候，正宜澡练精神，增广学识，不可忽也。而乃颓然自放，惮于致力，以逍遥为得计，以惰慢为无伤，愒日玩时，销磨岁月，志既坠矣，老将及之，不亦惜哉。（日记1895年9月12日）

日后担任逊帝进讲时，他也是以这种言论惕励溥仪的。而与这种道德自负相映衬的，便是清末与民国社会道德生活的普遍下滑令郑孝胥忧心如焚，这在其长达近一甲子的日记中触处

[1]《博爱与爱国辩》，《王道讲演录》，第139页。
[2]《郑孝胥日记》1893年1月7日，第一册，第334页。
[3] 陈宝琛《郑苏戡布政六十寿序》，转引自《海藏楼诗集》，第547页。

可见，尤其暮年，他几乎在一切场合都要言及道德问题。[1] 在天津张园他也规劝溥仪"将来事变异常危险，非及时锻炼，恐不足以胜艰巨。愿上刻刻自警，毋稍纵逸"（1928 年 2 月 26 日）。

作为清末民初极富代表性的一代风云之士，郑孝胥身上新旧甚至中西杂糅的特质其实非常明显。1891 年 6 月 14 日在日本，时年三十二岁的郑孝胥在日记中反省"中国风气，懒而无恒，所以不振"，而看重"欧人之勤之信与知大体"。甲午战争下旗归国，他对"堕民亿万天弃之"[2] 的国内民人素质表现出深深的失望。在 19 世纪与 20 世纪几乎各活一半的人生当中，郑孝胥自觉承荷了中国精神的某种精髓所在。他而立之年在日本学习英文，子女孙辈教育亦看重西学（多人赴日留学，精通英文、日文者多有），对于科举制义流露出特别的反感。[3] 暮岁还

---

[1] 例如 1932 年 11 月 3 日作《航空会社祝词》，他的关怀也集中在"智识之进步甚速，道德之进步甚缓，则利人之器必一变而为害人之器"，《郑孝胥日记》第五册，第 2422 页。溥仪在《我的前半生》中回忆，他和郑氏父子乘日本兵船偷往大连，郑氏也是宣讲了一天道德仁义。郑孝胥本人因为痛恨现代政党政治而以辛亥之乱起于当时日本与欧美留学生的不明本国之学，革命则进一步败坏了中国教育，"中国自革命以来，教育破坏殆尽，其始则厌故喜新，舍本逐末，其终则放逸废业，相率为伪"（《第二回教育厅长会议训词》，《王道讲演集》，第 92 页），故此强调中国教育应当"未冠之年，先使之受孔孟之教，品端学正，乃博之以各科之学"。参见《全国工商大会训词》《奥广岛文理科大学论满蒙教育》，《王道讲演集》，第 48、52、53 页。

[2] 《焚鸦片十余箧及吸器百许具于署之东隅仍洒灰于坎以灭其迹》，《海藏楼诗集》，第 38 页。

[3] 面对李鸿章点评制艺文章的手卷，他会不客气地题词"节义远惭明季士，应缘八股太支离。文忠劝我攻时墨，睹此方知老辈痴"，（转下页）

表现出对飞机等新兴技术的兴致勃勃，体验高空飞行时"空气
颇寒，呼吸若滞"的物理变化（日记 1934 年 9 月 9 日）。兴味
盎然地以摄影胶片观察日食过程（1936 年 6 月 19 日）。对于
"汉医治本，西医治标"问题，他也能直截看到"流传至今，
各有所长"（1937 年 3 月 24 日）。他有甚为通达的一面。至于
溥仪的英文师傅庄士敦都要认为郑是他在中国二十多年见到的
最可佩服的人。[1]

　　邵镜人（1889—1972）《同光风云录》难得也对郑孝胥留
下了一点正面评价："清逊帝溥仪受日人势诱，僭号东北，太
夷为首任总理大臣，世人指为汉奸。然而丈夫立身，各有本
末，较诸朝秦暮楚，二三其德者，不可同日而语也。"[2] 也许正
为他多少还是懂得郑孝胥的深心，尽管这深心开敷为外在境
域，竟然也会面目全非。1903 年 5 月 10 日正与金月梅情好日
密的郑孝胥偶然说起自己生平有三癖：

――――――――

　　（接上页）与伯严（陈三立）同题的"壮夫谁肯悔雕虫，相公名世一冬
烘"，正堪对读，也极富时代性。但于"道德"一层，他欣赏的还是旧
道德，例如他特赏辜鸿铭《春秋大义·妇德》一篇，对于婚姻不合的
孙辈趋向仳离，他也认为是教育之错。他称许归隐家庭的章士钊之妻吴
弱男能够"空花客慧勤收拾，试就家庭觅道场"。至于老友陈三立去世，
他在祭诗中讽咏"新学空传子弟贤"，当非无意，而是有所确指。参
见《郑孝胥日记》1919 年 8 月 16 日，1936 年 3 月 30 日、4 月 22 日，
1926 年 12 月 18 日，1937 年 10 月 25 日，第 1793、2622、2625、
2127、2690 页。

[1] 溥仪《我的前半生》（全本），第 115 页。

[2] 转引自《海藏楼诗集》附录三，第 562 页。

乐用疏远而不取亲昵，一也；喜以财助人而不愿以财借人，[1] 二也；财物生产有所损失，必讳而不言也。

考求郑氏一生，此数语还算有着落。他的暮年抉择，一生孤注，"向来负盛气，不自谓我非"（《送柽弟入都》），敢说没有"有所损失"而"讳而不言"的成分？"一别高楼寄此庵，五年况味更谁谙？丹青自写灵台状，莫信人夸蔗境甜"（1930年1月29日除夕），他何尝不是常有难言之隐。1935年5月22日解除总理职务之后，他极为克制，但还是流露了对继任张景惠的不屑与不满（忍至7月17日，则干脆以"不识字"讥笑这位出身奉系军阀的"胡子总理"了），而"断不再居政地。遇有大事，持节一行可耳"的表态依然还是放不下。要知道，按照他的自我规划，乃是"五年为限，必求引退"（1934年2月13日），此时去职显然在他意料之外。所谓"皎然进退自分明，中止休疑业未成。天道从来看后起，只将白发待还京"，[2] 乃是他一贯的嘴硬表现。之后的日记，大量记载了他人包括日人对其去职的惋惜，更将这一心态充分表露。1937年1月19日更记下"现在政府苦无生气，非总理出而振之，庶令

---

[1] 郑氏此言，似非虚语。见诸其日记的助人以财，难以计数，常有受其资助者欲还而却之的情况，甚至未曾谋面之陌生人"其情甚急"之下他都会"奉赠百元，以资度岁"。郑氏的诗人情性似乎非常喜欢这种豪侠行为的意趣，所谓"呼天而天立应，可谓人间之快事矣。勉之何生，毋堕初志"。参见《郑孝胥日记》1935年12月25日，第五册，第2610页。

[2] 《郑孝胥日记》1935年5月28日，第五册，第2587页。

大众精神激发，尚可向前迈进"[1] 的舆论评价。敢说他不是在勉强支撑颜面与门面？"负气"之言或行，往往必然结果如斯。

将郑孝胥晚年的"王道政治"主张理解为维护传统道德文化与借助外力维持国内秩序两翼是有道理的。他似乎和日本人共享了对于"孔教"的热情，这远比三民主义或共产主义让他有好感。[2] 新兴的民国二十年前在他眼中便无非是"乱臣贼子"："孟子曰：'上无礼，下无学，贼民兴。'今日之谓也。"[3] 他对"民国"的厌恶似乎远超他对日本的戒心。[4] 他理想中的"王道政治"首义便是"大兴文教"，早在天津时期，他所寄托于溥仪的便是"今日皇帝欲图中兴，不必待兵力也，但使圣德令名彰于中外，必有人人欲以为君之日"。[5] 即使放下政权合

---

[1] 《郑孝胥日记》，第五册，第 2656 页。

[2] 对于"二党共露的混乱"，似乎也成为一些日人的关注和焦虑，虽然其中也不乏借此成就侵略借口的可能，毕竟"攫取满蒙"才是此际多数日人的核心地带。参阅陶德民《郑孝胥与水野梅晓的交往及其意义》。

[3] 《郑孝胥日记》1912 年 2 月 17 日（除夕），第三册，第 1396、1399 页。

[4] 参阅《郑孝胥日记》1935 年 10 月 11 日，第五册，第 2602 页。1924 年冯玉祥兵变"逼宫"，郑孝胥与陈宝琛、罗振玉一起引溥仪避入日本使馆。1925 年溥仪移居天津即住日租界张园。1928 年郑孝胥与长子郑垂一起赴日探查日人扶持溥仪的诚意。直至 1932 年 3 月伪满洲国成立。而"赴日借兵"这一思路在民初其实颇有市场，例如升允亦有此举。郑孝胥萌生"日本能助我军械、兵费"的明确思路，则见于日记 1918 年 3 月 9 日，第三册，第 1716 页。

[5] 《郑孝胥日记》1927 年 6 月 23 日，第四册，第 2149 页。同时参见陶德民《郑孝胥与水野梅晓的交往及其意义》，第 39 页。郑也曾明确表态，自己的乡贤沈文素（沈葆桢）"好杀，慕酷吏，非儒者事也"（日记 1936 年 7 月 31 日，第五册，第 2636 页）。

法性勿论, 例如郑孝胥认定伪满洲国的独立意义在于"大清国君臣今疾民国之暴乱, 欲整纪纲、恢道德、复故国", 而"境土离合"当此大义面前, 只能归为"微末小节, 何足辩乎"。[1] 在当时民族战争的巨大冲突之下, "借力复辟""用辽犹足安天下"实在是一步险棋。指望虎视眈眈的日本军国主义者"开放门户, 招来合作, 尽弃猜疑, 尽除阻梗", [2] 实在无异与虎谋皮。期待"日本宜仗义执言, 使满洲果成王道乐土, 则既得世界之令誉, 亦可减其危险之负担, 此日本之利也", "日本举国愿助满洲", [3] 也真是盲目乐观到近乎昏头。"日本对满洲国, 既已表仗义于先, 必不至争利于后"[4] 的自我安慰不过郑孝胥的一厢情愿罢了。面对北满铁路条约的签订而视其为日、苏、"满""相让"的结果, 乃至以日、俄为"武装之王道"(伪满洲国则"不过提倡王道而已"居然"亦获其报"), 该说他自欺欺人还是过于书呆? [5] 期待"各国共管"(日本只是其一)来为

---

[1] 1932 年 10 月 6 日答德国记者问, 诗为郑氏度辽《小海唱》, 分见《郑孝胥日记》, 第五册, 第 2414、2512 页。

[2] 伪国务院告国内文, 《郑孝胥日记》1932 年 3 月 13 日, 第五册, 第 2371 页。

[3] 分见告大阪《每日新闻》意见、告永田铁山少将, 《郑孝胥日记》1932 年 5 月 6 日、10 月 21 日, 第五册, 第 2382、2419 页。

[4]《承认纪念演说辞》,《王道讲演集》, 第 85 页。

[5]《郑孝胥日记》1935 年 3 月 23 日, 第五册, 第 2576 页。被迫去职之后, 他对日本的认识显然更清醒了一些, 所谓"今天警告日本, 使能自悟, 即天之降福于亚洲也。日本能保其武装王道, 则亚洲有实现王道之希望"(日记 1936 年 3 月 5 日, 第 1619 页)。

中国带来稳定与富强，该说他书生意气还是天真幼稚？尽管他
认为自己有一番"西通大计"，"日、满合力使绥远铁路通至伊
犁，与莫斯科接。欧、亚交通，直至满洲。日、满之力，及于
新疆。乃可控制英、俄，以保中国"。[1] 甚至即使"宣统复辟"，
也需要日本负责训练亚洲海军，代为训练（中国）西北陆军，
以及合办（中国）全国铁路。[2] 但日人怎会与他合作而强大
中国？

　　郑孝胥的"共管"梦倒也并非独家发明，1927 年 6 月 10
日他录下《天津日日新闻》登载的《英人提倡共管中国》，其
办法乃是"组织国际共管中国委员会，由英、美、法、日、
德、意六国各派代表一名为该会委员，以完全管理中国境内之
军事"，这种局面即是基于"中国人民须候长久时期方能解决
内部纠纷"，又是希望"中国人得在上述之会内受训练"。[3] 这
种思路出诸外人尚能理解，瓜分或殖民历来需要冠冕的说辞，
例如甚至为列强分配好了管理中国的具体任务，所谓"今必使
英国代理财政，美国代理海陆交通，德国代理海陆军，法国代
理民政，日本代理农业、矿产，俟其复苏，然后择人归之。舍
此别无生路也"。[4] 溥仪在《我的前半生中》不得不将郑孝胥

---

[1]《郑孝胥日记》1934 年 3 月 29 日，第五册，第 2515 页。
[2]《郑孝胥日记》1937 年 10 月 21 日、23 日，第五册，第 2690 页。
[3]《郑孝胥日记》，第四册，第 2147—2148 页。
[4]《郑孝胥日记》1929 年 4 月 3 日特意摘录了《字林西报》这段所谓"西
　　人"答函，第四册，第 2229 页。

贬到尘埃，却也几次承认：郑氏父子对于贪图"机会"与"门户"均等机会的列强态度，判断还是很准。[1] 只是他们没有料到日本的贪婪更甚于此，而诸列强也显然并非"王道的列强"。只能说，郑孝胥如此情迷共管，透露了当时中国自身一个尴尬的信息：这个一生自负之人，对于自己栖息的这块土地的文明的再生能力、人民的自决能力，却已经出奇的没有信心："中国今日之乱，尽人皆知其不可救药。"（1920 年 4 月 6 日）这是数十年贫弱之国的阴影记忆。

天津时期郑孝胥曾一度明确反对溥仪前往大连，以为"居一国肘腋之下，于外交为失势。且他日难避取奉之嫌""若去津一步，则形式大变，是为去国亡命，自绝于天下"[2]。应该说他的转变很大程度来自 1928 年访日的美好感觉。其时日人的"文化攻心"做得很到位。[3] 郑孝胥不愿为诗人，却到底是文人，面对职业政客，他的政治谋略就过于天真纯洁。怀抱理想的文人参政，往往难以避免"功名自是误人物，败德丧真作吾害"（《三月十二日作》）、"袖间缩手人将老，地下埋忧计已迟"（《汉口春尽日北望有怀》）[4] 的尴尬处境。

---

[1] 见《我前半生》，第 226、227 页等处。

[2]《郑孝胥日记》1927 年 3 月 8 日、6 月 23 日，第四册，第 2136、2149 页。

[3]《郑孝胥日记》1928 年 9 月 27 日，载长尾（雨山）来谈，"劝取奉天为恢复之基"；10 月 13 日参谋本部总长铃木问及"有恢复之志否"，也是类似的暗示。第四册，第 2199、2203 页。

[4] 文见《海藏楼诗集》，第 98、99 页，作于 1894 年之后。

五、结　语

即使郑孝胥有"清谈误国""大言欺世"之过诳，他的聪明才气还是一时之选。书法诗文勿论，单表其"衡人"眼力之刻而准，便常令观者为之动容。对于同时一干名流乃至高官，郑孝胥常有苛评，却颇能洞察。包括他在民元之后会从当时的著名遗老梁鼎芬（1859—1919）身上看出"好名"。[1] 虽然未免刻薄外露，机警自喜，但能够具有如此一针见血的眼光与颇见深度的断制，当然首先源自才度。

郑孝胥一贯高标自许也并非完全出于矫情。例如他对盛宣怀（1844—1916）之不屑，一直到 1920 年代亦不改其度（所谓不肯为"杏翁"书寿文）；而能同时拒绝为好友林琴南

---

[1] 诸如他论黄遵宪"口西国之新说而身中国之旧习"；严复"天资绝高而粗服未饰""文辞深隽，诚雅才也"；盛宣怀"辞气举止圆转轻便，只有赠给之姿，而乏沈实之度"；端方"颇无外官习气"；乃至张謇、文廷式如何"芸阁满面嗜欲，季直满面道义，满肚皮嗜欲"，梁启超如何"谈吐尚有洒落之致"（但偶尔过于刻毒，竟至于称梁为"鬼躁"而其师康有为为"鬼幽"），汪荣宝如何"颇英锐，但小躁尔"……不仅出语尖新，还要行诸日记。甚至老辈名宦如左宗棠之"意气过盛，其挫也亦必甚"、李鸿章之"战战兢兢得以功名终者"、张之洞之"口学问而心未脱于流俗"……种种人品风度高下，也常见诸他的笔端。参见日记 1882 年 4 月 27 日、1885 年 6 月 28 日、1886 年 2 月 10 日、1897 年 2 月 26 日、1897 年 2 月 27 日、1897 年 9 月 3 日、1898 年 3 月 27 日、1898 年 9 月 8 日、1901 年 8 月 4 日、1903 年 8 月 4 日、1921 年 7 月 22 日。

（1852—1924）书寿文，认为"七十再书未晚"，[1] 正是他不同俗流的一贯表现。

郑孝胥式的聪明精致藏在细节里，犹如他能从日常微末察知女儿身上可贵的"任侠之风"（1922 年 1 月 6 日），也能为坊间不适之作叹惋其"何苦浪费笔墨"（1931 年 2 月 10 日）。但不幸魔鬼也藏在细节里，比高头讲章或宏观理论更能逼近情性真伪、人之深心。如此刻露尖酸、目空一切，如此才度若不沉潜涵泳，只是一味见到做不到，其人具体处事处世，往往会落入眼高手低一流。责人以刻、属己以矫，其为"伪君子"欤？正为言出高调，与行分离。"九·一八"前后郑孝胥对日关系的态度几度转变，还是显示了许多暧昧难名之处。

1931 年 9 月 21 日，事变三天，因蒋介石对日抗议和张学良不肯抵抗，他深为不满，且明确以日本为"敌国"，当与之断交：

> 党人鼠胆，又不知立国之则，对此敌国，何谓抗议！应给护照与日本外交官，限三日离境，日本商民限一星期出境，然后敛兵待敌，犹可立国；不观比利时之抗德乎？

此刻他希望东北的局面是军、商倡议脱离张氏，三省、内蒙各求独立，并向日本上请愿书。9 月 29 日，面对罗振玉、周

---

[1]《郑孝胥日记》1921 年 11 月 29 日，第四册，第 1888 页。

培善要求得到溥仪手谕从而“便宜行事”，他的态度是“愿定静处之。躁进者见用，必损盛名。宜以敬慎相戒”。10 月 1 日他特意在日记中记载“报言，东三省将奉宣统为帝，乃日本灭朝鲜之故辙”，当非无意，而这一“朝鲜故辙”的确也是日后他在伪满与日本反复胶着的矛盾要点。10 月 7 日他很乐观地以为唯有“宣统皇帝”才能抗衡行将到来的“共管”局面，“种族、国际之恶果皆将消灭于无形之中”，“孔孟仁义之说必将盛行于世”。较为清醒的陈宝琛笑话他“慷他人之慨”，他也不以为意，反以为对方年纪老了，宜有此语。这期间热衷于促成溥仪出关的另有其人，主要还是日本人，且以溥仪在天津的安全相威胁。然而到了 10 月 20 日，郑孝胥的态度已经有所回转，以为“虽有三分希望，而须冒七分之险。今如干将、莫邪，不可致缺”——此语已经有些不负责任的漂亮了。11 月 2 日得知土肥原亲来天津，他的说辞则变成“过来迎幸，则不宜迟”，11 月 6 日更彻底变成“毋失日本之热心，速应国人之欢心。此英雄之事，非官吏、文士所能理解也”。[1] 他真的如他一再自负的，临大事很有定见？溥仪《我的前半生》是作为一部“认罪书”的立场供状，可以征引的史实与判断不多，但有些大脉络可以参考。比如他曾经提及在当时小朝廷以及逊帝出处的问题上，郑孝胥“好像哪一派的主张他都赞成过，也都反对过”，[2]

---

[1]《郑孝胥日记》，第四册，第 2342、2343、2344、2345、2347、2348、2350 页。

[2]《我的前半生》，第 137 页。

很值得玩味。

郑孝胥对中国固有之"旧学"是有感情的，也有一定自信其"他日必将大明于世"，但一味认定"东方道德文学"为"欧美所未能"，而东方尤其日本已经尽通西方之学，未免过于自信（日记1934年4月16日、5月6日）。[1] 所谓"圣人以人禽同为动物，而人性相爱，禽性相残。今因种族国际之争，相残不已，是失其人性也。凡人类所为，不可行之一身者，亦不可行之于国。此王道也。且昔日之战争犹顾及道德，今则害及于非战与无辜者，是而可忍，孰不可忍乎"[2]——他口口声声宣说此论时，难道从未曾想及日人在中国土地上的杀戮又有何道德可言？此时面对刀兵高谈道德，未便遽称迂腐，至少也是时机不对。

郑孝胥从亡废帝的确出于他理性清晰的自我选择，而非仅抱持对于逊清的一腔孤忠。他之视"平等"为"乱阶"，以"尽职"二字为人类教育根本的想法（日记1928年11月5日），与其政治理想本质一以贯之："内修政务，使天下归仰"（1935年2月3日）。"共和"在理念上并非不好，却需要极高的国民基本素质，他痛恨"破坏旧道德使人类等同于禽兽之状"（日记1932年5月2日）的时局，"莫问沉沦从亡者，穷奇、浑敦尚滔天"（1931年6月5日）。在郑孝胥"共和—共

---

[1] 对于"智育之过"的反思，当时颇有其人，例如日本精进会会长川村理助。《郑孝胥日记》1935年9月13日，第五册，第2589页。

[2] 《郑孝胥日记》1934年6月4日，第五册，第2529页。

产—共管"的一脉相承中，他的政治选择明显包含了"两害相权取其轻"的味道。只是面对绝非他一厢情愿所能的日本军国势力，他的"理想政体"——"王道中国"事实上只能徒托空言。面对"不学妄人，戕贼王道"（日记1932年9月4日）的日本浪人，他不也只好敢怒不敢言？这或许就是他被时人认为"论事好"而"办事差"的根本原因？书生论政，尤其过于清刚英锐者，真正介入污秽扭曲、走三步退两步的现实操作，他们更经常"一失足成千古恨"，例如仅凭扶起废帝宣统能否"救中国之乱"（日记1932年10月27日）。"王道如日之中天，日光生长万物而无所分别者也"（日记1935年6月22日）作为理念极为美好，问题的关键仍在如何践行、落实，能否践行、落实。自然这依然是时代的共业，沈阳事变之后的蒋介石政府不是同样在呼吁"以公理对强权，以和平对野蛮"？人类历史上何时真正出现过"弱者的王道"？

某种程度上确实不必过高估计郑孝胥那代"遗老"或"遗民"坚持"王道政治"的价值取舍。他们中有相当一部分，是出于生命的惯性选择了这一选择。关于古典政治或现代政治的优劣，深思熟虑者未见就多。尽管当年设计中的"王道大学"（日记1935年6月22日）如果梦想成真，无疑就是中国第一所"古典政治学院"。

不能说郑孝胥对自己的"理想主义"毫无反省，例如任职总理八阅月之后他曾向溥仪辞职，以为自己的长项不在具体政务，而是"收人心、结豪杰"（日记1932年11月21日）。也正因为自蹈危地, 郑孝胥对于日本的认识又有其清醒之处, 例如当陈宝琛 (1848—1935) 犹在希望 "习见谦光笃善邻" 时, 他回应的和诗却泠泠然见得 "榻傍未可容酣睡, 海内谁云等比邻", 希望对方 "应杖新诗悟国人" (日记 1932 年 12 月 16 日)。对于伪满洲国一直并未获得日本施恩的 "独立", 他是甚为清醒的 (日记 1936 年 11 月 30 日)。

1933 年 2 月 14 日, 郑孝胥迎来他一生最锥心的丧亡之痛, 七十四岁他失去了四十七岁的长子郑垂, 据说为日人毒杀。"中道摧丧, 年四十七。辛未十月初一日俱出天津, 当时诚有奋不顾身之概。志业未遂, 乃殁于长春, 我当竟尔之志", 在日记中他仍然节制冷静, 在《哀垂》中他依然强硬坚持, 只是 "汝当目不瞑, 吾当持众雏" 的发愿对于行将油尽灯枯的老人, 无论如何都是苍凉到发抖。尽管他深自自负自己 "年过七十而精爽犹若壮年" (日记 1932 年 8 月 28 日, 至 1936 年 1 月 30 日还特意记下零下 27 度低温之下他人皆 "觳觫拥外套", 自己 "特围领巾而已"), 尽管 1934 年 2 月 13 日除夕, 他居然还能设想自己引退之后换得十年闲居, 寿至百零一岁, 而成 "千载奇事"。犹如他 "行年七十六, 自诩好身手。千秋寒酸徒, 岂易觅吾耦。造物定何意, 留此老不朽。知我者天乎, 问讯堂下柳" 的得意洋洋, 他的自我感觉经常好到错位, 至有 "满洲建国之迹以夜起庵为最, 庵叟庶几冥行而不迷者乎" (1937 年 2 月 10 日除夕)。他没有料到自己在一年之后将如儿子一样, 谜一般地 "暴卒"。

犹如他的风华在青壮年最为炫目，终其一生，郑孝胥对于
"极有思致，且典赡含文采"（日记 1932 年 4 月 6 日）的美丽
辞藻均有一惺惺相惜的自然敏感，甚至对于"直谅可取"（日
记 1932 年 6 月 5 日）的道德风范他也一直持续了年少时特有
的锐利辨识，他甚至会忠实记录友人对自己"不求人才，而二
子傲横，物议纷然，颇失众望"（日记 1932 年 7 月 12 日）的
指责。[1] 然无论文采还是笔力，他均未做到"人书俱老"，从
"泼天脂粉，斜阳艳绝"到"风酣日丽，万绿怒生"，[2] 其最美艳
的风致保留在了早岁英华秀发的"秀才""华才"之象。1937
年 10 月 23 日，面对业已全面展开的日本侵华战争，郑孝胥犹
自梦梦："日本宣言非敌百姓，此举效力甚大，天性感动之力，
非学问所能及也。"[3] 或者此语正是他到底是诗人、到底是文人
的佐证？"王道政治"之不得不徒托空言，正与此理想主义有
关。政治包含人性问题，政治又不能全幅依仗人性解决。面对
"意气当时几许狂，堪憎老境债教偿。残年况味浑参透，只是
生离死别忙"[4] 的暮气渐深，一生负气的郑孝胥是否也萌生过悔

---

[1] 但同年 9 月 4 日，他又毫不掩抑自己对于二子职务之事的强硬态度，并
    且抱怨此乃是日本人欲驱逐所至，其"负气"之行依然故我。《郑孝胥
    日记》，第五册，第 2405 页。
[2] 前为郑氏上海龙华赏樱花语，后为奉天公园赏杏花语。参见日记 1919
    年 4 月 3 日、1937 年 5 月 12 日，第四册，第 1777 页；第五册，第
    2670 页。
[3] 《郑孝胥日记》，第五册，第 2690 页。
[4] 《郑孝胥日记》1933 年 7 月 20 日，第五册，第 2471 页。

意？他再次幻想着全身而退？历史却没有多少退路可言。上诗之作的前两天，1933 年 7 月 18 日，他还留下了如下两绝：

> 玉佩琼琚困絷羁，逃虚入海更安之？孟郊老去歌铜斗，却羡翻船踏浪儿。

> 渐苦龙沙岁月深，只将梦想寄山林。海波汩没无人处，安得成连为鼓琴。[1]

笔者陡然忆起 1904 年 2 月 1 日龙州任上，年在不惑与天命之间的郑孝胥看到"园中五色蝶妍艳异常，又有白、黄二蝶，交尾而飞"，诗人忍不住如孩童一般"手扪黄蝶之翅，落粉如泥金，甚奇"。[2]

庄生晓梦，望帝春心，只有这一刻，才是属于诗人郑孝胥的涅槃。

---

[1]《郑孝胥日记》，第五册，第 2471 页。
[2]《郑孝胥日记》，第二册，第 925 页。

第四编
家族式微与个我挺立

海州大鼓百年史略

第四编

本辑主人翁是大体可算两代人的两位老祖母——曾纪芬（1852—1942）和陈卓仙（1887—1964）各自的父亲（曾国藩）和儿子（唐君毅），均堪称各自时代的"完人"，且这父亲和这儿子各自用不同方式诠释了儒门最好的传统。但更令人惊奇的是，两位基本都未受过正规教育、一生居宁内帏安处"良母"身份的女性同样提供了让人惊叹的精神世界的个我挺立。

柒 从《曾国藩家书》到《聂氏家言旬刊》：曾纪芬及其传统

一、家族文化传承与个体信仰抉择

被容闳（1828—1912）誉为"清朝第一流人物"的同治中兴柱石曾国藩（1811—1872），这位因镇压"拜上帝教"的"太平天国"得以名垂青史的名教名臣身后，他的家族后裔在信仰生活的抉择问题上发生了"离经叛道"的令人瞩目的鲜明转换。有关基督教方面的考察，已有学者关注与研究。[1] 而本

---

[1] 参见孙尚扬《曾国藩家族与基督教》，载《中国农业大学学报》（社科版）2009 年第 1 期。

文的撰写旨趣更在，发生于近代中国这一精神领域的复杂现象，其与儒教文化尤其家族文化的式微变迁之间，如何试图给出更为恰当的诠解。

如就个体精神价值的趋向而论，曾国藩本人无疑该算颇具反省精神的"醇儒"一流，尽管据说曾的妻子欧阳氏是位颇为虔诚的民间意义上的佛教徒（详见下文），曾本人也多少接触过佛典，只是似乎并未生发信仰层面的兴趣。[1] 而对于类乎"迷信"的民间巫术，曾国藩的厌恶与反感似乎从不掩饰。[2] 他自己信奉的精神生活模式则是"每夕登楼祷天。不设香烛，惟有一拜垫而已"。[3] 自然此种"每旦晚仿邵子告天做功夫"[4] 的儒门传统并非罕事，宋明清以来就史不绝书，遑论清初还出现过许三礼之类的"告天教"。虽然"上帝临汝，无贰尔心""小心翼翼,昭事上帝"[5] 的传统呈现在中国人的日常生活作为仪式一直或远或近或明或晦，周代之后更为强调尊祖敬宗的礼制所

---

[1] 记载周详的曾氏日记中于此类事曾略有写照，兹不赘述。

[2] 曾纪芬《崇德老人自定义年谱》中记载，咸丰七年（1858）曾国藩曾因弟媳（忠襄即国荃夫人）为宅地不吉"延巫师禳祓"的行为"怒斥之"，此举似乎对兄弟情谊颇有影响。笔者所采年谱为铅印本，曾家后人所赠，本文相关资料均出此版本。

[3] 见曾纪芬《崇德老人自定义年谱》"同治二年"条，第24页。

[4] 许三礼：《天中许子政学合一集》，《四库全书存目丛书》子部，台南庄严文化事业公司，1995年，第526页。

[5] 语出《诗经·大雅·大明》。类似表达还有《鲁颂·閟宫》中的"无贰无虞，上帝临女"。在强调修身的宋明清初儒者当中，此类警戒绝非个别现象，例如李塨。参阅王汎森《日谱与明末清初思想家》上，复旦大学出版社，2004年。

制约，[1] 历代亦不断受到各种异域宗教的影响或冲击，然在祖先崇拜之外，中国人似乎始终也并未因此失却一份对于那个很难"强为之名"的"超越者"的独特敬畏与感恩。

　　本文的关注对象主要集中在曾国藩的幼女曾纪芬（1852—1942）、外孙聂其杰（1880—1953），并兼及其曾长孙女曾宝荪（1893—1978）的信仰抉择以及具体的独特的日常处境。曾纪芬、聂其杰身为母子，二人在一生中却分别经历了"叛教"：前者从佛教徒转为基督徒，后者从基督徒转为佛教徒。发生在"我家祖训，不信僧道"[2] 的曾（聂）家后人身上，"皈依异教"本身就是个不小的"文化事件"，遑论"叛教"！更何况，曾（聂）两家共同的精神偶像曾国藩本人的郁郁而终即跟 1870 年"天津教案"之后饱受非议、自觉"内疚神明，外惭清议"直接相关。[3] 笔者认为，这一发生在近代中国的个体认信抉择的背后，与传统中国家族生活方式与文化理念的改变与式微颇有关联：这独特的一幕，既标志着中国人的精神世界中"个体意识"日益鲜明，亦示显为儒家文化的生长性与包容性——而非某些研究者所断言的仅为"提升作为一个整体的家族集团之利益，而对个体性的终极问题（如死后归宿、个体的不幸与苦难、个体对各种不确定性或无常的担忧或焦虑等）则较少给予

---

[1] 参阅王国维《殷周制度考》，《观堂集林》卷第十，收入《王国维遗书》（二），上海古籍出版社，1983 年。

[2] 曾宝荪语，参见氏著《曾宝荪回忆录》，岳麓书院，1986 年，第 7 页。

[3] 参阅李提摩太《亲历晚清四十五年：李提摩太在华回忆录》，天津人民出版社，2005 年。

切实深入的关注"。[1] 但这独特的一幕却更暗示了失却"家族依托"的中国人的某种精神重构中的焦灼与沉重。尽管将民国年间的"宗教热"释读为"在于彼时国人认识到非适宜的人文思想不足以救中国，而宗教作为人文思想之有机成分，也就不可避免地成为人们讨论的一个主题。有人提倡，有人反对，有褒亦有贬，宗教思潮由此引发"[2] 并非毫无道理，然而更为细腻与个体的考察，例如基于信士的社会身份与文化背景的因素造成的具体认信过程的分析尤为必要：宗教毕竟首先完成的是个体生命的精神救赎。

光绪元年（1875），曾家"满女"（湖南方言"小女儿"）曾纪芬（1852—1942）因适逢同治国丧，"仅备仪仗而未用鼓乐"，[3] 嫁与衡阳聂缉椝（1851—1911，字仲芳）为妻。衡阳聂氏家族从清代中叶直至民国，发达数百年之久，[4] 在政治、社会与文化多重意义上于湘省都已与曾家一样堪称"望族巨家"。聂缉椝本人在晚清官场也算显赫一时，历任江南制造局总办、上海道台、苏松太道、江苏巡抚、安徽巡抚、浙江巡抚……可

[1] Yang C. K., *Religion in Chinese Society: A Study of Contemporary Social Functions of Religion and Some of Their Historical Factors.* Berkeley, C.A.: University of California Press, 1961, pp.301-302. 孙尚扬《曾国藩家族与基督教》亦认同这一见解。
[2] 参阅张钦士《国内近十年来之宗教思潮》"序言"，京华印书局，1927 年。
[3] 曾纪芬《崇德老人自定义年谱》"光绪元年条"，收入《崇德老人纪念册》，第 30—31 页。
[4] 所谓"衡山聂氏，盛自乾嘉，科第连翩，里闾称羡"，参见瞿宣颖民国二十年（1931）为《崇德老人自定义年谱》所作序言，转引自《曾宝荪回忆录》，第 3 页。

谓巡遍江南，一代名宦。在彼时政坛论及口碑，聂缉椝有着
"才大心细，精干廉明，为守兼优，局量远大"[1] 的上佳评语。
聂、曾两大家族的儿女联姻在情理之中。这段基于"父母之命
媒妁之言"的传统婚姻甚至大体堪称"幸福"。[2] 曾纪芬为聂
家生育了众多的儿女，家庭生活详情见诸《崇德老人自定义年
谱》。同样依循中国传统"门当户对"的缔姻原则，其儿女辈
之结婚对象中又多名门之后，[3] 这还不算外戚与孙辈中的出色人
物。[4] 所谓"媳皆系出名门，能色笑承欢；婿皆一时才彦"[5] 的
说法乃为实事求是，《年谱》中写得清清楚楚。

　　长寿的曾纪芬见证了晚清—民国近百年的许多悲欢，而
身为那个时代为人艳羡的"名父之女、名夫之妻、名子之母"，
她所身处的曾、聂两大家族如同近代以来传统中国许多生活模
式与文化理念一样，无可避免经历了式微、崩解直至消散。作
为首当其冲的亲历者，这些家族后裔虽无法称之为严格意义上

---

[1] 此为曾国荃语，参阅《仲芳公轶事》《聂家花园，百年春秋》，收入《崇
　　德老人纪念册》。
[2] 于此笔者在拙作《青瓷红釉》一书中已有分梳，参见《传统的幸福与幸
　　福的传统："崇德老人"曾纪芬》，福建教育出版社，2010 年。
[3] 例如女婿翟宣颖为晚清军机大臣瞿鸿禨之子；女婿周仁为中科院上海分
　　院院长、上海科技大学校长；二儿媳左元宜为左宗棠的长孙女；十儿媳
　　李敬萱为李翰章的第九女……其他详见《崇德老人自定义年谱》。
[4] 例如著名弹道学专家俞大维就是曾纪芬的内侄女曾广珊——即曾宝荪之
　　嫡亲姑母——的儿子，与曾宝荪是姑表姊弟。俞大维的第二任妻子则是
　　大学者陈寅恪的妹妹，也即光宣诗坛的著名诗人陈三立的女儿陈新午，
　　亦为山阴俞氏家的外甥女（其母即俞大维亲姑母俞明诗）。
[5] 参见《崇德老人高寿厚福之由来》，收入《崇德老人纪念册》。

的"文化托命"之人（例如陈寅恪《王静安先生遗书序》所描绘），却同样亲领了这文化断裂中的具体伤痛，而一种社会文化的整体精神气质的维系或丢失，又和这些貌似寻常的中间、中坚阶层的存续紧密相联。数千年来"修齐治平"的"身—家—国—天下"的层第结构对中国人的社会、政治、文化生活影响根深蒂固，"家族生活"以及由此而形成的"家族文化"的延续对于中国传统伦理格局、社会结构乃至政治运转、文化模式影响之重大不言而喻，其解散之后所造成的文化重组与精神裂变同样可想而知。本文的论述重点即将围绕曾纪芬以及其子聂其杰的宗教生活的转变展开，兼及其侄孙女曾宝荪，借此探索"家族生活"与"家族文化"的式微与衰落对于中国个体宗教认信的影响与催动——这一问题所包蕴的意义，对于当下国人的精神生活依然具有参考价值。

二、《聂氏家言》与家庭"集益会"

由于父亲聂缉椝的早逝（1911），亦源于个人才具的突出，对于进入民国之后的聂氏家族而言，曾纪芬之子聂其杰（号云台），这位日后上海总商会第一任会长（1920）此刻无疑成了这个望族之家实际上的领袖人物 [1]——在民初商界，聂其杰的资

---

[1] 聂氏家族对聂其杰的看重，似乎其出生之时就已奠定。曾纪芬曾梦见麒麟，查阅梦书而谓为主"名闻天下"，故聂其杰乳名"祥儿"。参见《崇德老人自定义年谱》"光绪五年"条，第34页。

望经验确实也都颇受社会重视。[1] 如果说他的母亲作为曾国藩的女儿理所当然依旧是家族的精神象征，在 20 世纪初叶繁丽华缛的上海滩主持实业，却又不断奔走出版聂、曾两家的先德祖述之言，乃至有《聂氏家言旬刊》（曾用名还有《家声》《聂氏家语》等）这样稀奇的文化产物出现，聂其杰无疑一直是这些文化事件真正的主持者与实践者。能为家庭教育而创办《聂氏家言旬刊》，聂其杰此举也的确只能发生在 20 世纪前期的上海，更只能发生在聂、曾联姻所形成的这个家族特有的"家族文化"的氛围之中——却又同时示显为这一"家族生活"与"家族文化"的危机，甚至其本身就是对抗这种危机的一种应机反应。

旬刊前身《家声》第一期出版于民国十三年（1924）8 月3 日，"发刊词"出自聂光墀（聂其昌子，大排行第四[2]）之手，其中历数了聂氏家族出版"家刊"的过程：

> 忆昔民国六年夏，吾家曾发行家庭周刊一种，名曰进德周刊，其宗旨以发表个人思想、联络情谊，意至善也。惜同人因课务繁冗，出版仅六星期而止，越后，虽复有人提议继续进行，迄未克如愿。七年春，光墀等乃有童子周刊之组织，九年春光地等又有仁勇团周刊之发行。然人少事繁，亦皆等于昙花一现。

---

[1] 参见熊希龄《为请张菊生、聂云台于中日兴业公司任职事致上海叶揆初电》（1913 年 10 月 29 日），《熊希龄集》（四），第 354 页。

[2] 见《崇德老人自定义年谱》"光绪三十年"条，第 47 页。

　　尽管家教隆重的传统之下中国历来不乏"家训""诫子"之类著述，"进德""仁勇（团）"的命名也见出鲜明的儒学倾向，然较之《颜氏家训》"整齐门内，提撕子孙"的威势与尊严，聂氏《家声》创刊伊始即呈示出截然不同的定位。如上这段话，鲜明体现了聂家更为年轻一辈人受"新文化"思潮影响，例如在"进德"的号召下意在"发表个人思想"，"童子周刊"的意图更是昭然若揭——新文化运动甫一发生的民国六年（1917）夏天他们就有了这种敏感与冲动，试图在家族内部促进某种"个体觉醒、自由意志"的新式文化生活，这本身似乎就暗含着对中国传统家族生活及其文化样态的一种反动与反思——这在下文将要详论的聂其杰《与某侄论新旧文化书》中更可看出，"老辈老成"与"新学小生"之间的必然的摩擦冲突果不其然。但此际聂氏家族之所以如此看重出版家刊之事，却又与其试图巩固、稳定、深化家族关系与伦理情感的现实关怀密切相关，乃为"家人分居各地，家中情形常有隔膜之患，而同人等又多终年在校，聚首之缘既悭，感情因以日疏，兄弟姊妹转不若校友之亲密"。这样一种对于维系"分形连气""立爱以亲"的古典生活的"家族焦虑"，在《家声选刊》民国十四年（1925）付有正书局出版时戈公振（1890—1935）所做"序"中，更从文化史的意义尤其彼时"家庭制度"迭受批判的现实处境出发，表露无遗：

　　　　海通以来，欧风东渐，国人眩于欧美国力之富，其人

民生产力之强，又鉴于我国游民之多，一人操作所获，多
数人赖之而食。以此为旧家族制度之诟病，于是盛倡小家
庭之论，又进而为家庭革命之说，此固时势推迁之反动，
而有所必至者。然天下事固未可一概而论，吾辈要当熟审
中西新旧之短长得失，平心而论断之也。

抨击家族制度的弊端，实行"家庭革命"的提倡风靡一
时，连熊十力那样的大儒都要攻其一点不留其余。[1] 这些时代
强音让"家声"的出现莫名显出一种挽歌的味道。戈氏在该序
中又断《家声》乃"聂氏一姓之定期刊物"，宗旨在"联络家
庭之情感，而切磋其道义"，这一形式更是"在吾国为创见，

[1] 熊氏《与梁漱溟》（1950 年 5 月 22 日）尝言："伦理在古圣倡说，只是
教条，亦可云德目。垂此教条，使人率由之，久之多数人习而成化，固
有可能，然不必人人能如是也。若云社会制度或结构，中国人之家庭组
织却是属于制度或结构者，尊书似欲讳此弊，而必以伦理本位为言。其
实，家庭为万恶之源，衰微之本，此事稍有头脑者皆能知之、能言之，
而且无量言说也说不尽。无国家观念，无民族观念，无公共观念，皆由
此。甚至无一切学术思想亦由此。一个人生下来，父母兄弟姊妹族戚，
大家紧相缠缚。能力弱者，悉责望其中之稍有能力者；或能力较大者，
必以众口累之，其人遂以身殉家庭而无可解脱，说甚思想、说甚学问？
有私而无公，见近而不知远，一切恶德说不尽。百忍以为家，养成大家
麻木，养成掩饰，无量罪恶由此起。有家庭则偏私儿女，为儿女积财富，
以优养骄贵。儿大则爱妻子而弃父母，女大则爱丈夫与其所生子女。人
类之卑贱与残忍以至于此。余痛此习不革，中国无可自强。吃苦，自立，
不图安逸，不存私心，如此，则剥削之邪心消灭，达于德与廉耻矣。尊
书巧避家庭本位之丑，而曰伦理本位，做好文章果何为者？此好文章只
是你个人的德性表现与人格表现，而何预于中国社会？"参见氏著《熊
十力全集》第八卷，湖北教育出版社，2001 年，第 651—652 页。

即在欧美新闻事业发达之国，亦未之前闻"——后者的原因当
然在"西俗尚小家庭"故无此可能。至于前者，所谓家庭（家
族）中能够"联络情感，切磋道义"，这一目的《家声》是否
能够如愿达成呢？按照日后"此小小旬刊并未登报发行，惟友
人辗转传布而流通"（转引自曾纪芬口授、聂其杰拟稿《老太
太覆美友贾太太书》，载《聂氏家言旬刊》第 137 期）的情况
判断，实则《聂氏家言》同时也蕴含了"拯世济民"的辐射性
的社会意义。例如后期《家言》明言"邮局挂号认为新闻纸
类，每年收费二角"。

　　创办家庭刊物之外，聂氏家族巩固、挽留、保全家族生活
的举动，还不能不提到极富特色的"家庭聚会"：集益会。

　　《聂氏家言旬刊》第 105 期（民国十五年即 1926 年 10 月
31 日）登载了第一次聂氏家族"家庭集会"的详细情况，内
容包括聚会与会者的身份、集会命名（"家庭集益会"）、集会
时间（每周"星期日下午二时半"）、举行会所（"辽阳路崇德
堂宅"），甚至还规定了集会职员（"设干事一人，记录会议言
辞，执行议定事件"）与议事规则——这难免让我们猜测长于
商业运作的聂其杰（其时他本人正是这种系列"集会"的实际
主持人）将某种公司工作会议的风格带入了家庭集会。不过，
也许只有回到这样的"历史现场"，我们才可依稀真实体会传
统中国"修身—齐家"何以能与"治国—平天下"的理想构成
一种内在的理路一致性。聂家第二次家庭集会记录表明，这种
集会规模多在二三十人，不仅与会众人热烈发言，"老太太"

（曾纪芬）更是必然告谕，且每每还有集体唱诵诗歌以表"歌诗习礼"之意。聂其杰尝谓，此种家庭集会之倡办，乃"仰体慈意"即曾纪芬的心思，这话应不全为客气：曾纪芬所承载的曾、聂两家的家族文化记忆以及她本人所受到的教育与生活习俗（详见下文），无疑都让她在 1920 年代中期这个让人焦灼的混乱时代更为看重乃至坚持"家族生活"的维系与强化——据《崇德老人自定义年谱》，聂家此次迁居（搬到"辽阳路崇德堂宅"），即为"所居威赛路旧宅太大而各房复不能聚处，乃别购此宅，凡为四所。除其焜其炜外皆居是处"，[1] 迁居行为本身就是渴求重建"家族生活"的产物。何况此类家庭集会经常确有集思广益的现实功效，对于解决家庭问题、家庭成员之间互帮互助起到一些实际作用。[2]

然若平心静观聂家这一系列家庭集会的举办与记载的具体内容，感动之余，更颇能让后世我人见识到传统中国巨家望族越来越趋于沉重而无奈，虽然缓慢但无以挽回的倾颓与衰落，无论他们如何试图减速——例如第七次家庭集益会上，"老太太"曾纪芬对于彼时劳工例假制度逐渐发达的反应，就是要求家人"练习服劳，自己受用不浅"："我辈若不习劳。使自己能

---

[1] 见《崇德老人自定义年谱》，"民国十五年"条，第 54 页。曾纪芬是年七十五岁。

[2] 例如某次集会之所以宣讲《择业之指导》，聂其杰道是因为"今岁家中有大学毕业者多人，有此问题待决，欲得老成有经验者之指导，俾有所率循云"，给出的具体意见则包括"忠实、敬谨、勤劳、谦卑、择友、学养"。参见《聂氏家言旬刊》152 期（民国十七年即 1928 年 2 月 6 日）。

生产，他日必有饥饿之时，悔无及已。"（《聂氏家言旬刊》第
109 期，民国十五年即 1926 年 12 月 9 日）

作为曾门之女与聂家之妇，曾纪芬继承于父辈的具体精神
资源下文再叙。对于聂其杰，生长于父系文化依然作为主流的
过渡时期，衡阳聂氏流传有绪的家族记忆的德艺芳馨，对于他
维系这一家族文化传统无疑成为一种重要的资源与动力。

聂其杰之祖，即聂缉椝之父为聂亦峰（尔康），咸丰癸丑
（1853）翰林，历任广东石城新会知县、高州府知府。《聂亦峰
先生为宰公牍》跋语出自聂家女婿瞿宣颖（1894—1973）之
手，[1] 其中称道作者"积德累仁，治谱传家，蕴之有素，有如是
者"。聂亦峰本人的自叙则描述自己为宦之审慎尽责，"惟恐上
负国恩，下孤民望，玷清芬于祖父，贻恶报于子孙"，又说即
使审理公务之时"虚心听断，实力讲求"，也难免"清夜自思，
神天可质，而信心之处即系歉心之处，暗中过失，负疚良多"。
《亦峰公办理新宁余李两姓械斗案纪略》[2] 则出自其子伯元之手，
对父亲"恤民如伤"的廉吏心理描绘兹详，又多处强调其"虔
祷于神，誓无枉屈"的宗教信靠特色。聂其杰所附加案语，亦
明确了祖父"深明天道，笃信神祇"的信仰选择（具体而言神
祇则是道教之神吕祖即吕洞宾）。不过，这一对于翰林硕儒似

---

[1] 该书初刻于同治二年（1863），重刊于民国二十三年（1934）十一月。
本文引征出自民国三十二年（1943）十月再版。两次"重刊略例"均出
自聂其杰之手。

[2] 收入《崇德老人纪念册》。

乎略显无稽的神道信奉落实在公务生活中的具体表现，在以
"极和平方法化大为小"的行为背后，体现的则是"极诚恳之
态度"，"存心忠厚，不为十分快意之举"：其实，依然是儒家
特有的"反求诸己"的道德本色。

　　如上追忆之文出自至亲之手，虽然难免个人观点的渗入，
但大体记载应当接近事实。此种"三教合一"乃至"多教合
一"的信仰模式对于明代之后的中国似乎越来越普遍，不足为
奇，"儒门淡泊、收拾不住"的局面早非新鲜事，儒（尤其心
学）、道、释之间互相借鉴、汲取与改造不仅非常常见，而且
显出必要。何况入主中原的满族权贵又将萨满教等民族宗教带
入中国。尽管具体操作有清一代汉人均无缘窥其堂奥，但彼时
受到主流意识形态制约，至于旧有新封的神道数不胜数，"鬼
神遍天下"，[1] 则难免中国人的宗教生活在儒道释的基础上更加
面目模糊而又异常驳杂。时值晚清，甚至彼时王闿运那样的一
时名儒、名士，甚至之后邵元冲、张默君这样的民国政要、诗
人，都具备这种"兼容并包"的精神构架。[2] 而若要追溯本文
的论述对象，衡阳聂家此种微妙家风的具体养成，后世我人自
然不能不稍微回望那位以一介布衣草民身份而其《诫子书》却
入选《皇清经世文编》的"乐山公"聂继模，他是这个三代进

---

[1] 参阅朱维铮《清代的"神道设教"》《武圣怎会压倒文圣》《纪昀与"神
　　道设教"》诸文，收入氏著《重读近代史》，中西书局，2010 年，第
　　181、192、193 页。
[2] 参阅《湘绮楼日记》《邵元冲日记》《大凝堂集》。后者本书已有专文论述。

士、两代翰林、以乐善好施而知名远近的衡山望族的第一位奠基人。当然，读者同时需要警惕的是，在基本由聂其杰一手"包办"的"家族史"叙述中，中年之后皈依佛门的他难免会将其个人认信的宗教因素带入，例如强调父亲聂缉椝"秉先祖遗教，深信因果"，"誓修众善以祈天佑"，[1] 对于七世祖聂继模的追忆，亦复如是。

聂继模生于康熙十一年（1672），在后世子孙撰写的《乐山公事略》中，这位老人"积学能文而不应试"，生平所依无非一民间草医身份，且曾经历经营不利、药店被窃至于关门大吉的种种坎坷。但"好善乐施"的老人却能够在疫病流行之年赈济贫民、泽被禁犯、"全活甚众"，以其盛德博学为自己以及子孙后代赢得了良好的处境乃至"人脉"——衡山县令所谓"翁存心救人，吾无以报公，当教汝子读书成名，即所以云报也"的许诺。在乐山公六十六岁率子入京会试、七十七岁率子入京铨选途中，又屡次济人危难、施药疗疾——于此他的七世孙聂其杰忍不住感叹："放下自己要事，以救他人，最为难能。"而后述及老人八十多岁之后仍为生产危急之病患深夜冒雪出诊时，聂其杰强调的仍然是祖先这种"舍己济人之心如此真切"的高风亮节。《大学》中所谓"仁者以财发身，不仁者以身发财"的理念，是要一以贯之在聂其杰诸多著述讲论中出现的，此意下文还要详述——之所以聂其杰如此推崇《大学》，

---

[1] 参阅《仲芳公轶事》，收入《崇德老人纪念册》。

熟悉曾国藩著述言论的读者自然明白，这本身就是"家族文化"的守持与传承。

出自聂继模自家手笔的《诫子书》（具体作于聂八十岁左右，所谓"八旬老翁"云云）是写给时任陕西镇安知县的儿子聂先焘的家书，这份被誉为"知民教士之法"的私函让后世读者深刻见识了传统中国一个普通士人的家国责任、济世情怀、担当精神——一种鲜明的儒者风范——此函不仅当时为陕西巡抚陈宏谋（1696—1771，谥文恭，桂林人）一见即大为称赏，至于"刊发通省官厅，以资策勉"。陈还曾三评此信，初谓"表里雪亮，根底深厚，人情物理无不洞悉入微"，再谓"理足词挚，真切有味"，更谓"只此一篇，抵过著书数十卷"。此函惠人之深的另一证据，是两百年后的 1938 年 3 月 29 日，远迁蒙自的西南联大历史系教授郑天挺（1899—1981），偶读《历代名人家书》，尤对收入其中的《聂继模诫子书》印象深刻，以为"事简责轻钝人志气"一句正合今日光景，尽管此时他对这对父子的字号、爵里皆无所知。[1]

《诫子书》中首句就是劝导儿子"在官不宜数问家事"，盖为"道远鸿稀，徒乱人意"，甚至为免儿子挂念，直承自己与老妻已经习惯儿子常年离家，"岁时伏腊，不甚思念"，即使目前儿媳、孙辈随子赴任而"未免增一番怅恋"，然"想亦不过一时情绪，久后渐就平坦"；次诫儿子为县小、山僻、事简、

---

[1] 参见《郑天挺西南联大日记》，中华书局，2018 年，第 45 页。

责轻"最足钝人志气"，因此要"时时将此心提醒激发"，若果"偷安藏拙"则"日成痿痹，是为世界木偶人"——老人视此为儿子"下半生事"。在一位儒家传统的父亲眼里，儿子的身命理所当然是"民社之身"，移孝作忠乃理所当然之事；对待高年父母，要点则是"以善养不以禄养"，莫因草菅民命而使得"数千里外老人魂梦作恶"。至于这封家书中具体谈到如何避免滥杀无辜、全活百姓，似乎已经让我们远迢迢看到了再几代之后的聂家传人聂亦峰处理"新宁余、李两姓械斗案"时的"为"与"守"：其为，使得丧亡近两千余命的"弥天巨案，未刑一人而得了结"，盖为"两姓皆惩创已深，不堪再加刑戮"；其守，则为如此"恤民如伤"的行为屡被制军驳斥不允，聂亦峰至于"抗秉至第五次坚持不移"，不得已"制军始批准"，然仍"大不谓然"，认为聂"优容轻纵"，至于之后聂"闲居两年，不见制军面"。

显而易见，以聂家几世祖孙的经历而言，"自天子以至于庶人，壹是皆以修身为本"，"尽所当为"四字有着充分的传统的依凭与理则的力量，传统中国的司法生活也曾手按"圣经"发誓，这"圣经"以儒教经典为主，尤重因果，重中之重则在传统士人"化民成俗"这一无可推诿的担当。[1] 然而，到了聂其杰兄弟的父亲聂缉椝，这位江南名宦身后至于留下"聂家子

---

[1] 如《诫子书》中所言："此辈犹痰，乘虚火而生。火降水升，仍化为精。痰与精岂二物，顷刻变化如此。天下无德精而仇痰者。皆自吾身生，在反身而已。"

孙再也不要做官"的遗训，似乎意味着晚清中国政治腐败与混乱导致的士人"德政"理想的彻底崩溃？甚至即使在聂亦峰的世代，这种矛盾也已经非常明显，所谓"终因方正不肯逢迎，至投闲置散以终"。儒家理想在现实处境中的日益没落，是否又是促使曾纪芬、聂其杰们改宗换教的内在深层原因？这里或许也关系到儒教文化近代之后日益与政治体制剥离而后必然的式微与贫弱？[1]

《聂氏家言旬刊》的出版至少持续到 1928 年。伴随着老辈的陆续凋零，晚辈的各奔东西，"家族"首先在空间意义上注定离散为个体，即使在惯性的情感维系上还有所保留。实际上，家族生活的实际解体促成了个人宗教认信的焦灼与自由同时得以鲜明凸显，两者之间存在着某种深刻的联系。

三、从基督到佛教: 聂其杰的宗教认信

聂其杰个人的人生际遇很难说得上平常意义上的"顺利"与"幸福"，尽管他是曾国藩的外孙，衡阳聂氏在聂其杰出生即他父亲的仕宦时代也登上了这个百年望族的巅峰时期。

聂其杰是聂缉椝和曾纪芬所生第四子，1893 年中秀才，短期留学美国后回国致力于"教育救国，实业救国"——这是

---

[1] 刘小枫《儒教与民族国家》(华夏出版社，2010 年) 中悍劲淋漓的分析尽管常有激烈之处，对于反思这一原因确实大有帮助。

那个时代特有的最强音，"入世"的聂家公子概莫能外。他的大致的实业历程如下：1904年担任复泰公司（经营纺织工业）经理、华新纺织局董事。1905年担任复泰公司总经理（此时聂家拥有复泰60％股权）。1909年收购华新，接办恒丰，担任恒丰纺织新局经理。恒丰纱厂在中国纺织界有史以来第一个将蒸汽机引擎改为电动机，其魄力手段惊艳一时。1919年筹建大中华纱厂。1920年任上海总商会会长和全国纱厂联合会副会长。1921年前后，聂其杰还分别与人合作创办了大通纺织股份有限公司、华丰纺织股份有限公司、华丰纱厂、中国铁公司、中华劝工银行、上海纱布交易所、中美贸易公司……实业发展以外，1915年聂其杰创办聂中丞公学（1941年更名缉椝中学，1951年更名上海市东中学），1917年与蔡元培、黄炎培、张謇等人发起组织中华职业教育社，并在上海开设职业学校。

1923年大中华纱厂建立，拥有纱锭4.5万枚，规模设备堪称当时一流，被誉为"模范纱厂"，但就在这一年，董事长兼总经理的聂其杰的"运气"忽然开始急转直下。也许是外资入侵，也许是造化弄人，几乎类似茅盾《子夜》中的悲剧，聂氏的家族企业恒丰纱厂很短时间内就至负债60万银圆。1924年大中华纱厂成立一年后就不得不以150余万两的低价卖出。1926年之后，聂其杰选择了退居幕后，仅担任一点闲职，例如上海公共租界工部局董事和顾问。

和近代民族工业的共同命运一样，聂家的打击与衰落并未到此结束：1927 年华丰纺织厂被日本人收购，1932 年中国铁公司毁于"一·二八"战火，1937—1945 年间恒丰纱厂被日本军管，1942 年被迫与日本大康纱厂合办成立"恒丰纺绩株式会社"。1943 年，聂其杰本人又因骨结核截去半腿，从此不良于行。

早年留美期间就曾加入基督教兄弟会组织的聂其杰，1915 年正月与母亲、妻子一起受洗成为基督徒，这在《崇德老人自定义年谱》中有着甚为清晰的记载。1917 年聂氏夫人与世长辞，此后他独自生活、不曾续弦。

坊间传说聂其杰是因中年在商业上突遭巨大挫折才由基督徒转身成为佛教徒的，此举正映衬了《红楼梦》中智通寺下那句残忍的真理："身后有余忘缩手，眼前无路想回头。"然而信仰深处的个中曲折，实是外人不便轻易揣度的。值得玩味的倒是，1942 年春—1943 年春，聂其杰陆续撰写了《保富法》一文，先是在《罗汉菜月刊》发表，后又在上海《申报》连载，引起不小的社会轰动。

《保富法》的主旨，可以说就在《大学》"仁者以财发身，不仁者以身发财"一句。聂其杰作为一个沉浮商海多年的经验丰富的实业人士，犀利指出《孟子》所谓"为富不仁，为仁不富"一句乃是指向"贪财"与否。为"贪财"而追求发财是必然造罪的，因为"贪念"势必要损害到他人的利益。一套《保富法》，生生是在讲一段"人"学。人者，仁也。聂其杰在总结"保富法"时，写下这样一段话：

我若是存了一家独富之心，而不顾及他家的死活，就是不仁慈、不平等到了极处。除了本人自己受到业报外，还要受到余报的支配，也就是《易经》所谓的余庆、余殃的支配，使独富的家败得格外的快，使大众亲眼见到果报的昭彰，能够醒悟。……佛法的天理，就在人人心中。人人感谢的人，天就欢喜；人人所怨怒的事，天就发怒。古语说"千夫所指，无疾而终"，《尚书》云"天视自我民视，天听自我民听"，《华严经》云"若令众生欢喜者，则令一切如来欢喜"。所以欲求得福，须多造福于人，否则，佛天亦无可奈何。[1]

这里所牵涉的概念与著述，例如"业果"、"报应"、"天理"、"天道"、"中和"、《尚书》、《易经》、《华严经》……囊括了儒、道、释三家的精神资源，试图表述"齐一"的做人之理则。在传统中国尤其晚清民国的民间生活中，聂其杰这样"三教合一"的言说方式毋宁说是温暖而实效的，有着深切的历史积淀与大众认同。聂其杰还在该文中特举其外祖曾国藩为官做宦多年未曾在省中建造一间房屋、未曾买过一亩田地为例，论证"借着政权、地位，取巧营私"之事"小人无碍，君子不为"。

《记学佛因果说》中，聂其杰具体记述了自己民国九年冬

---

[1] 文见氏著《保富法》，收入《保富法》，中国城市出版社，2007年，第31、35、36页。本文引文均出此版本。

天（1921）欧游返国，"外感欧陆战后凄凉困苦之状，归观
北方旱灾流离死亡之惨，立志持斋戒杀，盖深信佛说因果之
义"。[1] 次年（1922）在杭州西湖，聂其杰与微军和尚之间发生
了如下的对话：

> （聂）佛以度众生为志，而为僧必离世潜修，是自为
> 而不为人也。似不若仍居市朝为利益众生之事，如基督教
> 之所为者为善。
>
> （僧）潜修乃为度众生之预备，若自己尚不明白，何
> 以济人？汝今自思，凡汝所为利众之事，果皆有益于众生
> 者乎？凡事须究竟，勿但观表面也。[2]

或许因为出身于曾、聂联姻之后理学大省的双料名门望
族，饱受上海洋场濡染、出入国际、躬持实业的聂其杰发为言
论，确实依然像个纯正的儒家——即使在入佛之后他也未曾有
过明确的"非儒"之论——除非在涉及儒家不积极主张"戒
杀"问题时 [3]——然而仍要曲意回护："儒家以人为本位的。列

---

[1] 此似可证明，论证聂其杰因为1924年之后遭遇商业挫折方始皈依佛门
的叙述并不准确。

[2] 参阅氏著《保富法》，第173页。

[3] 对于饱受中国文化熏习濡染的佛教信众，这一拿捏与定位并非聂其杰独
有，他的生平友好之一、另一位中岁以后皈依佛门的民国名士吕碧城，
同样为此著有《佛儒不能平等说》（收入《吕碧城诗文笺注》，上海古籍
出版社，2007年，第341—346页）。

圣出世急于拨乱反正，先从政治礼乐孝悌忠信下手，所以把亲亲仁民要紧，爱物的事放在仅后面了"，"忙人要紧，不暇及物"。有资料称，甚至还是基督徒身份的时候聂其杰就曾主张"基督教儒教化"，[1] 难怪他写过《明孔孟之道以弭阶级专制之祸说》这样直接弘扬儒家学说的文章。更在《勉为其难说》中明确宣称自己"素来是崇拜儒教的"。[2]《断除习气说》中则如此等视二教：

> 孔子教人笃行之前，必须先要博学、审问、慎思、明辨。如果辨不明、思不慎、问不审、学不博，却只说我是深信笃行，这就是前头所讲的"我见执着"了。这种事情，修善修学的人，也很多犯此病，就是意识中习气为害，把辨别义理是非的正知见障蔽住了。所以孔子、释迦牟尼教人都是从明字入手。《大学》明明德，《中庸》自识明，佛家重修慧求明觉，都是一个意思。这个明字，是做一切功夫的终点。[3]

类似的立论几乎见诸聂其杰的所有言论，例如《释躁平矜说》中他以儒家之反求于内、诚明定静比诸释门之"戒定慧"，

[1] 参阅李少兵《民国宗教"入世达变"问题研究》，载《史学月刊》2002年第 11 期。
[2] 参阅氏著《保富法》，第 82 页。
[3] 参阅氏著《保富法》，第 82 页。

《修慧说》中亦直言佛法只是"修慧"，"修慧"就是"儒家的明明德和致知"。

《人生指津》是就《聂氏家言旬刊》中聂其杰所刊言论拣择之后的一本结集，1928—1934 年期间曾由聂氏家言旬刊社、上海国光印书局、爱华制药发行社、上海佛学书局、苏州弘化社出过不同版本，书中大旨固为弘扬佛法，为儒立论的用意亦是当仁不让。例如其中《生产救国》一篇，聂其杰指出时人不认真研读儒家典籍就妄断"儒道是迂腐孔孟是过时"，"一般青年听了这话，先入为主，便觉得这二千年前已经腐朽的学问决无研究的价值"，"又见西方有许多大哲学家社会经济学家，思想新鲜，理论精深，统计详密，分析细微，便认这些学说是至高无上，超越千古"：

> 实际上，凡属极高的理论都是行不通的。何以故呢？理论是讲理之当然的尽善尽美的理想。但是天下万事万物都有一个相对的东西相连而不能离的。讲到当然的理就有一个不合理的人欲与他相对。所以这是一定的。简单的理论一经过了几个人的手，就演出万变的复杂的人事出来。使这理论竟不能实现。

接下来聂其杰总结了"近世学者理论家与中国古圣政治着手方法"的不同之处："现在的学者是专从经济理论上来讨论的，中国的孔孟之道是从实际应用的生活问题和社会心理体察得来的。"难怪他在《家言旬刊》上又有《与某侄论新旧文化书》之作，所谓"凡属学问，总以良心安稳和实际受用为目的，不是拿来逗口才争意气的。所以孔子说古之学者为己今之学者为人，这为己的意思就是使良心安稳实际受用。反面说，若于事理不求其惬心贵当，但逗口辩争意气胜人为止，那就是为人了"：

> 我说现今世界有一个致祸乱的大根原，就是理论家太多，人人都要发明一种新理论，说是古人太胡涂，要照我这样方对。于是要把这理论来推翻旁的理论，如果行不通，就要用武力牺牲些人命也要行行看。不但是现在如此，自古来就常有如此的……现在的理论家理想之多，自信力之强，正好比王安石一样。学堂里教的是理论，文化家经济家讲的是理论……遇着一个新理论就奉为至宝，就拿来攻击古人，不晓得这个至宝再过几年又要被后人痛骂也要被古人暗笑。
>
> 中国文化教义是从哲学上立根基，中国哲学是以盈虚消长因果循环为主脑，所以东方教义多在此点注重，以调和情感为目的，以节制欲望为方法。西方文化是从科学推演的，科学是有进无退，一往直前，他认为世间上各项事业的失败都由于科学不到家的原故，若是科学完密，就必然有成无败，所以奖励人尽量的发展欲望，同时增进物质的便利来满足我们的欲望。欲望不能人人满足就要靠武力

来维持。凡有阻挡我们的欲望的事物必须用科学物质来帮
助武力，要胜过这些阻挠为止，所以西方最重视的是机关
枪和飞机战船。[1]

言论十分朴素，亦不能说毫无偏颇，[2] 然而仍能让今天忙于
追随"主义"理论翻新的我们大有惭愧的余地。如果说关于宗
教信仰的选择难免且最易见仁见智，这篇讨论"新旧文化"的
文章，实在很能体现聂其杰在现世人生中的价值取向。这篇出
于告诫年轻人"理论与人事实验之不能相同、群众运动多数心
理的不尽对"的文章，主要讨论了"某侄"针对"旧文化"的
几点批判，即旧社会旧家庭的恶势力的压迫足以阻碍新青年的
个性发展和新世界文化的进步，具体意见包括男女授受不亲的
礼教、媒妁式的婚姻、神鬼宗教的信仰、规行矩步的礼学。聂
其杰逐一予以批驳——毕竟是经过"五四"新文化革命洗礼之
后的新时代了，即使作为义正辞严的长辈，即使聂家如此具有
传统风味的望族，聂其杰教育子侄，也要耐心照顾到他们"真
理是绝对的，讲学是平等的，真理是无可通融的，讲学是尽可

---

[1] 参阅《与某侄论新旧文化书》，氏著《人生指津》，上海国光印书局版，
第 8 页。

[2] 例如"西方"是否只有最重视"机关枪和飞机战船"。聂其杰的观感显
然来自他对于 20 世纪初叶欧美社会的匆匆过往得来的浮薄直觉，以及
彼时国内针对西方的理解与译介的不完整不全面。尤其将"中国哲学"
与"西方科学"之间对决难免"文不对题"之讥。有关于此，近年学界
颇有反省，兹不详述。

辩论的"的心理要求，循循善诱。

关于"某侄"倡导的"自由独立"问题，聂其杰则认为，时下青年单纯追求"物性自由"（"物质方面讲自由独立"，也可说"外面的自由"，包括法律上、政治上、经济上）而忽略"心性自由"（"精神方面讲自由独立"），乃是属于对于自由不曾"澈底研究"。他所列举的"中国式自由"，内容包括从《论语》之"三十而立，四十而不惑，七十而从心所欲不逾矩""三军可夺帅，匹夫不可夺志"（"自由之极则"），《中庸》之"和而不流""中立而不倚""有道无道不变所守""强哉矫"，《孟子》之"自反而缩""虽千万人吾往矣""居天下之广居（仁）、立天下之正位（礼）、行天下之大道（义），得志与民由之，不得志独行其道，富贵不能淫，贫贱不能移，威武不能屈"，陆象山之"我虽不识一个字，也要还我堂堂地做个人"：

> 个性与孔孟及陆象山所讲的自由独立的意思相同，若认为发展个人的特性或发展性欲就大错了。所以要真正的保存和发展"个性"是要从节制性欲用功，就是要从饮食男女上节制。这就是古圣人制礼立教的深心。
>
> 现在的时代是千年一过的时代，这种时代正好试验我们的才智。因为现在的学说，新鲜奇怪，凡是我们几千年来所认为好的，他们说是万恶，我们几千年来所认为坏的，他们以为极善。这个当口，没有见识的人，就跟着人瞎追。若是真明白的人，就应该平心静气，开亮了眼，打

清了算盘，来定个自己的主见，不把多数人道听途说的言谈、似是而非的理论，来做个我的指南针，庶几像孔子所说的，"众好之，必察焉，众恶之，必察焉"，"三十而立，四十不惑"，但是这不是容易做到的，必须又要照孔子所说，"博学之，审问之，慎思之，明辨之，笃行之"，若是能照着这五句做去，自然不会胡乱跟着人狂言瞎跑了。

这些出现于近百年前的针对"自由""个性""独立""从众"的见解出自一位不以学术名家的实业人士之口，无非因为他读过一些中国真正的经典，因为他渊源有自的家族文化的陶冶，因为他内心层次上经历过某种清明的体悟（无论其源出于佛还是源出于儒）。

从商界退隐之后聂其杰似乎成了一个非常典型的道德先生，例如 1946 年 8 月第 141 期《读书通讯》刊登了他撰写的《色情刊物与跳舞》一文，固是局中人针砭当时上海的淫靡华缛之风气败坏——而不是如白先勇在想象的乡愁中把《金大班的最后一夜》刻画得如同白头宫女数食天宝。该文中促使聂其杰回顾"严男女之大防"的中国礼教的理论基础，则包括了孔子之"道之以政，齐之以刑，民免而无耻；道之以德，齐之以礼，有耻且格"、曾国藩之"精神愈用而愈出，智慧愈苦而愈明"（"主敬则身强，习劳则神钦"）以及诸葛亮式的"非淡泊无以明志，非宁静无以致远"。1947 年 11 月，聂其杰又撰写了《贤德为官》一文，依然在征引《大学》中的名言："生财有大道，生之者众，食之者寡，为之者疾，用之者舒，则财恒足矣。"他甚至不惮有人在说他凡此种种举措或言论属于"开倒车"、悖逆于"新文化"大潮——因为"遇到道路不能通行时，前进既有危险"，那么"开倒车"无疑乃是合理、正确、可行的选择：传统智慧与古典精神被释读为并不追求一时痛快的头脑发热、将无做有的理论迷狂、不知反正的一意孤行。"反者道之动"，"反—动"因此构成了"回归正道"的一种可能选择。

"予之意趣……身处城市不忘山林，生于富贵志在寒素。近年鉴于家风日趋于骄奢惰逸，深以为忧，勉自刻苦，期矫其弊。"[1] 对于佛教徒聂其杰而言，其中年之后诸多文化举措，包括整理家族文化的种种努力，其目的似乎都难免隐含了一种强烈的"劝善"的意味。[2] 然而在这"德胜百殃，仁除百祸"的坦然与无畏当中，灼灼闪耀的依然是儒教后学的岸然身影。聂其杰也坦然承认在他看来孔孟之言与佛教全然契合，毫无抵牾。《聂氏家言旬刊》第 82 期（丙寅年二月初五，民国十五年即 1926 年 3 月 18 日）所刊聂氏所撰之《唐蔚芝 [3] 先生近著数

---

[1] 聂其杰《谕儿妇书》，原载《家声》第 31 期，转引自《家声选刊》，上海有正书局，1925 年，第 84 页。

[2] 《聂氏家言旬刊》第 77 期（乙丑年十二月十五日）登载了"曾柏心老人来函"，所言聂其杰寄赠之《游艺丛刊》《感应类钞》《素食主义》《宗教辨惑》，并将《聂氏家声》与之等量齐观，无疑均属此类性质的著述。

[3] 即唐文治（1865—1954），近代著名教育家。相关内容参见邓秉元《唐文治与经学在近代的回潮》，收入氏著《新文化运动百年祭》。

种述略》，似乎也道出了聂其杰本人著书立说的深心动机，所谓"当此学绝道丧、邪说辟狷之际"所要表达的正是"扶翼世教之苦心毅力"。《聂氏家言旬刊》到了后期，已基本成为聂其杰本人搬演个体信仰与精神价值的大舞台，除了其自撰弘扬佛儒理念的文章例如《耕心斋杂记》系列外，所谓"一一为居家治生立身处世极有经验之善法"，还登载了不少高僧、居士的言论或函牍。《家言》另外一个鲜明特点，就是赈灾募捐、支持教育，民间医药验方也是其发表的重要内容——这一点，也与聂氏家族的文化传承相关，下文还要详述。

在"改造家运之实施"（文见《聂氏家言旬刊》第 121 期，民国十六年即 1927 年 4 月 6 日）一文中，聂其杰沉痛表达了"世运多艰，险祸不测，欲免灾厄，须仗修德"的个体愿望。在传统价值因为遍受质疑从而变得不确定、不稳靠的时代，聂其杰这种努力与呼吁的确显出了某种苍凉。聂其杰本人曾如此告谕儿辈："今日时代潮流所趋，诚多偏激过正之举，然旧有之社会情形，实亦多有不合古训之处，有以激而致之。"这话对于我们审辨所谓古今中西问题，至今犹有参考价值。

儒者曾国藩一定很难想象，在他身后发生在女儿与外孙身上这场颇为有趣的宗教生活的"翻盘"：女儿由佛向耶，外孙背耶入佛。作为虔诚的佛教徒，聂其杰在曾纪芬逝后对母亲之所以"高寿厚福"颇有一番总结，所谓"夙植德本，乐善不倦，仁慈惜福，仰迓天庥"，更将其具体化为"戒杀放生""持观音斋""节减惜物""济贫施药"甚至直接提领至于"存心无

我"的高尚的理论境地。[1] 我们不仅要问，聂其杰这些"盖棺
论定"，已经失去历史发言权的那位以基督徒身份终老的母亲，
能否接受、认同呢？或许，让人哑然失笑的就是，这个貌似势
不两立的信仰立场付诸中国、付诸近代、付诸曾纪芬这位一代
礼教名臣的嫡亲爱女，固然"未必中"，却也"未必远"——
曾纪芬"兼容并包"的信仰模式兴许真的就是如此。

四、从佛教到基督：曾纪芬的"兼容并包"

以镇压"拜上帝会"的太平天国而造就终身事业的曾国
藩，身后不少后人均成为上帝的信徒，包括他认为有"阿弥陀
佛相"而甚为钟爱的"满女"曾纪芬，[2] 这的确近乎近代中国精
神命运的一个文化寓言。在由曾纪芬本人口授、聂其杰拟稿的
《老太太覆美友贾太太书》（载《聂氏家言旬刊》第 137 期，民
国十六年即 1927 年 9 月 10 日）中，曾纪芬甚至告诉我们，她
的母亲，即曾国藩的夫人欧阳氏本人，就是个佛教徒：

> 吾母为佛教信徒，礼佛甚虔。予亦自幼受其影响。予

---

[1] 参阅《崇德老人高寿厚福之由来》，收入《崇德老人纪念册》。聂其杰再
　　度发挥了他融合佛儒的论述方式，将孔孟有关"杀身成仁""舍生取义"
　　的教诲与佛法之"无我心""大慈悲心""无上大觉心"合而为一。
[2] "阿弥陀佛相"即湘方言谓"老实相"。见曾纪芬《崇德老人自定义年
　　谱》"同治二年"条，第 24 页。

出阁后，因子女多病，亦引动佛教之信仰。盖佛教专言唯
心感应之理，而凤业所致之魔障痛苦，亦能藉至诚大善之
心力以消之，如戒杀、放生、持斋、礼佛、布施、救苦之
类是也。予遵而行之几四十年。诸子女幼时亦以因果之书
为之讲解。近年虽颇信造物一神之说，实仍赖此因果感应
之教义，植其根基，而回想前数十年所信仰奉行者，实于
深心确有实效，而西方输入之学术思想，多有弊害。

曾纪芬这段自述清楚地表明，她从来不曾觉得佛教因果
感应之理是她转而侍奉上帝的障碍——这一点一定大大出于不
少性情激烈动辄排斥"异教徒"的耶稣信众的意外，但未必不
是曾纪芬的坦诚肺腑之言。抑或再一次证明儒家底蕴的中国文
化"大拼盘"式的包容能力。关于这一点，曾国藩的曾长孙女
曾宝荪，另一位虔诚的基督徒同样也有类似说明："我家祖训，
不信僧道……却有几点例外。我们家每年吃素四天——观音
斋——即是二月十九，六月十九，九月十九——又诸天斋一日，
即十二月廿四日。这几天全家上下都吃斋，听说是文正夫人所
许的愿。"更耐人寻味的还有这位日后的基督徒幼年在曾家老
屋"富厚堂"读书时候趣味盎然的经历：

宅北的书楼名叫芳记书楼，此乃我祖父母亲的藏书
楼，我祖父喜研天文、算学、英文、星卜等书，我祖母却
喜欢看医相等书，另外小说也不少。……我那时虽然年纪

小，但对医卜星相都抱兴趣。《麻衣柳庄》等相法书，《命学津梁》《渊海子平》等算命的书，甚至如《遵生八笺》以及讲修炼的书，都一一翻阅。另外还有大部头的佛经与图画，我只能欣赏佛画，却是咒偈也学会几个，用来辟邪祛鬼。乡下人极迷信，从我房到书房要经过一段长廊黑巷，我夜晚走过，总要念《心经》偈语，这也许是我宗教观念的起头吧。

这个藏书楼的内容本身，几乎就是湘乡相国之家精神世界之丰富、雍容、宽和——当然你可以说它驳杂——的一个具体写照。甚至与家中同辈孩童读书之余曾宝荪也会"教他们练气打坐，并虔祀帝君，颇多神道思想"。难怪曾宝荪之母生病之时曾家如今的治疗方式也是"医巫并施"，[1] 非复曾国藩时代之"纯"。

不过，读者仍当注意的是，对于如上聂其杰这类"代笔"之作，我们不能尽道其诬，却也不能尽信其实——虔诚的佛教徒聂其杰在这封写给西方友人的书信中，显然掺入了不少自己的观点。另一据说亦由曾纪芬口述、聂其杰代笔著于民国二十一年（1932）的《廉俭救国说》中，聂其杰针对"纵欲肆志"之害、"克己复礼"之利，倡导"消极道德"之"礼教"，对于近人"好逞己见、淆乱是非"的抨击，明显均是其自家

---

[1] 参见氏著《曾宝荪回忆录》，第7、15、16、204页。

"私货"[1]——如上此函，接下来又写道：

> 近日小儿其杰有见于此（笔者按，即所谓"西方输入之学术思想，多有弊害"）常发挥中国古训著为论说，欲矫正一时之谬误思想，并刊印家庭旬报，已四年矣。去秋迁入新居以来，小儿逢星期开家庭会，为家人演说，大抵皆古人治家修身之名理，而于文正公嘉言懿行三致意焉。每次集会家人到者平均二十余人。每次讲演均有记录，刊入旬刊。……此小小旬刊并未登报发行，惟友人辗转传布而流通者，现每期印一千八百余份也。

更为有意思的还有，如上曾纪芬这封信函发表于《聂氏家言旬刊》第五辑（出版于 1928 年秋)，此时聂其杰已经放弃基督教转而信奉佛教，作为聂氏家族此刻实际上的"家长"，他甚至每周一次都要举行家庭佛学会，在聂家营造了一种浓厚的"辟耶弘法"的佛教氛围。在《聂氏家言选刊》上所登载的家庭集会"集益会"记录中，曾纪芬每次都是出席者之一。可以想象，这位早年信奉佛教竟而转投"外道"的母亲，一定是"背教者"（相对于基督教)[2]聂其杰的重点劝化对象。不过，民

---

[1] 收入曾宝荪《曾宝荪回忆录》，第 59—68 页。

[2] 转投佛门的聂其杰不止于弘扬佛法，弘法的同时他还很明显在"辟耶"，例如《聂氏家言旬刊》第 81 期（丙寅年正月廿五日，民国十五年即 1926 年 3 月 9 日)"耕心斋笔记两则"，聂其杰不仅选登了（转下页）

国十六年（1927）三月初八日开始聂其杰住持的"家庭佛学会"，老太太曾纪芬可是不参加的。[1] 但曾纪芬对于家庭成员中的佛教徒，例如聂缉椝之五妹，却并未有偏见或鄙视，所谓"笃重孝友，守贞不字，侍母终身，秉性仁慈，长斋奉佛，自奉极简，虽所分产业无多而帮助贫穷亲族极为慷慨"[2]——此种评价，哪有一点以"异教徒"视之的影子？而她自己更是不以为"元日蔬食""生日茹素"之类带有佛教影响痕迹的习惯的继续与基督教义有违。高年的母亲就是在这种浓厚的佛教氛围中坚守着自己对基督教的信仰直到生命终结，例如每天早晚的"读《圣经》一节，跪伏椅背祷天片刻"而后方才开始或结束一天的生活，"每周至教堂崇拜廿余年从无间断"[3]——一生坚持"恪守文正遗训所得受用"的她似乎从来不觉得这一宗教立场有违父亲乃至"祖训"的教诲。这意味着中国人对于宗教信仰的根性中的相容？还是意味着现代人对于"个体意志"的觉醒中的自由？设想以挽救名教为使命而挫败太平天国的曾国藩

（接上页）《西人倾向佛教》，还选登了《基督抹杀论》。到了连载于《家言》第 85—88 期的《破迷篇》、第 104 期的《论耶教致祸之故》等文则是"背教"的正面出击了。毋庸讳言，与同彼时国人对于"西学"的绝大多数理解类似，聂其杰对于"耶教"的理解乃至批判也并不高明与深刻。此为时代难免之局限，兹不赘言。

[1] 这一点似有意见分歧。孙尚扬先生等认为曾纪芬参加"家庭佛学会"，但笔者所见《聂氏家言旬刊》记载则曾纪芬一直未尝参加，她参加的是"家庭集益会"。鉴于目前资料限制，姑且记此存疑。

[2]《崇德老人自定义年谱》"民国十九年"条，第 55 页。

[3] 见《崇德老人自定义年谱》其婿翟宣颖所加"案语"（其中同样强调的是曾纪芬一生"赈济贫寒"的作为）及其女聂其纯所加"附识"。

转身就可以成为"洋务领袖"，则的确时值晚清中国人的精神
生活面临着极为复杂与微妙的重构——或者说，传统礼教遮蔽
下的另种可能复苏了，既然这种可能始终潜伏于人性之中——
甚至说，这种可能乃是，在"礼教"的框架之内，中国人其实
一直保有其他幽微的"认信"潜流？否则，虔诚的佛教徒聂其
杰如此不遗余力弘扬"礼教"，原因何在？

　　翟宣颖为岳母《自定义年谱》所作序中，谦称崇德老人
"位习女师，不闻邦政"，翟又特意声明：这是因为曾国藩"治
家齐肃，训子纯深，中夜有课读之勤，耀首无衔珠之饰"所
致。即这一点美德甚至也首先完全要归功于曾纪芬从父亲曾国
藩那里得到的充分的"妇道"教育。

　　1942 年，九十一岁的曾纪芬临终前不久曾再一次抄写了曾
国藩的《不忮·不求》诗。这两首诗据说为同治九年（1870）
曾国藩奉命办理天津教案时，临危授命，虑有不测，故"手书
遗训，作此二诗，以诫子孙"，"善莫大于恕（不忮），贪得宇
宙隘（不求）"。作为其一生的"总结性发言"，两诗关乎曾国
藩人生体会的重要性可想而知。曾国藩本人的确也在著此二诗
之后两年就因病去世了。曾纪芬此录一举，也是为了留赠自己
身后的后辈儿孙。

　　不难理解，源于《诗经·卫风·雄雉》的"不忮不求，何
用不臧"两句诗，经过《论语·子罕》发扬光大之后，对于
儒者曾国藩的重要意义。此语在《论语》中的出现背景，即
为"衣敝缊袍，与衣狐貉者立而不耻"，针对的正是"君子固

穷""穷居陋巷不改其乐"的儒家理想。

其至早在 1929 年，七十八岁的曾纪芬还曾特意刊行了曾国藩为其家族中少年妇女所亲自订立的一天需毕的一份"功课单"。内容具体如下：

> 早饭后　做小菜、点心、酒酱之类　食事
>
> 己午刻　纺花或绩麻　衣事
>
> 中饭后　做针黹、刺绣之类　细工
>
> 酉刻过二更后　做男鞋、女鞋或缝衣　粗工

"功课单"后，曾国藩还亲自制订了细密的监督机制：

> 吾家男子，于看、读、写、作四字缺一不可；妇女，于衣、食、粗、细四字缺一不可。吾已教训数年，总未做出一定规矩。自后每日立定功课，吾亲自验功。食事则每日验一次。衣事则三日验一次。纺者验线子，绩者验鹅蛋。细工则五日验一次，粗工则每月验一次。每月须做男鞋一双，女鞋不验。右验功课单谕儿妇、侄妇、满女知之，甥妇到日，亦照此遵行。[1]

这里特意提到的"满女"就是曾纪芬，因为此前曾家其他

---

[1] 见《崇德老人自定义年谱》"同治七年条"，第 27—28 页。

女儿已经陆续出嫁，只有她还待字闺中。"功课单"的制订是
在"同治七年（1868）五月二十四日"，曾纪芬十七岁时。湘
乡相国同时还留下了一个十六字方针：

> 家勤则兴，人勤则健，能勤能健，永不贫贱。

出身农家、俗尚勤朴的曾国藩似乎非常怀念他旧日习见的
淳朴刻苦的生活——耿耿于"世风不古"的忧勤之意也正是传
统儒家一种本色。在走南闯北的仕宦生涯当中，不断"目睹都
市浮华虚伪之习"，尤其"女子习文事者，每每趋向浮华而厌
弃劳作"，曾国藩深恐他的家人濡染奢、惰之习，渴望在"齐
家"的层面上首先保住"勤俭耕读之家风"。[1] 很可能，这便是
曾国藩晚年突然制订这样一份显得有些"不伦不类"乃至越权
多事（此本属"母教"范围）的家庭妇女"功课单"的本意。
可以说这份"功课单"的制订更大程度上是象征性的、精神性
的，曾国藩所希求达到的是一种"不忘根本"的提醒、"厚植
德本"的修业，所谓"屏忘贵势，常服贱役"——而非某些女
性主义学者所揣测的，曾国藩对于曾家妇女的要求，仅仅只有
"衣食粗细"四端。实际的情况是，曾国藩一直要求女儿与儿
子一起跟从塾师研读《论语》等经典要籍。据曾宝荪回忆，她
自己的祖母郭筠（曾纪鸿之妻，早寡）曾告诉后人，郭氏自

---

[1] 见"功课单"书后曾纪芬题识，收入《崇德老人纪念册》。

十九岁嫁入曾家，正是在曾国藩的亲自督导之下她才读了大部头的文史巨著例如《十三经注疏》和《御批通鉴》的。[1]

至于民国成立将近二十年之后，年近八旬的曾纪芬因何于1929 年突然刊行了一个多甲子以前父亲制订的家庭妇女的"功课单"？这原本也是因为"新文化"运动发动十年以来所引发的"现实刺激"的"有感而发"：

> 近来女子教育，模仿西洋，以享乐为目的，视奢惰为当然，其影响于社会国家者已可见矣。因敬刊此单行世，或于民族复兴之教育有所贡献耳。[2]

所谓"社会奢俭，与妇女交际关系最大"，曾纪芬作为一个赋性厚道、不喜应酬的淡泊耐受的老祖母，她的立意与用意，是把自己"恪守文正遗训"的自律精神以及由此获得的自身受用，来为后人树立道德楷模与精神向度。

曾纪芬简洁的自定年谱所记皆为八十年来她"心目中所长在而不忘者"。她一直认为，正是曾国藩乡民式的朴素的教育，"凡人均应多作有益于人之事"且能够视此为"分内之事"，此种"基本训练"就是她"生平所得受用"、高年康吉的来源。

接受着经典的"贤妻良母"教育，兼之曾纪芬素性平和，

---

[1] 参阅氏著《曾宝荪回忆录》，第 2 页。
[2] 见"功课单"书后曾纪芬题识，收入《崇德老人纪念册》。

少女穿一条镶青花边的黄绸裤，因为父亲嫌其奢华，她也马上温顺地易以旧裤。[1]1920 年代聂氏家族定期举办的"家庭集益会"上，曾纪芬也曾追忆自己虽生将相之家而衣食俭朴不异寒素，"余之华服即羽纱料所制，绽有阑干，此惟见客或喜庆时着之，平时则布裪而已。偶忘即换去。文正公见之，注目一视，则畏若严刑"（见《聂氏家言旬刊》第 116 期，民国十六年即 1927 年 2 月 16 日）。但好奇的老祖母居然会在《年谱》中记录下几十年中女子发髻的演进样式，这便还是其身为"女子"的一段本色，在温婉贤淑的内心深处她何尝不"爱美"呢？

曾纪芬对生活积极而又冷静的态度，跟她简穆大度的性格与质朴刻苦的教育有关，所谓"亦惟付之天命，并不知着急"，天性简净与"文正遗训"在她身上有着良好的、和谐的体现。她这种"不以自己性命为重"的超然很有乃父风度。甚至三十几岁因病自疑己将不起，她也无青年妇女惯有的惊慌孟浪，所虑者无非立一遗嘱，"将身后儿女之事略为处置"。曾纪芬用来形容当时上海制造局编译傅兰雅的夫人的"娴雅笃厚"，也类似她的自我写照。曾纪芬不喜奢华，安于平淡，即使在上海那样的"十里洋场"，她更多时候都是"深居官舍，绝少出门"，偶尔外出观戏，所见"妖冶杂沓"的女界实况，她反而很不习惯。她购买衣物花边宁肯选择国产过时之物，以为如果"人人"甚至如果"皇太后"本人亦能够摈弃奢华，则国家就多一分希

----

[1] 参阅《崇德老人自定义年谱》"同治三年条"，第 24 页。

望。曾纪芬说到此话的时候，正当甲午战争前夕，养尊处优的慈禧忙于挪用军备经费筹备自己的万寿庆典。家国一体的认知，对于曾纪芬这样的名臣之女、名宦之妻、淑女命妇，似乎并不需要特殊的"国民"教育——甚至直至漂洋过海留学、饱受新式科学教育、受洗皈依上帝的曾宝荪，都曾经渴望她们"曾家可以有维新中国的希望"。[1]

虽然出身名门却饱受"劳作"教育的曾纪芬甚至托人买了一台三木锭脚踏的纺棉车，请上海佣人教她如何使用，每夜饭后纺棉，积久托带回湘，织成土布——这位相国的女儿、道台的夫人、聂府的祖宗，秉承家风晚节依旧。她"饮食有节，起居有常，做事有恒"，烟酒刺激有碍卫生之物素不沾唇，牌赌看戏耗损精神之事概行屏绝，她所喜欢的娱乐活动无非就是灯下一局围棋，而这正是少女时期照顾父亲曾国藩起居时养成的习惯。

这位相当长寿的老祖母虽然对于所历时代之"世风日下"颇有感受，却又并非一个忿忿不平的"九斤老太"。曾纪芬暮年常住上海，所谓"及今五十年，社会风气物质文明之变迁"，尽管亦有种种不"乐观"之处，她却也只是淡淡了结一句"难以枚举"罢了。宛如民国十五年（1926）之后，由于受到"五四"新文化运动的冲击，曾纪芬的儿女孙辈、"少女新妇"，也纷纷"从头革命"："捐其故髻，剪发秃鬓。"至于穿戴服装，

---

[1] 参阅氏著《曾宝荪回忆录》，第 177 页。

更是短衣半裙、胫肘并裸。曾纪芬于此，虽亦非"乐观"，也只是轻叹而已。

毕竟曾纪芬有着身为近代中国出色外交家的哥哥曾纪泽（曾国藩本人亦非顽固守旧派），虽然一生恪守必要的德性底线，她却并不拒绝新鲜事物。例如曾纪芬见到嫂子从国外带回当时国内少有的绒织衣裤、线织衣边，即叩以制法，且每于暇时能够"触类旁通，稍出新样"。对于儿辈，她更是及早就了悟"外国语文与科学"的重要，敦促他们研读英文，可谓不堕乃父乃兄之志。

曾纪芬坚持每日阅报，因此知道晚清"朝事日非，惧有非常之祸"，由于对丈夫与国家命运的双重忧虑，揪心以至吐血。

尤其让今人惊奇的还有曾纪芬晚年针对上海繁华都市中汽车横行的一份忧心：

> 自民国三四年，汽车始通行。而汽油竭数百万人之精力以奉一人俄顷之娱。吾国目前尚无自发油矿之望。何必捐巨金于外国以纵一己之嬉游。[1]

可算是中国传统闺秀自发的关于"绿色环保""低碳生活"的一种明敏的特殊的自觉。

民国四年（1915）正月，六十四岁的曾纪芬与聂其杰夫

---

[1] 如上引文均见《崇德老人自定义年谱》。

妇（聂时年三十六岁）一起在上海昆山路监理会领洗正式加入基督教。她自陈自己受到基督教理的影响始于庚戌年（宣统二年，1910），为她宣说教理的是"内侄季融"——即曾广钟（1875—1923），曾国藩次子曾纪泽之子，他和长兄曾广钧之女曾宝荪是曾家第一批入教受洗之人，日后在长沙办了一所基督教自立会——据曾宝荪说，这位"七叔"的信教因缘在于"一则伤悼爱子夭折，二则因时事政局动荡不安而心灰意懒"，"由花花公子一变而成一个极其虔诚的基督徒，由极图享受者一变而成一个极耐劳的工作者"，他忍受痛苦戒断鸦片的过程让人尊敬[1]——这样一个"身体力行"者的现身说法无疑是有力量的：

> 余深为开悟，遂有服膺之志。回湘后时为亲友言之。及辛亥再来沪上，感于世事日非。实由人心陷溺之故。弥以为欲救人心之迷惑当从爱人如己入手，自此益坚信力焉。[2]

如上这段话其实已经让我们足以怀疑，曾纪芬对于"基督性"的了解究竟有几分？促使曾纪芬转向基督教的自身的"知识储备"与"精神气质"，实在更有可能源出儒门教旨，例如这个"爱人如己"实际上更接近"民胞物与"——民国年间的新译本《圣经》的确经常引用儒家经典中之"上帝""神"来称呼

---

[1] 参阅曾宝荪《曾宝荪回忆录》，第 53、181 页。
[2] 参阅《崇德老人自定义年谱》"民国四年"条，第 51 页。

基督教造物主,《圣经》中的伦理道德说教也经常与儒经相互参证。[1] 民国七年（1918），六十七岁的曾纪芬主持了儿女分家，其对聂、曾两家家庭传统所做的总结即为"素好施与，捐助善举"，并再度重申了自己理解中的基督教义：

> 余近奉基督教，稔知博爱之道首重济困扶危，谨遵《圣经》逢十献一规律，提出一成，作为慈善经费。日后永远不得处分。每年收入子金提作教会以及各公益水旱灾疫捐款。母金非不得已不可提用。庶几先人好善懿德可以垂诸久远。[2]

统观《崇德老人自定义年谱》，我们几乎可以断定，无论佛教还是基督教，对于曾纪芬而言，其核心意涵应当就是"积德行善"[3]——对于早已习惯、随顺了"三教"乃至"多教"混

---

[1] 民国学者林悟真在其《宗教比较学》、周亿孚在其《基督教与中国》等书中都对基督教与儒学的关系做了论述。参阅李少兵《民国宗教"入世达变"问题研究》。

[2] 参见《崇德老人自定义年谱》"民国七年"条，第52页。

[3] 放生、拜佛（包括拜其他神祇）、不食牛犬、不宰杀生灵、赈济灾民、施药救婴……此类善行的记载见诸聂家几代人的行事，包括曾纪芬。然当"上海乡间大开佛会"之时，我们根本看不出曾纪芬任何特殊的热情与兴趣（《崇德老人自定义年谱》"光绪十一年"条，第39页），她的佛教倾向，兴许就是表现在"持观音斋多年"这类事项上（《年谱》后其女聂其纯"附识"）。更进言之，设若我们考虑到《礼记·王制》中历有"诸侯无故不杀牛，大夫无故不杀羊，士无故不杀犬豕"的记载，在此类民间风俗的起源究出何家，依然大费周折。

同的传统中国的民间生活，时值民国，这一惯习已经很难分辨来自何种具体教派的影响。与基督教相比，这的确是一种"不一样"的信仰模式。但此类惯习却似乎长期以来一例有效滋养着中国民间的日常生活，规约着平人的一言一行，犹如曾纪芬在年谱中自陈湖南曾经"乡间家家供菩萨"，[1] 直至其彻底遭到破坏为止。难怪聂家后世子孙忆及三爷爷（聂其杰）与老太太（曾纪芬）的信仰生活方式，一个在楼上接待牧师、一个在楼下接待居士的生动局面，此际更多感叹还是指向"他们各信各的教，而为人处事的方法却非常的一致，都非常的善良和俭朴"。[2] 因为更多资料所限，我们恐怕已经没有可能知道曾纪芬这位宽厚的老祖母对基督教的教义理解究竟到了一个什么水平，但她的虔诚与坚持是毋庸置疑了。其子聂其杰尝言："先慈临终之前夕，谕家众云，汝等今日之享受，皆由亦峰公厚德之遗泽。"[3] 此语显然很不符合一个"正宗"基督徒的"基本立场"。难怪她会身处儿子所营造的浓厚的佛教氛围中似乎也不觉得其宗教生活有任何滞碍，亦佛亦耶、亦耶亦佛其实质却因此更像一种儒教的安稳祥和中，走完她九十二岁高龄的生命。

这的确是值得比较宗教学家和宗教对话理论家们耐心思考的问题。

---

[1] 参见《崇德老人自定义年谱》"光绪三十四年"条，第 48 页。

[2] 参阅《聂家花园　百年春秋》，收入《崇德老人纪念册》。

[3] 《亦峰公办理新宁余李两姓械斗案纪略》案语。

五、余韵：关于曾宝荪

曾国藩的曾长孙女曾宝荪（1893—1978）是伦敦大学第一个获得理科学士的中国女性（1916），毕业回国后在长沙创办艺芳女校。自小在"极其维新"的父亲曾广钧（1866—1929）的支持下，曾宝荪既没有缠足，也没有幼年定亲，并且获准加入基督教进而赢得出洋留学的机会。或许这正验证了儒教风范的湘乡相国之家的通达与明敏的确由来有自。例如曾宝荪有感于基督徒的"爱心""力行""舍己救人"试图受洗之时，并非没有踌躇：

> 第一，我家是数千年的儒教家庭，由宗圣夫子起到文正公，我祖父，我父亲辈都是孔门弟子。第二，我祖母的父亲蕲水郭沛霖公是在扬州受太平军攻城殉节的，她老人家更是儒教的信徒，释道尚且不信，何况耶教。第三，我们的亲友，没有一个"信洋教"的，出了一个女孩信耶稣教，简直是贻笑乡里。

当她就此写信征求祖母与父亲的意见：作为"儒教的信徒"祖母不很热心——另一个"孔门弟子"但素来"极其维新"的父亲则"很愿意考虑，并且提到明末基督徒徐光启的贡献"，不过曾广钧要求女儿"先看几本其他宗派的书。其中包括赫胥黎的《天演论》、斯宾塞的《群学肄言》，以及几本浅近的佛教书，但对于道教，却无指示"。[1] 有资料证明，曾国藩这个最有天分的孙子（被王闿运称为湖南两"仙童"之一，廿三岁即点了翰林）似乎皈依了佛教，至少他使用过"环天居士"这一身份。[2] 甲辰年（1904）曾宝荪离家到上海读书，自视为"初出茅庐的土包子，我家世代俭朴，所穿的衣服都简陋非常，到此十里洋场，实在自惭极了"，这更验证了湘乡相国之家的风度教化宛如故我。日后在曾宝荪笔下，还留下了一个外国人"巴师"（Miss Louise Barnes）对聂府（曾纪芬家）的美好印象：

> 巴师初次住入中国大家庭——聂府——增加了不少见识，因为她以前传教的对象都是平民，后来办学堂，又自成一个单位，能看到一个大世家人家的和睦，子弟晨昏定省的规矩，敬老慈幼的态度，使她感觉中国文化的伟大，也加添她爱中国的心情。[3]

曾宝荪本人是出席过聂府著名的"家庭集益会"的（见《聂氏家言旬刊》第 109 期记载本年十一月初一日第七次聚会），并且同样受到过忙于"弘法辟耶"的表叔聂其杰的教化——尽管她出洋留学行为本身受到表叔的热心资助。基督徒

---

[1] 参见曾宝荪《曾宝荪回忆录》，第 27—28 页。

[2] 参阅孙尚扬《曾国藩家族与基督教》。

[3] 参见氏著《曾宝荪回忆录》，第 19、67 页。

曾宝荪和她的七叔曾季融于 1911 年这个重要的年份受洗，因为她觉得"我们中国需要基督徒的'力行'精神"，方"可以振兴我国的颓风"。于是此举似乎也显得像针对现代中国显而易见的痼疾的"随缘之化"。1912 年留学英国的曾宝荪曾说："我应说明想学科学的志愿——那时我们中国的学生，已经完全相信科学救国，也许比现在的学生更加认真，因为我们并不是想出路，想赚大钱，而是诚心诚意的志愿用科学来服务国家。"她的七叔曾季融同样"笃信中国需要新知识来挽回亡国之惨——甲午战争"。而那位"儒教的信徒"祖母的"教育宗旨"干脆就是"不赞成八股文章，也不愿两孙去考秀才"，却聘请了日本人教他们学外国文字，当然不废国文史地，曾宝荪老年最后悔的则是少年未能熟背《尚书》而模糊了上古文化。难怪 1947 年艺芳三度复校之后，曾宝荪会希望自己的学生"能欣赏中国文化，又能具科学精神"，"能崇信基督，又不忘孔孟之道"。和她的姑祖母曾纪芬类似，她们一律受用于"儒教"而不自知或自认其为"（宗）教"？出入自如却不自知或自认为"离经叛道"？这或许正是儒家精神最为迷人之处？犹如"与任何教会无关"且是"未受洗的基督徒"的曾约农（曾宝荪之表弟，二人一生联袂办学，相濡以沫）赴台后成为东海大学第一任开办校长，他的开办宗旨第一条就是"科学人才要有国粹及宗教的认识"。[1] 这些濡染浸浴着儒家文化成长

---

[1] 参见氏著《曾宝荪回忆录》，第 27、34、19、126、138、226 页。

起来的曾门后裔，面对"基督教"的时候他们如何处置或搁置了"儒教"问题？孙尚扬先生断言，"在这些归信基督教的曾氏后裔的心目中，西学与西教的结合才可以救中国，换言之，他们赋予基督教以拯救中国的功能角色"，[1] 虽然未免轻忽他们对于教理本身的接受问题，尤其他们的"国粹底色"在这场个体认信中所承担的关键功能，但将此时中国人的基督信仰置于"西学东渐"的大背景下考察，无疑是深得三昧的。唯其如此，才好理解何以曾宝荪会在童年饱受儒释道三教影响的基础上义无反顾转向基督。尽管她在编译之作《实验宗教学教程》（1934 年由上海青年会主持出版）中提倡"诸教同理"，主张宗教的经验是相通的，"天、神、人"一理，都是追求"天人合一"[2]——不知是否与她的曾祖父曾国藩当年的"祷天"之习暗相呈递……乃至在英国参加贵格会聚会，她的信奉方式经常就是长时间默坐，静候圣灵的指导。习惯读经、讲经、祷告的同学信众难免对此时有讽刺，曾宝荪却自认为从中对"天人合一"感悟获益良多，并由此想到"朱夫子也主张静坐，佛教更是提倡静默，甚至闭关多日"。日后曾宝荪在日本西京感受到的感动，也是"物我无争，天人和谐"："西京代表日本传统文化，也就像中国的文化，一片谦虚诚朴的气象，我很欣赏。"难怪她会和虔诚的佛教徒例如太原赵戴文讨论"佛教与基督教

---

[1] 参阅氏著《曾国藩家族与基督教》。

[2] 参阅柯倩婷《诸教同理，力行证道：曾宝荪的基督信仰与践履之路》，《书屋》2011 年第 2 期。

相似之处"。和"弘法辟耶"的聂其杰不同，赵戴文认为佛教
与基督教"都是济世救人"："耶教由信称义，是自诚明；佛教
由大智启信，是自明诚，所以两者相通"，[1] 这又像出于"儒学"
的基本修养或"底蕴"："自诚明谓之性，自明诚谓之教"（《中
庸》）。让人最为关注的仍然是：何以儒学竟而给予了异种文化
甚至信仰如此广阔的生息空间？联想一下曾国藩"替天讨胡"
镇压太平天国时，于 1854 年 2 月撰写的《讨粤匪檄》中，他
曾将基督教与儒家纲常置于不共戴天之对峙状态，呼吁为保卫
名教而战：

> 自唐虞三代以来，历世圣人扶持名教，敦叙人伦，君
> 臣、父子、上下、尊卑，秩然如冠履之不可倒置。粤匪窃
> 外夷之绪，崇天主之教……有所谓耶稣之说、《新约》之
> 书，举中国数千年礼义人伦、诗书典则，一旦扫地荡尽。
> 此岂独我大清之变，乃开辟以来名教之奇变，我孔子孟子
> 之所痛哭于九原，凡读书识字者，又乌可袖手安坐，不思
> 一为之所也……倘有抱道君子，痛天主教之横行中原，赫
> 然愤怒以卫吾道者，本部堂礼之幕府，待以宾师。[2]

曾国藩显然看重"儒学"的"政治哲学"身份、儒学—

---

[1] 参见氏著《曾宝荪回忆录》，第 92 页。
[2] 曾国藩《足本曾文正公全集》，李瀚章编撰、李鸿章校勘，第三部，卷
三，吉林人民出版社，1995 年，第 1579 页。

名教本身的"政—制"地位是否受到威胁。而此后他的"政—权"旁落的后人们则更多记住了一种氤氲的儒学气氛。按刘小枫先生《儒教与民族国家》尤其《纬书与左派儒教士》《儒家革命精神源流考》两文中的分类，则本文所涉及的曾、聂两家尤其曾国藩的"精神气质"，显然只能算个雅颂弦歌的"右派"，他的后人们都未能也无能为力再继承那份关于"政治哲学"的记忆与敏感。[1]

1938 年冬天，在世界基督教协进会上，曾宝荪和金陵女子大学校长吴贻芳（1893—1985）等人共同出席会议。这次会议上曾宝荪的忧愁主要集中在两点：一是物质文明不能离开宗教道德，二是宗教的大敌不是"异教"，而是"极端的唯物哲学"。[2] 如下这段聂其杰针对这位"外道"侄女曾经的谆谆教诲，显得毕竟只是教理的差异与分歧，我们不妨按照儒家的风度"求同存异"：

> 凡一事物当前，动以唯物之眼光论断之，其上焉者亦必以理性为之推究，苟不能堪强烈之辩难、精深之剖析者，虽一时强以感情的方法道之信从，及一经良心理智之推究，又加以事实证验之考按，则前之感情信仰，悉归泯灭，此时且有破弃一切信仰之心，以为世之言宗教者，必

---

[1] 参阅刘小枫《儒教与民族国家》"前言"。
[2] 参见氏著《曾宝荪回忆录》，第 89 页。

皆此类，不复肯虚心研究一切高尚之教义，纯致卤莽决裂，一无检束，此盖今日全世界所同之现象，以酿成此千古未有之局面，而其大原因，则缘顿失信仰之中心故也。……值此异说披猖人心浮动之时，群众惑于似是而非之学说，自谓以理智破除情感迷信，而不自知其已为又一种感情迷信所障蔽。[1]

　　曾宝荪及其同辈曾家后人当中，多人不婚，例如曾约农、曾昭桦、曾宝菡、曾昭燏[2]……对于历来主张"不孝有三，无后为大"的儒家文化尤其家族文化，曾家后人的个体精神生活的选择与坚守，是横空出世的，也是耐人寻味的。这与在《聂氏家言旬刊》上反对"家庭"的同辈先声是否有着内在联系呢？他们的放弃是否同时意味着一种候望：候望一种一去不返的往昔繁华与敦厚温柔？由此我们似乎也有理由推断，曾宝荪在回忆录中每每流露出对于生命短促、世事艰难、人世沧桑的悲痛与迷惘，"不知苍天生我有何用处，唯一的希望就寄托在上帝的慈爱和祷告有灵了"，与乱世流离、家族生活逐步崩解之后产生的漂泊无依感，不能说毫无关系。这一感触同样体现为之后"台北曾氏宗亲会"的创办以及她对于英国贵族家庭生活破碎的惋惜，对于"艺芳"弟子中能秉承爱国者、贤母、良

---

[1] 聂其杰《记与曾宝荪表侄谈话》，《聂氏家言旬刊》第 134 期，民国十六年即 1927 年 8 月 12 日。

[2] 参阅柯倩婷《诸教同理，力行证道：曾宝荪的基督信仰与践履之路》。

妻于一身者的由衷赞美，乃至对于家族过往生活中几个"忠义可风"的工友（实即仆人）的表彰，因为"人伦之爱，实在可以改移一个人的性情，变换气质"，"（他们选择一死以报主人）视财物如糟粕，视仁义为泰山，慷慨成仁，义薄云天，足为我辈师法"。[1] 尽管曾宝荪在回忆录中照样顺乎"时代潮流"，一如她顺乎"科学·民主·自治·独立·法治"等等的时代理念，无疑这又是这代人中绝大多数的真诚的"信仰"——宗教之外的俗世信仰。她宣称，"在这样的家庭里，旧礼教之深，旧风俗之重要，要一个女子来摆脱，是很不容易的"。但实际上，尽管曾宝荪的家族及其文化历史悠久地以"礼教"践履"修齐治平""化民成俗"之愿望，尽管她的曾祖父曾国藩即使在传教士眼中也是"近两百年来最荣耀的中国人"，[2] 但曾宝荪不是她苦命的湖南同乡白薇（1894—1987），曾宝荪没有经历过白薇"打出幽灵塔"的身世悲苦，[3] 曾宝荪淡定高华的回忆录似乎更让后世我人"感觉中国文化的伟大"，加添后世我人"爱中国的心情"。曾宝荪对于"礼教"字面上自觉抨击而又自觉地好感，一如她自觉侍奉上帝而又自觉地对"天人合一"认同，于她都显得于理突兀却于情深湛，自然而然。

---

[1] 参见氏著《曾宝荪回忆录》，第 118、139、147、161、182—186、202 页。

[2] 参阅李提摩太《亲历晚清四十五年：李提摩太在华回忆录》，第 349 页。

[3] 白薇更为悲苦的身世更在，"打出幽灵塔"之后浪迹于"新时代"的白薇，她的身世似乎只是改头换面而不曾改换其悲苦……有关于此，笔者拙作《青瓷红釉》中《直面性命你疼吗？文学的本质是情书》一文中有所分梳。

"性理诗"一脉以其易落理窟常为诗家诟病不已。《思复堂遗诗》却体现出非凡的对于情性的化育能力。日常的经典化与经典的日常化成功展示了"体道"这一"超验"体验经验化的可能性。值此"五四"百年之际,这一被"北大三杰"之一傅斯年(1896—1950)都要视为"索之茫茫,探之查查"的性理之学的重新发覆也将体现为对时代的回应。但本节最惊艳之处乃在于,一位家庭主妇担纲了"性理诗"的复性之光。

捌　"诗以教何"与"诗何以教":《思复堂遗诗》中的遗诗遗教

一、缘起:"思复堂"其人

　　传统中国的某些旧俗实有极强的生命力,例如女子之称名于时往往被认为基于三种福德:其为名父之女、名夫之妇、名子之母。如果说曾纪芬几乎占据了全部三种优势(但主要还是得益于父亲曾国藩),《思复堂遗诗》的作者陈卓仙(1887—1964,名大任)以其时代境遇能在去世半个多世纪之后进入当今的文化关注视野,则主要属于第三情况:她是"海外新儒家"首座唐君毅（1909—1978）的母亲。

但《思复堂遗诗》本身的质地却将证明陈卓仙之为世所知所传绝不仅仅因为她是名子之母、母以子贵。

陈卓仙生于四川宜宾，其父陈勉之信奉儒学却尚未超逾当时颇显僵化的传统，对女儿的期望只是"贤妻良母"，故"又以文王之母大任之名赐吾母"，[1] 也因此，尽管生于书香之家，却为女流而在儿时与姊妹从未得到父亲授课识字，大抵只能想方设法自学。[2] 直到 1905 年陈卓仙与唐迪风（1886—1931）结婚后方得就学于其父执教的成都淑行女校（成都第一女子师范前身）。

但她的风仪与文学却均获得了近世佛学巨擘的高度评价。

20 世纪 30 年代，欧阳渐（竟无，1871—1943）为英年早逝的唐迪风撰写的《墓志铭》中直接以"蜀中奇女子"属陈，"能诗"之外对其德行评价尤高，所谓"能诗以才调见长者奚足望其项背。夫人之德古所难及"，"佳嗣如君毅能学圣学"，其风仪可以"直接孟母之贤，岂陶母欧母之所能毗"，认为陈诗"悲天悯人而不碍其乐天知命"。[3]

---

[1] 唐君毅《母丧杂记》，《唐君毅全集》第 8 卷，九州出版社，2016 年，第 13 页。

[2] 具体情形可见拙作《濂洛风雅的闺门异响》，《思复堂遗诗》笺注本"导论"，上海古籍出版社，2018 年。

[3] 《唐君毅全集》第 36 卷，第 108 页。又据唐君毅《母丧杂记》，欧阳竟无正是在被唐母之诗感动之后，"叹为稀有"，方起念为唐迪风作墓志铭。《唐君毅全集》第 8 卷，第 24 页。

这位"蜀中奇女子"的至性古德何以养成？陈卓仙天资卓越，自学成才，能力毋宁很强，但实事求是讲，成就陈卓仙其人其德最重要的因素就是她有幸嫁给了"夫妇如师友"、对她护爱有加、一生期之以道的丈夫。唐迪风（名烺，初字铁风，后改字迪风，别字渊嘿）生于光绪十二年（1886）五月十七日，为遗腹子，无兄弟姐妹。母亲卢氏苦节一生，迪风事母至孝。1904 年应童子试为乡举末科秀才，后曾就学于成都叙属联中及法政专门学校。

陈卓仙与唐迪风虽然同样属于包办婚姻，但她的运气实在好，丈夫思想开明，热爱学问，二人婚后情投意合，育有二子四女。甚至唐家寡居的母亲都对子媳近乎超逾礼制的亲密关系宽爱处之。这在唐迪风因染时疫突然去世，陈卓仙悲痛欲绝的悼文当中，有着详致描绘：

> 忆我年十八来归，彼时与君浑然孩童也。君长我一岁，颇能好学。我乃不知所从，居则惟女红是务，出则联袂以嘻以游。先姑爱子媳若命，略不责所以。人有讥笑言于先姑者，先姑弗顾焉。我恃而无惮，益恣其憨状逾年。（《祭迪风文》）[1]

在 20 世纪初的清末蜀中，年轻夫妇可以经常一起外出游

---

[1]《思复堂遗诗》笺注本，第 296 页。

玩同放纸鸢，也可以"涪江同赋芦花诗"，陈卓仙直接将他们的婚姻关系界定为"与君虽夫妇，而实师友也。一旦不见，如婴儿之失母，又如左右手之失援"，直以"心心相印"称之（《祭迪风文》《偕迪风小步中庭》）。这样天真烂漫形同"自由恋爱"的"包办婚姻"居然出现于传统中国号称保守的巴蜀之乡，可见中国传统当真不是铁板一块。包括这位自己苦节多年却能宽待呵护子媳的"先姑"。

唐迪风曾是辛亥革命后四川最早的报纸《国民公报》主笔，文章立论刚直，颇为任勇。后则辗转于当地几所中学以及成都大学、四川大学、华西大学等处任教。又与友人彭云生（举，1887—1966）、蒙文通（1894—1968）、吴碧柳（芳吉，1896—1932）等一起创办了敬业学院，唐被推为院长，教授国文、宋明理学及诸子课程。唐迪风生前并没有显赫的仕途或文坛的高位，相反，在彼时蜀地他的行事发言似乎还颇受非议，有狂者侧目之谓，甚至被浑称为"唐风子"。但真正了解他的人却道，"蜀中学问之正，未有过铁风者矣"，"直截透辟近象山，艰苦实践近二曲"，"信道笃而自知明"，[1]"性情真挚坦易，语皆如肺肝中流出"：[2]

> 其言多直致，不作步骤，不尚分析。其言多浑而警，

---

[1] 分见（吴碧柳）《与邓绍勤》、（彭举）《〈孟子大义〉跋》、（魏时珍）《民国三十三年重航行日记》，《唐君毅全集》第 36 卷，第 12、84、103 页。
[2] 唐君毅《母丧杂记》，《唐君毅全集》第 8 卷，第 30 页。

足以使颓者起立也。……迪风论学，重心得。当群学竞炫
之时，若无一长可见；而时出一言，根极理要，足使博辩
者废然。[1]

近世蜀学巨擘蒙文通也在《儒学五论·论墨学源流与儒墨
汇合》中再三致意："故友唐迪风氏……以墨书证墨派，唐氏
之说，最为得之"，"余即申唐氏之说，论墨学之流，以辨俞孙
之未谛"，"惜良友云殁，安得以此论起而质之"，"是所以尽唐
氏之义，愿质于世之为墨学者"。[2]

唐迪风尝在 1925 年北京女师大风潮之后致函章士钊
（1881—1973）主持的《甲寅》杂志，以为其"培养民德，挽
救时风，厘正文体"诸愿皆甚可观，然：

> 窃以挽今日之颓风，宜化之以渐，不宜施之以骤。法
> 家严肃整齐之力，不如儒者至诚恻坦之为之收效弘而远也。

虽然"当今之世，国事仓皇，无所托足。得一真正之法
家，固远胜小儒万万辈"，唐迪风此时选择的依然是"卒于孔

---

[1] 刘咸炘（鉴泉）《唐迪风别传》，《唐君毅全集》第 36 卷，第 9、10 页。据
　　唐君毅回忆，梁漱溟自谓"去成都，唯欲至诸葛武侯祠堂，及鉴泉先生读
　　书处"（《〈孟子大义〉重刊记及先父行述》，第 15 页），其风仪可以想见。
[2] 氏著《〈墨子〉书备三墨之学》，转引自《唐君毅全集》第 36 卷，第
　　94—96 页。

佛二老，得闻胜义。自矢求向上一着，以终吾年"，认为《甲寅》于"古今来掀天揭地之事功，无不由从善服义，植其基本。故民气来路，不必向外驰求。第疏浚其泉源，自可取之不尽"之要义未免"含意未申"。[1]

有此诸端，可明友人身后"夫天未欲治，太息失真儒"的挽诗并非应酬语。[2] 欧阳竟无能用极为重肃的笔致为他撰写《墓志铭》自然有深层原因。他在唐迪风去世之后还清晰记得唐氏初来内学院就学的场景：

> 民国十四年，支那内学院建法相大学，先三日，宜宾唐烺字铁风者至。坐定，呈志情急，口吃，至于流涕。予已为之动。释奠之日，遍拜大众，忏诉生平，则涕泗交并，一时大众悚然。[3]

唐君毅在《〈孟子大义〉重刊记及先父行述》中曾说，"吾父于儒者之学，亦盖初不相契……及华西大学时，尝出题，命学生历举孔子之失云云。民国九年……而其学遽变"，[4] 应该就

---

[1] 分刊《甲寅》周刊民十四（1925）第一卷第十号，民十五（1926）第一卷第十九号、第一卷第三十三号，转引自《唐君毅全集》第 36 卷，第 94、95、96 页。

[2] 彭云生《辛未旅燕杂诗第六十八首》，《唐君毅全集》第 36 卷，第 102 页。

[3] 欧阳竟无《唐迪风墓志铭》，《唐君毅全集》第 36 卷，第 7 页。

[4] 唐君毅《〈孟子大义〉重刊记及先父行述》，《唐君毅全集》第 36 卷，第 14 页。

是唐氏如上"遍拜大众，忏诉生平"的主要原因了。要知道，昔年《厚黑学》（李宗吾）首出，唐迪风是第一个为之作序的人。据说早年受革命风潮影响，他也参与到反"传统"和闹"革命"的行列中。十几岁时竟把庙里泥菩萨推倒；同时自剪发辫自改服饰大有"复明"之志。[1]

有此剧烈的学术转身，方才有了陈卓仙记忆中这样的丈夫：

> 吾君每言及孔孟学术垂绝，辄感慨欷歔。毅然以振起斯文自任，并以此教学子，授课时常常披肝裂肺，大声疾呼，痛哭流涕。其苦心孤诣，吾常为君拭泪。因以"徒劳精力，于人无补"之言劝君。君曰：倘能唤醒一人，算一人。智者不失人，亦不失言。吾非智者，唯恐失人。吾不得已也。（《祭迪风文》）[2]

唐迪风选择在民九（1920）"其学遽变"，"颂孔孟朱陆于举世不喜之时"，[3] 与日后唐君毅坚持在铁幕边缘保中国文化一线微命，一生坚持"花果飘零，灵根自植"的文化悲愿，有着类似鲜明的历史抉择意味。

唐迪风民胞物与、悲心忘我的救世之心并不止于教书育

---

[1] 参阅汪丽华、何仁富《唐君毅年谱长编》，中国社会科学出版社，2018年。本书引用时尚为未刊稿，谨致谢忱。

[2] 《思复堂遗诗》笺注本，第298—299页。

[3] 刘咸炘《唐迪风别传》，《唐君毅全集》第36卷，第9页。

人，更见于日常细事，所谓"膏火无资，而歌声若出金石。古人所难，不图于今见之。诚之所至，何事不成"（欧阳竟无题识）：

> 生平无一隙废颂，有资辄购籍。或卧病，则出其旧碑、名画、文石、古泉，把玩摩挲不已。教学二十年，语未尝不动人。教学月所得，十余金耳，有乞资返里者，悉与之，不吝，而亦不问其名。盖强制之力有如此。[1]

因此极强的至实而至虚、充量共感的主体能力，唐迪风秉承一份无我去执之心，同样爱惜自己性情洒脱、诗才高超的妻子，径以"逸妻"称之，亲自督导其读书向学，[2] 甚至也会亲自帮妻子抄诗。民国八年（1919）陈卓仙在蜀中率先截发（剪去发髻），竟而惹得"非议蜂起，官禁示"，身为丈夫唐迪风选择挺身而出坚决支持妻子的前卫行为，"文喻众，呈惩官，不稍退"。[3] 这些记载均出自欧阳竟无手笔。唐氏一家在南京求学时夫唱妇随、子弟和美的昂扬气象同样令他印象深刻：

> 学幻三年，躬杵臼，妻炊爨，童子绕榻读三数人，歌

---

[1] 欧阳竟无《唐迪风墓志铭》，《唐君毅全集》第 36 卷，第 7—8 页。
[2] 参见唐迪风《游流杯池及焙水翁楼》，陈卓仙《祭迪风文》，《唐君毅全集》第 36 卷，第 124、152 页。
[3] 欧阳竟无《唐迪风墓志铭》，《唐君毅全集》第 36 卷，第 7 页。

声若出金石。[1]

据唐君毅回忆，当时他们居家在南京的生活，论及物质，条件十分窘迫:"民国十六年春，吾赴南京归省。见吾父母及弟妹，赁陋巷中之一室而居。其地去支那内学院数里远，而吾父徒步往来，风雨不辍。"[2] 唯此精神，我们才能读懂陈卓仙在《忆丹凤街旧寓》中别致的幽默从容、超逸达观:

> 半方天井逼邻墙，反映全凭粉垩光。习篆灵蜗夜书壁，窥人饥鼠昼寻粮。苔痕枢纽闲门绿，瓦缝飞尘日色黄。最好围炉风雪里，小窗相对读蒙庄。[3]

穷得老鼠都在光天化日之下跑出来找粮食，心心相印的夫妻二人照样能于小窗之下"静简庄周说剑篇"，其乐陶陶，穷而不坠读书之乐，以读书抗拒贫穷，这种境界与兴趣不是寻常夫妻能做到的。类似的还有《幽居》中对清贫日常中"回也不改其乐"的描摹:

> 乱世幽居远市场，生意日拙日匆忙。自磨麦面和麸

---

[1] 欧阳竟无《唐迪风墓志铭》，《唐君毅全集》第 36 卷，第 7 页。

[2] 唐君毅《〈孟子大义〉重刊记及先父行述》，《唐君毅全集》第 36 卷，第 12 页。

[3] 《思复堂遗诗》笺注本，第 91—92 页。

食，清煮鲜蔬入碗香。儿女苦饥甘饮粥，舟航望断梦远乡。松扉静掩天寥廓，时有书声出院墙。[1]

陈卓仙甚至在门板上自书"采菊东篱下，悠然见南山"。欧阳竟无见后赞为"有兰亭映带之美峻，寒食结体之沉郁"，意其笔致兼得王（羲之）、苏（东坡）之流风余韵。[2]

饶是物质条件贫乏，唐迪风对妻子家人的护爱深情却丝毫不减。在他病逝之后，陈卓仙洒泪回顾，思之伤痛：

> 民十五年，偕君客金陵。我卧病，吾君时陪坐床头，持书谈咏。凡君一言一笑，藉减轻病中苦痛不少。其他延医调药炊爨，以及小孩琐屑等事，吾君莫不躬自为之，寒夜深宵犹劳劳未寝。日初曙即起，然灯载读载炊，饭毕携策，徒步二三里雪地，就竟师讲学。迨归来，衣履间坚冰白雪，耀然夺目。君弗之顾，惟余病殷殷是问。（《祭迪风文》）[3]

甚至唐迪风的突然去世，在陈卓仙看来也是因为他太过关爱家人尤其妻子的身心健康，至于忽视了自己的个人安危，妻子事后反思，内疚不已：

---

[1]《思复堂遗诗》笺注本，第 101 页。
[2] 王康《后语》，《思复堂遗诗》重庆碧野学堂自印单行本，2016 年。
[3]《思复堂遗诗》笺注本，第 299—300 页。

本图相与偕，计议各参差。虑我疾病多，虑我风波危。优裕欲我共，劳苦不我施。我愁君不乐，君忧我不知。（《壬申夏四月二十七日回忆一首》，1932 年）[1]

若非妻子深情手笔，我们很难了解和相信，在被新文化运动之后的流行话语描述为男权、夫权忒重的传统中国，也还有如此细致辛劳的持家丈夫，和谐美善的居家生活，放下自己的相偶人伦。这样养成人性的伦理关系固然确实需要一些条件，[2]但却并非天外飞仙、孤零个案，在诗礼乐教得以可能的风土当中，这样的伦理传统一直可能，也一直存续。如果我们更多细致地回溯历史，便会发现，往往是唐迪风这类在情性修养上持论极严的儒者，日常世界的"处情"反而流现出极致的温情。唐家父子两代（迪风、君毅）于此的具体作为同样都堪垂范后世（详见本书最后一章）。

唐迪风对妻子不仅有日常的体贴，情绪的关切，最为难得的便是，秉承诗礼乐教、涵养情性的大传统，他们追求的夫妻之境，同样是"道义相期人"，在陈卓仙诗作《秋夜两首》《和吴伯慧见寄原韵》中，均有此成句。唐迪风去世之后，妻子在《五月十日周年致祭三首》之一中感念丈夫，依然出之以"道义"：

---

[1]《思复堂遗诗》笺注本，第 132 页。
[2] 按照唐君毅日后建构"爱情之福音"的说法，需要恰当的"对手方"，所谓"善缘天就"。倘或冤家路窄，也是难免艰难。详见后文。

结缡廿七载，道义相与之。虽曰为夫妇，实乃吾良师。而今谁相勉，有过谁箴规。眷念勖吾殷，无以报心期。眷念遇我厚，百赎莫能追。[1]

而在祭文当中，陈卓仙将这种夫妻之间"道义相期"的关系描绘得更为具体：

忆君语我有云：学非求功利也，尽其在己而已。我习焉不察，凡所为，莫不与君背驰。及其弊端百出，君凡引为己咎，自责其过，而我仍长恶不悛。君又以《涵泳篇》等置我侧，更亲磨墨裁纸，令我钞书，意我游心于此以纾积弊。[2]

所引《涵泳篇》为清人陈广敷（1805—1858）编撰，同时还有《性修论》《凝神篇》《王阳明集节录》等刻板。陈卓仙诗集之名"思复堂"便是唐迪风为妻子所取，唯复性以见道，在在体现都是基于情性养成与德行历练的殷殷厚望。

也正因此，在妻子陈卓仙眼里，丈夫唐迪风的意外早逝就不再是一家一室的个人悲剧，而同时也是社会与文化的巨大损失：

---

[1]《思复堂遗诗》笺注本，第 135 页。
[2]《思复堂遗诗》笺注本，第 297 页。

天地生万物，各遂其常理。雨露滋芳华，风雷厉柔靡。仁人赞化育，立德修文纪。而曰仁者寿，胡不保之子。岂伊凤不至，于何伤麟死。世方逐横流，滔滔者皆是。(《遣悲怀》)[1]

更令世人、时人难以想见的是，陈卓仙婚后除有两年时间任职简阳女子师范教师、重庆省立第二女子师范图书馆管理员和女生训育员，及短期负责敬业学院女生训导之外，余皆尽瘁于操劳家务，教子成人，她以一乡曲女性、家庭主妇、人妻人母的身份竟而走上了"以全幅生命唯道是求"的精神超越之路。其体道的历程与抵达的境界的具体呈露，就是本体量不算沉重、质量却未必轻薄的《思复堂遗诗》。

《思复堂遗诗》笺注本出版后，笔者曾多次在公众场合报告此书的基本内容，效果之好，既在意料之内亦在意料之外。这一现象促使笔者继续深思，按照诗学风格可被基本界定在"性理诗"传统下的《思复堂遗诗》感召人心的力量是如何达成的？众所周知，"性理诗"易落理窟，因其头巾气冬烘气、涉典重重经常至于拒人千里之外，诗家开有此派以来读者史不绝书的抱怨兹不赘述。而《思复堂遗诗》之所以成功体现出特殊有效的动人之力，固然与这位作者的时代与当下更为切近、作者特殊的书写环境（新文化运动之后难得一见的"性理诗"

---

[1]《思复堂遗诗》笺注本，第 138 页。

书写)、作者的独特身份（籍籍无名的居家主妇）等个别属性皆有关系，但也有一些历史的共性可以梳理。笔者遂借此再进一思：如果"诗教"传统得以成立的关键即"情性之教"能够顺利传达，[1]《思复堂遗诗》这类书写所获得的对人之情性的有效的化育能力是如何可能的？《思复堂遗诗》整体风格质朴无华，甚至偶有草率，[2] 作者名不见经传，很长时间均只被作为"名子之母"客气以待，《遗诗》即使作为"亲人著述"被两岸《唐君毅全集》（1991 年台北学生书局版，2016 年北京九州出版社版）两度收入，也并未获得学界相当的关注。她乍然面世之后，感人至深的影响力究竟来自何处？笔者认为其中关涉的是"诗以教何"与"诗何以教"两大问题。本文除欲为此题做一小结，更欲将其纳入"体道诗"如何将"超验"经验化这一中国诗歌史的特殊现象中加以分梳。因追求超越的"性理"之学在"新文化运动"兴起之后的迅速湮没——"现代新儒家"的崛起以及之后"海外新儒家"的挺立，毋宁都是对此湮没的迅速反应，这一发覆也将体现为对"五四"百年的一种特殊纪念。

---

[1] "诗教"传统，狭义上可独取《诗（经）》教之传统，本文此处取广义，即经由诗歌的写作与研习达成情性化育的基本传统（参阅沈章明《诗教传统与教育革新》，安徽教育出版社，2015 年）。关于"诗礼乐教"与"情性之教"的关系，乃是儒门常课，近人唐君毅、徐复观于此皆有精深讨论。兹不赘述。

[2] 参阅笔者导读《濂洛风雅的闺门异响》相关描述，《思复堂遗诗》笺注本，第 29 页。

二、"诗以教何": 母教、家教、师教

《思复堂遗诗》的写作背景或说产生机制, 于传统中国或为常态, 但放诸现代生活确是比较特殊的。例如不为写诗而写诗, 更多用诗来记录个人生活尤其体道心得, 乃至主要用来承担母教、家教、师教等实用功能, 均成为《遗诗》很别致的存在性格。这一真挚朴实的存在状态, 无疑即其感染力道的来源之一:

> （作者）有诗人之实而无诗人之名……她的诗是她的生活史。她感物吟志, 所感之物与所吟之志即是她的生活世界。诗人的生活世界中有家庭伦理, 有田园情怀, 有时代印记, 也有通天地有形之外、入风云变态之中的诗思, 她的诗作题材广袤, 不拘于柴米油盐。但她预设的读者通常只是师友家人, 这是时代给予她的框架, 却也是她主要的伦理关怀的核心, 余事作诗人。就此而言, 她更像是传统意义下的诗人。[1]

例如《示恂儿》诗前有小注云"恂儿肄业峨眉四川大学, 与同学某龃龉, 余因缀数句以警之":

---

[1]《思复堂遗诗》笺注本"杨儒宾序", 第1—2页。

举世少复真，渊明先我告。汲汲鲁中叟，弥缝乏其道。砭砭击磬声，荷蒉犹讥笑。果哉末之难，沦胥以自悼。而汝抱区区，志欲酬宿好。章甫自足贵，越人非所宝。翊伊若狂澜，云胡挽即倒。螳螂臂当车，只未量力小。摆脱尔迷痴，展舒尔怀抱。鹏飞万里天，绿满窗前草。开卷友古人，挥翰奋文藻。温泉漱寒齿，峨眉夺天造。俯仰廓悠悠，风光足笑傲。涵虚契冥会，称心固为好。[1]

写完上述诗作后诗人觉得意犹未尽，又补充数语于后，从体例上看该算另一首小诗：

恭宽信敏惠，蛮貊亦能行。愿尔志斯志，胸中自坦平。[2]

两诗中原典基本都出自《论语》《庄子》及（晋）陶潜诗，有些甚至是成句直接化用（像"汲汲鲁中叟，弥缝乏其道。砭砭击磬声，荷蒉犹讥笑"）。"绿满窗前草"典出《宋元学案·濂溪学案》："周茂叔窗前草不除去，问之，云：'与自家意思一般。'"又见《明道学案》："明道书窗前有茂草覆砌，或劝之芟，曰：'不可！欲常见造物生意。'又置盆池畜小鱼数尾，时时观之，或问其故，曰：'欲观万物自得意。'"周茂叔即周敦颐（1017—1073），世称濂溪先生，北宋理学开山。明

[1]《思复堂遗诗》笺注本，第178页。
[2]《思复堂遗诗》笺注本，第179页。

道即程颢（1032—1085），少从周茂叔学，后自成一家，与列
"北宋五子"。此句与典出《庄子·逍遥游》的"鹏飞万里天"
对举，并观前后"摆脱尔迷痴，展舒尔怀抱。开卷友古人，挥
翰奋文藻"数句，其气象舒卷胸襟阔大，自然出自以诗代柬的
家书，不禁令人称奇这位母亲诗人的精神气象。

　　该诗的接受者"恂儿"是诗人第四女唐恂季（1918—
1999），以二十二岁大学肄业计，诗或作于 1940 年左右。女儿
与同学之间因细故引发不和，作为母亲的诗人迭称经典，征引
以儒家教义为主的古典智慧，警示开导女儿要打开胸襟，志向
高远，躬行仁道，追慕圣贤。这是振奋母教，也是以身作则，
其诚意恳心因脚踏实地而溢于言表。作为母女之间私相授受的
家书之作，作者没有任何矫情或伪饰的必要，如是想，则如是
说、如是行、如是本末究竟。我们完全可以想象，古代经典尤
其儒家经典的精义只有已经内化为诗人的精神标的，她才能如
此运用纯熟、张口即是。此足征欧阳竟无 1932 年左右即盛道
诗人的德行风仪足以"直接孟母之贤，岂陶母欧母之所能毗"[1]
是有理据的。

　　再看《示毅、慈二儿》：

　　　　濠上知鱼乐，空中任鸟飞。尔能知此意，何用侍庭闱。[2]

---

[1] 见笺注本前揭欧阳竟无为诗人诗集所题句。
[2]《思复堂遗诗》笺注本，第 206 页。

毅、慈二儿即诗人的长子唐君毅和五子唐慈幼（君实）。1946 年秋中央大学由重庆迁返南京，时任该校哲学系教授的唐君毅因被华西大学社会系借聘，至十一月间始返南京授课。此时唐慈幼亦在南京工作，其余家眷均在成都。该诗约作于 1947 年夏秋之间，结构短小精悍，首典出自《庄子·秋水》。庄子与惠子游于濠梁之上，见鲦鱼出游从容，因辩鱼自知其乐否，后多用"濠上"比喻于体道别有会心、自得其乐。诗意简洁明快，以鸢飞鱼跃、光风霁月的本地风光语豁达教导在异地就职因此不能奉母的儿子，这显然不仅是移孝作忠的家国情怀，更是诗人期待家人、后人一起体道、味道的绝大心愿。因其同样是写给儿女以诗代柬的家书，故自然而然也就是其精神境界的如实呈露。其质朴简易、直抒胸臆、开门见山的诗学风格，反而增强了这种境界由来有自的说服力，当下即是，远比密实繁琐的引经据典的呈现能力要强许多。

另外一个例子是 1959 年身在香港的唐君毅迎来五十寿辰。滞留内地的母亲与长子此际已经离别八年未能相见。诗人因此特意写下《为长子毅五旬生日作》：

> 融融冬日，暖如春昼。漠漠大地，孕育灵秀。吾儿降生，一元初透。东君与立，旧岁告休。恭元春喜，贺粥米酒。煌煌华堂，宴集亲友。敬献鲜花，旋奉佛手。烛燃龙凤，香喷金兽。爆竹于庭，磬鼓三奏。肃肃威仪，依次荐羞。童稚欢腾，玩狮舞虬。儿生逢辰，因缘巧遘。纷其

内美，得天独厚。名儿曰毅，坚尔信受。浴儿芳香，衣儿
文绣。重以修能，人天共佑。勤斯敏斯，匪伊邂逅。三岁
免怀，忘其美丑。喜弄文墨，凡百好求。趋庭问字，意义
必究。憨态孜孜，恐落人后。阿舅笑曰，此儿似猴。爰及
于今，五十春秋。际此初度，莫负良由。欢携稚子，偕同
佳偶。幸得英才，便邀朋俦。相与挈壶，载越层邱。太平
山顶，碧草油油。海湾环抱，跨海东头。席地闲谈，弦管
悠悠。生生之意，绿通平畴。勉哉吾儿，厥德允攸。儿虽
五十，面容尚幼。再遇五十，母为儿寿。[1]

诗中用典依然以四书五经的基本原典为主，再次使用了诗
人特别喜爱的《宋元学案》中《濂溪学案》《明道学案》的相
关掌故（"生生之意，绿通平畴"）。诗人将对长子的全部疼爱、
自豪浓缩诗中，根本立足点却在母子之间以道义相期。这一特
质在同时所作另外一首《代至、恂、慈、宁诸儿祝长兄寿》中
体现得更为分明。所谓"熏然仁慈，物我无咎。温温君子，惟
道是求"，已经"见道"之为母者能如此评价或说赞美长子，
并非出于私爱，乃为公德所在。[2] 这一精神体现亦可见于另外
一封真正的家书中，此即 1949 年秋冬致六女宁孺残简：

---

[1]《思复堂遗诗》笺注本，第 276 页。
[2] 原诗见笺注本，第 278 页。唐君毅先生在当代学人中德行之厚，为有目
　　共睹、众口交喻。参见《唐君毅全集》卷 37、38《纪念集》中诸文。

汝兄今年四十，已为成德之年，其品德似兼汝四人之特点，而锻炼以成其精，铸成其品德。汝与相较，远甚。故汝除敬长之外，尤当尊敬汝兄之学问，尤当体识汝兄责望于妹弟之心情。二姊一谈及汝兄鬓发已白，不禁涕泣随之。为家庭妹弟辛苦多年，而妹弟等犹未能分其劳，俾其休息一日。二十年来受若干折磨困苦，始有今日之学问，今日时俗视之，又不足重轻，尤为汝兄痛惜。虽然遁世无闷，道无加损，想汝兄当不介于意也。……今汝犹得与汝兄接近，望以汝兄所以自奋自勉者，是则是效，实为汝之幸，亦汝兄弟之心，而更免贻后日失学之悔也！[1]

母亲写给儿女的家书开口即以"成德"相望，而又能豁达地勘破"遁世无闷，道无加损"的超越意，凡此种种，足征诗人在诗歌中所流现的求道热情与体道心得是真实不虚的。也就难怪据唐氏后人追忆，诗人暮年跟子女之间讨论最多的也都是关于"道"的问题（唐晓帆《追忆母亲》，未刊稿）。而且，诗人这种于日常生活时时处处充满体道、践道热情的真实呈现并不局限于对自家子女的教育。对其他前往问学的后进，同样倾城以道相期。例如《赠程行敬》：

平时摩得熟，临时用得着。首在明明德，新民居其末。思诚泣鬼神，行健撼山岳。如奇花初胎，如源泉活

---

[1]《思复堂遗诗》笺注本，第 301 页。

活。顾误天明命，致知在格物。汲汲鲁中叟，弥缝乏其
术。我佛大慈悲，慈航空寂寞。道德五千言，世人尚咄
咄。感君饥溺怀，辗转伤局蹐。际晓南其辙，弹冠俟心
腹。春风入庭户，明月照华屋。几净无纤尘，勤携《大
学》读。竭诚奉赠君，未遑计辞俗。[1]

该诗的写作背景是，1943 年诗人的小友也是其亡夫的学生
程行敬即将南行，临别之际将自己为人处世中悲怀恻隐而不得
其法的苦闷倾吐，于是诗人以上诗勉之。该诗于儒理、佛法、
道训各家义理皆有参考，而归结在儒（"勤携《大学》读"）。重
心尤在工夫，期其内证有成方能入俗无碍。起句"平时摩得熟"
是典型的理学修身语，在工夫论述已成传统。例如《朱子语类》
卷八："学者须是熟。熟时，一唤便在目前"；卷十二："存养得
熟后，临事省察不费力"。二程子也讲涵养需要纯熟，学贵义理
之精熟。《鹤林玉露·丙篇》卷一尝举证以例："欧阳公问一僧
曰：'古之高僧，有去来翛然者，何今世之鲜也？'僧曰：'古
人念念在定慧，临终安得而乱？今人念念在散乱，临终安得而
定？'公深然之。此说却是正理，如吾儒易箦结缨之类，皆是
平日讲贯得明，操守得定，涵养得熟，视生死如昼夜，故能如
此不乱。静春先生刘子澄，朱文公高弟也。病革，周益公往拊
之曰：'子澄澄其虑。'静春开目微视曰：'无虑何澄？'言讫

---

[1]《思复堂遗诗》笺注本，第 186 页。

而逝。"[1] 此处尤需特别强调的是，设若"平时摩得熟，临时用得着"这类表达出自宋明及后世儒者之口，读者会觉得属于常态，感发的意义或许会因此弱很多——而且，可能我们还会觉得很"套路"，所谓"子曰诗云的圣言量在历史时光的冲刷下，在塾师俗儒的心言不一的口诵中，很容易僵化，失去动人的力量"，[2] 至少我们无法深入确定其真实性。但唯其出自一位家庭主妇随便写给晚辈的答词当中，我们毋庸置疑地就看到了一种性理生活鲜活而现量的存在。此处就关涉到"诗何以教"，即"超验"的经验化如何具体达成问题：超越的玄理如何落实在日常，落实在当下，落实在举手投足间的随心所欲不逾矩。

三、"诗何以教"："道成肉身"与当下指点

《思复堂遗诗》强大的化育能力首先体现在其"道成肉身"的能力，道体与体道在在成就为经典化的日常活计的呈现与描述。例如《卧病示诸儿》组诗之十一，造句直抒胸臆，构成并不复杂华丽，却可以说震惊到了每一位注意到此诗的读者：[3]

---

[1]《思复堂遗诗》笺注本，第 187 页注释一。

[2]《思复堂遗诗》笺注本"杨儒宾序"，第 4 页。

[3] 张祥龙先生序言中即由衷赞叹道："作为家庭主妇化的诗人，她照顾关爱子女，洗衣做饭维持一家生活，本身就是宁静致远的、诗意的和哲理悠然的，所以她在家务之余，'默默无言'地展读心学大师陆象山的集子，'宇宙便是吾心，吾心即是宇宙'，一点也不突兀，就是她生命本身的内在关联，一气呵成。"《思复堂遗诗》笺注本，第 4 页。

供奉才完儿睡稳，布衣浣濯灿明霞。闲来展读象山集，默默无言解得耶。[1]

组诗共有十三首，乃是诗人"卧病弥月，思前想后，百感交集，杂赋十三首，用示毅、至诸儿并光、蕙二媳，[2] 聊当遗嘱耳"的产物，将日常生活经典化后的"宁静致远"是组诗的整体面貌，再如另外几首：

一

芳草无言庭院静，老来心事只天知。象忧象喜何关舜，人溺人饥讵犯伊。一息尚存通宇宙，百年有役警愚痴。闲谈亲戚之情话，稚子嘻婆不识时。

二

久病知医独我迂，单方杂药弃无余。新篁解箨醇香味，坐我丛中读我书。

三

偶然四大合成身，世事何须苦认真。谁碎鲜花抛满地，拾来点点未黏尘。

四

骈赘天生自任天，庖丁游刃意闲闲。余今识得新生

---

[1] 《思复堂遗诗》笺注本，第 223 页。
[2] 指诗人长子唐君毅、次女唐至中、长媳谢廷光、次媳连成蕙。

计，一盏清茶一卷烟。

五

理无大小何由达，仁者须当斩乱麻。后果前因同一辙，春花秋月在千家。莫将好丑评昆仲，恐谓婆心有等差。午梦觉来情默默，可堪打草更惊蛇。

六

病榻摩挲一卷经，梁间乳燕话情亲。风幡未动心先动，仁者争论亦可人。

七

未愁白日行将晚，为道清阴尚可赊。蕙砌兰阶风细细，半钩残月正西斜。

八

六十余年成一梦，五千里外去三回。而今犹醉江南月，醉梦醒时归未归。

九

笔砚有心空伴我，镜台何处惹尘埃。感时愤世思儿泪，一一都从个里来。

十一

宇内般般已分事，北堂温清没些差。月明苍莽来天地，无臭无声润物华。[1]

---

[1]《思复堂遗诗》笺注本，第221—223页。

如前文已经言及，如果上述组诗出自某位禅宗大德的入灭付嘱弟子，或某位儒门大德的临行嘱托门生，则并不算稀奇，或可做常态看。唯其出自一位疑将不起聊作"遗嘱"的年老母亲的日常信笔写来，其震撼人心之力道就显得非比寻常。这组诗体现诗人一生的精神结构与生命境界，也是诗集中最为系统、鲜明的。其中虽然多少也追忆了生平与日常（如此处未录的"六十余年成一梦""记得当年嫁小姑"等另外几组），但诗人最大的和主要的兴趣还在表述自己"体道"之所得。故诗中大量征引儒、庄、禅宗、理学典故，以明自家心地。此正诗人之迥超俗流，也迥异于一般"才女"之处，她的性命旨归，直接指向的是"向道而生"的圣贤气象，现量直呈，日常生活的经典化。

诗人这种与道合一的精神状态具体呈露的另一表现，则是"经典"落实在生活中的日常化。例如《示毅、至二儿》：

> 思而不学，无源易涸。心若违理，暴慢斯作。把稳天枢，物莫我夺。何以淑身，是为礼乐。所恶执一，是为害道。其直如矢，其言若躁。遍计固乖，守中微妙。盍不尔思，天钧是窍。学而不思，忽恍如遗。万理森著，得之也稀。棱棱秋霜，肃以杀气。熙熙暖日，护以生机。奇花放矣，孕育以时。相彼君子兮，仁为里兮义为衣。[1]

---

[1]《思复堂遗诗》笺注本，第 215 页。

这是写给儿女代柬的日常歌诗，但其用语之典则深密，乍看却犹如学问导师的教学开示。思而不学，典出《论语·为政》："学而不思则罔，思而不学则殆。"执一，儒学方法论命题，《孟子·尽心上》所言"子莫执中，执中为近之。执中无权，犹执一也。所恶执一者，为其贼道也，举一而废百也"。遍计，即遍计执性，不了依他，妄计实我实法。唯识宗认为遍计执性对我和法妄加以分别、执为实有，产生我执、法执。由我执生出种种烦恼，障碍进入涅槃。守中是道家、医家、儒家等通用的修证名词。《性命圭旨·性命双修万神圭旨》第二节："何谓守中？曰勤守中，莫放逸，外不入，内不出，还本源，万事毕。"天钧是庄子用语，又作"天均"，是庄子用以形容把握道的方法。《庄子·寓言》："万物皆种也，以不同形相禅，始卒若环，莫得其伦，是谓天均。"在理学工夫论中，天枢同样有独特的涵义。此处处可见诗人是谙熟于传统的修证传统的。"奇花初胎"典出《二十四诗品》，用在此处，同样有"体道"有得的暗示意味。[1]

据笔者考证，该诗当作于 1948 年之后，诗人此时已年过花甲，行年至此，于理教、道学乃至修行工夫已经颇有心得。日后唐君毅在《母丧杂记续记》中尝直言："吾母生前原已有见于道，尝信人生有死而不亡者存。吾亦尝与吾母言及此义。吾母谓吾学问有所得亦指此。"[2] 可见母子之间于"体道"一事

---

[1] 参见《思复堂遗诗》笺注本，第 215、216 页。
[2]《哲思辑录与人物纪念》，《唐君毅全集》第 8 卷，第 33 页。

的首尾面目颇能心心相印。也正因此，即使面对已为大学哲学系名教授的儿子，身为主妇贤母的诗人发言亦常有当仁不让处。此亦母职之恢弘。例如《感怀示至、恂、慈三儿》：

> 爰有超世心，深知入世理。入世情如何？淡然对秋水。虚想滋烦忧，实际贵践履。身在尘网中，心迷事物里。何者为损益，何者分彼此。遍计泥所执，万缘为心累。何如一撒手，缘灭心可死。一番能死去，一番方能起。起放大光明，春风发华蕊。一花一世界，一一皆欢喜。[1]

该诗约作于1949年。此前的1948年12月初，有感于时局太乱，唐君毅迁居中央大学宿舍大钟亭二十四号后，遂于11日与诗人乘民裕轮抵上海。14日晨唐君毅登民裕轮送诗人返蜀，之后自己回学校继续上课。与母亲临别之际，唐告诗人："儿未尝为官吏，亦不隶任何政党，唯儿上承父志，必以发扬中华文教为归，今世乱方亟，以后行无定所，今有妹等侍养，望勿以儿为念。"诗人则答："汝必欲与中华文教共存亡，则亦任汝之所之矣。"[2] 一答一对之间，可谓有其子必有其母。诗人此次返川后曾大病一场，[3] 多事之秋多病之年，思前想后，颇

---

[1]《思复堂遗诗》笺注本，第234页。

[2] 唐君毅《母丧杂记》，《哲思辑录与人物纪念》，《唐君毅全集》第8卷，第29页。

[3] 参见《病卧化龙桥斗室中（己丑暮春）》，《思复堂遗诗》笺注本，第233页。

有大死大活之心。故该诗中她发愿要以出世（超世）的心情践履入世的道理，且字里行间显示其颇能洞察世情无非因缘所生法，故提醒正在时变风浪中载沉载浮的子女，行者若以静定处之，于万法森严中见一法不立，于事事理理中见妙性流行，自能逢凶化吉遇难成祥，"起放大光明，春风发华蕊。一花一世界，一一皆欢喜"。

1973 年唐君毅为《思复堂遗诗》手抄影印本首次面世（台北学生书局版）所作编后记称道："唯当今之世，人伦道丧，本温柔敦厚之旨以为诗者，盖不多见。则吾母之遗诗，亦当为关心世教之大雅君子所不废。"[1] 十年前的 1964 年 4 月 17 日，即诗人去世不久，致二妹至中、五弟慈幼函中，唐君毅同样道及"母亲之诗至性感人，加以印出，应可对他人有益"。[2] 他是坚信母亲的遗诗足以成就世教，端正人心，甚至可能担当起某种教义的职责的。在《中国文化之精神价值》中，唐君毅更直接用"相偶""共感"的主体关系界定了"温柔敦厚"之"诗教"精神，[3] 与同他以"虚实相涵融摄"界定中国文化的基本精神，此意正是一以贯之。《思复堂遗诗》中这一"至实"与"至虚"之间的成功体现与链接，也正是其能将"超验"的体道经验化呈现的要诀之处。而如果要继续深究陈卓仙诗中这一"温柔敦

---

[1]《唐君毅全集》第 36 卷，第 206 页。

[2]《书简》，《唐君毅全集》第 31 卷，第 10 页。

[3]《中国文化之精神价值》，《唐君毅全集》第 9 卷，第 233 页。亦见本书易顺鼎一节。

厚"的"至性感人"是如何形成的，则毋宁要直接缘于她一生履历虽主要为主妇、良妻、贤母、贤祖母，却时时处处不忘属己的主体挺立与澄明的形上追求。

四、尽其在己：主体挺立与形上追求

张祥龙先生为《遗诗》所作序中尝言："作为诗人的陈卓仙，不是一个体化之人，而是女儿、妻子、学生、母亲、家妇、教师、祖母和道友，但她又绝不缺少独对存在的心灵感受。"[1] 其中特别提到作者的一首诗，即《述怀》（二）：

> 月明千里澹秋心，闲对阑干学苦吟。病到久时思药误，道临高处觉魔深。散材毕竟全天性，瓦缶由来混好音。一任浮云幻今古，太空群籁自沉沉。[2]

颈联典见（清）梁章矩《楹联续话》："久病始知求药误，衰年方悔读书迟。"又见（隋）智顗大师《童蒙止观·觉知魔事》："魔常以破坏众生善根令流转生死为事。若能安心正道，是故道高方知魔盛，仍须善识魔事。"以"十年抛却故乡庐"计，该诗当作于 1922 年前后，诗人此际尚年不足四旬，已油

---

[1]《思复堂遗诗》笺注本"序三"，第 3 页。
[2]《思复堂遗诗》笺注本，第 51 页。

然有此形上关怀。诗人一生好道、乐道、孜孜以求道（参见唐晓帆《回忆母亲》，未刊稿）是自觉见诸其年少时期的，据说其怀二女至中时"即知胎教之义，常面对一贤像，而自存诚敬心"（唐君毅《母丧杂记》）。就其诗作通体论之，最鲜明的特点即是此种道情、道心、道境的自然流露，愈到生命暮年愈是唯道是趋。该诗已经颇富理学趣味与形上思考，是为集中首见，因诗人一生常善病，今既有此"道高魔盛"的境界戒惕之心，故之后渐转而入日用是道。

诗人这种唯道是趋的精神旨趣于中年之后诸诗作中出现更其频繁。最典型者可见"泉源—江海歌—秦淮河"这一组时间跨度很大的诗。《源泉》所作最早，诗题后特标"自喻"二字，用意是很明显了：

> 源泉何涓涓，不舍昼夜流。纤徐历荆榛，危石据上游。岂复惮艰险，志在东海头。数遇回飙举，吹我忽漂浮。咽咽转悲声，行路增其忧。二月春风来，沛泽膏神州。浸淫复汇聚，涤涤缘道陬。朝映桃花红，暮涵云景幽。盈科渐次进，何乃命多尤。农人利稼耕，堵雍溉田畴。濆薄兴跃波，吸引一何道。吁嗟此泉流，终阻绝荒丘。遥瞻长江水，万里自悠悠。[1]

---

[1]《思复堂遗诗》笺注本，第 112—113 页。

《孟子·离娄下》有谓:"原泉混混,不舍昼夜,盈科而后进,放乎四海,有本者如是,是之取尔。"其意正此诗之所由。诗人之夫迪风即谙熟《孟子》,著有《孟子大义》。其子君毅又深研心性义理之学,[1] 故孟子学一直对诗人的精神世界影响特深,心迹流露可见于诗集全本。诗人生平虽运思豁达,亦难免有志不遂之时,本诗其证也。该诗约作于诗人不惑之年(1927)前后。就全集的整体格调而言,这一阶段诗作中出现的理想与现实之间的落差语,高远志向受挫不前的嗟叹感,是最频繁的。包括这首作为自喻之辞的《泉源》,"盈科渐次进,何乃命多尤","吁嗟此泉流,终阻绝荒丘。遥瞻长江水,万里自悠悠",正体现了一位志在体道、味道的行者的求道之路必经蹉跎的真实历程。

极富意味的是,二十年后,作者又特意写了一首依然与水隐喻相关的《江海歌》:

> 浩浩长江水,思与东海会。中流起风波,激荡声澎

---

[1] 唐氏《中国文化精神价值》一书结末之慨即直承孟子此意:"欧风美雨,坏固有文化之堤防,盖亦天之所以涤荡中国文化之尘垢与虚饰,使中国民族精神,将吐纳百川于大海之开始。先圣先贤之英灵永在,中国文化真精神,亦终将重自混沌中昭露以出,而光辉弥彰以新。则吾人于此剥复之交,独握天枢,吾人未尝不可悲而不失其乐。知吾人今日之责任,唯在透至底层,直接中国文化之潜流,去其土石与沙砾,重显其源泉混混、不舍昼夜、健行不息之至德于光天化日之下。"《唐君毅全集》第9卷,第372页。

湃。风波何足惧，澎湃何足怪。但恐逆流中，身人无主宰。风波互相因，造因又谁谁？赖得非蛟龙，兴无乃天地。罪嗟彼苍兮实自馁。胡空虚缥渺兮，不为其统帅。溯元始何浑沌兮，忽沉淀为块磊。冥顽已不灵兮，索然而与道悖。芸芸繁兮孳债，顾无假兮旁贷。敢有所恹求兮，惟躬自悼悔。凄其以风露兮，弗使并育而无害也。彷徨复太息兮，终有愧于覆载也。遗此憾兮，谁补属？参赞兮，莫怠。四时秩合兮，天和群。黎感沾兮德爱。错大块于灵台兮，万物粲呈光彩。风沄不波兮，舟摇摇乐自在。山水绿兮，棹歌欸乃。泱泱畅流兮，直到海。斯岂蜃楼兮空企仰。诚如蟾兔兮，圆可待。[1]

该诗约作于 1946—1947 年间唐氏家眷阖家居川之时。就诗论诗，不算出色，但如果作为描摹体道的喻词考察，"江海"与《泉源》之间是极有意义的一组比照。诗人的襟怀已经显得志气不凡，且积极乐观。江流入海途中遭遇风波澎湃并不可惧，只要心中有所主宰，笃定纯一，不恹不求，参赞天地，江河终能汇入汪洋。隐喻众庶经由百折不挠、实际参修，终能汇入圣境，于道有所成就。

此后不久，诗人又有《寄示毅、慈二儿》"飞度秦淮河"之作，诗中强调之前自己如何"缅思蕴心曲，纡回慨已多。而

---

[1]《思复堂遗诗》笺注本，第 208—209 页。

或遏其慨，毋乃君子过。君子爱以德，云复如之何。用舍忘其道，时光亦蹉跎。系予何怫郁，纷乱浪翻波"，而今则"功疏怜小器，力尽得明珂。温润发光华，把玩漫摩挲。谁道贯力间，粘液如悬螺。及兹好三月，融融一气和。花叶竞缤纷，一笑醉颜酡。吁嗟隔岸人，观景得无讹"，特别是结句，更昭示了《江海歌》承上启下的特别意义：

> 春风一夜来，飞度秦淮河。忆昔徒劳劳，为赋江海歌。遥示毅慈辈，知予轻负荷。[1]

显而易见，写过《江海歌》之后，诗人应当已将其寄给远在江南的两个儿子阅读。后感有未足，故再度书此专以寄子，以明自己今时悲天悯人而能乐天知命的境界已不同于往日。诗当作于 1947 年 11 月诗人携眷迁往无锡之前。

如果单纯强调一般意义上诗歌的艺术表现，《思复堂遗诗》中的精彩之作首推卷二悼亡诸作。前文已言及，诗人与其夫唐迪风之间情感固然甚笃，但最为难得的就是，他们追求的夫妻之境是"道义相期人"，陈卓仙诗作《秋夜两首》《和吴伯慧见寄原韵》中均有此成句。唐迪风去世之后，妻子在《五月十日周年致祭三首》之一中感念丈夫，依然出之以"道义"。另外一首《昔同游》前则有小序："迪常与余谈论，多属性理。惜余未

---

[1]《思复堂遗诗》笺注本，第 210 页。

细心领悟。两年后，触处发现其意，警然契于心，因益伤迪不复起矣。曩即无以告慰，今将奚以为？终成孤陋，而增自哀。"[1] 可见其日常尝师事其夫其情不虚。《祭迪风文》中于此有更充分详实的铺写：

> 呜呼吾君！平日启发我者，无所不用其极也。恨我役役终年，不知何者为学，更不知君之所以教。……呜呼迪君！我始终不悟，吾君在天，其不瞑目矣！君尝言我父为读书人，而我从未读书，恒以为深惜。每以至言激动我。我生性不知，与俗浮沉。君时隐其孤衷，殷殷开导我云：良书即无友之人之良友也。尝思之：我年四十，而壮心未死。昔即不体父之志，以略尽其孝。今且无以副君之望，而励其行。抚躬内怍，不觉汗之浃背。年来方奋志为补牢之计，早晚从君学问。呜呼痛已！往日君谆谆诲我，我偏悠忽，旋听旋即置之，殊未味乎其言也。今而知欲学而君不留。思聆君之教，而不复得矣。[2]

佳偶若是，却遭逢中道化离，唐迪风偶染时疫英年早逝，

---

[1] 全诗如下："明月照清渊，濯乎渊之上。放歌两忘言，悠然天界敞。声挟松风回，宛转应山响。同心极娱乐，事倏成已往。何忍重登临，中心凄以怆。相彼水更清，月亦比前朗。澄澄涵空明，渺不分天壤。神魂若左右，俨然共欣赏。趋从忽莫由，余其将安放。思切忧转深，涕泣不可仰。来世终有期，葵藿永相向。"见《思复堂遗诗》笺注本，第145—146页。
[2] 《思复堂遗诗》笺注本，第297—298页。

作为妻子如何痛不欲生都不为过。但正是这卷为欧阳竟无击节三叹的悼亡诗中，我们同样见识了诗人业已体道有成的卓越见识。例如《遣悲怀》：

> 悬景自孤光，天风无定止。躬欲使其淳，人斯谁与己。惟感平生言，惧同草木毁。朝获闻大道，夕死斯可矣。泰山竟尔颓，吾其奚仰止。同穴知何年，永痛无穷已。正声久不闻，悲歌犹在耳。即命救人间，夫何充天使。世诚不可为，宁灭先圣轨。圣轨固昭彰，子去谁率履。形骸虽幻化，精诚实相契。待当休明世，吾子复兴起。至人值嘉会，驾言心转喜。全家欢重聚，情钟良足恃。吾子居何方？安得以语此。哀思如循环，天应成人美。[1]

诗意悲痛欲绝而节制端庄。用典涉及《荀子》《中庸》《论语》《礼记》《左传》等经要古籍，甚见诗人娴于儒家经典、充分博引旁征的功力。夫君在其心目中已经具备优入圣域的高尚德行，其壮岁早逝之悲并非简单的一家一室之悲，更扩充为国族文化的巨大损失。但即令如此，诗人仍然没有溺于悲痛不可自拔，而是不仅试图超越"形骸虽幻化，精诚实相契"的肉身拘执，更期待"待当休明世，吾子复兴起"的光明未来，乃至憧憬"至人值嘉会，全家欢重聚"的美好可能。其思绪与愿力

---

[1]《思复堂遗诗》笺注本，第138—139页。

都可谓超凡脱俗。

再如该卷中的《记梦》：

> 人天虽乖隔，至诚能感通。魂兮归乎来，窗月光玲珑。
> 忽睹坐观书，故衣故时容。惊疑旋复喜，喜极泪沾胸。何
> 期三秋别，于今一旦逢。儿女沉哀疚，遑论独我躬。子今
> 果在此，原非昨梦同。明明非昨比，晓日升已东。顾我但
> 微笑，何必形影从。死诚得所归，生乃实惘惘。死生与离
> 合，执此皆愚庸。闻之心断绝，欲呼声转穷。欲听耳无聪，
> 欲视眼无瞳。隐约君颜色，遽尔乘晨风。[1]

诗中所记乃为诗人思念至极、得与亡夫梦里相感交通。这
种"感通"之力的有效获得，毋宁也是"超验"体验经验化的
重要管道。[2] 在这篇记梦之辞里，诗人虽然记载的是梦中丈夫
对于形影为幻而死生一如的豁达解释，实则暗示了诗人自己正
在经历的精神成长。痛绝人天的人间惨痛面前，慧性高越的诗
人借着儒释理泽的温润，正在步步超越执着情执的旧我。诚如
杨儒宾先生序中所言：

---

[1] 《思复堂遗诗》笺注本，第 149 页。

[2] 幽明感通基于至诚之心。这一理念后来在唐君毅哲学中得以发扬光大。
这一感通之力与感通之学，唐氏父母亦皆有之。或者说，诗人一生渐次
加重认同的这种感通之学与感通之力，也来自儿子的反哺之义。唐安仁
曾在《伯伯》中追忆："全家人包括阿婆在内，都最听伯伯的话。""伯
伯"即指唐君毅。

　　即使被五四运动大将傅斯年先生视为"索之茫茫，探之查查"的性理奥义，到了陈太夫人身边，都很自然地成为她粗茶淡饭生涯中养德修行的益友。……一位家庭主妇洗衣煮饭后，安静地阅读《陆象山集》，这是人间极美的画境，也是陈太夫人对丈夫真挚的爱。尔后我们还会看到她在丈夫走后，将这份爱化作栽培儿女的动力，而且是相将以道，很稳当地将儿女带上正确的人生道路。[1]

　　毫无疑问，"性理诗"能够得以成为传统，乃是性理之学的充分发育和化育之后乃有。然"新文化运动"以降，传统之学经历了百般凋敝，其凋敝之甚者或许就是被一代学术巨子都要视为"茫茫查查"的性理奥义。此亦当时"现代新儒家"（熊十力、马一浮、梁漱溟）、日后"海外新儒家"（唐君毅、牟宗三、徐复观）之学挺立于世的时代背景。但少有人知的是，在民国蜀中，寂寂无闻的民间之士如唐君毅之父唐迪风，已经在振复"性理"之学上着其先鞭。和他的妻、子一样，唐迪风也是孟子学坚定的追随者，如下之言无疑甚堪玩味："今人开口说治国、平天下，曾不知有身心。"[2] 我们已然高度陌生于一种特为讲究身心修炼的文化传统，这一点并非仅是当下中国依然在见的困境，亦不仅要上溯民国"新文化运动"的转

---

[1] 《思复堂遗诗》笺注本"序四"，第4页。
[2] 刘咸炘《唐迪风别传》，《唐君毅全集》第36卷，第10页。

折，其远因可能需要重审一代"清学"的基本性质。然此题义
甚弘，本文只能约略带过，点到为止。[1] 宅心仁厚、不肯蔽人
一微之善的唐君毅先生对清人"情性论"尝有一恳切总结：

> 此诸家之言虽平实而缺精彩，然能补先儒之高明之所
> 不及，亦即自有高明；能舍精微以言粗迹，则粗中亦自有
> 其精微；能不外务广大，而归于切实之日用常行，以道中
> 庸，亦未尝不知广大。……是清儒之志亦未可厚非。[2]

明清鼎革之后，亦基于明代心学末流泛滥所造成的若干不
力局面，以复兴汉学之名，考据学渐占上风，义理层面却未见
得较之前朝更称精彩。至于清末民初当然是学风再度剧变。及
至今日学界，制度儒学或说政治儒学的影响还是更为可观，但
"自外于心性之学的所谓政治儒学其实是很难成立的，一切有
价值的政治儒学都应该奠基于某一圆融的义理之学"。[3] 这种
不利局面的形成，自然首先要归因于"心性"儒学或说传统学

---

[1] 关于"无论是乾嘉汉学还是后来的今文经学复兴，在知识体系上不惟没
　　有超出汉代，却把经佛学刺激以后发展出来的经宋学在义理的进展一
　　笔抹杀，中国学界的思维水平实际上下降了"，以及"用科学的方法重
　　建知识体系的结果，是延续了清代有史学而乏学术的基本格局"问题，
　　参见邓秉元《新文化运动百年祭——兼论周予同与 20 世纪的经学史研
　　究》，氏著《新文化运动百年祭》，第 33、56 页。

[2] 氏著《中国哲学原论·原性篇》，第 415 页。

[3] 《新经学》（第二辑）"发刊词"（邓秉元），上海人民出版社，2017 年。

问中事关"性命"的脉络不容易展开讨论。现代学术科目设
计中，知识论的优越也至今仍是现实。另外重要的原因亦在，
"心性"之学必讲真修实证，"心性"修证既不得力，所开"外
王"事功难免乏善可陈，无法有效地开出"外王"的现实处境
则会进一步导致时人对"心性"修证的怀疑与放弃，无论关
于"心性修证（工夫论）"的理论还是实践，都未免越发濒于
失传。这一因果链本身往往造成了恶性循环。至于"心性"之
学容易被当下时代质疑的另外一个因素，也可以说，基于今人
对"心—物"关系的认识其实已经建基于百余年来西方近代
科学思想的输入。包括现在儒学界的一些重要学者在内，言
及"心—物"关系亦并非基于传统中国的基本认知，而是暗度
陈仓了西方近代科学观念下的物观、心观。这就未免进一步导
致了今日学界针对"心性"传统的有失轻率的种种责难。如果
按照"心性"传统得以成立的前提（身—心、心—物关系）而
言，无论其肯定与否定，其实基本都是两边说话，不及痛痒。

五、结　语

回到本文主题。这位"闲来展读象山集，默默无言会得
耶"的女性"性理"诗人陈卓仙，因缘聚合于她的时代与处
境，似乎因此避免了西方理念与现代学术的一些构成执障的
"污染"——这一点，她甚至要比她身为大学名教授、"海外新
儒家"首座、被誉为"二十世纪中国最大的人文主义者""文

化意识宇宙的巨人"的长子唐君毅还要更幸运些、纯粹些。唐君毅一生曾多次反省自己"理障"太重，并非无据。[1] 那么陈卓仙一生归极之所"会"，又具体为何呢？无巧不成书的是，《思复堂遗诗》全集中存世倒数第二首诗，居然就是一首《有会而作》：

> 物候循环秘若神，年年岁岁去来今。深山夕照樵斤响，古渡渔舟欸乃音。迎刃花枝齐解脱，濯足江湖不染尘。海天尽处知何物，为道那边还有人。[2]

显而易见，此际诗人所言"有会"，正是体道之会，其中关涉到她对物与人、宇宙与时间、历史与心性的种种洞察。出之以诗的言语，含意却是哲思的、生命的、超越的。令人由衷想起弘一法师辞世之语的"华枝春满，天心月圆"，令人由衷想起马一浮先生辞世之语的"沤灭全归海，花开正满枝"（1967 年 2 月《拟告别诸亲友》）。此正九州之外更有世界，今生之外乃有来生之谓。以"花枝"而"迎刃"，女性诗人之体会与出语，都不可不谓尖新。濯足江湖而期之以不染尘埃，诗人暮年神气精光有如是者。个中况味，读者正不妨参读朱熹《九曲棹歌》之《五曲》诗"五曲山高云气深，长时烟雨暗平

---

[1] 但唐君毅为学气质恰恰是当代学人中最试图超越知解的，他的落入理障，也是时代共业。参见本书后文。

[2] 《思复堂遗诗》笺注本，第 282—283 页。

林。林间有客无人识,欸乃声中万古心",以及唐君毅《柏溪随笔》附记"一片清冷万古心"之情调。[1]

癸卯(1963)十月、诗人去世前三个月,她留下了生命中最后一首诗,《不可一日闷缩缩》,诗前小序云:"熊子真先生《示至儿书》以'不可一日闷缩缩'为题,嘱为诗,因就书中'宁可'二语续成":

> 宁可一日不食肉,不可一日闷缩缩。闷缩缩兮倾家酿,莫教怀抱耻尘爵。朝来醉眼不逢人,但见海沤浮浮摇空碧。万里乾坤如是观,茂叔窗前草自绿。[2]

宋儒以观万物生意的著名典故"绿满窗前草"再次在诗中出现,鲜明如画。是时虽为诗人去世前三个月,其心境朗然、顾盼生辉、"佳兴犹存"确实历历如画。

唐君毅在《中国文化之精神价值》"第十一章,中国文学精神"中曾特意标举:"周秦以降,吾尝谓梁武帝《西洲曲》[3],与张若虚《春江花月夜》,乃中国文学中,最能极回环婉转之致之代表作",并节取《西洲曲》泰半以示意其为"中国式之爱情"。此前书中又谓"忆吾少时读唐诗,曾特注意中国诗句

---

[1] 参见《思复堂遗诗》笺注本,第283页。
[2] 《思复堂遗诗》笺注本,第283—284页。
[3] 笔者按,《西洲曲》一般认为是南北朝民歌,作者佚名,此处为唐先生记忆不确。

之用'无''空''自''不知''何处''谁家'等字此处，且特感趣味，尝集之成册"，其中就包括《春江花月夜》"谁家今夜扁舟子，何处相思明月楼"在内。这一精神趋同，正如此诗中对"海沤浮浮摇空碧"的意象格外兴趣，母子如何彼此影响已经不得而知——比照马一浮先生"沤灭全归海"句，此处的"摇空碧"更是《西洲曲》"卷帘天自高，海水摇空绿。海水梦悠悠，君愁我亦愁"的转写，生生之意满目，世界无穷而悲愿无尽，超验的玄虚体验再次落定生根为经验的流光溢彩。诚如唐先生文中又曾举（唐）王胄之"庭草无人随意绿"句，以为与（唐）薛道衡"空梁落燕泥"句皆真"表达忘我而无我之最高境界"，此中虚实相涵摄受，正唐先生所以为之中国文化精神真髓。无妨也是唐君毅对于"心—物"关系一种文学化表达，与他的母亲有异曲同工之妙。[1]

陈卓仙晚年曾对熊十力做出"如天地一孤啸"这样深刻的判断（唐君毅1956年6月20日致牟宗三函中转引），此言实可谓知音之见。宜乎此即会有熊先生特意嘱其为诗之举。并非巧合的是，唐先生自己于临终巨著《生命存在与心灵境界》一书后序中亦云："熊先生一生孤怀，亦唯永念之而已。"

1964年2月26日（正月十四）诗人去世后，遗命致电唐君毅不必奔丧。香港开吊之日，各界前辈友好、先后同学吊唁者三百余人，致祭挽联甚多。熊十力唁函之外，又上一

---

[1] 文见《唐君毅全集》第9卷，第221、222、227、228页。

联："唐母陈嫂卓仙夫人千古。仁寿过古稀，好学好思宗往
圣；懿德齐邹母，教儿教女导来英。愚弟漆园八一老人拜手献
言，公元六四，三月三日。"[1]熊先生一代硕儒性情毕露，生平不
做应酬语，能以"好学好思宗往圣"嘉许诗人，正见诗人"慕
道""好道""向道"之风范多年以来已经广为人知。诗人去世
之后的本年 4 月 2 日，唐至中再度致函熊十力以述哀情。熊先
生 4 月 10 日回函，有谓："令先慈去世后，后辈与青年哀敬之
忱，诚为稀有，足以见其平生积德、积学感人者深。老曰'死
而不亡者寿'，于此可征。"熊先生并以己作《乾坤衍》发明乾
道大生之义并孟子"大体"之说，劝慰唐至中不宜过哀："死
之一字，唯在个别的形骸上说。识得大体的大生命，则无死可
说矣。侄可深参。可与毅、宗、兆等一看。"[2]

《齐诗》尝言："诗之为学，情性而已。五性不相害，六
情更兴废。观性以历，观情以律。"此虽是针对《诗经》发言，
后世的广义诗学中，依然可以并必须借鉴"诗"如何表现情性
与化育情性。欲识礼乐，先识情性，"情性者，人治之本，礼

---

[1] 唁函原文为："至中、君实诸侄，得来函敬悉令慈竟逝于恶劣反常之气
候。人生如幻，岂不悲哉。十一年来，沪苏咫尺，而未谋一面，此为恨
事。然精神相通，亦无待于接谈也。余衰已甚，未知住世几时。怀思
毅、宗、兆（即唐君毅、牟宗三、程兆熊），梦或见之，此可转彼等。"
参见《思复堂遗诗》笺注本，第 286 页。
[2] 因唐母之中母丧之后"心痛难忍"，熊先生甚至邀请她"满月之后，不妨
来吾处小住。只吾饮食颇淡薄耳"。这在素称不通人情的熊先生，也是
难得有温度的流现，也都是我们了解熊先生性情最逼真而又少有人知的
资料。参见《思复堂遗诗》笺注本，第 287 页。

乐所由生也。故原情性之极，礼为之防，乐为之节。性有谦
卑辞让，故制礼以适其宜；情有好恶喜怒哀乐，故作乐以通
其敬。礼所以制，乐所以作者，情与性也"（《论衡·本性》），
"明于情性乃可与论为政，不然，虽劳无功"（《春秋繁露·正
贯》）。经由跨越民国和共和国两个时代的"性理诗人"陈卓仙
的即诗歌即情性即道之所在的生命书写，对于理解何为"诗"、
何为"教"，对于今人毋宁都是很好的提撕与反省，这与"'他
们的音乐'与其说是为完成自己，不如说是带有为宣传自己的
倾向。亦即为引人注意或夸饰自己的存在为其目的"[1] 这类"新
文化运动"之后新文学包括新诗歌书写中太常见的常态，也是
一面精光四射的返照之心镜。

---

[1] 江文也《孔子音乐论》，《江文也文字作品集》，台北县立文化中心，
1992 年，第 93 页。

第五编

「以性贞情」与诗礼乐教

"海外新儒家"中，唐君毅和牟宗三均曾在"新文化运动"发达之后的北京大学就读，却又均以各种方式谢绝成为胡适的学生。个中原因应该不难理解。但无妨他们生命中仍然应有的交集。本辑聚焦所在将围绕胡适和唐君毅迥然异趣的"婚之道"展开。

玖 "婚其有道"乎：胡适的"女性观"与唐君毅的"性情学"

一、前　言

　　"胡适与女性"并非笔者自选话题，而是标准的"赋得"之作，[1] 居然可以勉力成章，本身已然就说明了意义，其中确有一段理趣可说。由胡适（1891—1962）发动并主持的现代"新文化"运动曾经极大幅度修改了中国文化与中国思想的历史版图，包括中国伦理关系的观念结构的历史版图。男女性别关系的新发明与再诠释于其中首当其冲。更基于"新文化"运

---

[1] 本文缘起是为欧阳哲生先生在 2016 年 12 月 17 日召开的胡适研究国际会议（北京大学）上临时起意分配给作者的命题作文。

动本身的性质规定与理论来源，取径西方、探索新时代的两性
情感问题是其中分量很重的一个区域。作为"新文化"运动的
发动者与主持者，"胡适与女性"这一貌似隐私的问题因挂搭
者的特殊身份而探出私人空间，成为公共话题难以回避的组
成部分。1917 年到 1962 年将近半个世纪中，胡适在现代中
国文化史、思想史、学术史乃至政治史的地位都居于中心位
置，[1] 挂搭者对历史进程的深远影响使得私生活也具有了公领
域的意涵与影响，原本私密的话题也具有了典型与示范的或正
或反的意义。作为"新文化"运动一代核心人物，当事人所处
的势位有以引领一代风气。胡适与异性的关系及交往不仅有时
代的代表性，也有相当的典范性。尽管对于胡适所持的价值观
点而言，"私行为"与"公行为"理应有所分而治之，但正是
胡适一度试图荡涤摧毁的"旧道德旧伦理"中，公、私问题经
常必然是互相渗透的，就哲学意义言之，人间世也确难有绝对
的公、私之分。"虽小道，亦有可观焉"，遑论对于人类社会而
言，男女关系从来不是小道，所谓"周道缺，诗人本之衽席"。
尽管胡适处情的方式无关后妃之德，却依其影响力而颇能"风
天下而正夫妇"。[2] 情感现象研究貌似很新，其实很旧，其史
长久，不同的可能只是古今名相不同。"新文化"运动对传统

---

[1] 参阅欧阳哲生《探寻胡适的精神世界》，台北秀威资讯科技股份有限公
　　司，2011 年；余英时《重寻胡适历程：胡适生平与思想再认识》，上海
　　三联书店，2012 年。
[2] 王先谦《诗三家义集疏》卷一，中华书局，2015 年，第 4、5 页。

中国的生活方式包括情感方式的巨大深刻的冲击与改变是不争的事实。伦理道德与情理关系不因"新文化""后新文化"一浪高过一浪的迥异传统的激烈现实就缺席于人类生活的必然与应然。

二、吾乃淡荡人：生活世界的 "胡适与女性"

就字面意言，"胡适与女性"专题下应该包括的内容，至少有胡适与母亲、胡适与妻子、胡适与情人、[1] 胡适与女性朋友、[2] 胡适与女性学生、[3] 胡适与女儿（早逝）等关系的具体研究。近年来关于胡适主题的中文出版物粗粗计算已近千种，以胡适情感生活为主题的专著也至少不下几十种。唐德刚（1920—2009）、夏至清（1921—2013）这类学界名流都要为胡适与韦莲司（1885—1971）的交往是否"发乎情止乎礼仪"发生争吵，博雅雍容如余英时深玩胡适日记亦未免起兴勾勒其中的粉红故事。胡适的异性缘似乎一直非常好，据说如果能够

---

[1] 铁证在案的有韦莲司、曹诚英、瘦琴（Nellie B.Sergent）、哈德门太太。据说胡适周围还有更多忽明忽暗的小星星。对于一位被蒋介石盖棺论定为"新文化中旧道德的楷模"，这一串名单与其定位确实未免怪异。

[2] 陈衡哲、林徽因、陆小曼、凌叔华俱能与列。而这些女友似乎又颇有与胡适关系传言暧昧者。

[3] 其中还要有包含特殊意味的女学生，例如 1936 年追求"美先生"的徐芳。

系统翻阅他匆匆留在北京近史所的整个书信档案，后人定能发现更多关于仰慕他的女性的书来信往。[1]1926 年时人汤尔和（1878—1940）就有诗讥诮胡适一如清人袁枚（1716—1797），倾倒一时众生，尤其在女学生中甚为风靡，因此有负道学先生之望，失却身后配祀孔庙的资格。[2]

晚近于胡适情史用力甚工者有江勇振教授，资料既能深入，亦多诛心之论。据其考证，前期韦莲司、曹诚英（1902—1973）、陆小曼（1903—1965）等人姑且按下不表，1930 年代开始（胡适迈入四十中年之后），加上胡适出任驻美大使到卸任后勾留美国这十年间，胡适的情感生活最为复杂（笔者很难冠以"混乱"二字。因局面虽然异常复杂，胡适依其清明的理性与稳健的经验，却处理得井井有条，甚少慌张）。这一时期的胡适被江教授描摹为"位尊名高，熟谙调情，艺高胆大"，且绯闻对象以年龄相近的白人女性为主，江教授直下辣笔，以为这是胡适担不起"相思债"的具体体现，降低了"两情相悦之余所可能带来的各种瓜葛，甚或必须做出承诺的风险"，乃至征服白人女性颇有黄种的种性优越。[3]更据江教授研究，因学者胡适深谙史学之道，故从不轻易在书信、日记等个人资料

---

[1] 江勇振《星星·月亮·太阳：胡适的情感世界》（增订版），新星出版社，2012 年，第 5 页。

[2] 诗曰："蔷花绿柳竞欢迎，一例倾心仰大名。若与随园生并世，不知多少女门生。 缠头拼掷卖书钱，偶向人间作散仙。不料飞笺成铁证，两廊猪肉定无缘。"转引自江勇振《星星·月亮·太阳》，第 141 页。

[3] 参见江勇振《星星·月亮·太阳》，第 5、308 页。

中留下自己明显的情感的鸿爪，且胡适擅长使用隐姓埋名、藏头露尾、虚序假跋等各类障眼法，虽然身后貌似保留下大量可资利用的传记素材，却均已经过他生前冷静严格的独家筛选，后人据此已无从得知胡适私生活的真正或完整的内幕。但天佑后人地不爱宝，所幸1948年12月胡适匆忙离开大陆时未经系统销毁的一批书信、文稿、日记保留在了他留在内地的一百多个书箱中。这批资料足以颠覆胡适往日苦心孤诣塑造的自我形象。

"胡适与女性"相关专题的研究成果当然不止于此。这类交往的细节发掘乃至有意铺张可谓著述累累，读者尽可参阅。且据说海外依然有不少史料目前尚未披露或尚未被研究界充分纳入论述，包括韦莲司捐赠给"胡适纪念馆"至今下落不明的胡适通信原件。甚至已经公布的部分，鉴于各种原因为当事人业已做出的削删，以及断章取义可能隐含的问题，还原史实未见得容易定论。例如据说胡适的情人之一、女教师瘦琴曾抱怨说："你可以是一个很好的情人，你的问题在于你总把女朋友放在最后，甚至放在所有萍水相逢的男性——以及爵士乐团——之后。"这句话如果删掉之前之后的"请你把自己变成你儿子的好朋友，而且对你的妻子好一点"，"爱情是完美的友谊。我但愿你能因为我而一改前非，愿意花心思想出一千个可爱的小点子来带给她（其妻江冬秀）快乐"，重心就完全大变。[1] 再如胡适婚外女性朋友中名头最响亮的韦莲司的表述更

---

[1] 1927年4月8日，转引自江勇振《星星·月亮·太阳》，第164页。

宛曲, 那听起来近乎充满艺术的幽怨爱意的"你太习于处理人
类的事物了, 所以, 就连鸟热情的歌声里, 都能听到人的烦
恼", [1] 如果放在全信的背景下审读, 感觉并不如此。假如这类
信件都有可能是删节本呢, 我们如何依循文字掏摸出历史的
真相?

"胡适与女性"史料部分的细故笔者就此略过, 本文立意
的旨趣在于: 作为问题的"胡适与女性", 事实与传说、真相
与叙事, 乃至价值定位与专业研究之间的呼应与出入所折射出
的流布者、讲述者、研究者的心态与时风的转变, 以及其中蕴
含的意义。

综观"胡适与女性"的生活世界的资料描述, 尽管"胡适
与女性"的学术命题不能矮化为男女关系问题, 但在与胡适有
关的这支阵容强大的女性队伍里, 因情或因男女关系存在的女
性不在少数(妻子、情人、绯闻女友), 甚至占据多数。这类
叙事中被类型化乃至概念化的描述可集中在如下几点。

一、传统婚姻之苦闷与悍妒正室之不堪。这类叙事是文学
界、学术界相当长时段内针对一代闻人的留美博士与识字不多
的乡下小脚太太的旧式家庭生活的主流描述。胡适的孤怀与原
配的村俗适能相映成悲。但现在已有越来越多的史料与研究证
明(或者说, 描述者与研究者终于能够心平气和面对这一基本
事实), 胡适家庭生活和乐、夫妻关系融洽可能更符合这一老

---

[1] 韦莲司 1933 年 10 月 15 日致胡适信。

派婚姻的实际情况。这一类型化描述背后凸显的是"新文化"运动以降的文学叙事乃至学术研究都有意偏颇、一厢情愿的对旧制度、旧礼教乃至旧人物（传统婚制选择的妻子）的主观厌憎与决裂愿望，适如胡适自己所言，"破坏亦破坏，不破坏亦破坏"。[1]

二、婚外恋情之美化与背叛婚姻之可谅。这一类型化描述主要集中在对韦莲司信札与曹诚英事件的渲染。不仅前者一再被当成"深情五十年""不思量，自难忘"的忠贞苦恋的经典爱情范本，[2] 后者"多情表妹""孤独终老"的悲情形象亦被群声塑造得颇为深入人心。有了如上第一种类型化叙事被视为理所当然的先入为主，这一种类型化叙事的主人公所处的显而易见的不伦情境似乎分外容易获得理解与谅解。[3] 即使此类事件或传言甚至还有更复杂的表现（例如与胡适发生过同居关系的人数还要增加另外几位），但在相当长时段，这一类型化叙事中甚少听到对当事人胡适的指责与质疑：这是一个"美德爱好者"的非道德层面的生活实相吗？这一态度本身隐含的依然是

---

[1] 自然这句名言还是他继承早年梁启超的。参见胡适《胡适自述·四十自述》，华东师范大学出版社，2013年，第59页。

[2] 有关于此，看看周质平先生等相关研究的命名即可一目了然，兹不赘述。

[3] 尤其曹诚英事件。如果读者愿意换一角度，这一事件中最不该被指责的恰该是那位日后被杜撰出手握菜刀以杀子要挟丈夫的原配夫人。更其遗憾的是曹诚英事件只是开端，当太太被逼出不信任之后，丈夫似乎也更成了习惯性背叛。江勇振、闫红等人针对此事首尾颇多平情之论。参见江勇振《星星·月亮·太阳》、闫红《如果这都不算爱：胡适情事》（安徽教育出版社，2013年）。

对旧制度旧礼教的厌憎，对新文化新道德的认肯，而甚少反思这种认肯本身是否有其误区与盲点。比胡适年轻差不多三十岁的张爱玲（1920—1995）与胡关系还算友善，张爱玲却瞧不起胡适样的"爱情"。张爱玲曾在《五四遗事》中调侃在当时的中国恋爱完全是一种全新的体验，仅这一点就很够味了。[1] 而据说张爱玲又曾说恋爱能让人表现出品性中最崇高的一部分，[2] 可见其本身依然保有一种"恋爱至上"的翻版表现。

三、复杂人性的平情与价值判断的多元。伴随着近代史料逐步放开，台北"胡适纪念馆"与北京近代史研究所馆藏资料逐一面世，2004 年余英时都加入了这一为胡适"立情"的大军，将罗慰慈、哈德门诸女从《胡适日记》中一一呼之欲出。"新文化中旧道德的楷模"胡适似乎就此摇身一变，成了摘星弄月、绯闻缠身的负面"情圣"。江勇振教授本其女性主义立场，资料用力之外，针对胡适的立论也较严厉。笔者以为这一新叙事本身同样隐含了另一种类型化意味，被拉出圣域、拉下神坛的胡适代表了其所代表的"新文化"运动的内涵与意义同样遭受质疑，同样可能被拉出圣域、拉下神坛，沦为凡夫，重新做人。

---

[1] 收入《张爱玲文集》（第一卷），安徽文艺出版社，1992 年，第 278—288 页。

[2] 参见闫红《如果这都不算爱》。但张爱玲与胡兰成日后处情的态度与收梢却基本可让后人相信：如果仅仅只有"恋爱"，是无法表现出人"品性中最崇高的一部分"的。

作为学术问题，胡适终其一生有多少婚恋故事只是一种表象，也非要义所关。笔者的关怀在于：现代中国新、旧文化交割的关键时期，胡适这位引领时代风骚的关键人物，发生在他生命中的情感乱象（虽然确有若干史实尚难定论。但综观史料呈现与传主情性，胡适一生与女性交往之丰富、密切乃至经常超逾规矩，当是不争的事实），其深埋浅藏的文化原因无疑更值得追问。这种滥情流离，有其个体生命的必然，亦有时代共业的必然。

胡适本人生平言及情感、婚姻的文字不算多亦不算少，多数时候均显得轻描淡写、不痛不痒，直如他对自己文风的概括，"长处是明白清楚，短处是浅显"（《四十自述》）。他更似没有意愿自觉反省自己颇令后世眼花缭乱的私人生活世界，在他口中笔下谈情说爱晒婚姻首先就具一副旁观者清的不冷不热姿态。早岁诗作"吾乃淡荡人，未知爱何似"（《相思》，1915年赠韦莲司）颇类他对自己情性的一种基本认识，也颇为准确。胡适天赋气质温和节制、清淡随和，多数时候他没有出格的爱或憎。即使少年苦节抚育他长大的寡母在他回国第二年即奄然辞世，一世母子共处的全部时间只有十余年，胡适也未在文字或行事中流露过格外的感伤，他的感恩同样理性清明。《奔丧到家》是胡适新体诗中较为感人的一首，那"心头狂跳"与"何消说一世的深恩未报"依旧是胡适惯常的淡然的表达。可与这一天性对勘的不妨参见1964年五十五岁的唐君毅遭遇丧母之痛如何"支撑不住，仆倒在地并频频呼叫"，"我是罪人，我要回家"，以及丧中"哀痛欲绝凄苦孺慕"诸情端。[1] 此中表现固无关人格高下，但可见天性处情之不同态度。这种淡静是胡适处情常态，早在赴美留学期间遭逢岳母之丧，年纪轻轻他就冷静地以学业为重，不肯提前回国，"怪也无用，挂念也无益，我何时事毕，何时便归"，至令亲母都"陡然遍身冷水浇灌，不知所措"。[2]

但倘若以此认为胡适天性一味凉薄寡情，却又未当，相反，尤其在公共生活领域，胡适的私德口碑甚好、朋友遍天下、热心公益乃是不争的事实。1917 年 6 月归国之后，直到 1923 年 3 月，曾对韦莲司热烈表示惜别之情的胡适已经很少给她写信（除非报告婚讯与母丧这类社会事务性事件）。这种"差不多完全不写私人信件"的"自我牺牲"，与其说基于自我克制，不妨说外在的社会生活更容易吸引胡适全力投入。众所周知的事实还有 1923 年 3 月 12 日那封致韦莲司的回信何其冗长而乏味。而本年度的下半年就行将发生"烟霞洞"事件。胡适对任何一任女友的用情当真即不长久也不深切。胡适在其他很多问题上其实很具反省精神，例证散见其日记，这不仅基于他幼年饱受母亲亲授的"早课反省"教育，更基于他好学上进的天性。正因为此，胡适对"男女问题"相对较少反省应该属

---

[1] 参见《唐君毅日记》下，廷光代笔三，吉林出版集团，2014 年，第 4—10 页。

[2] 转引自胡仰曦《一颗清亮的大星：胡适传》，人民文学出版社，2010 年，第 101 页。

于在他的价值世界中那些情端并不值得反省。胡适在与女性相关的情感领域表现如此特别，更大程度缘于他对"情缘"（或说"爱情"）的认识与评价原本就极具个人风格，说穿了就是评价不高。

作为"社会教"的创立者与热爱者，谈论婚姻制度比谈论情感自身显得更让胡适自在从容，也更兴味盎然。丙午年（1906）十月在上海，年仅十五足龄的少年已俨然一副成人身形，其针对"专制婚姻，颠倒婚姻，苦恼婚姻"的批评更多指向的是"瞎子算命，土偶示签"之类"迷信的罪恶"对约定婚姻的干扰。[1] 留美期间更曾将"中国的婚制"加以明确表彰，认为其可理性地"顾全女子之廉耻名节"，看重"天下女子皆有所归，皆有相当配偶"的思路毋宁还是社会学立场的，乃至是他日后擅长的化约论立场的：如何才是"相当配偶"的内在构成，尤其精神构成与心灵构成，终其一生都非胡适关怀所在。胡适早年《留学日记》中的确羡慕过"比翼齐飞"的婚姻，但他理想中的"比翼齐飞"同样不会缺乏社会学因素："实则择妇之道，除智识外，尚有多数问题，如身体健康，容貌之不陋恶，性行之不乖戾，皆不可不注意，未可独重智性一方面也。智性上之伙伴，不可得之家庭，犹可得之友朋。"可见其早熟的外向的天性。[2] 他的天赋情性决定了他成不了徐志

---

[1] 胡适《真如岛》"第二回"，《竞业旬报》第四期，丙午（1906）十月。

[2] 胡适 1914 年日记，参见闫红《如果这都不算爱》，第 14 页。

摩，"灵魂伴侣"之于他未免是个不靠谱的概念。[1] 胡适与曹诚英的关系最终破裂，颇类日后他对陆小曼乃至徐芳的先动心后疏远，曹、陆、徐式样的一味谈情、不肯自我检约、不能管理自己，这类女性为其反感并不奇怪，正合他理念中的"女子教育最上目的乃在造成一种能自由能独立之女子"。[2] 胡适理念中能自由能独立的女子并非只会痴情溺爱。他一生维系关系最长的韦莲司最能代表这类"能自由能独立之女子"。

胡适有着众所周知的表达，不以 love 为人生唯一的事，而只是人生的一件事，只是人生许多活动的一种而已，这并非基于陈衡哲以为的因为他是"男子"。1931 年四十不惑的胡适认定"今日许多少年人都误在轻信 love 是人生唯一的事"，[3] 他有其充分的理据。问题在于人生许多活动之间未必是孤立的。love 恐怕尤其如此，但此种"因情悟道"实非胡适所长。胡适在婚姻之外处情的化约的方法论，似乎都成了他在《好事近》中的一语成谶：

> 多谢寄诗来，提起当年旧梦
> 提起娟娟山月，使我心痛
> 殷勤说与寄诗人，及早相忘好
> 莫教迷疑残梦，误了君年少 [4]

---

[1] 日后曹诚英还要自诩为他的"灵魂伴侣"。这种情书应该写给徐志摩。

[2] 胡适对韦莲司印象，参见闫红《如果这都不算爱》，第 8 页。

[3] 胡适日记，1931 年 1 月 5 日。

[4] 该诗是写给曹诚英的，但感情而薄情，经过即错过，理智而世俗，这一胡适式的过程放诸韦莲司到哈德门无一不能够成立。

　　胡适一生尽管情事众多，情事中最光辉动人的角色却从来
不会是他。无论韦莲司的终身执意，江冬秀的固守妇道，甚至
曹诚英的痴迷，罗慰慈的放荡，乃至徐芳的单纯无知，都比他
来得彻底些。胡适的性情与品德中最难能可贵的乃是他借鉴西
方文化对公德、群治等社会理念的提倡。犹如梁启超认为当时
中国人最缺乏最须从西方采补吸收的，"是公德，是国家思想，
是进取冒险，是权利思想，是自由，是自治，是进步，是自
尊，是合群，是生利的能力，是毅力，是义务思想，是尚武，
是私德，是政治能力"，[1] 胡适的一生是沿着这一思路的继续精
微深密、切实践行。包括对于女性的生命价值，少年胡适即认
定王昭君是"中国爱国女杰"，"与其做一个碌碌无为的上阳宫
人，何如轰轰烈烈做一个和亲的公主"；[2] 留美第一次以英文卖
稿即是发表于《观点》的《中国女子参政权》。[3] 这点"社会大
于个人"（国家之上更有全人类、社会不朽论）、[4] "为一个理想
而奋斗，为一个团体而牺牲，为共同生命而合作"[5] 的价值观，
与其日后主张的"健全的个人主义"对胡适是并行不悖的。

---

[1]《胡适自述》，第 59 页。梁启超早年思想对胡适深刻影响，胡著《四十
　　自述》落墨不少。

[2] 胡适《爱国》，《竞业旬报》第 34 期。

[3] 参见胡仰曦《一颗清亮的大星》，第 65 页。

[4] 参见 1915 年胡适为康奈尔大学大同社所写十四行诗。《胡适自述》中
　　胡适更悬言了自己对"社会不朽"与"太上三不朽"的认识分域，他持
　　续一生颇应赞美的平民风味，与这一信念关系密切，参见《胡适自述》，
　　第 16—17 页。

[5] 转引自胡仰曦《一颗清亮的大星》，第 54 页。

1923 年胡适尚且年轻，"烟霞洞"事件也应该是他进入婚姻事实后第一次正式的出离背叛（之后再度发生同类背叛，擅长方法的他显然已经总结经验，会出离得更加分寸稳妥），[1] 此事也在接下来一两年牵扯了他不少精力，增添了他不少麻烦，还有女儿的死、家庭的失和，他那关于"爱情与痛苦"的论调也许基于这段时间不仅被卷入畸恋还要旁观乃至参与徐志摩与陆小曼同时进行的"新文化"史上的恋爱试验。作为"我一生最快活的日子"的"烟霞三月的神仙生活"（胡适日记，1923年 10 月 4 日）的表述，恐怕只能视作初经此道的兴奋与新鲜。社会人胡适对情感的沉湎将是一以贯之的既不长久也不深切。被丁文江指责为"不生奶的瘦牛"[2] 的颓废也发生在这一时期。对于社会人胡适，如此为情所困至于不能上进绝非其愿，他很快就会全身退出（另一位当事人曹诚英却一生未得解脱），而诗人徐志摩却要直将自己推向毁灭："我将于茫茫人海中访我唯一灵魂之伴侣。得之，我幸；不得，我命。如此而已。"[3]

淡荡的胡适却自有他的"很有人味儿"（《宣统与胡适》一文中自称）。他的异性缘好到出奇，历任女友对他近乎崇拜的迷恋都非无事生非，他的细腻、优雅、会关照人，在在可

---

[1] 无论后人如何猜度解释烟霞洞三月的情形，曹诚英之后信函中"心头的人影""情绪的中心""灵魂的伴侣"云云，总不是空穴来风。

[2] 丁文江致胡适函，1925 年 4 月 3 日，文见《胡适来往书信选》，社会科学文献出版社，2013 年，第 324 页。

[3] 徐志摩致梁启超书，转引自胡适《追悼志摩》，《胡适自述》，第 139 页。

见。[1]1960 年韦莲司决定搬家前往加勒比海的巴巴多斯岛，行年七旬的胡适和她聚了又聚，还要亲自赶往机场送别，两人留下一生最后的合影，10 月 10 日已经到达目的地的韦莲司则在目前发现的她一生写给胡适的最后一封信中对这份周到感激不尽，赞美了他"无私又体贴的关爱"，同时提醒"你总是过分要求自己做体力所不能及的事，你看起来太苍白了"——这毋宁说的就是胡适为了保持自己的风度、修养甚至对他人示爱的友好习惯总是竭尽全力乃至超负荷运转。又半年之后的 1961 年 3 月 4 日，胡适心脏病复发住院后两个月，病中勉强给韦莲司寄出可能是生平最后的平安贺卡，同日收到他平安电报的还有哈德门。笔者深信这其中包含着他意欲对社会与人类表达的胡适样的爱。那个针对《西游记》第八十一难的改写，唐僧舍尽身肉布施超度了群鬼，自身也就此得成正果，当非空穴来风，他表达了胡适一种特殊的富有爱心的价值定位。

但我们能否就此得出结论：胡适丰富复杂的情场经历基于一种"舍尽身肉的布施超度"？这个结论大概鬼也不会相信。

"爱情的代价是痛苦，爱情的方法是要忍得住痛苦"（胡适《爱情与痛苦》），这话也就是说说而已，在胡适样的爱情中我

---

[1] 如果说曹诚英、徐芳之类"小女生"崇拜迷恋尚不出奇，"读书甚多又甚能思想"的韦莲司终生没有放弃这份友谊（即使她在看透胡适的淡荡后放下了自己的爱慕），胡适的美国女友所流露的对他的演讲才华的倾倒，都有案可据。并非任何一位新婚丈夫都会细致到在信中关切妻子的生理不适。女作家闫红以为胡适因自小在母亲等女性的围绕之下长大，比较擅长与女性交道，颇有几分说服力。参阅《如果这都不算爱》，第 5 页。

们看不到胡适有多痛苦，他的忍苦的方法论也因此显得滑动而可疑。胡适一生为方法充满，反而因此他的生命没有了真正而深刻的苦感，他太擅长也太容易找到方法，即使这方法未必真正解决问题，却可以让他在忙于使用方法的试验中忽略了痛苦（问题）本身。且让我们姑且依循胡适的方法进入胡适的乱情世界更深处。

三、未知爱何似？价值世界的
"胡适与女性"

"未知爱何似"未必一定基于天赋情性。"爱"是需要教育的。胡适情感问题的资深研究者江勇振教授认为，分析情感一如分析思想，都必须有方法、有理论。[1] 笔者此处看重的是，胡适一生擅长的治学方法与理论恐怕也深刻影响到他处情的具体方式。胡适后天教育以西式教育为主，基于先天气质而对玄学与宗教天生有疑处，是位自承的无神论者（其对基督教的亲近也止步于人文精神的层面），一生服膺实用主义、人文主义、科学主义，尤其服膺方法论与实验主义。胡适尽管以治理汉学与国学为志业，晚年也颇有兴致称颂夫子，[2] 其对东方与中国的文化接受却相当具有选择性，我们无法用中国传统价值理念规

---

[1] 江勇振《星星·月亮·太阳》。

[2] 参见胡颂平《胡适之先生晚年谈话录》，中信出版社，2014 年，第 35、59 页。

约这位一代文宗。胡适处情的特殊性与个别性同时又是时代共业的反映与折射，本节借用的即是胡适自己擅长的化约论来探讨胡适处情的方法论问题。胡适在《慈幼的问题》中自称自己"做了十年的大学教授"，对于《千字文》中"天地玄黄，宇宙洪荒"八个字还是不懂"究竟说的是什么话"，这与其说是针对教育改革的策略性发言，不如说是气质性地无法融入。[1] 那点"用功的习惯"与"怀疑的倾向"甚至对于解读胡适的情感选择都显得至关重要。他的丰富复杂的情感经历是否基于一种"怀疑的用功"的"试验主义"呢？

学界公论胡适思想有明显的化约论（reductionism）倾向，他把一切学术思想乃至整个文化都化约为方法，例如"科学本身只是一个方法，一个态度，一种精神"，民主的真意义作为一种生活方式其背后也还是"一种态度，一种精神"，[2] 他所重视的是一家一派学术、思想背后的方法、态度、精神，而非实际的具体的内容。胡适不会怀疑人文现象和自然现象的研

[1] 与之相对应的例子，我们不妨参阅拒绝成为胡氏弟子的牟宗三在《五十自述》中一段精彩表述："孔子讲仁，耶稣讲爱，释迦讲悲。这些字眼都不是问题中的名词，亦不是理论中的思辨。它们是'天地玄黄，首开洪濛'中的灵光、智慧。这灵光一出就永出了，一现就永现了。它永远照耀着人间。这灵光是纯一的，是直接呈现的，没有问题可言，亦不容置疑置辩。它开出了学问，它本身不是学问，它开出了思辨，它本身不是思辨。它是创造的根源，文化的动力。一切学问的思辨都是第二义的。"文见《架构的思辨》，是书第81—82页。

[2] 《胡适手稿》第九集下，转引自余英时《中国近代思想史上的胡适：〈胡适之先生年谱长编初稿〉序》，《重寻胡适历程：胡适生平与思想再认识》，上海三联书店，2012年，第198页。

究能够统一在一种共同的"科学方法"之下。[1] 后人其实不妨用这种化约论方法解读胡适处情的方法、态度、精神: 那些化约的爱情与化约的爱人。

方法论虽然不可避免也要涉及价值取向, 但在一定条件下可以转化为中立性的工具, 胡适师承的实验主义方法论当然更有可以普通化、客观化的成分。将婚姻当作一场"人生的大实验"是胡适的著名观点, 他兴致勃勃积极展开, 并且似乎效果不错: 如果江冬秀的位置上调换成另外一位女性, 对胡适的实验挑战可能难度依然不大。比照一下鲁迅与朱安乃至徐志摩与张幼仪, 固然缘分有差, 鲁与徐干脆不肯进行胡适样的"实验精神"应该也是有其责任的。经验是通过我们主动、积极的参与而得来, 胡适终其一生常持貌似半推半就实则暗暗挑逗的处情态度, 他到底不肯拒绝到底, 是否跟这种实验的精神有关? "一步一步的自觉的改革, 在自觉的指导之下一点一滴的收不断的改革之全功。不断的改革收工之日, 即是我们的目的地达到之时。"[2] 胡适的社会改革主张似乎同样适用于他处情的方式, 他不预设, 亦不判断, 一切自进行当中呈现、实现或终结, 却缺少"结结实实确确明明"的指证或指点。[3] 而价值判断于生

---

[1] 余英时《中国近代思想史上的胡适》, 第 199 页。

[2]《胡适论学近著》, 第 452 页, 转引自余英时《中国近代思想史上的胡适》, 第 64—65 页。

[3] 梁漱溟《敬以请教胡适之先生》, 转引自余英时《中国近代思想史上的胡适》, 第 65 页。

活事件中却必须无时不在。余英时甚至认为这种价值判断缺席亦是胡适输给马克思主义的关键所在。[1]

如果细审胡适生平的八卦或"爱情"，胡适在"爱情"中的表现就态度或精神而言实在太无卓越之处（但也说不得甚恶。只是对于这位据说一生反对"庸言庸行"的一代文宗，太过"寻常"已经显得不够好）。擅长写情的当代作家闫红忍不住揶揄胡适的爱情常常是实用主义的。拒绝有之，诱惑有之，最终成就的是一场浅尝辄止的感情体验。但能否以"胡适擅长理性思考，对于美的幽深细微处，则不甚了然"的大判断一言以蔽之呢？胡适的作风里当真很少有"纵情随性"成分？[2] "乐观主义"的社会人胡适[3] 对于人性更为幽暗深刻的部分天性就缺乏敏感与兴趣？

胡适对女性的通体感触可能都是乐观主义的，这甚至基于他有一位"既不能读又不能写"却可以"最善良"的母亲。他的节制与理性同样来自母亲朴素熏养的成分。[4] 于是在胡适与女性这组关系中最动人与最有价值的其实还是"我们的朋

[1] 参阅余英时《中国近代思想史上的胡适》，第 61—75 页。

[2] 氏著《如果这都不算爱》，第 24 页。

[3] 早在留美期间，他就写过《布朗宁的乐观主义赞》并在康奈尔大学获奖。1911 年 1 月更在日记中记下："我相信我自离开中国后，所学得的最大的事情，就是这种乐观的人生哲学了。"参见胡适《胡适自述》，第 12—13 页。

[4] "如果我学得了一丝一毫的好脾气，如果学得了一点点待人接物的和气，如果我能宽恕人，体谅人——我都得感谢我的慈母。"《胡适自述》，第 45 页。

友"一贯的风度最美：夫妻如朋友，情人如朋友，朋友如朋友，乃至师弟依然如朋友。怎怪"极能思想，读书甚多"的韦莲司成为他一生最重要的异性朋友，精神交流的深度进行是朋友一伦最重要的要素："与女士谈论最有益，以其能启发人之思想也。"[1] 幸运的是韦莲司本人极为重视精神生活的性格比胡适更为深刻而显豁。纵然四海之内皆朋友如胡适，朋友毕竟还是可以分等地的。胡适性情中最光彩的一面，克制、容忍、宽和、谦让，是针对一切朋友也包括一切女性的。他的气量大、性子好、事事留心、能格外忍让，无疑来自他的母教，这一点令他赢得了不菲的人缘包括异性缘，也令他在如此驳杂的人际尤其情际关系中往往都能风度优雅地全身而退——甚至他也并不退避。他和曹诚英的最后一面是他离开大陆前夕的 1949 年 2 月，假如能够再联系再相见，也许曹不会就此失去他的消息而只能默默葬在他"不再经过的路边"。容忍，利他的容忍，被他视为"对他所爱的人或爱他的人的一种体贴或尊重"。[2] 这样的胡适处情应该自有一段对女性的泛泛的体贴与尊重：如果女性自己不陷入与他的不伦之恋。尽管一生与不同的女性流传出如此复杂的关系，胡适的出众之处是皆能以其独具的方式善始善终。对于"责任"他有着非常美国模式的理解与把握（没错，他"是个肯负责任的人"，包括必要的

---

[1] 胡适《留学日记》，同期给母亲的家书，类似的褒扬很多。兹不具列。
[2] 胡适早年致韦莲司通信。二十年后，他曾在致韦莲司的通信中说曹是个"被惯坏的孩子"。

金钱)。[1] 聚散不乏温情但也不肯粘滞。曹诚英这类并不彻底的
"五四新青年",即无法安处于传统礼法给予人类的必然规制,
亦无法在处情上适应胡适的美式作风,其后半生的命运也就显
得特别抑郁凄凉。江冬秀则因恪守了一位传统中国女性的妇道
尊严(包括让韦莲司都赞叹的忠贞,以及家庭生活中的种种大
气担当,屡屡能让胡适本人都要赞叹不已),其一生倒是不失
其风度与样范。[2]

胡适之于女性,一直显得颇有温情,但不算多情,亦不深
情,却不无情,更不绝情。似乎他一生所结缘的异性传出绯闻
的几乎都是热情的主动者(无论曹诚英还是徐芳、哈德门。表
面同样节制而理性的韦莲司其实还是一座冰壳下的火山),几
可想见胡适处情的态度,他擅长扮演半推半就的接受者或更多
是挑逗者,他的"试验主义"、他的"方法论"。他 1927 年重
访美国期间写给韦莲司的信说"总是谨于下笔"并非虚言,包
括他圆稳的风度与把持让对方少有难堪,甚至 1917—1923 年
间的不联系也未必不可理解为一种现实主义的不粘滞。同样需

---

[1] 他似乎深谙亦很擅长英美式样的将婚姻规约为契约伴侣的意涵与性质?
  与他相处最融洽的几位亲密女性也都是异域人? 但这一论断一定是胡
  适样的浅薄。韦莲司、瘦莲与他断然断绝不伦的情爱关系而宁肯保持单
  纯的友谊,正是明证。胡适的乱情似乎正说明其于西学中学的皆未能深
  造,至少未曾"触及灵魂"——这一点亦是公论。

[2] 关于曹诚英的训练和教养都很坏、一日当中不是喜憨就是悲煞的不稳定
  性格,参见其亲兄曹诚克致胡适函(江勇振《星星·月亮·太阳》,第
  127 页)。性别研究或女性立场自有其意义,然性别之外毕竟有人性更
  统一的标准,不当因为"主义"反而显出断制的不通常情。

要对手主动的凌淑华或陆小曼、陈衡哲这类女朋友与他便终能相安无事。

可惜他总有一半是"就范"，包括准确的回应、调情，有案可查的例如写给学生徐芳的唱和诗。理智的韦莲司在"维多利亚女王"一般恪守礼法的母亲去世之后也终未能抵住他绵绵的情挑。曹诚英事件之后第十年，1933年9月四十二岁的胡适与四十八岁的韦莲司却酝酿了"美而艳"的新关系。"尘世之音节节升高，义务、责任之声嚣然尘上，咄咄逼人。于是我们只好归队，跟社会妥协"尚不打紧，韦莲司的个性本就是为了"歌声更美"而敢于甘于选择"吃火"的人。真正让韦莲司硬生生将业已付出的鲜活生命收回的是三年之后1936年与曹诚英和胡适在美国三人相撞。甚至他们正式分手都是基于韦莲司看透胡适那点"不放心"，视有了情爱关系的老友为"责任负担""本能地害怕"，韦莲司宣布"我不会为了讨好你而去结婚"，"我们讲清楚然后分手，可以达到相同的目的"。韦莲司终是喜欢他的才华与风度，情爱不再之后友谊反而轻松了。这个意志非凡的女性一如她早年初识胡适时的立志，就此的确将变了调的异性关系转化到更高超的层次。[1] 胡适的最佳角色原本就是朋友。于是胡适居然在韦莲司宣布分手第二年，1938年的纽约和恩师杜威日后的第二任太太罗慰慈玩起"老头子"与"小孩子"的把戏，而且还被他称为"赫贞江上第二回之相

---

[1] 参阅韦莲司1915年1月31日致胡适函。

思"。这不止是国难当头不误风花雪月，这也当真证明了其情的清浅单薄。江冬秀的幸福与曹诚英的不幸均源于她们不跟胡适主动分手。

法定的妻子，少年的女友，稔熟的表妹，包括那些或幼稚或狡黠的女学生，基于他的清淡的柔和，胡适会在情调上呼应、唱和她们的需要，于是很多时候她们会跌入情网。在他和乐的婚姻当中他同样一直在取悦太太。[1] 终其一生，胡适曾经亲密的女性在年龄、相貌、学问乃至国籍都显得幅度甚广。陪伴了胡适将近八年、最后终老养老院的看护哈德门只比胡适小四岁，他们相遇时已都不年轻，如此还能被对方称为"无与伦比的情人"甚至是意大利情圣卡撒诺瓦，至于每次与他相聚都是走向人生"极乐"的"朝圣"，[2] 这也许当真是胡适在女性面前另一面目，当他放下他的社会人面具的时候。这里甚至可以包括太太对他可能持续一生真实的喜爱。例如如下江冬秀这封信，江教授居然只读出她恨极了曹诚英，这未免奇怪：

> 你的心是大好。不过对与（于）这一路的，我长长（常常）劝你，不要弄到人人疯疯癫癫的。母也写信来要

---

[1] "我认为爱情是流动的液体，有充分的可塑性，要看人有没有建造和建设的才能"，"我和太太大都时时刻刻在爱的尝试里"，他们是"结婚之后才开始谈恋爱"。胡适与太太之间密切的互动，从他们在对方生日总要用心送出别致的礼物就可以感到。

[2] 江勇振《星星·月亮·太阳》，第 340、342 页；胡仰曦《一颗清亮的大星》，第 261 页。

钱，娘也要你养活，你这个慈悲好人也是随便来的呀！你
到杭州养病，也是那（拿）人家当孩子，害出来的呀。[1]

夫妻如朋友——这封信里江冬秀实在很像一个帮衬胡适的
老朋友，而她对曹诚英的情感状态的判断应该比胡适或江教授
都来得更准确些——女人看女人，自有绝活在。此非主义或立
场而能一言蔽之。

因为如此，即使如此，纵观胡适一生情事，较之徐志摩之
于张幼仪、郁达夫之于王映霞之类不堪的"新文化"情史，居
然大体都还不失胡适特有的端庄稳健。笔者以为这也依然得益
于他的西学训练，尽管日后服膺杜威的试验主义哲学而远离德
国唯心传统，但基于他天赋的温和与体谅，一道康德式的道德
底线对于胡适似乎还是保留成为生命尤其人际的底色：

> 无论对自己，还是对别人，在任何情况下，都要将人
> 道本身视为一个目的，而不仅仅是个手段。永远不把一个
> 男人或一个女人视为可以玩弄的东西，并以之为达到自私
> 或不纯洁目的的手段。[2]

---

[1] 1939 年 8 月 14 日。隔了岁月历久的风烟与婚姻考验的稳定，江冬秀如
此帮衬丈夫的大气通脱更好理解。转引自江勇振《星星·月亮·太阳》，
第 131 页。

[2] 胡适致韦莲司通信。这从他暮年善待热爱读书之贩夫走卒的习性，亦可
见一斑。

这种现实的节制，往往为诗人不能，为哲人不屑，胡适却是如其分的社会人。难怪在他出殡时，相伴一生的老妻面对"庶黎哀伤"多达三十万人的送行场面也要对儿子感叹："做人要做到你爸爸这样，不容易哟。"[1] 此中讲的其实是超越"男女关系"之上的一桩普遍的属人的美德。犹如1937年国难当中，江冬秀在家庭财政严重困难的情况下尚要捐款给家乡学堂，敏于公德的胡适同样赞不绝口："你在患难中，还能记得家中贫苦的人们，还能寄钱给他们，真是难得。我十分感激。你在这种地方，真不愧是你母亲的女儿，不愧是我母亲的媳妇。""修身的学问"和"道德的国民"同样是胡适一生的真诚关怀，这在他早年赞叹"道学家所讲的伦理"中已体现无疑。[2]

但我们难免还要继续追问：理性胜出的胡适为何一生还是留下了如此之多的情感话题的飞短流长？他为什么没有更理性、更道德一点，例如坐怀不乱？这当然基于胡适大概不认为"坐怀不乱"属于他渴望建构的"新道德"。如此强调高度理性与责任思维的人应该并不以其处情的方式为不妥。胡适在情感上的"博爱"似乎成了他一种特别的"道德"与理性的选择。但无论为妻的江冬秀或陷身情缘未能自拔的韦莲司，无疑都会对其深感不满（意识到曹诚英与胡适的非凡关系后，退居"若有若无"地位以自保尊严的韦莲司自然包含了一种情绪的怨

---

[1] 转引自胡仰曦《一颗清亮的大星》，第312—313页。

[2] 胡适《爱国》，《竞业旬报》第34期，丁未年（1907）。

怼）。1921 年 8 月 30 日时年不足三十岁的胡适面对高梦旦表彰他不背旧婚约时的回答，"我不过心里不忍伤几个人的心罢了"，应该也是句大实话。只是色色不忍伤下来，似乎又人人的心都曾被伤过。每个试图认真与深入的人都被伤到了。何以如此呢？如果将男女关系缩小到"情感关系"，"博爱"与"贞定"又必须同时具体地考虑与善处。后人与读者一定无法想象晚明的"道学家"例如刘宗周会如胡适样的处情。[1] 婚姻（或"爱情"）自有其天道，不容你化约到无个体，不容你试验到不讲"理"。要进一步深入恰当理解胡适处情的特殊性，上溯与旁观同样有其必要。

四、份定长相亲：以性贞情的
"另类新文化"

"西方婚姻之爱情是自造的，而中国婚姻之爱情是名分所造的"，这一留美期间即为青年胡适发现的理论被他在诗歌中又加以歌咏，"份定长相亲，由份生情意"。只是何以胡适守得住婚姻之份，[2] 却守不住婚姻之理？他一次又一次在灵肉层面上出离婚姻却还可以告诉妻子"我自问不做十分对不起你的事"，一边给妻子写情意绵绵"我颇愧对老妻""睡觉总是睡

---

[1] 参见本书之前关于易顺鼎的相关讨论。

[2] 婚前十三年，婚后三十年，从比翼而飞到死后合葬，据说胡适千疮百孔的婚姻却也入选了民国奇迹，参见胡仰曦《一颗清亮的大星》，第 99 页。

半边床"的信，一边和"星期五"打得火热。连爱慕他至于色
授魂与的韦莲司都难免要在曹诚英事件面前揶揄他应该把"同
情""爱"这类资产"谨慎地运用在你周遭的人事上"（1936
年10月28日韦致胡函）。笔者以为这首先基于胡适不承认世
间有天经地义的绝对真理，[1] 犹如对于胡适而言"灵"未免是
个虚幻的字眼。

拒绝形上世界的胡适遵循了人间的"名份"，却因拒绝
"名份"依傍之理而使他对"名份"的坚守始终不牢靠不彻底。
笔者认为这才是理解胡适处情态度如此来回拉扯的关键所在。
他坚持一生的理性批判是其最大的成全，也是其最后的桎梏。
最终没有选择"相信上帝"而是选择"相信人"，试验主义与
历史主义的深刻影响使得他拒绝接受绝对真理这一可能，既然
一切都是待证的假设，并非天经地义，夫妇男女一伦自然同样
如此。1926年自承"我已经远离了东方文明""竟比欧美的思
想家更西方"的胡适发动的"新文化"运动，无法不对"东方
文明"造成误读与伤害，包括情感认知与情感教育本身。胡适
的局限毋庸回避，他不仅对欧洲大陆的哲学传统缺乏深刻认
识，甚至在英美经验主义一派的思想方面也未能深造自得。[2]
余英时宽和地将胡适的角色定位为类乎伏尔泰样式的近代启蒙

---

[1]《三论问题与主义》，《胡适文存》第一集，卷二，华文出版社，2013
年，第373页。

[2] 参阅金岳霖针对冯友兰《中国哲学史》审查报告二，转引自余英时《重
寻胡适历程：胡适生平与思想再认识》，第209页。

哲人，以为若简单以中国传统经师或西方专业哲人的水平去测度他都属"脱离了他所处的具体的历史环境"。[1] 胡适自有其命定的瓶颈。视"内心生活""精神文明"为自欺欺人之谈的胡适于此真是难免要有"不见道"之讥。

貌似谦谦君子或翩翩绅士的胡适一直有种离经叛道的冲动与作为。"新文化"运动毋宁就是这一作为中最为巨大者。新思潮不就被他做了如此简单粗劣的定义？"新思潮的根本意义只是一种新态度。这种新态度可以叫做'批判的态度'。尼采说，现今时代是一个'重新估定一切价值'（Transvaluation of all values）的时代。重新估定一切价值八个字便是评判的态度的最好解释。"[2] 他一生中几次都有赌气酗酒、赌博甚至叫局这种特殊的放任。胡适处情的放任不能当作一般意义上的品行问题理解，他爱好美德的真诚同样不容置疑。这种貌似悖论其实背后有其完整与统一：胡适并不认同传统意义上的婚姻道德，其中应该也包括肉体贞操问题。他由衷地欣赏美国式的新女性，以为她们"言论非常激烈，行为往往趋于极端，不信宗教，不依礼法，却又思想极高，道德极高"。[3] 这

---

[1] 余英时《中国现代思想史上的胡适》，第 62—63 页。

[2] 胡适《新思潮的意义》，《胡适文存》第一集，卷四，第 728 页，发表于《新青年》七卷一期。

[3] 胡适《美国的妇人》，《胡适全集》第二册，安徽教育出版社，2003 年，第 631 页。与其留美期间《新女性》之作正堪呼应，"头上金丝发，一根都不留。无非挣口气，不是出风头。生育当裁制，家庭要自由。头衔新妇女，别样也风流"。文见《胡适留学日记》，第四册，第 1041 页。

位表面上最折中平和的温吞理性先生，其极端的感性判断有如
是者。不闻瘦琴女士 1927 年 2 月 15 日致胡适函中所云，"我
很高兴你吻了我，我想我应该没有伤到胡太太或任何其他人
的一根汗毛"；[1] 同样热情奔放的还有哈德门，"她什么都不在
乎，在乎的，只是不要放过这么美好的人生经验"。[2] 这便是
胡适认同、热爱的彼时美国人常见的性道德与道德性。但胡适
试图整理再造的"国故"中国，却与此大相径庭。胡适尤其晚
年颇喜谈论中国文化的道德问题，却对这一道德背后的情感依
据几乎毫无知闻，笔者以为，此即这位道德先生的情感总是显
得如此缺德的根本所在。"人性是怎样的"这一看似事实判断
的问题实则蕴含了"人应该怎样"的价值默认。在儒学的理
论系统尤其陆王心学体系中，道德需要透过道德情感显现出
来，道德情感被视为心灵的主要内涵，是人性结构中先验的
因素。

"情性"问题不仅曾经是中国哲学的核心观念、中国思想
的重要畛域，更曾经是传统教育的核心地带、礼乐抚育的关键
旨趣。如果溯源传统"情性之教"最重要的"教材"，其一无
疑就是"新文化运动"之后主要被纳入文学分类的"诗"学，
尤其是《诗经》学，此即曾经流传有绪的诗教传统。钱穆在
《论语新解》中言及"诗可以兴"问题，认为其所兴发者即是

---

[1] 转引自江勇振《星星·月亮·太阳》，第 162 页。
[2] 转引自江勇振《星星·月亮·太阳》，第 339 页。

作为性情之本的仁心，以培本厚植"性情"作为"诗教"的明确目的：

> 诗尚比兴，多就眼前事物，比类而相通，感发而兴起。……俯仰之间，万物一体，鸢飞鱼跃，道无不在……孔子教人多识于鸟兽草木之名，乃所以广大其心，导达其仁，诗教本于性情，不徒务于多识也。[1]

"诗教"固然有增广见闻的知识需要，根本立足却是兴发感通受教者的胸襟、气宇、志向，这也是传统儒者的共识。马一浮有过类似表达：

> 兴便有仁的意思，是天理发动处，其机不容已。《诗》教从此流出，即仁心从此显现。[2]

无论马一浮还是钱穆，他们对于"诗教"传统的判断与坚守都非出己意，而是对传统之学的认肯与敬意。然于现代中国的文化性格，难免都被归于"保守"一派。"新文化运动"的主流思想是破旧立新，儒教首当其冲，诗教更不例外。"诗"无复"经"之尊位，被扫入"文学起源"乃至只能充当"社会

---

[1] 钱穆《论语新解》，巴蜀书社，1985 年，第 422 页。
[2] 《复性书院讲录》卷二，《马一浮集》第一册，浙江古籍出版社，1996 年，第 161 页。

史的材料""政治史的材料""文化史的材料"的莽荒之地，日渐获得全新的释读与定位。于是虽然胡适释读《诗经》也会自然而然因袭"性情"这类早已耳熟能详的常用名词，但"诗言志"却可以迥异往昔而被解为"自然表现，心有所感，要怎么写就怎么写"，前人的释读一例成为"乌烟瘴气、莫名其妙"。[1]不唯"诗教"传统中有关"风化""美刺""谲谏"的政教用途被视作不合今规，连同曾经"解放经学"自居风诗正宗的宋儒理学也被一并被后人再度"解放"：

> 汉儒解经之谬，未有如诗笺之甚矣。盖诗之为物，本乎天性，发乎情之不容已。诗者，天趣也。汉儒寻章摘句，天趣尽湮，安可言诗？而数千年来，率因其说，坐令千古至文，尽成糟粕，可不痛哉。故余读诗，推翻毛传，唾弃郑笺，土苴孔疏，一以己意为造"今笺新注"。自信此笺果成，当令三百篇放大光明，永永不朽，非自夸也。[2]

　　1911年写下这段文字胡适时方廿一岁。这一立场直至其晚年都未尝多经反思或改易。恰恰是在他一手促成的力主追求"人的文学"，认为"从儒教道教出来的文章，几乎都不合格"

---

[1] 胡适《谈谈〈诗经〉》，《胡适文存》（四），华文出版社，2013年，第427、432页。

[2] 胡适《留学日记》（一），上海科学技术文献出版社，2014年，第23页。

的呼吁与努力中，[1] 一种标榜"建基于人文主义的抒情主义"[2]
"文学只有感情没有目的"[3] 的"新文学论"俨然成为一代文学正
宗。虽然还在共同使用一个"情"字，"情"的内涵却已古今
相去难以道里计。

1930 年代初周作人著《中国新文学的源流》，为新文学的
建构寻求历史资源，于中分割中国传统文学为"载道""言志"
两派。主张"载道"的文学因为有"遵命文学"嫌疑基本被
全盘否定。"新文学"的基本理念被定性为一种特定意义上的
"言志"：意涵已不同于"诗言志"本有或古有的意味，更多倾
向于个体情感表现，"志"与"情"获得一种狭义的同一。

《中国新文学的源流》正式出版（1932）前，1926 年梁实
秋已经著文提醒当时的文学"主情"论者要注意"情感的质是
否纯正，及其量是否有度"，警惕"浪漫主义的任性"。[4]1940
年代朱自清同样出于不满时人对中国文学传统的现代诠释，于
课堂讲义及所著《诗言志辨》中反复陈言，以明"言志"说
并非简单的"个人的抒情"，更不当与"载道"对立，但对于
古已有之的"缘情"说，他还是采取了接近新文学一般公认的

---

[1] 周作人《人的文学》，文见《艺术与生活》，河北教育出版社，2002 年，
    第 12—13 页。
[2] 徐承《中国抒情传统学派研究》，中国社会科学出版社，2015 年，第
    29 页。
[3] 周作人《中国新文学的源流》，华东师范大学出版社，1996 年，第 13 页。
[4] 梁实秋《现代中国文学之浪漫的趋势》，《梁实秋批评文集》，珠海出版
    社，1998 年，第 34—35 页。

立场。[1]

"诗何以兴"或诗以兴何解释向来颇多纷纭，儒家诗教追求"教诗明志""诗以明道"的主张因为秦汉之后多数时期位列正统，更容易在文化改朝换代之际受到革命派攻击。昔年徐复观为林幼春《南强诗集》作序尝赞美其人其诗：

> 先生乃以生人之大节，激励其性情，而一人性情亦即潜通于家国废兴之运会。由此发而为诗，实万劫不磨之民族精魂之所寄，岂与嗟一己之荣枯、感四时之代谢者之所能同其量哉！[2]

这种以个体之"性情"贯通家国之兴废而非局限于一己之穷通的愿力与向往，其实代代有之，不同的只是使用的名相。例如当代作家王安忆亦尝提醒世人不要以为情感就是自我陶醉和私人化的，真正有意义的抒情要有其属于自己的体积。[3] 体积毋宁也意味着一种贯通与扩充。尽管海外新儒家尤其方东美和徐复观被今人指认为文学研究的"抒情传统派"的精神导师或"史前史"前辈，[4] 但如下徐复观对"情"的理解，只有

---

[1] 刘晶雯整理《朱自清中国文学批评研究讲义》，天津古籍出版社，2004年，第1页。
[2] 徐复观此序参见林资修（幼春）《南强诗集》，台中林培英排印本，1964年。
[3] 王安忆《重建象牙塔》，上海远东出版社，1997年，第23页。
[4] 参见徐承《中国抒情传统学派研究》"第三章，台湾新儒家：抒情传统论的哲学基础"。

建基于宋明儒学核心意的心性论基础上，才不至于出现理解偏差：

> 没有人格的升华，没有感情的升华，不能使社会之心化约到一己之心里面来。[1]
>
> 在道德、文学、艺术中用"境界"一词时，首先指的是由人格修养而来的精神所达到的层次。……写景写得好不好，不仅是技巧问题，更重要的是精神的到达点要高，精神的涵盖面要大，这便说明中国传统的文学、艺术理论，何以必须归结到人格修养之上。[2]

作为诗的"来源"与"血脉"的"情"[3]也并非单纯如新文学作家常沿袭使用的"情感"说；这里的"情"无法脱离"性"的对勘与贞定，尽管徐复观之学对于形上的关注并不浓郁，他笔下的"情"与"性"间还是藕断丝连。

而要更好地理解胡适式的"处情"，旁观一下同时其他人的取径，同样富有意义。

---

[1] 徐复观《传统文学思想中诗的个性与社会学问题》，《中国文学精神》，上海书店出版社，2004年，第4页。

[2] 徐复观《王国维〈人间词话〉境界说试评——中国诗词中的写景问题》，《中国文学精神》，第52—60页。

[3] 徐复观《释诗的比兴——重新奠定中国诗的欣赏基础》，《中国文学精神》，第21页。

五、道义相期人: 因德成爱的
唐氏"性情学"

　　胡适掌教北大之时，日后的"海外新儒家"首座唐君毅（1909—1978）就读北大，唐听过胡的课，但不可能相应。这一点甚至直接反映在了他们"处情"的不同态度。

　　因为"仰视碧落，俯见苍生，情脉念痕，不知所起"[1]的悲悯之心，更兼认定道德与性情为人类两种最美好的情操，早在 1945 年唐君毅就托名翻译而写出儒门开宗以来至今可谓空前绝后的一部特别之书：《爱情之福音》（正中书局初版）。唐氏因此被海峡两岸一致誉为现代中国"爱情学"立派的宗师也算自有理路可循。[2]《爱情之福音》是唐君毅尚未进入婚姻状态就设想要写的一部"关于婚姻爱情的道理的书"，"要使人类中多有一些可爱的男子女子，并且根据我自己及一些朋友在婚姻上所受的教训，并参照一些人生道理，来作一关于婚姻之道的书"。[3]是书立意探寻、贞定常因难言之隐而为贤者都要讳言的"婚之道"：

---

[1] 唐拈西青散记中语，转引自唐君毅《致廷光书》，1940 年 10 月 11 日，吉林出版集团，2015 年，第 110 页。

[2] 例如台湾曾昭旭，内地何仁富诸先生皆主此说。

[3] 《致廷光书》，1940 年 5 月 24 日、10 月 19 日，第 80、119 页。

　　最重要的便是使人们了解婚姻与爱情的正当道理。我
相信人如依着婚姻及爱情的正当道理去实践，必可减少
许多怨旷之男女之痛苦，纵然有了苦痛，也可以自己设法
解除。[1]

　　这种特别要针对婚姻"原道"的愿景同样也是基于现实
的刺激与需要。1940 年代前后正是中国遭受新文化洗刷之后
二十余年，现实的新矛盾已足够凸显，理论的再探索也显出必
要。性别伦理是新文化运动时期遭受改写最严重的领域之一，
性别关系却又是日常生活折磨众生最坐卧不安的地段。无论多
么难以着墨，"婚之道"实在未便就是"小道"，或者说，正为
此道关乎人性最幽微、深层而复杂的核心地带才经常令人无处
下笔。然而健全的人生势必应当两头生根，"上际于天下蟠于
地"（庄子语），需要兼顾形上与形下。唐君毅既然安身立命于
儒家关怀根本所在的"人生哲学"，自然不能不注意到此：

　　我近来偶看一些关于婚姻问题的书，使我惊讶现代文
明中此问题之严重，我觉得这是一社会问题，同时是一教
育问题、心理问题、生理问题、道德问题，以致与宗教亦
有关系。[2]

---

[1]《致廷光书》，1940 年 10 月 19 日，第 119 页。
[2]《致廷光书》，1941 年 11 月，第 167 页。

如果单纯止步于著书立论的研究兴趣，纸上谈兵尚不甚难，唐君毅难得更在以其儒门工夫论之修养当真践行了一段众所周知的于人生尚称美满的现世生活。年方而立尚在恋爱中的青年唐君毅对自己未来婚姻中处情的态度与成就，看起来已经充满自信，他对女友谢廷光（1916—2000）写道：

> 我晚年的自传上一定要把我们的事如实公布出来，作为后人的婚姻模范之一。我认为一切有价值的东西都是私而可公的，都是应该被人人所公认为有价值。所以我们的婚姻之价值，我也希望人能逐渐认识。[1]
>
> 我愿意以我自己作例证，我要同你认真实践我认为正当的道理，并由实践中去补充修正这道理，我觉得这是我自己婚姻解决后应负的一种责任。[2]

这是如实的儒者情怀。不仅老吾老以及人之老、幼吾幼以及人之幼，甚至还有"婚之道"的共享公用。这些如实的情怀公布结为文献"以作青年朋友的参考"的即是《致廷光书》[3] 在唐君毅身后的结集出版。

《爱情之福音》作为唐氏精心结撰之专书，其道理或绵密

---

[1]《致廷光书》，1940 年 10 月 11 日，第 107 页。

[2]《致廷光书》，1940 年 10 月 19 日，第 119 页。

[3] 内地结集称此名，台湾版婚前书 36 封 1983 年由学生书局初版，唐君毅全集增入婚后书 87 封。

周到，但本节所关注采纳的材料更多是日记与书信这类文字当中所流露的作者的真实性情与人格质地。基于唐君毅治学特有的生命情调与生命智慧，较之哲学撰述，他的日记与书信因私人性较强且无明显撰述目的，反而特具一种重要分量与情性之美，因其"作为真实的人用生命在写作"意义更显特殊。儒者唐君毅苦心发露展布的"婚之道"其实就是一段特殊的成德之路、挺立人极：如何以性贞情、因德成爱。并因此就构成了当时与现在"反思新文化"的一种特别进路。

以人之天赋所禀的自然"情性"论，迥异于熊十力之"孤冷"或牟宗三之"孤峭"，唐君毅性情之孝悌柔仁大体为举世公认，"对人类，爱其生，悲其苦，一生依靠一只手、一支笔，表达他的善意"。[1] 其于父母、弟妹、夫妻、父子（女）、朋友、师弟诸伦皆表现出深情款款、厚爱绵绵。这不仅基于唐君毅学以立身的儒家关怀对于人间伦理特有的重视，其背后更有唐氏治学特有的形上支撑。甚至早在青年时期写给女友的情书中，他已经将此形上追求体认亲切：

> 要超现实才能体验现实之意义。出世才能入世。忘却自己才能发现自己。可不要男女爱情的人才能有最深的男女爱情。不自幸福观念出发而自责任观念出发才能有幸福。现代人太现实了，这使他们反不能体验现实之意义。[2]

---

[1] 周辅成《向唐君毅先生致敬》，《唐君毅故园文化》2007 年总第 9 期。
[2] 《致廷光书》，1940 年 11 月 9 日，第 138 页。

这基于超越的在现实生活中的负负得正，唐君毅是如何践行的呢？如果从女权嗅觉敏锐或女性意识发达的研究视域苛求，唐氏情感生活的展开自然仍会有不少值得推敲之处。例如 1939 年 6 月唐、谢交往开端，三十而立的青年哲人此时自我设计的情感方式是："他需要爱情，因为他的冥心独往，昂头天外，超出尘表所生的寂寞要人来补足慰藉。"[1] 交往一年之后他对爱人的理想条件也还是"必须她绝对地倾心于我，真感到我人格之可爱，我才真爱她"。[2] 这当然未免过于以自我为中心，让对方处于从属地位。尽管基于传统中国的性别观念习俗，兼之唐氏幼年于家中为备受父母宠爱的长子身份（"有父母之爱养到成人，有和睦的家庭"），此时又无有太多情感经验，不必过于求全责备这一基始的源自想象的情感模式。唐君毅最难能可贵之处，是在经历了这一自我设定的情感模式的幻灭之后（发现女友最初并不那么倾心于自视甚高的自己，甚至颇有移情别恋之嫌），却在基于道义的坚持与实现中，不仅成功超越了不切实际、一厢情愿的情感模式，并于中示现了更具生活意味的道德实践，呈现了他"不自幸福观念出发而自责任观念出发才能有幸福"的可能。

"求乎朋友先施之"，唐君毅的情书是由不断出现的"我已自知其错误"的自我省察完成的。青年哲人放下身段欣然接受

---

[1]《致廷光书》，第 55 页。
[2]《致廷光书》，1940 年 5 月 28 日，第 96 页。

与恋人可以互为"尊卑"，在在检查自己的不足、感受对方的优长。其原因的根本落脚处乃在视情感生活能提供彼此人格的磨砺与高尚：[1]

> 我愿意同你互相针砭彼此的过失，互相勉励于为善，以求我们人格之增高。我自己承认我有许多地方不如你，我从前说我要爱你唯一的条件是要你的精神上升于我，你得先爱我的理想，我那时是自认比你高许多，所以我不客气地说那话。我现在还是认为我在学问、识见、人生体验方面比你高，还有一些悲天悯人的情绪，与神合一与宇宙合一的胸襟你尚不及我。但是我知道我有更多的过失，在许多地方我不如你，我以前对你太自尊，我现在愿意一些方面表示自卑，我愿意同你互为尊卑，我望你的精神上升于我之高处，我也要学你的许多长处。[2]

今人固然不宜轻易指责"五四"与"后五四"时代中国人的情感生活是否多为欲望主宰（这欲望且要被经常冠以"现代"的名义），但如唐君毅这样清醒地于未谈婚论嫁之前先将男女之情定位于"道义上的情侣"，定位于父母、兄弟、朋友之伦类同一位阶，不能说不是主要基于他深厚的儒学素养。尽

---

[1]《致廷光书》，1940 年 4 月 2 日，第 62 页。
[2]《致廷光书》，1940 年 10 月 17 日，第 116 页。

管此时他的哲学兴趣尚同时流连于西学，[1] 儒学愿力尚未全面发动。而也正是基于前期扎实的西学素养，他后期的儒家理想尤其人伦理想才未便沦为一般腐儒在此问题上容易表现的固陋拘执。

新文化运动以来发表情书乃至径直以情书为文学是当时一种常见的文化现象，但在情书中畅谈人类最可贵者为"一是无私的智慧，一是无私的同情"[2] 这类情调者毕竟少有。唐君毅的《致廷光书》尽管也是"情书"，却不同于"新文化运动"以来其他"情书出版热"[3] 中的同侪，而是真实见证了儒门"情性之教"的特殊面相的"情性之书"。如此在在处处显豁地追求情侣之间的情义"全是由一种深远的精神的了解与同情及一种高贵的人格上之欣赏与默契而生"，[4] 不能不说主要拜赐于西学东渐对古老帝国的唤醒。当礼教与理教在悠悠岁月中因沦为皮相而变得麻木乃至僵硬之后，如何重建健康的"情性学""婚之道"，对于近现代中国，显然并不属于无事生非，也不算小题大做。

---

[1] 唐氏此时的学术著作，多中西哲学对勘之作。

[2]《致廷光书》，1940 年 5 月 3 日，第 63 页。

[3] 以"情书"为"文学"是"新文化"运动一道特殊风光，例如早期的白薇、庐隐，之后的郁达夫，一代文豪鲁迅都未能免俗出了《两地书》。这自然基于时人认定这类书写的时代价值值得公布。"情书"径直能在文学的殿堂登堂入室，证明的正是时人对于"情"的理解与认肯。笔者曾在《青瓷红釉》中专门探讨这一"文学的本质是情书"的新文化怪现状。兹不赘述。

[4]《致廷光书》，1940 年 10 月 11 日，第 107 页。

　　还是以唐君毅为例。这并非一对一见如故、一拍即合的投缘恋人。女方是男方朋友的妹妹，年纪正少，学识清浅，窘迫于男方高名显学的压力，既佩服他，又颇拒斥他；男方则责怪这小女友"情绪太不表现，是莫有真正的喜怒哀乐似的"，这"无所反应的"激动不起来，毋宁是让他深感乏味的代名词，看不到对方"情感强烈"的男方也并不掩抑自己的"失望"。[1]然而或者正是基于双方此时并未为激情冲昏头脑，各自冷冷落落设想"数年后不知谁是你的伴侣，谁是我之伴侣，十年以后也许我们都儿女成行，那时再相看一笑，一切往事均已漠然"，[2]反让读者有幸拜读了在探讨情感与婚姻的具体过程中青年男女体贴逼真的"体道"之旅如何可能。其中至为难得的因素，无疑当属青年哲人的用心端正，时时刻刻都不忘却进德修业的人生定位：

　　　　你不要想你有任何缺点，他绝不因为你有任何缺点而轻视你，他所取的只是你的性情与良心，他所望你的只是你真正继续打开你的心。如果你有什么缺点，他至多只希望同你想法改善你之缺点，如你与他共同改善他之缺点。他无所求于你，所求的只是一纯粹赤裸的心。他可以使你对人生的认识增加，人生意味加浓，可以使你更富于一切

---

[1]《致廷光书》，1940 年 4 月 2 日，第 57、58 页。
[2]《致廷光书》，1940 年 5 月 3 日，第 64—65 页。

好的情绪。因为他自身在向好，你如果真对他好，就要帮助他向好，他将以他之好再灌输于你。

诚如作者自己都要感叹，"老实说人间的男女的关系，哪有决裂以后还有如此之同情与赤诚之表白"。如上这一类沟通的确是"纯友谊的"，因此"更可贵"。尤其这位恋爱中的男青年的趣味与品行都能高尚其德，"心所需要的只是心之联系，身体之接近只是一象征而已"，"他就是爱一女子都不是专从自己着想"。

如此别致脱俗、充满形上意味的情书难怪作者本人都觉得像是"神使我写的"，[1] 颇受西方哲学乃至神学影响的青年哲人此时此刻挣扎于"人爱""圣爱"之间，发出了有点自恋的叹息：

> 谁能够透视我之人性与神性的连环，爱我人性中的神性而满足我人性中的悲哀，那真是我第一个知己。[2]

---

[1]《致廷光书》，1940 年 5 月 27 日，第 86、87、90 页。

[2]《致廷光书》，1940 年 5 月 28 日，第 96 页。有此，难怪这"精神至上"（"我认为就全部说，人根本是一精神存在，身体只是精神的表现"，"身体只是精神的衣服，身体只是不自觉的精神凝成体"）的青年哲人认定了"人类的爱情其实也不是性，那是一种真、美、善。人加进去的混合体"（人"爱真产生科学哲学，爱美产生文学艺术，爱善产生道德，爱神产生宗教之活动"是唐君毅坚持一生的观点，青年时代已经成熟），参见 1941 年 4 月致廷光书，第 144 页。

可见，唐君毅《致廷光书》中所展布的同时更是人性问题、哲学问题，甚至是宗教问题。"立人"更在"立情"之前。

先有"人之道"而后才有"婚之道"，此言貌似老生常谈，却很可能是现代人处情并不那么自觉其重要的道理，因此才使现代婚恋常深陷于泥泞当中不能自拔。人与人之间的"同情"、人与人之间的"义务"，是先于婚恋且高于婚恋的：[1]

> 我反对现代青年只有爱人而忘却其他一切的爱之态度，因为那爱太狭隘了。我又认为爱是整个不可分的，一个人可以爱多方面的人，但是爱每一人都是整个的心全生命的爱。而且爱是交流互贯的。我们的关系一方面是我们生活之一部，一方面即合摄我们之全生活，这真是宇宙间的奇迹。[2]

于是热恋中的青年哲人"情深无奈臂交加"之时还要一本正经郑重声明："嫦娥远见莫相妒，宇宙原来是一家。"[3]

唐君毅情书中曾希望女友"要多少有些交际的能力，可以帮助我做一些文化事业，这不是要你附属于我，这也就是

---

[1] 《致廷光书》，1940 年 5 月 28 日，第 94 页。

[2] 《致廷光书》，1940 年 10 月 19 日，第 121 页。唐君毅并且坚信，这多方面的爱不仅不可分，而且"只有互相促进无有互相减少"，1941 年 4 月，第 147 页。

[3] 唐君毅《旧游杂忆·新都》，见《致廷光书》，1941 年 1 月 3 日，第 190 页。

你当尽的对社会之责任",[1] 放诸女权主义的眼镜怕又是立场问题。其实平情看待,人类或人伦的根本目标在于各得其所,作为社会角色的主从关系从来也并非能够一概而论。极其看重男女之情的坚贞性的儒者唐君毅,面对女友一度曾经并不爱慕自己的现实,毕竟依然能够慨然于"我们的生命在三界中轮回,一切两性的操守都是相对的,我们还有未来无尽的轮回,如果我们能有从今起的绝对的坚贞,那便可有无尽的合一的生命"。[2]

唐君毅这组情书之值得流传且能感人特深,并非出于唐氏最初的爱情理想设定如何高华,[3] 而是这一"爱情"的两位对手方在过程中所各自体现的日常而微细的美德。按照唐君毅的表述,乃是他们精神层面的了解、同情、人格之高贵所产生的欣赏、默契。[4] 当一方自责"我之罪过便比你大。我自己作文章来宣扬这些道理,然而我自己竟不能实践",另一方亦真切感受到自己对对方的辜负;甚至关系决裂之后彼此还有富有同情的赤诚表白。唐君毅忍不住要赞美即将面临分手的二人都颇有殊胜难得的品性之美:

---

[1]《致廷光书》,1941 年 6 月 2 日,第 152 页。

[2]《致廷光书》,1940 年 10 月 19 日,第 120 页。

[3] 例如"我将来要以此种理想传布于人,改善人间的爱情关系",《致廷光书》,1940 年 5 月 5 日,第 75 页。

[4]《致廷光书》,1940 年 10 月 11 日,第 107 页。

一个人想他自己有过失, 专从他自己方面去想他对不住人, 这是很可贵的心理。能常见得到自己不是的人, 便是一可爱的人。[1]

包括"我们过去都曾彼此不满, 但是不满的时候也不曾即先做出先负对方的行为"。[2] 曾经显得非常自负的青年哲人能够一心一意放下自己甘居宾位("他对人的佩服愿带着眼泪感谢""他信佛信圣人信神, 因他们比他高"[3])。甚至从纯粹利他的角度考虑到: "我不知道是否有男子已在真对你表示好, 如果有, 我望你介绍他看柏拉图的书, 我将与他写信告诉他婚姻的道理使他对你好, 我绝不嫉妒。"[4] 在唐君毅看来, 美德先行显然应该是处理任何人际、伦理关系的坚实基底。唐君毅对恋人所有的欣赏也因此集中体现在对对方德性素质的赞美:

> 我觉得你最可爱之处: 一是性情之温厚, 二同情心之强烈, 三态度之温静, 四你绝不使人难堪, 你说话都站在你自己本位、不溢出范围, 不从任何不好的方面推测人之心理, 五你能体贴他人之心理, 六你莫有一点矜持夸大自

---

[1]《致廷光书》, 1940 年 5 月 24 日、27 日, 第 78、79、85、86 页。
[2]《致廷光书》, 1940 年 8 月 27 日, 第 99 页。
[3]《致廷光书》, 1940 年 5 月 27 日, 第 87、88 页。
[4]《致廷光书》, 1940 年 5 月 28 日, 第 96 页。

炫做作的态度，你很真切。这六点都可归纳到一点，即你
的心情很柔和，莫有棱角。[1]

热爱美德的唐君毅直接赋予了"爱"本身即是成德之教的
形式，"男女关系"因此被他界定为"互相帮助以完成他们的
人格"：

> 我认为我们爱一个人，不只是那人值得我爱我便爱，
> 而且我们要帮助他或她完成他的人格才是最深的爱。所以
> 我以上说望你能帮助我。同时我之爱你，也绝不只爱已成
> 的你，而是爱可能的你。[2]

世间情书废话多有，夸张常见，"我要对你的一切都负责，
使你幸福"之类甜言蜜语也会出现在《致廷光书中》。笔者最
看重的却还是能毅然许之"我今后一定要更振刷我自己，使你
学问见识更进步，而人格日趋完满"，这类情调不一般，也不
常见。憨态可掬的书生恋人认认真真给尚在读书的女友开具美
德学习的关键书目：

> 这些文学哲学书我认为都是可以使你识见更广大、胸

---

[1]《致廷光书》，1940 年 10 月 11 日，第 112 页。
[2]《致廷光书》，1940 年 10 月 11 日，第 113 页。

襟更超脱、智慧更增加、人格更完满的书。[1]

毋庸回避唐君毅当时的理想爱情或爱情理想带着浓郁的西方哲学, 尤其黑格尔与柏拉图的特殊意味与表达, [2] 甚至偶牵女友的手时都"还在提防自己成了陷溺于爱情中的人", "如果只爱你, 全忘了其他的一切, 那便是罪过", 因为他有"对人类文化应尽之责任"。[3] 男女之爱在他看来, 势必要从属于更全体、更高尚的人类精神与文化生命, 才能更好地实现其自己:

> 人生的目的所在, 只是他内在精神自我之扩大, 而实现那宇宙的大精神。男女之爱只是去扩大内在的精神自我之一条路。
>
> 男女关系要化生理关系为精神关系, 而以此生理关系为精神关系之象征。通常人说爱情是自然的不能创造的, 我并不相信。我以为一切都可以精神与诚意创造的。只是

---

[1] 《致廷光书》, 1940 年 11 月, 第 127、130 页。

[2] 《爱情之福音》, 包括收入《人生之体验》的"人生的旅行", 无不充满着柏拉图意味的灵肉思辨。也因此, 笔者反而更为看重书信、日记这类更能体现灵肉真实的资料。《爱情之福音》的确将其散见于书信中的许多想法做了"系统而圆润的体系"(《爱与生死》, 第 33 页) 的表达。唯其太"圆", 反而近"伪", 也便是唐君毅日后在《病里乾坤》中反省到的自己三十岁前后的傲慢之习 (《唐君毅全集》第 3 卷, 台北学生书局, 1990 年, 第 13—14 页)。

[3] 《致廷光书》, 1941 年 10 月 16 日, 第 155 页。

因我诚意不够所以创造不成。[1]

尤其必须考虑的还有他的父亲、母亲的家庭生活本身已经是最好的样板，我们上章已经有所呈现：

> 据我所知的一切已成夫妇关系，唯一能实现此理想而表现我上述的爱情关系的，只有我的父亲与母亲的爱情关系。他们的关系真是足贵，他们彼此之爱、敬、容让、了解、体贴及生死不渝的永久关系，真是可贵。[2]
>
> 你只要读我母亲悼我父亲的诗，你便知道他们的爱情真是最高的爱情。我前一晌读之，我忘他们是我之父母，我只把他们之关系视作客观的爱情关系看，我也觉非常感动。除他们以外我真是未见过，这也不是我一人之私言，差不多凡知者无不如此说。[3]

此言发后将近二十年，1958 年 5 月 20 日因彼时香港《人生》杂志社社长王贯之曾携来一封隐名信中对唐君毅多所诋毁，谢廷光深感诬枉，不忍不言，遂作《读隐名信有感》："回忆十六年来，与外子早夕相共，未尝一日不以道义相勉。其使余大为感佩者，为其温纯敦厚，勤劳孝友之天性，及一种由内

---

[1] 《致廷光书》，1940 年 5 月 5 日，第 70、71、75 页。
[2] 《致廷光书》，1940 年 5 月 5 日，第 66 页。
[3] 《致廷光书》，1940 年 5 月 5 日，第 67 页。

在的道德自觉而表现的至诚恻怛之性情，常若赤子一般。"[1] 读者未免惊叹，"道义相期"作为夫妇伦理的最高境界，在唐氏父子两代人中完美地传承并践行了。这"温纯敦厚，勤劳孝友"、富有"内在的道德自觉、至诚恻怛之性情"的长子的养成，正是唐迪风、陈卓仙家风家教的真实体现。以此，唐君毅才会在《中国文化之精神价值》中对家庭生活留下一往情深的赞美：

> 中国人有堂屋，而行婚丧之礼，不须赴教堂与殡仪馆。生于家，婚于家，乃终身不离家庭之温暖。家庭真可以为人生安息之所。……夫妇之道通于天地之道、政治社会、教育文化之道。……晨昏礼敬于神位之前，则堂屋之中，皆人类政治、社会、教育、文化之精神所流行，为人之责任之感、向上之心所藏修息游之地。[2]

"人如何处男女关系需要教育，然而男女关系本身便是教育"，[3]1940 年 5 月 27 日唐君毅忍不住在情书中如此感叹。至此，他发掘开显并秉持终生的"婚之道"我们现在可大体总结如下：

---

[1]《唐君毅日记》（上），《唐君毅全集》第 32 卷，第 224 页。
[2]《唐君毅全集》第 9 卷，第 204 页。
[3]《致廷光书》，第 88—89 页。

最可爱的人应当是有道德性情的人，婚姻的条件也应以此为主，其余一切条件比起来便都无足轻重。[1]

我们是爱彼此的人格而希望共同生活以求彼此的人格道德之进步，生活内容之充实与提高。[2]

人都应以男女之爱隶属于更高之理想。[3]

人都应以尽责任为人生根本观念。男女之爱一方是一种享受，一方即是一责任，如无相互负责任之观念，这种爱也不能成真正高贵的爱的。[4]

要成功践行"婚之道"，非一己之力所能成办，它需要一个"对手方"。有论者以为，由于唐氏对爱人进行了"全方位的、一以贯之的性情教育，才使得他既创造了廷光女士的新人格，也创造了他们之间的美好爱情"。[5]此说倒也并非没有道理。唐君毅自己"婚之道"的践行成功也得益于他的"性情学"施教成功，为自己创造了一位合宜的"爱情的对手方"。婚前唐氏最看重的择偶因素就是女友天赋情性中有一段"细微而温婉、充实而深远之处"，他并明确向对方表达了自己进一步的"情性改良"的希望：

[1]《致廷光书》，1940年5月27日，第86页。
[2]《致廷光书》，1940年8月27日，第100页。
[3]《致廷光书》，1941年6月2日，第150页。
[4]《致廷光书》，1942年函，第194页。
[5] 汪丽华、何仁富《爱与生死：唐君毅的生命智慧》，中国广播电视出版社，2014年，第114页。

因为你幼年无母之故，你全部柔和的心情还不能从你的态度表现得出，即是内外尚未如一。所以你态度有些滞不灵活。我希望你以后修养要从灵活方面下手，那当然不是说要去掉你之端静，因为端静是保持你之深度的，只是说你要使你的胸襟更开阔高旷，言语更爽朗，性情更愉快，这最重要的是多接近自然，静观山水、风云之流行，草木之欣欣向荣，并多读一些诗文，此外则要了解一些玄远深微的哲理，则胸襟自然开阔高旷，言语更爽朗，情调更愉快了。[1]

这毋宁可以视为"犹如师保"的成人之教见诸闺房、形诸夫妇。并非人间其他情侣之间就没有此等"互相帮助以完成他们的人格"的理想婚恋，只是唐君毅有其理性上的明确的自觉，且能清晰地现身笔墨，惠及后人。甚至爱情得意之后，他还要担心女方"爱情至上"，殷殷提醒对方不要"如一般女子"样，因为恋爱就觉得"学问及一切修养都可有可无"：

本来纵然如此，正是女子对男子之爱的深厚之处。许多男子也觉得女子这样对他，他便感到无上的满足，我也未始不如此。但是我觉得若从责任的观念出发，则我只望你如此待我，我便对不住你，我应该在人格上学问上勉

---

[1]《致廷光书》，1940 年 10 月 11 日，第 112 页。

励你向上，才算我对你的深爱，所以我希望你更爱你自己，在性灵、胸襟、人格、学问、修养上，更好好地培养你自己。

所谓"对自己的爱""培养你自己"，在唐氏这里只有一个答案，便是"培养你自己成一尊贵的人格"。[1] 唐君毅这种"处处替人设想"的品质，[2] 是处见于其日记、书信等私人书写。正因唐氏平生之学以道德、性情为旨归，关于何谓理想的"性情"在其书信、日记中也有多处体现：

> 我自己做人的理想我也希望把自己训练成有宽裕温和的态度的人。古人云，君子温如其玉，我自己做不到，因为我内外不如一，即是内部之功夫还未充实，但我总想把我的性质变来更温厚一些。
>
> 我相信有真正温柔之性格的人，他的温柔最初都不表现于外，而是逐渐由修养以表现于外。最初便表现于外的温柔，常是很浅的，莫有很深的内心根据的，那便不足贵。有很深的内心的根据的性格，如大树之最初根植于很厚的泥土最初是看不见的，其实一切优良的性格如果有很深的内心的根源，最初都是不表现于外面。所以说君子之

---

[1]《致廷光书》，1942 年，第 194、195 页。

[2] "廷光代笔"之十，1977 年 3 月 6 日，距离唐之去世已经不足一年，《唐君毅日记》（下），第 287 页。

道暗然而日章。[1]

具体到女性的气象之美，少年老成的青年哲人则如此直接表达了他的看法：

> 我希望你有更多的灵魂的美，有更阔大的胸襟，温纯的气象，同有更美的丰度。丰度的美是最高的美，这是灵魂的美表现于态度者。身体的美与年俱衰，只有丰度的美与年俱进。身体之美天生的不足贵，只有由修养而来之丰度的美才足贵。一个人心灵愈深远高卓，则其心灵之光辉所转化成之丰度之美与年俱增。人只要有美的丰度，则愈朴素愈好，因为愈在物质上装饰少，愈显出心灵的光辉，这也是一相反相成的道理。[2]

具体说的还是成德之教、道义之美。

《致廷光书》涵纳了 1930 年代末之后将近三十年的私人与社会的历史。唐、谢婚后，每逢一方外出而暂别，彼此依然有情书往还，风格厚润平静，退却了青春的懵懂焦灼，岁月的肌理因当事人注重精神的提升而更见出"丰度之美"。这位让妻子时刻感受到"一种类似保育的母爱，我整个的生命都给你

[1]《致廷光书》，1940 年 10 月，第 123—124 页。
[2]《致廷光书》，1941 年 6 月 2 日，第 150 页。

的爱包裹着了"[1] 的好好先生，常在信中不忘"你不要怕无钱用而过度省俭"[2] 这类日常琐碎。因为父亲早逝必须承担养家糊口、扶持弟妹之责任，未能留学国外可能是唐君毅青年时期耿耿于怀的一段挫折，[3] 中岁名满天下后他身在海外，写给妻子书信中点评异域文化的文字往往异常富有情味，亦是处处从"性情学"落笔。1967 年 1 月 30 日，唐君毅病目手术后无法自书，唐师母谢廷光代笔记录的唐氏日记中特意记载了如下一段话：

> 廷光偶觉人生不免有委屈之感，毅兄说人生是要尽责任的，但问耕耘，不问收获，自然就无委屈之感，并觉得处处有歉意。又谓人如有贪念，即有委屈之感。[4]

唐氏此处近乎自然而然的反应说明的正是"行有不得反求诸己"，更反映出其果然"处夫妇"一如师友，这一幕真实发生在了日常生活。又十年之后，1976 年 7 月 12 日，得知自己已身患癌症的消息后，唐君毅一夜未眠，次日在日记中便又有如此反身而思：

---

[1] 谢廷光"后序"，《致廷光书》，1981 年 2 月 2 日，第 206 页。

[2] 《致廷光书》，1957 年 4 月 30 日，第 247 页。

[3] 例如 1941 年 6 月 2 日"我十年来最苦的便是地位上太受压迫，社会上一切的事全是留学生的世界，我真起火"。《致廷光书》，第 152 页。

[4] 《唐君毅日记》（下），第 79 页。

念自己之学问，实无工夫，实庸人之不若，如何可至于圣贤之途？今日下午与廷光谈我所见之理，自谓不悟。但智及不能仁守，此处最难，望相与共勉，应视当前困境作吾人德业之考验。[1]

是年 8 月 14 日，"廷光代笔"之十又记："父女（即唐氏父女）二人选谈了一些人生志趣和读书为人的道理；又谈起死生幽明之理，孔子曰：大哉死，君子息焉。所愧自己全无修养工夫。"[2]10 月 1 日又说："毅兄说病中才反省到自己全无修养工夫，只是摸索到应走之路而已。"[3]

出现频率如此绵密，可见唐君毅在日常生活中体道的用力，"婚之道"只是其一端而已。唐师母刻刻不忘记录下这些点滴，也见其果然已颇为夫君之"性情学"所涵养，这些细节也是令她本人最为印象深刻乃至深入反省的时刻。

1978 年唐氏去世，唐师母代为抄写其日记以备出版迄，回味上引 7 月 12 日所记一段，情不自禁悲从中来："痛哉此语，刻骨铭心，这是支持我继续生存下去面对现实的力量，望我夫在天之灵安息，廷光绝不懈怠，愿死生相与共勉。"[4]隔世之人感而通之当为之欣慰，老妻此举与立志皆不负唐君毅一生"性

---

[1]《唐军毅日记》（下），第 264 页。
[2]《唐君毅日记》（下），第 269 页。
[3]《唐君毅日记》（下），第 271 页。
[4]《唐君毅日记刊行记》，《唐君毅日记》（下），第 312 页。

情教育"、人格培养之殷盼。

1981 年 2 月 2 日，唐君毅谢世三周年，谢廷光将二人的婚前通信结集付印之际，又给丈夫的在天之灵写了最后一封情书，作为书信集出版后序，其中在在感叹的依然是丈夫的"忠厚，始终没有说过一句负人的话"，处处"悲天悯人，宽恕对方，尊重对方"：

> 毅兄，你这种崇高的无私的情感，世间难有，我除了赞叹你的伟大而外，就是感到自己的渺小。我对你的爱中添增了无限的敬意，觉得你实在值得我佩服，我佩服你有崇高的理想，佩服你有无私的感情，和你对民族文化的使命感。[1]

这里所谓"无私的情感"和"对民族文化的使命感"，基于唐君毅青年时代即慨然于"人类现在之所以遭受这样多的苦难，都由于崇尚暴力不重视理性，所以我要发扬哲学的价值以开发人类之理性。而哲学中只有重人格的哲学、重精神的哲学、重爱的哲学，才最能使人类之理想提高"，他认为自己的哲学于此不仅"特有更深切的体验，而且能够贯通古今中西三分先哲之学说，以一新体系之面貌说出"。[2]

---

[1]《致廷光书》，第 204 页。

[2]《致廷光书》，1940 年 10 月 19 日，第 120 页。

不仅如此。唐君毅应该还是儒释在中国发生交道以来最不讳言自己有向佛之愿心的儒者之一。不仅暮年他与星云法师、晓云法师等新雨旧雨皆交往频繁，母亲逝后也以佛教的形式安位超度，日记中频频可见阅读佛典的记载，甚至早年情书中此类发愿就已经触目皆是，例如：

> （述我志趣的话）有一点非说不可。就是我这个人在宗教上是相信佛学的，我信灵魂不灭，而且信净土实有，我在晚年一定要学佛。
>
> 我现在每想到我母亲最后要去世，我便不能想下去。我觉得只有相信佛学才可以安慰。我想着母亲一天会不在的苦痛，所以我相信佛学。而且劝母亲信佛。
>
> 我对于佛学是非常喜欢，觉得人在老年应当学佛，应有宗教上的信仰，相信灵魂不灭与死后生活之存在，死后的精神进步之可能。我认为这与我之入世的精神并不相悖，我觉得人应以出世的精神来入世，这样才可免除得失的心理。[1]

这点来自佛教深刻的生命浸润的悲悯动人，实是唐君毅"爱之福音"的真正底色——恐怕也是后此许多学唐儒者并不

---

[1]《致廷光书》，1940 年 10 月 19 日、11 月 19 日诸函，分见第 120、127、135 页。

具备或不深厚的核心要素。我们不妨还是俯首聆听唐君毅自己宏大深沉的无尽发愿:

> 我看见大慈大悲的悲字,真不禁使我悲从中来,我想他人悲自己、悲一切犯过失的众生。[1]
>
> 在许多年来我常想我到世间来,只是为世间做事,我什么都不要。我赤条条地来也赤条条地去,我吃宇宙的饭我便做点工作来报答宇宙,我有取于宇宙我也把自己贡献给宇宙。[2]
>
> 你看这自然界一切东西,都在把他们贡献给别的东西。这自然的美,我们之所以能感觉,即是他们把他们之美贡献给我们。自然界一切东西互相影响,互相传播其力量,即是互相施与其力量。[3]

这世界无穷愿无尽的悲情与共感,是唐君毅"性情学"的发生基础,也是唐君毅"性情学"的根本目的。"性情学"之情迥异于新文化运动以后"情"在中文中的书写,其本来面目,需要上溯深远的儒教传统。

---

[1]《致廷光书》,1941 年 11 月 19 日, 第 163—164 页。
[2]《致廷光书》,1941 年 12 月 5 日, 第 174 页。
[3]《致廷光书》,1941 年 12 月 14 日, 第 180、181 页。

六、结　语

闺房之内兼有师友之乐，亦曾是少年胡适的愿望，[1] 他认为自己早早失去了这一机会。之后他依然温存地为妻子修改书信中触目皆是的错别字且不让对方感到难堪，他依然温存也许也是心里话般地告知江冬秀"我并不想有个有学问的太太"。和唐君毅类似，胡适暮年亦以"敬"字为夫妇相处之核心要义，婚姻之"份"之外他到底活出了一份"婚姻之道"："久而敬之这句话，也可以做夫妇相处的格言。所谓敬，就是尊重，用现在的话来说，就是尊重对方的人格。要能做到尊重对方的人格，才有永久的幸福。"[2]

1957 年 5 月唐君毅访学美国时，曾与正在纽约作寓公的胡适见面交谈并书来信往，所谈主要为自由民主不当反中国文化以及雷震主持的《自由中国》言论立场等问题。[3]1978年 3 月病逝香港的唐君毅归葬台湾，距离胡适之逝相隔十六年。二十二年后谢廷光将如江冬秀一样与早逝的夫君一起合葬地下。不同的是唐君毅夫妻生前相约"来世再做夫妻"，这是"无神论者"胡适不会承诺的，"情"或者也不值得他做出如此承诺。他们无疑是"新文化"运动中两条泾渭分明的路线，笔

---

[1] 参见胡适 1915 年 1 月 28 日日记。

[2] 胡颂平《胡适之先生晚年谈话录》，1959 年 3 月 20 日，第 18 页。

[3] 《唐君毅日记》（上），第 167—168 页。

者却以为，有了新儒家倡导的"以性贞情""因德成爱"作为比勘，胡适样的"星光灿烂"才更好理解与懂得。"善未易明，理未易察"是胡适中年以后常发的感叹，[1] 他的怀疑精神与实验主义既支持这一判断，也成为支持这一判断的"方法"，"信靠"之路为其拒绝，却不影响"信靠"之路可以使"善"与"理"成为"明察"秋毫之末。

---

[1] 1946 年 10 月 10 日在国会街第四大礼堂举行的北大新学年开学典礼上，新任校长胡适第一次在职演讲最后，将南宋吕祖谦《东莱博议》上这八个字送给大家，鼓励学子独立思考、不轻信、不盲从。十三年之后的 1959 年 11 月 2 日，胡适在《自由中国》社十周年聚餐会上再发表长篇演讲《容忍与自由》，再次强调了这八字箴言。转引自胡仰曦《一颗清亮的大星》，第 270、294 页。

> 唐君毅与胡兰成之间有长达四分之一多世纪的交往，一方是公认"深明大义的正人君子"海外新儒家首座，一方是"小有才足以济其恶"于公于私皆名节有亏的"汉奸才子"。貌似令人难以理解的漫长交集中透露出的是唐君毅对于中国文化精神价值及其展开方式的洞察与悲悯，其本质不仅是东西汇通中当代学术如何书写与建构的问题，更是"诗礼乐教"如何书写与践行的问题。经由唐、胡之交这一殊相，同时可以获得重审"抒情传统"的有效管道。

拾　抒情，还是性情：唐君毅、胡兰成交往的文化史意义

一、前　言

现代儒学史上，唐君毅（1909—1978）与胡兰成（1906—1981）之间长达四分之一多世纪的漫长交集算个令人费解的不小公案。这段交集的两极，一方是公认的"深明大义的正人君子"海外新儒家首座，一方是"小有才足以济其恶"于公于私皆名节有亏的"汉奸才子"。这段交往一直以来似乎主要是"胡粉"为胡氏招魂的津津乐道的资粮，儒学研究内部少有

深度透视特别是从唐君毅角度透视其本质的专门研究。黄锦树《胡兰成与新儒家：债务关系、护法招魂与礼乐革命新旧案》[1]一文算是于此最早、目前也是最深刻的探讨，其中主要处理了胡兰成作为"歧出"（这一定位未免客气，更准确的表达应该是"皮相"与"光景"）的"新儒家"在知识结构与修证传统等层面与唐君毅的立场出入问题。此外，黄锦树以马来西亚华人作家之敏感，在另一篇《世俗的救赎：论张派作家胡兰成的超越之路》中尝直揭胡兰成貌似典雅的文字如何"显得异常的造作，甚至是毫不保留的世故"，"雅得非常之可疑，怪媚"，断制均称稳当。[2]自称"不看重胡兰成的学问，也不太看好现在所见的做胡兰成的学问"的张桂华所著《胡兰成传》也算"做胡兰成的学问"中一部翘楚。作者既有才情欣赏胡兰成"灵思闪动，天马行空般的直觉和顿悟"，也有智慧辨别"胡兰成的学问却不合格"，大体都是论胡的公允之笔。[3]

---

[1] 收入氏著《文与魂与体：论现代中国性》，台北麦田出版社，2006 年。

[2] 收入氏著《文与魂与体：论现代中国性》。此文与收入此书的《胡兰成与新儒家：债务关系、护法招魂与礼乐革命新旧案》论胡均能扛鼎。相对于"胡兰成本人的笔触精致典雅，文采摄人，绝对自成一家"（王德威《史诗时代的抒情声音》"第四章，抒情与背叛"，台北麦田出版社，2017 年，第 283 页）这类目前仍颇有影响力的"说胡"，黄断称得上目光如炬。

[3] 可惜的是，张著也未能完全避免自己的局域，这其中既包括她对中国近代史著名人物的针砭，也包括她认定"中国学问的零散和混乱，若不循西方大道，若不与西方学术结合，断无出路"的前途。胡兰成的确在很多话题上"浅薄无知"，却并非基于他诞生化育于被作者视为"落伍腐朽"的"中国学问"；胡兰成确实未免流于"无聊和没落"，（转下页）

但本文犹有可说。尤其 2018 年 7 月因为唐君毅将近七十年前为胡兰成《中国文明的前身与现身》（即日后成书的《山河岁月》上卷原稿）撰写的序言在拍卖市场流出，又令"胡粉"颇感一番兴奋。笔者此处旧案重提，再论"唐、胡"之交并非基于意气——然而何以对胡兰成的负面评价能在今日成为要小心翼翼避免沦为"意气"，本身就很耐人寻味。本文尤将借助唐君毅的"父母遗教"即"诗礼乐教"的书写与实践可能展开，并借此重审现代"抒情传统"。

"抒情传统"自其经由陈世骧（1912—1971）、高友工（1929—2016）诸先生经营建立至今于海内外广大其响，质疑之声同样不绝于耳。例如与本文联系最为密切的"抒情"的政治性问题，就直接被相关研究定义为"借助西方现代学说破除中国传统固有认识、进而重新立法的政治话语实践"。[1] 质疑其"个体主义"立场的论点也往往关注其与西方浪漫主义运动以来的审美观念之间的联系。[2] 本文旨趣的不同之处，在于试图

（接上页）但未必一定是铁定的中国"旧文人一套"（参见张桂华《胡兰成传》"前言"，第 147、259、259、260、261 页，北方妇女儿童出版社，2010 年）——本文试图论证的，就是胡兰成乃是现代新文化运动的怪胎与歧出，胡不仅远远无缘于中国学问，而且深深背离了中国传统。

[1] 冯庆《"有情"的启蒙："抒情传统"论的意图》，《文艺研究》2014 年第 8 期，第 41—49 页。

[2] 苏岩《公共性的缺失："抒情传统"背后的浪漫主义美学反思》，《名作欣赏》2015 年第 16 期，第 40—44 页。亦有论述将与其对应的中国"诗教传统"（而非王德威认定的"革命"与"启蒙"或说"史诗"）简单地定性为"家国关怀"（李翰《陈世骧"抒情传统说""反传统"的启蒙底色及其现代性》，《文艺批评》2016 年第 6 期，第 79—88 页）。

首先阐发"情"的中国传统，[1] 这是传统"诗礼乐教"即"性情之教"的核心地带和根本关怀。昔年徐复观先生《谈礼乐》文中恳切指出，尽管礼乐的意义包罗广大，但其根本而重要的意义之一，一定包括"对具体生命中的情欲的安顿"：

> 使情欲与理性能得到谐和统一，以建立生活行为的"中道"。更使情欲向理性升进，转变原始性的生命，以成为"成己成物"的道德理性的生命，有此道德理性的生命，以担承自己，担承人类担命运。这便可以显出中国人文主义的深度，并不同于西方所谓人文主义的深度。[2]

唐君毅先生 1973 年为其母陈卓仙女士所著《思复堂遗诗》编后记中有谓：

> 吾母常称温柔敦厚为诗教，于古人之诗，喜道及陶之意境与杜之性情，未尝以摹拟雕饰为诗也。吾稍知学

---

[1] 有关于此，"此抒非彼抒、此情非彼情"，以及对于生而为人的"气质之杂、情欲之偏、识染之妄"的"自我提升或转化的历程以及工夫"，从徐复观、牟宗三与高友工的貌合神离见中西情观差异等问题，龚鹏程《不存在的传统：论陈世骧的抒情传统》《成体系的戏论：论高友工的抒情传统》（《美育学刊》2013 年第 3 期，第 35—40 页；第 4 期，第 51—63 页）中有所阐发，但本文另有侧重。

[2] 原载 1970 年 6 月 29 日《华侨日报·人文双周刊》，转引自《徐复观文集》第 2 卷，湖北人民出版社，2002 年，第 97 页。

问，初皆由吾父母之教。顾吾为学，偏向知解。及今年已
垂老，方渐知诗礼乐之教，为教之至极；亦不敢于慈亲之
作，妄作评论。唯当今之世，人伦道丧，本温柔敦厚之旨
以为诗者，盖不多见。则吾母之遗诗，亦当为关心世教之
大雅君子所不废。[1]

因此，本文认为，经由"抒情传统"与"性情传统"的
对勘与贞定，切入唐君毅、胡兰成交往的文化史意义，不失
为一个有力有利的探察角度。本文主干由三部分构成：一是
关于唐君毅、胡兰成的交往始末实义，二是关于唐君毅、胡兰
成在"性情之教"与"形躯情欲"问题上的巨大分野，三是关
于"诗礼乐教"的书写与践行。文中针对不同语境交叉使用
了"情性（之教）"或"性情（之教）"。"情性"与"性情"二
词互见自古而然。一般认为"性情"侧重"立体以达用"，"情
性"侧重"即用以复体"。当此"新文化运动"百年纪念之际，
这一针对"诗礼乐教"即"性情之教"即"情性之教"的发覆
也将体现为对中国现代学术进路问题的相关响应。

二、渐行渐远：唐、胡交往始末与实义

现存公开发表的唐、胡通信中，唐致胡函共 19 封，起于

---

[1]《唐君毅全集》第 36 卷，九州出版社，2016 年，第 206 页。

1953 年 8 月 30 日，止于 1969 年 12 月 16 日。胡兰成写给唐
君毅最后一封信则是 1969 年 12 月 30 日。[1]1975 年胡兰成在
台北中国文化学院任教期间，身患重病的唐君毅还曾抱病相
访，这很可能是他们最后的相见。若从胡兰成在香港第一次造
访唐君毅的 1950 年算起，这是长达 25 年还多的漫长联系。如
仅仅断言这一交往出于胡对唐的实际利用甚至有意欺骗，饶是
唐君毅是有名的仁厚君子，也是说不通的。张桂华认为目前存
世的胡兰成、唐君毅之间一百多通信函，将近三分之一写成于
1950—1951 一年多的时间，这是胡兰成最穷极无聊的时候，
且基本全是胡写唐收。张认为其中很重要的因素，就是此时胡
寄往大陆、香港、台湾的信件全靠唐君毅代转，有检查的问
题，有费用的问题，胡兰成现实地需要唐君毅。[2]但这并无法
合理解释唐、胡通信中所涉及的针对文化理念与治学理路并非
敷衍的反复交流，而这一点恰恰也是张著的盲点，也就难怪她
于此没有继续深入探讨了。[3]

　　胡兰成得以结识唐君毅，源自毛遂自荐，自称在报纸上看
到唐氏文章颇有共感，主动登门求见。这种事原本属于胡极爱
炫耀的部分，犹如他一生都要贩卖与张爱玲（1920—1995）的
婚姻过活一样，与新儒家的代表人物交往同样具有自矜的价

---

[1] 胡致唐函，目前有 87 封公开出版，即《天下事，犹未晚：胡兰成致唐
　　君毅书八十七封》（薛仁明编），台北尔雅出版社，2011 年。
[2] 氏著《胡兰成传》，第 232、237 页。
[3] 参见本书第 518 页脚注 2。

值，故《今生今世》中对此有明确记载。胡兰成之名第一次出现于唐君毅日记，则是 1950 年 9 月 7 日，唐并当即下一断语，以为胡"颇有自得之言"。仅隔一日，胡又来访，唐在日记中再说"谈后觉其人天资甚高，于人生文化皆有体验"，评价正面了不少。因为此前胡兰成已给唐君毅留下《山河岁月》手稿，有此观感后，唐开始阅读胡书，是为 11 日所记"阅胡兰成所著书二时，夜赴其处谈"，第二天又应胡约，再往半岛酒店谈。到 17 日，胡兰成再来谈，唐之评价更好，以为"彼见解甚高，似（牟）宗三，而一刚一平易"。至 19 日，就送胡兰成成行去了日本。[1] 这一段两人前后来往不足两周。

几则日记是胡粉喜欢反复征引的，以为正可佐证胡兰成天资卓越，令唐氏相见折节。实则这两周内二人过往频繁，的确更多基于胡兰成其时太需要帮助，他逃难数年，趁乱入港，举目无亲，到了山穷水尽的地步，成了真正的光棍。而厚道君子唐君毅即使在察觉胡"颇有自得"的习性后，还是基于怜才，[2] 对其"天资"刮目相看了。胡兰成聪明伶俐、颇有才气也是坊间公认的事实。但问题正如唐君毅日后在《我对于哲学与宗教之抉择：〈人文精神之重建〉后序兼答客问》中所言，东方哲学（也是胡兰成日后吹嘘的"华学"重心所在）能"在实

---

[1]《日记》，《唐君毅全集》第 32 卷，第 45—46 页。

[2]"充量肯定一切价值"原本就是唐氏哲学思想的重要构成，参见唐端正《响应西方文化挑战的巨人》，收入《纪念集》（上），《唐君毅全集》第 37 卷，第 22 页。

用实践生活上及我自己在人类历史社会中所处之地位随处体认反省以到"的路径"最广大，最简单"，却"必须有道德上的真诚，否则易流于恍惚，或狂妄"，[1] 一语即道破了胡兰成这类人的软肋与命门。[2] "民国以来，至于今天，要有一全面的反省"（胡 1959 年 9 月 25 日致唐函）是自然，但胡兰成式的此类反省中因有太多谎言虚词而不可能获得相应效果。实际上，有关胡兰成的讨论往往难以着手，相当困难即基于胡的传世文字通常通篇都在涂脂抹粉，无法当真。诸多事实可以证明，胡在现实生活中经常言行不负责任，读者很难过多期待还有人、文两分一说，"修辞立其诚"也是工夫论。胡兰成言行分离的自欺与欺世的文字表达实在不应该为专业研究者所不敏感。[3] 因此基本材料不得牢靠，我们不妨说，任何试图经由胡兰成信口雌黄的文字相介入他的研究均会呈现出越认真追究越

---

[1] 胡氏结集出版有《科学，哲学与华学》。唐文收入《人文精神之重建》，《唐君毅全集》第 10 卷，第 464 页。

[2] 关于胡兰成如何"流于狂妄"，黄锦树《世俗的救赎：论张派作家胡兰成的超越之路》有充分的论证，兹不赘述。

[3] 有关于此最显豁的例证，还不是胡一生在女人堆中胡缠，而是他 1940 年代初到香港，便以梁漱溟的旗号欺瞒徐复观（徐日后对胡异常严厉的态度，与此关系很大），更能在著述中吹嘘毛泽东对其如何看重。具体例证可见《山河岁月》。其如何造伪的细节，张桂华《胡兰成传》中多有令人信服的分析。这类细节之模棱两可、大言不惭，甚至眼光老辣如老吏断狱的黄锦树先生在研究中一时都把他的妄口诳语当了真。关于胡兰成"言行不一致"的惯性，笔者认为，张爱玲高度自传性、写实性的《小团圆》并不因为体裁是小说而不值得重视。具体可参 1976 年 4 月 15 日宋淇致张爱玲函，《小团圆》，北京出版社，2009 年，第 6 页。宋、张通信中多处直称胡兰成为"无赖人"。

转加玄远的奇葩效果。此即王德威感叹的:"他辗转游移, 让任何对他的评断都变得难以窥得全貌。"[1] 对付胡兰成式的虚妄的语言流, 截断中流经常有其必要。黄锦树认为, 胡兰成的种种"当下启悟、当下解脱、转识为智、化石为宝", 其实无非末流文人笔底功夫的"文字修行的幻觉操作, 一种向读者及主体双向的催眠术", [2] 此断甚稳准。所以也就难怪还是会有读者把胡兰成当真, 因为"他文字里面"仿佛也真有种"奇怪的认真"。[3] 唐君毅与胡兰成交往之初, 因为宅心仁厚, 就未免认其为真。

唐君毅日记中第一次提到接胡兰成信函, 是 1950 年 10 月 4 日, 10 月 6 日他回了信, 21 日他又给胡兰成去函, 这段时间他一直忙于校对胡的文稿(应该就是唐师母帮忙誊抄的《山河岁月》手稿)。1951 年 1 月 20 日、2 月 11 日、3 月 13 日、6 月 1 日、9 月 27 日, [4] 唐君毅陆续有信给胡兰成, 目前这些信函可能已经散佚, 但恰好一月一寄的信函也许就是单纯寄送《山河岁月》副本及原件给胡兰成。之后, 直到 1954 年 3 月 12 日记"阅胡兰成山河岁月"并 19 日阅完, 将近三年, 胡的名字并未出现在其日记中。和这一期间胡兰成频繁的来函正可

---

[1] 氏著《史诗时代的抒情声音》, 第 300 页。

[2] 氏著《世俗的救赎》,《文与魂与体: 论现代中国性》, 第 149 页。

[3] 黄锦树《胡兰成与新儒家》,《文与魂与体: 论现代中国性》, 第 155 页。

[4] 1951 年 4 月 3 日下午则"过海代胡兰成兑钱至上海", 参见《日记》,《唐君毅全集》第 32 卷, 第 53、54、55、60、66 页。

相映成解。[1] 值得注意的是，相应于目前存世第一封唐君毅致胡兰成信落款的 1953 年 8 月 30 日，一贯至为简洁的唐氏日记记载如下：

> 晴。上午写信二封，夜思西洋哲学史中之理性与非理性问题，失眠。[2]

而该日致胡兰成信中所讨论的内容，与此密切相关，"信二封"之一，应该就是该函：

> 弟自知理障太重，常苦不能解脱，唯初意亦非如此。弟在中学读书时，即有许多感触，与人说总说不通，故渐习了思辨，后又以大半时间读西哲书，后乃返而求诸六经。积习难除，故所造不能一切洒落自在。弟在此对自己之解释，是如《红楼梦》所谓人在重返太虚幻境之先，不能不先在红尘走一遭。哲学乃弟之红尘也。而对中国当前之时代说，则中国昔贤礼乐之教，太柔和，圣贤言语，智慧太高，如不济以刚性之理论思辨，辅以知识，则不能护法。

---

[1] 目前公开出版的胡兰成致唐君毅 87 封书信，存世情况大体频率如下：1950 年（18），1951 年（15，即 19—34），1952 年（1），1953 年（1），1954 年（2），1955 年（2），1956 年（1），1957 年（1），1958 年（4），1959 年（4）……参见《天下事，犹未晚：胡兰成致唐君毅书八十七封》（薛仁明编）。

[2]《日记》，《唐君毅全集》第 32 卷，第 103 页。

昔贤谓儒门淡泊，收拾不住豪杰。今日之情势正相同。[1]

此时的唐君毅固然尊重"礼乐之教"的大传统，却以为其"太柔和"，和形同"屠龙术"（智慧太高）的"圣贤言语"命运类似，都必须辅以知识的理论思辨方能护持其成行。[2] 此信也佐证了这一期间唐确实没有另外致函给胡，"年来弟忙甚，故罕为兄作书"。[3]

唐君毅虽然自谦"理障太重"，他却是当代学人中少数经历过证悟经验的学者，比较著名的如 1935 年的"玄武湖之悟"。[4] 1954 年致劳思光信中，他曾斩截地为"哲学"的疆域划界：

凡属言说界者，皆挂一漏万，亦终可作别解。哲学之效，亦有所至而止。[5]

又二十二年之后，作为唐先生最后心血巨著的《生命存在与心灵境界》"自序"中，他再次借己著向哲学的有限性问难：

此不同于圣贤之书，先知、诗人之作，不论人之有无

---

[1] 《书简》，《唐君毅全集》第 31 卷，第 196 页。
[2] 而到了唐氏晚年，他将更加看重"证量"问题。此意甚深，当另文再议。
[3] 《书简》，《唐君毅全集》第 31 卷，第 196 页。
[4] 参见《生命存在与心灵境界》"后序"，《生命存在与心灵境界》（下），《唐君毅全集》第 26 卷，第 361 页。
[5] 1954 年 12 月 9 日，《书简》，《唐君毅全集》第 31 卷，第 271 页。

问题，皆不可不读者，亦天地间可有而不可无者也。世间
之一切哲学论辩之书，亦皆可读可不读、可有可无者也。
此非自故作谦词，更为世间哲学论辩之著，代作谦词；而
是克就哲学论辩之著之分位，作如实说。哲学论辩，皆对
哲学问题而有。无问故原不须有答，而其书皆可不读也。
昔陆象山尝言人之为学，不当艰难自己，艰难他人。吾即
艰难自己，不当无故艰难他人。故将此意，并写在序中。[1]

因此，在胡兰成凡百嚷嚷的"理、事"问题上，唐君毅一
向懂得且颇为爱惜胡兰成："兄之所言皆由民间日常生活中得
来妙悟"，"弟知有事而未能言"；"兄文即事即理，理如天外飞
来，事则当下指点"。[2] 他懂得当时学界甚至无多人能欣赏的胡
兰成这点小聪明（"大作当求能读者赠之"，1954 年 4 月 4 日
函）。对胡兰成咄咄逼人"所教各端"，也一再退让。[3] 胡兰成
却往往自顾炫耀，惯以己之长衡人之短，[4] 且自知常意含杀气：
"我自问很宽和，但其实很喜欢杀伐。"（胡 1950 年 11 月 7 日

---

[1] 《生命存在与心灵境界》（上），《唐君毅全集》第 25 卷，第 4 页。

[2] 唐 1954 年 3 月 15 日、1969 年 8 月 25 日致胡，《书简》，《唐君毅全
集》第 31 卷，第 197、213 页。

[3] 例如 1953 年 8 月 30 日、1954 年 4 月 4 日各函皆有类似语。笔者在
《从〈中国文明的前身与现身〉原序再论唐君毅、胡兰成之交往》（《书
屋》2020 年第 4 期）中已经详细分析了这一现象，兹不赘述。

[4] 作为很直接的证据，张爱玲在《小团圆》中反复描绘男主人公邵之庸脸
上"轻蔑的神气"，其实相当逼真刻画了胡兰成的个性一端。《小团圆》
是张爱玲当自传写的作品，与胡这段瓜葛曾一度令她痛入骨髓，故这类
直觉判断恰恰有高度的写实性。

致唐）黄锦树觉察到胡兰成著作中总带有一股召唤更大劫毁的不祥的兵气与妖气，也即这种"杀伐"之气的流现。而在张爱玲直觉性很强的形容，这气质则是"在他正面的面貌里探头探脑的泼妇终于出现了"。[1]

胡兰成为人与为文中皆有近乎穷迫的自炫渴望，包括他对世界劫毁之后能够"纯任自然，光彩明亮"的向往，不过是失败者特有的白日梦，和近代西方浪漫主义"动态救恩史"气味的"千禧年主义"[2]都拉不上关系——胡兰成身上哪有如此纯粹的宗教性。这种穷极无聊首先缘于胡一生实际常居下僚的困顿潦倒，[3]张爱玲在《小团圆》中直接将这种心理概括为"他太需要人，需要听众观众"，[4]其一生常有的"没名目的大志"实是变形的自我慰藉：现实处境中的匮乏与凉薄。也因此，胡兰成的所谓"重估中国文化"，本质是他对自己破败的自我认知的重拼与自美，"我执"之重四处弥漫，"中国"或"文化"乃至"宗教"都可以成为他自我粉饰的说辞。貌似漂亮的"皆看见自身的第一端正"之类虚妄颠倒表达，于所谓"华夷之辨"的反复无常（如其早年持论与暮年所著《文明皇后》），皆出于他近乎不自知的自伪自饰的深层心理（即使是潜意识）。黄锦树对此心理有分析道：

---

[1]《小团圆》，第237页。胡这种不好看的"阴性气质"，黄锦树的研究也有提及，参阅《世俗的救赎》，《文与魂与体：论现代中国性》，第133页。

[2] 参阅胡继华《浪漫的灵知》，北京大学出版社，2016年，第40—41页。

[3] 有关于此，张桂华《胡兰成传》中有充分的描述，兹不赘述。

[4]《小团圆》，第225页。胡暮年扶持"三三"，写给朱氏姐妹那些漫长的信，同样基于这一心理。参见朱天文《花忆前身》，台北麦田出版社，1996年。

　　他的超越之路也是他的自我救赎之路，并且处处带着自我辩护的色彩——以"超越"的策略跳出了人世的是非，把自身置于仙佛的超越之境、自我升华为超越者。[1]

　　拼命想压当日颇有学术声望的唐君毅一头，成了胡兰成施其杀伐与自恋自美的一种特别方式。这甚至成了激励他唠唠叨叨写了上百封信函的原动力。将唐、胡二人"皆欲重估中国文化的价值，对其延续与发展忧心忡忡"乃至"家国情怀"相提并论，[2] 或者"胡兰成和唐君毅一样相信心的内铄能力"，[3] 真是太抬举胡兰成，也太委屈唐君毅了，二者的诚与伪不啻云泥之判。而倘若以为胡兰成现象不过是简单的传统中国"文人文化"的滥觞，也真是太抬举胡兰成，也太委屈华夏文明极具风格性的文人传统了。[4]

　　更令人困惑的学术判断还包括：如此胡兰成，居然成了"抒情声音"的代表作。

　　不过，从对"情"的认知进入唐君毅与胡兰成构造迥异的精神世界，倒不失为一条深入探讨的有效路径。

---

[1] 氏著《胡兰成与新儒家》，《文与魂与体：论现代中国性》，第 157 页。

[2] 参见王峰《胡兰成与唐君毅的交往》，《读书》2013 年第 4 期，第 62—72 页。

[3] 王德威《史诗时代的抒情声音》，第 331 页。

[4] 素来反感胡兰成的声音也并不稀见。"文人"往往就是这类反感最常见的标签理由，包括张桂华《胡兰成传》中的立场。但中国"文人"在古时第一要义就和德行有关，甚至和敬宗重祖有关。例如《书·文侯之命》《诗·大雅·江汉》中皆有类似表达。此意亦甚繁，兹不赘述。

三、形躯情欲与性情之教：
"抒情传统"之前

因为胡兰成名声太坏，尤其对"张（爱玲）迷"伤害太重，王德威将其作为典范纳入《史诗时代的抒情声音：二十世纪中期的中国知识分子与艺术家》[1] 讨论时似乎也有些游移，相关立论也显得颇为纠结。该章首先花费了相当篇幅（中译本超过两页纸）代张迷阐发对胡兰成的"妒恨交织"之情（甚至认为在《小团圆》中看到了"胡兰成对张爱玲的影响竟是死而不能后已"），继之承认"胡兰成如何透过自成一格的'恋人絮语'来解释他在政治上以及私人生活的不忠，为自己的行为开脱"，然而其得出的"最不可思议"的结论是："胡兰成的'絮语'最华丽动人处，油然呈现一种抒情风格。"可见，一旦对"情"的认识出现偏差，"抒情"的定位难免必然要出现问题。本节旨趣不在探讨"抒情"作为"传统"于中国文学史的主脉究竟能否成立，[2] 而在于唐君毅、胡兰成的交集中对勘二人对"情"的性质迥异的理解与体察：在此二人习惯性的表

---

[1] 2017 年台北麦田出版社出版。

[2] 与此相关的讨论，最近十年已很是热闹。其中最诡谲的表现，是其合法性的分歧往往围绕"政治权力"的归属展开（参看本书相关注解）。针对"情"的性质的讨论，其"公共性"或"性情"一面也略被关注（参看苏岩、龚鹏程等人的相关研究）。针对唐、胡二人"情"观念不同的探讨，本文或为首出。

述中，这经常是通过"情意"和"情理"一组概念具体呈现
的。不能因为胡兰成口口声声使用"情（意）"，他就必然呈现
了"抒情"——如果"抒情传统"可以接续并润泽"道始于情"
（郭店竹简《性自命出》）的基始脉动、"发愤抒情"（屈原《离
骚》）的正向力量、"道至情达"（《大戴礼记·哀公问五义》）
的成德之路。正因此，接下来王德威马上就遭遇了他的文学
"吊诡"："如果抒情传达的是一个人最诚挚的情感，它如何可
能成为胡兰成叛国、滥情自圆其说的手段？"因为至此王氏仍
要将"胡对个人行止的表述"看作是"情深意切"的（那明白
该是浮艳侧媚的），这样的阅读判断也就难免他要困惑于"胡
兰成的个案是遮蔽、抑或揭露了传统中国诗学中诗如其人、人
如其诗这一观念？"实则，传统中国诗学本无不妥，胡兰成这
个"个案"恰恰高度准确呈现了"诗如其人、人如其诗这一观
念"。奈读者不辨真伪何？！ [1] 无论如何，王德威将胡兰成作为
"情之'变'"的代言人而与"情之'真'""情之'诚'""情之

---

[1] 引文参见《史诗时代的抒情声音》，第 284 页。这一点，倒是早就不再
　　对胡兰成"爱恨交织"的张爱玲更为清醒，在《小团圆》中她也就不
　　给自己再留幻想："他的过去有声有色，不是那么空虚，在等着她来"，
　　"他从前有许多很有情调的小故事，她总以为是他感情没有寄托"（分
　　见第 165、194 页）。痛定思痛之后，张爱玲对胡兰成的鄙夷之态度，
　　无论早年对朱西宁还是大半生对宋淇的通信，已经见得了然，奈何
　　"胡粉"不肯正视。《小团圆》的确铺写了少女盛九莉陷入初恋的种种
　　深情，那无非是任何一个正常女孩都该有的反应，无足为奇，更不足
　　为据。《小团圆》中其实有多处针对胡兰成四两拨千斤般的冷峻断制。
　　详见下。

'正'"构成对勘的"抒情"立场是无疑的。[1] 王氏甚至认为，
"情之正与情之真之间的关系充满张力"，并更进一步拉上徐复
观陪绑，使得"如何在二者之间取得平衡"变成了"现代新儒
家"的重要课题。笔者认为这一结论出于误读。就王氏引用的
徐复观这段原文而言，徐文也意在强调"情之正与情之真"之
间如何经由体证工夫最终达成高度统一，而非构成不可和解的
张力。[2] 情（性）与（伦）理之间存在着如此僵硬的"张力"[3]
原本就是现代性的创造，传统中国尤其儒家传统中对情、理关
系的理解，要非如是。[4] 而胡兰成这类能经过所谓审美超脱至
于自我神格化[5]的虚拟滥情，原本就与"新文化运动"后引发

[1] 本文在《台湾东亚文明研究学刊》（2019 年 6 月）发表时的审查意见之
一特别提醒，王氏"情之变"在此的使用值得斟酌。"正变"之说基于
作为孔门德教与性情之教之始的"诗经"之《风》《雅》，无论其"正"
其"变"，都发自"情之诚"。故审查者认为，胡兰成式的"自我中心"
的"形躯情欲"与自欺欺人的虚矫诈饰，无关"正""变"，当称其为
"情之伪""情之邪"。此议甚美，谨致谢忱。
[2] 氏著《传统文学思想中诗的个性与社会性问题》（《中国文学论集》，台
北学生书局，1981 年，第 346 页）；参见王德威《史诗时代的抒情声
音》，第 333 页。
[3] 王德威《史诗时代的抒情声音》，第 330 页。
[4] 与此类似，该著中其他成组的对待表达，例如"群己"关系，"这个时
代呐喊团结、颂赞集体，但我们也听到无数异议但声音此起彼落……
他们在群己之间作出抉择"（《史诗时代的抒情声音》"尾声：批评的抒
情"，第 585 页），等等，结论都未免显得单薄轻率，也就难怪出自王氏
的"抒情传统"论说颇易被时人抓到破绽。
[5] 参见黄锦树《胡兰成与新儒家》，收入氏著《文与魂与体：论现代中国
性》，第 146 页。

的西方近代美学风气的泛滥有关，[1] 美学和伦理学之间的二律背反一般被认为来自"康德式两难"。[2] 如果直到 1980 年代，我们对"情"的认识还难免囿于"总的来说，情就是反封建束缚要求个性解放的'自我'"；[3] 即使在 2010 年代尾声，我们对"情"的理解还是只能限于"此处的'情'是感情，也是人情、世情；是人性内里的七情六欲，也是历史的情景状态。更进一步，'情'是本然真实的存在，也是审时度势的能力"，"真正的革命——和真正的情——不就是能对当下体制与时间的反抗"[4]——则胡兰成式的虚词浮调，其文字中俯拾皆是的不成腔调的"情意"与"天地不仁"的滥用被一一领受，还会被认真纳入"抒情传统"考虑，也就并不太奇怪。王德威希望达成的美好愿景：

---

[1] 就胡兰成的时代而言这一论题，方东美（1899—1977）、宗白华（1987—1986）等先生的著述都有相当的参考价值。

[2] Gayrtri Chakavorty Spivak, *An Aesthetic Education in the Era of Globalization* (Cambrige Mass: Harvard University Press, 2012), p.19.

[3] 王元化《龚自珍思想笔谈》，《文学沉思录》，上海文艺出版社，1983 年，第 194 页。但王元化对"情志"的强调，却是王德威所未深知周察的。

[4] 王德威《史诗时代的抒情声音》，第 9、299 页。王也是在此认知基础上，构建了"革命""启蒙""抒情"三者的联动关系模式解读现代文学史。当然，王的思路更有前贤，此即普实克（捷克汉学家）在观察现代中国的文化和历史进程时，曾以"抒情性"相对于"史诗性"——或个人的诗意表达对于集体的政治呼啸——来界定。所谓抒情，指的是个人主体性的发现和解放的欲望；所谓史诗，指的是集体主义的诉求和团结革命的意志。Jaroslav Prusek, *Subjectivism and Individualism in Modern Chinese Literature,* in *The Lyrical and Epic,* ed.Leo Ou-fan Lee (Bloomington: Indiaana University Press, 1980), pp.1-28.

　　"抒情"与"史诗"既不必为西方文类学所限，也不必落入进化论似的时间表，而可以看作中国传统"诗缘情"与"诗言志"的对话进入现代情景后，所衍生的激进诠释。[1]

　　因为其对"情""志"理解的单薄乃至混乱，未免落了空，也极易招来以古典传承自居或公领域意识较强者的反对。

　　《史诗时代的抒情声音》能将作为个案的胡兰成放诸当时世界格局的文化裂变，例如与西方同时的艾略特、庞德等人的政治抒情和抒情政治比勘而见，理论视域显得相当阔大：

　　　　"史诗时代的抒情"是世纪中期全球抒情话语的重要部分。在那个时代，以海德格、班雅明、阿多诺、布鲁克斯、普实克，以及德曼为首的批评家们把抒情看做是理解历史、铸就新世界的方法。[2]

　　但笔者认为此中问题恐甚为芜杂，不宜太轻飘或粗暴地带过。以海德格尔为例，海德格尔虽然认为人的存在常是情态性的存在，但情态性的存在不是本真的存在。任何太主体性的存在，包含认识论的、道德论的主体性哲学，也包含太个人主体

---

[1] 王德威《史诗时代的抒情声音》，第 391 页。

[2] 该著第 586—587 页。有意思的是，有些激烈贬抑"抒情传统"的研究（例如冯庆），却同样认同其中包孕的"政治野心"——"启蒙"的态度。

性的抒情文学，都是存在的遗忘。人的本真状态恰当是脱主体性的"与世界共在"。就此而言，胡兰成与海德格尔应该绝不同科。[1] 胡兰成现象发生在中国，的确是"五四之后一种相当特别的思想形式，其激进（或虚妄）处未必亚于台面的左派右派"，"胡兰成的诗学和他的五四情结息息相关"，[2] "新文化"与"新文学"的发动与性格原本就远祧近世欧西的思想动乱，[3] 胡兰成的"美学宗趣"与他的"五四品味"毋宁是一体的两面。但王著接下来却在"情"的立场上轻轻将此现象解释为"荡子本色"乃是"生逢乱世人必须善自调节情的用与无用"，甚至"这几乎就是种道家的态度了"，[4] 结论未免与胡兰成式的将

---

[1] 此处蒙杨儒宾老师、刘小枫老师立场不尽同的提醒，谨致同样深挚的谢忱。关于何以"史诗总是伴随着令人迷醉的抒情"，胡继华《浪漫的灵知》中颇有精到、深刻的分析。

[2] 王德威《史诗时代的抒情声音》，第297、295页。出生于1906年的胡兰成虽然学历不高，青少年所接受的的确正是"五四后的新式教育"（参见张桂华《胡兰成传》中的相关论述）。

[3] 参阅卢文婷《反抗与追忆：中国文学中的德国浪漫主义影响（1898—1927）》，中国社会科学出版社，2014年。

[4] 王德威《史诗时代的抒情声音》，第329页。"当莽莽乾坤被劫毁一净，自有一股清新气象油然兴起，诗意因此产生"（王德威《史诗时代的抒情声音》，第295页），这样的胡兰成的确是更具法西斯色彩（虽然的确"这不符合他高傲的心性和思想渊源"，出处同上——胡兰成是要自我作主的），与《老子》或《易经》却未必有甚关系。但胡兰成式的冒认道家乃至仍被后世认同当然并非空穴来风，这甚至可以追溯到方东美、徐复观等人的儒道之辨。甚至马一浮《论老子流弊》都谓："他只是燕处超然，令汝捉不到他的败关，不奈他何。以佛语判之，便是有智而无悲，儒者便谓之不仁"，"其病根所在只是外物，他真是个纯客观、太客观的哲学，自己常立在万物之表"（转引自黄锦树《世俗的救赎》，第149页）。儒佛之辨的问题同样兹意太繁，仍当另文再议。

"虚构"当作"机锋"一样荒唐。对"新文化"的认同更多于反思、对"新儒家"的关怀也未免相当陌生的王德威，此处一不小心就成了胡兰成的共谋与同道，不仅错认此"情"为真，更纳"不仁"入"道"。2009 年召开的"抒情的文学史"国际学术研讨会上，王德威在综合座谈中亦将"徐复观谈中国艺术精神，唐君毅以故国山川的悲情来看待中国文明的重建"纳入"抒情传统的谱系"，他也再一次牢牢不肯放舍"胡兰成的论述"。[1] 究其根源，还是基于对"情"的理解的流于表面。笔者因此认为，构建"抒情传统"之前尚有另外一种传统必须澄清，此即"情传统"，或说"情性传统"，也即"性情传统"。[2] 在"情"的理解问题上，中国与西方（或说古典与现代）的理解应该很不一样。也因此，胡兰成与海德格尔们即使在"抒情"问题上也还是萧条同代、各有悲酸。而篇幅所限，本文只能暂时聚焦于唐君毅、胡兰成二人的"情"观作简单分梳。

何以满嘴"情意"却又处处"天地不仁"的胡兰成总是显得那么高明超越？"人世可以一刻为千秋，远离三涂恶趣与兴废沧桑"，人世可以自然而然就是"仙境"，他动辄就能看出情意的天地清旷或浩荡，一夜白地的杀戮惨痛也波澜不惊看作

---

[1] 转引自龚鹏程《成体系的戏论：论高友工的抒情传统》，《美育学刊》2013 年第 4 期，第 54 页。

[2] 就"诗写性情"的文学表达，和"抒情传统"构成一个维度对勘的，应该是"诗教传统"，有些研究者（例如李翰）以此挑战"抒情""革命""启蒙"的三分法，是有深刻理致的。但"诗何以教"，是否"家国情怀"所能尽之，如何理解和践行"政教"美刺，同样甚为关键。

"可以被编入渔樵闲话，依然现前江山，风日无惊"，甚至"我身上没有业，连家人儿女亦当下斩断情缘"这样大妄口都打得出。[1] 匮乏生命应有、本有的痛感苦感，共业的人世远远退去成为与己无涉的观玩的风景，胡兰成的"情"因此只能成为他自己意义上的"不情"，浮光掠影（却居然能被专业研究者指认为"情深意切"）的感官愉悦。读者有没有感到和迈斯特（Joseph de Maistre）那个冷酷结论的异曲同工:

> 当此天下大乱、罪恶污染了一切、千真万确地一切成了罪恶之际，现代哲学却用"一切都好"这样的话来毒害我们。[2]

胡兰成当然还够不到哲学家的层面，但他的拒绝共在感不仅阻断了他的超越（自然个体意义上的）可能，同时也阻断了他和此在人间的真正的深入的交流。正如黄锦树所断，传统以感应为依据的生命方式在胡兰成这里蜕变为当下所谓审美迸放，而非致力于如何将"感"导向主体内在的道德性，导向内

---

[1] 参见《文明皇后》，中国长安出版社，2016 年，第 23、37、52、39 页。所以张爱玲在《小团圆》中会轻松断定:"(之庸) 能说服自己相信随便什么。她死了他自有一番解释，认为'也很好'，就又一团祥和之气起来。"（第 241 页）
[2] 迈斯特《信仰与传统》(冯克利、杨日鹏译)，商务印书馆，2010 年，第 25 页。

在的道德主体性。[1] 因此胡兰成不仅将妄心错会作本心，且似乎世间一切都足以成为他的游戏三昧，[2] 他这种貌似奇异的妄自尊大实是非常现代的症候，甚至也并不复杂：乃是没有底线的个人主义的恣意扩张。因此他的"情意"只服从于个我的利益。所以他可以有明目张胆的无耻，将自己"做了坏事情"美化到"人世正邪可以花叶相忘"（《今生今世·世上人家》）的地步。甚至能够将自己的加入汪伪政权自美为："胸中杂念都尽，对于世事的是非成败有一种清洁的态度，下山来我就答应参加了。"及其失败，又分辩为："我与和平运动是一身来，去时亦一身去，大难过去归了本位，仍是青梗峰下一块顽石。"（《今生今世·天下兵起》）1945 年武汉逃亡写给当时重庆接受大员袁雍的信中居然自称："士固有不可得而臣，不可得而辱，不可得而杀者。"遑论其叙述与事实之间的巨大出入。[3] 厚颜无耻的程度可谓在在令人匪夷所思。黄锦树因此得出结论：

[1] 这种"感应"的生命同时也是向超越界敞开的。这种道德性与宗教性之间"相依为用"的关系，唐君毅有甚为体贴的解读。参见 1954 年 11 月 15 日致劳思光函，《唐君毅全集》第 31 卷，《书简》，第 268 页。

[2] 守护人的绝对域，正是宋明以来儒学特重功夫论之所在。相对于胡兰成当下审美抽搐的启示时间（闲），唐君毅之教选择的时间性则是连续的世俗时间，渐教的苦磨（忙）。参阅黄锦树《世俗的救赎》，《文与魂与体：论现代中国性》，第 134、148、175、176 页。

[3] 关于胡兰成不过是汪伪政权中"一个卖身投靠的小文人"的基本定位，张桂华《胡兰成传》有令人信服的分析。即使是未经删节的《今生今世》当中，胡兰成睁眼说瞎话的地方也四处都有（参见张著第 224 页）。

这样"凡存在的皆合理"的审美超脱再推演下去，则不免会跨越伦理的边界，甚至伦理道德在他那样的美学的摇晃之下就被抖落了。

也可以理解流亡日本后从带罪之身抖落一切一跃而至对立面，而为中国文化暨世界文明的救世主、礼乐乌托邦的制定者——而为世界万世制礼作乐。[1]

包括胡兰成的所谓"亲"——这个词也是直接抄袭张爱玲，日后还成为胡"格物"乃至"参禅"的"真本领"——本字乃指人与人、与物、与世界具体的实在的发生关系。在胡兰成，这境界却不过就是"这是她堂子里的惯技吧，但亦是生来的妖冶，其中亦有男女之际无得保留的相见相知相亲"。[2] 黄锦树认为胡兰成唯一的"格物"本领就是"格女人"，这一点也为王德威所承认，王德威同时也欣然接受了胡兰成"荡子"的自我定位而且大加一番分析，书中为此专辟一节讨论"情之诚，情之正，情之变"。美称"荡子"为"中国现代主体性的一种类型"，甚至美称"荡子的核心价值在于感受和表现'情'的能力"。[3]

---

[1] 氏著《世俗的救赎》，《文与魂与体：论现代中国性》，第 145、147 页。

[2] 《无题》，收入《文明皇后》，第 115 页。

[3] 虽然王德威也是有些明白胡兰成的"一往情深每多被认为是惺惺作态"的众怒难犯，分见《史诗时代的抒情声音》，第 323、324、327 页。当然胡兰成的"荡子论"及其超越论，还应当至少追溯到朱天文的《花忆前身》，第 3—49 页。而他的自我告解，则是去世前一年《遂志赋》中多处自称"荡子"——却居然要自比为刘邦和孙中山。转引自黄锦树《世俗的救赎》，《文与魂与体：论现代中国性》，第 149 页。

但胡兰成这类"荡子"其实并非什么时代性的新事物，这种"浮荡少年"正是"五四"前后一种新旧调和不良的恶劣世相。[1] 胡兰成一生忙于"格女人"，却总不脱最肤浅恶俗的男女滥调，这种"现象"已经被稍显老成些的"新文化"时人例如蔡元培（1868—1940）看得很透彻。[2] 这种未能将男女之际建立常态的健康的自由社交，更强调其社会性和精神性，反而充满了"物质性"（形躯情欲，黄锦树所谓"拜物教"），既是对传统的扭曲，也是对新知（欧西文明）的误解。[3] 王德威已然看出胡兰成和"五四"的某种继承关系：

> 胡兰成属于五四影响下成长的第一代，他经历了几乎所有五四新青年的冒险历程：从农村到城市、从旧学到新知、从浪漫的渴望到意识形态信仰。[4]

却未能透辟指认胡兰成的这一两无归止：胡兰成的所谓"男女"情调，是当时最劣质的陈词滥调，而非什么"情"的

---

[1] 这类带着色情欲望与女子交际的男子往往都是"没有专一的爱情，专好弃旧迎新"，张廷灏《随感录》，文载《妇女评论》1922 年第 62 期。

[2] 参见氏著《贫儿院与贫儿教育》，收入《蔡元培全集》第 3 卷，中华书局，1984 年，第 265 页。胡兰成这种滥调之甚，应该包括他会对哪怕恕人家的遗孀都不惜"以身相许"。

[3] 参见杨联芬《浪漫的中国》第二章，但杨著以为"在 1920 年代初的中国，实际生活中的青年男女，乍由'授受不亲'进入'社交公开'，其语言和行为习惯都很难一下子摆脱传统男女关系的模式"（第 69 页），对于传统的理解还是失之简薄了。

[4] 王德威《史诗时代的抒情声音》，第 298 页。

变风变雅。胡的问题极具时代性和局限性，却居然被后人以为他超出了自己的时代，乃至创造了新型的主体。所谓胡兰成对"情"的"无条件的礼赞和辩证"，所谓"情"的本质是混沌的和无规则的，[1] 这些都是危险的和可疑的论证。

胡兰成后期倡言的矫揉造作的"礼乐"风景，同样也是直承于他对人世的所谓"情意"认知。包括他写自己与义母的关系，都是"情意""如何堂前没有个安放处"。这不得"安放"，乃是不肯直面与承荷，更不能深入与践行。胡兰成"随处见猎心喜，得欢乐处且欢乐"[2] 的庸俗浅薄的本性，决定了在他镇日呼要的"岁月静好，现世安稳"中读者实在不应高估他的精神本相。这种精神与"礼乐"无关。口说无凭，行为是证。胡兰成式的"阴阳消息"的本相仍是极无节制的饮食男女、形躯情欲，依其小份的聪明口齿美化为风景。[3] 他所谓的"强调明亮、单纯、广阔与婴儿般自然的形象"[4] 只是个话头，包括他在在处处都要拉扯一番的"中国传统"（据说"中国人的男欢女悦、夫妻恩爱，则可以是尽心正命"[5]），基于心性构成背后无时无刻不为芜杂情欲沾染，他才会三句不离本行，连谈宗教都能飞快地拉

---

[1] 王德威《史诗时代的抒情声音》，第 285、286 页。

[2] 张桂华《胡兰成传》，第 151 页。

[3] 例如他自认"我自幼年来，不必为男女爱悦，却是于人世每有好处意外相逢的荒唐念头"，倒是马上被最后一个老婆（佘爱珍）一语道破："谁叫你看见女人鲜搭搭呢！"（《梅花》，收入《文明皇后》，第 109 页）

[4] 王德威《史诗时代的抒情声音》，第 296 页。

[5] 《今生今世》，第 421 页。

扯回男女视域，大言不惭"因为神的事也与恋爱一样，是可名，非常名"。[1] 这便是他最爱唠叨的"名目不可不有，但是不可落实。……文章也是如此，文明也是如此，不可以太成名器。晋朝人就是为了要摆脱名器，所以要求自然"[2] 云云。可惜这些好听的说辞在胡兰成，无非是躲避担当的借口，他的不落实便是不负责。甚至"一切价值既非实体，也不是事实，都无法用命题体系来表述"这类焦灼的浪漫主义的美学挣扎都无法和胡兰成真正挂搭。尽管在"以严肃的态度做着轻浮的游戏，把整个世界当作一段机缘，将万物读作一部没有结局的小说"的感知方式上，他们或者略有貌合神离。[3] 胡兰成没有源自西方文化深底的浪漫主义那种深迫的还乡执念和超验的狂热渴望，此所以他和海德格尔难以相提并论。胡兰成自有自己极为世故、庸俗的"稳定结构"。他和"宇宙秩序"之间不是断裂，而是无感。[4]

---

[1] 胡兰成《宗教论》，《中国的礼乐风景》，台北远流出版社，1991 年，第 15 页。

[2] 《文明皇后》，第 8、14 页。

[3] 参阅胡继华《浪漫的灵知》，第 9、32 页。说胡兰成"带着晚明王学末流色彩、混杂着黄老之术"（黄锦树《世俗的救赎》，《文与魂与体：论现代中国性》，第 149 页），都有些抬举他。考虑到西方近代浪漫主义同样杂糅的精神来源有可能混了"启示宗教、末世论传统、柏拉图主义、千禧年运动、中世纪炼金术和占星术、文艺复兴的宇宙论、思辨神秘主义"（参阅胡继华《浪漫的灵知》，第 42 页），则这类东西并行的光怪离奇的精神乱象，也是其道不孤，有深切的内在合理性。

[4] 参阅柏林《浪漫主义的根源》（吕梁译），译林出版社，2008 年，第 118 页。尽管日后胡兰成构建了所谓宇宙几大规律，那也只是他的信口开河，可以说，依其不教之情性，他从未在任何事与人上，投入过全幅的生命真诚。

胡兰成只见眼前人，一生并无许多微言大义，对于浪漫主义惯常热衷的江山社稷大是大非[1]也没那么当真，尽管他一生常谈"建国"，却没有真正的"革命者"性命以之对真理实相的赴汤蹈火：正因为在"情"的层面，胡兰成根本缺乏这样的恳切真诚与性命力道。他不落实的常常只是他艳叹的"二人之间单是这样的一种初初之意，什么故事亦未有"，具体结果就是他终其一生凡百勾引各色女性皆不得善终。"说圣贤之学不如说学圣贤"（1964年9月29日致唐函）之语出自胡说，实在荒唐。但既然胡兰成立言从未考虑过诚恳与否，[2]跟他的语词当真便是读者自己的错。

　　理解或分析胡兰成如此具有负面作用（无论是他"格女人"造成的人伦失范，还是"打天下的风姿"中情的滥用相杀）的"情之变"，或说"情之伪""情之邪"，原本并不复杂：[3]胡兰成所谓的"情（意）"确是混沌的、无规则的。[4]所

---

[1] 参阅胡继华《浪漫的灵知》，第121—133页。

[2] 这并不委屈他。他假梁漱溟之名混迹港台新儒家之侧，后为徐复观揭穿，便是一副撒谎亦可若无其事的"很好"。参见张桂华《胡兰成传》中的相关史料。

[3] 王德威即认为胡兰成"抒情化了的背叛美学""复杂"甚至"高深莫测"（《史诗时代的抒情声音》，第284—285页）——但谁叫你把胡兰成顺便说说、仿佛真的一样的"花腔"当真来？！

[4] 胡兰成文字中对"情意"的滥用和随意实在不胜枚举。此处再赘几例：
　　他（崔浩）没有佛教那种人世无常之感，亦不作志士骚人的悲歌当泣。他的自是现实的情意茂密，发于心者皆可见之于行。中国是现世真有不朽的东西，故可以不需要宗教。（《崔浩》）
　　政治如文章，好文章的发想，原来皆是一种茫然的情意，（转下页）

以面对必须有所选择的人伦规范，他会张口即说"选择就不好"（参见张爱玲《小团圆》）——这一幕是否让人听起来异常熟悉："没有确然决断，没有实质和功能的约束，没有方向感，没有持续性，没有终审法庭"——这就是卡尔·施密特称为"机缘主义"的浪漫主义政治。[1] 胡兰成更等而下之，所谓"透过生花妙笔的书写，胡兰成瓦解了非此即彼的价值与形象，模糊了泾渭分明的理念与情怀。他游走是非内外，敌我不分，如此娴雅机巧，以致形成一种'艺术'——文字的叛/变术"，甚至"他的思维方式远比我们想象的更为迂回"。[2] 黄锦树直指"胡兰成体系中被极力遮蔽且神秘化的实事本身"正是"主体身体的欲望"。[3] 这点天机实在并不应该难以看穿。这种"情"的本质就是无明与业力的盲动，却不幸被当代学者当成了"情"的本质：所谓（胡）"对'情'无条件的礼赞和辩证，恰恰与书写革命、启蒙的主流现代文学，形成尖锐对话"。

（接上页）理路章法等要等其自然形成。（而今天我们三三的年轻人）是在重新又从中国这一代人的混茫情意出来大自然的五基本法则与礼乐建国的新案，那造型的变化是直接来自混茫的情意与亲切的现实。直接从情意的混茫中出来形制与学问、此大的情意直接自天。（《荷花荷叶话民国》）

使千万人起来革命的是人类的大的感情，人生的爱悦。（《中国文明与世界文艺复兴》）

[1] 参阅胡继华《浪漫的灵知》，第 133 页。

[2] 王德威《史诗时代的抒情声音》第 285、293、294 页。旁观者到底还是不如当事人张爱玲看得透彻。

[3] 氏著《世俗的欲望》，《文与魂与体：论现代中国性》，第 134 页。

不仅王德威"说胡"于此关键未能厘清，整个"抒情传统"的建构也因此"情"观念的混乱漏洞百出。而在胡兰成笔下，这种业力盲动另外一个常用称谓则是"生命力"："这种生命力的放恣，几乎是没有目的的。"(《文明的传统》) 五四时期迸发的"生命力（也就是'情'）"被认为是足以创造汉唐盛世的伟大文明（《中国文明与世界文艺复兴》）。王德威则将这种轻浮的口齿认同为"五四以后流行的博格森生命主义在胡兰成这里也找到出口"。[1] 博格森的直觉论与生命论（elan vital）在五四后的确对第一代新儒家有过影响，梁漱溟（1893—1988）、张君劢（1887—1969）等人的著作于此均有所涉及，但熊十力（1885—1968）、牟宗三（1909—1995）都提过阳明学的良知概念虽然是带着情意智的直觉，但其直觉乃是比照玄智、般若智的德性之知，不是生理学、生物学的生命冲动。自然生命固然有一套逻辑或规律需要正视，但自然生命之冲动是无可赞叹的，自然生命的业力（无论个体的别业还是群体的共业）更必须警惕与转化。博格森的生命论乃反机械论的自然观而立，他的论点当然要更复杂些，然而他的生命力概念不能等同于孟子学—阳明学中的良知。如果胡兰成式的希望第二次中日战争再现的是这样更在博格森之下的"生命力"，他的文字怎能不充满召唤劫毁的不祥兵气。针对这类流行一时的肤浅的"生命主义"的批判与洞见，我们不妨参阅牟宗三《五十自述》中的相关描

---

[1] 氏著《史诗时代的抒情声音》，第 294 页。

述。因为深知生命业力的浩瀚纵横必须经由恰当的收煞、降服、止息，对于"新文化"运动引发的一些风气，牟宗三一直评价甚低，以为其内容未免流于消极、负面、破坏性，流为情感的气机鼓荡，[1] 偶有资质也是趋向混沌的风力风姿。这所谓"生命力"落实在胡兰成，显然就是顺随业力的无明状态而麻木不仁 [2]——而非什么"天地不仁"。

打扫这种"情"的混乱状，安顿这种"情"的失序状，使其贞定、清明，原本就是中国传统的"情性之教"即"性情之教"（诗礼乐教）的根本要义所在。这一经由规制、洗练、升华、澄明之后的"又是情又是理的东西，不是情、理两个"[3] 的状态，在唐君毅的晚年，就是直接以"性情"的概念出之。牟宗三在《五十自述》中也以"春情·苦情·悲情·觉情"的转进形式，形象再现了从生命个体到民族文化何以"情超越"的具体路径：这才是所谓"现代新儒家的重要课题"。王德威于

---

[1]《五十自述》，第 32—33 页。此处，我们甚至还可以转引一个极为浅白显豁的例子：20 世纪 60 年代，巴黎五月，青年学生奋起反抗专家治国，锋芒直指第三共和国政治体制。他们写在墙上的宣言是："我们越造反，就越想恋爱，越是恋爱，就越想造反！"（转引自胡继华《浪漫的灵知》，第 125 页）——可见后"五四"时期的"革命加恋爱"能成为流风，并非背影孤往。

[2]"和当下解脱的非责任非伦理的存在同构的当下安顿，都预设了时间的流逝性、瞬间性，它们存在的条件正是人世的无常"，参见黄锦树《世俗的救赎》，《文与魂与体：论现代中国性》，第 148 页。

[3] 唐君毅《民国初年的学风与我学哲学的经过》，收入《病里乾坤》，《唐君毅全集》第 8 卷，第 111 页。

此可说是完全弄错了方向。也正因此，考察和理解唐君毅与胡兰成的漫长交往与最终扞格，对"情"（以及与之密切相关的"不仁"或"不忍"的态度）的认知与践行，毋宁是最好的管道。在《中国文化之精神价值》中，唐君毅就直接用"相偶"的主体关系界定了"温柔敦厚"何为"诗教"精神：

> 温柔敦厚，非强为抑制其情，使归中和也，乃其用情之际，即知对方亦为一自动之用情者。充我情之量，而设身处地于对方，遂以彼我之情交渗，而使自己之情因以敦厚温柔，婉曲蕴藉。温柔敦厚，情之充实之至。此充实之情所自生，正由情之交渗，而情中有情。情若无虚处，何能与他人之情交渗。温柔敦厚为情之至实，亦即含情之至虚于其中。吾人能由温柔敦厚之情为至实而至虚，以读中国一切表夫妇、父子、兄弟、君臣之人间伦理关系之诗文，则可以思过半矣。[1]

真正的深情即"性情"，不仅节制、平和、理性，更表现为放下自己的虚室生白、对他人与现实的切实关怀与介入，这些持论与实践，与胡兰成式的自恋自美、自重自大，当然是势如冰炭。

---

[1]　即《唐君毅全集》第9卷，第233页。

作为胡兰成在在强调"不仁"的鲜明对照，[1]"不忍"二字出现在唐函中的频率同样是惊人的，[2] 他对世界的悲愿无穷无尽。[3] 此所以当胡兰成经常"不仁"地将"民间起兵"美化为"打天下的风姿"，唐君毅却说："英雄之打天下其风姿未尝不有可爱处，而战乱中人所受苦亦不可胜言。"[4] 对唐君毅而言，世出世间一切价值的基始与极致，"一切宗教要求所当本之本源"与"直下把握此本源本身当有之涵义"，其原则唯在"人之充量发展而至乎其极之仁心"。此仁心发展至极，"则可于人我之仁心之相感通处及万物之化育上见天心"；此仁心发展至极，"必要求人精神之不朽，并肯定允恒之正义"；人之仁心与天心、神心因此是一贯，内外一如（不二），天心、神心未尝不仁，且"必须于人之仁心圣心中见之"，至于其名相稍异，则为：

---

[1] 胡兰成对此"不仁"态度的解释，例如"超过了对于劫数的现实的感情，从天道来看事情。如此，人即虽在劫数中，亦可与造化小儿相戏侮"（胡兰成《机论》，《革命要诗与学问》，台北远流出版社，1991 年，第 225 页），和其"流于狂妄"的自我神话，毋宁还是同一症结。甚至更为卑下，即其中包含的"以空做多的机会主义"（王德威《史诗时代的抒情声音》，第 300 页），他庸俗的光棍本质可谓弥漫其一生。

[2] 最特别的例子，如其 1961 年 4 月 30 日记有谓："夜将哲学概论清样撕去，只存序言和目录，以书出版而清样撕去，亦如新人之代旧人，然此旧人实为新人之母，以此颇有感概，并觉有一不忍之感。"物尚如此，人何以堪。《日记》（上），《唐君毅全集》第 32 卷，第 296 页。

[3] 梁任公成句"世界无穷愿无尽，海天寥廓立多时"，唐先生甚喜之，尝以其题照。

[4] 1961 年 11 月 7 日唐致胡函，《书简》，《唐君毅全集》第 31 卷，第 203 页。

仁心是自个体人上说，圣心自个人仁心完全实现上说，而天心则自诸圣同心一心上说，而显于人我之仁心交感及天地之化育中者也。[1]

至此，唐、胡之间的云泥之判，已经是世界观与人性论意义上的，"情"观念的不同，无非外显之一端。"天地不仁"在胡兰成著述或说理念中地位之重，折射出的只是他于世事人情的无赖凉薄、对自我的狂妄的自大自重，与佛或道的脱情超越何尝半点相干。[2]与此作为鲜明对照的正是唐君毅一生对于我慢我执的竭诚反省。这不仅体现在早岁《爱情之福音》中唐都要反复强调"最好是虚心一些，把自己放在较低的地位，不要与他们平列，你只能自居于黾勉的向真、美、善的路道走的人，而且你们要想着你自己力量之小"，[3]1967 年抱病作《病里乾坤》，更专门检讨自己的"超越心情与傲慢之根"，其自省之严苛，连少年一梦都不肯轻放。[4]如果比较胡兰成的妄言妄语，诸如：

---

[1] 1954 年 12 月 9 日致劳思光函（《书简》，《唐君毅全集》第 31 卷，第 270 页）。唐君毅论"仁心"之言自然不止于此。笔者特别选择日常通信作为辅证材料，正欲明此意对唐君毅具有生命的恳切与真诚，他才会颠沛造次中皆必与之。这种修辞的诚恳，正与胡兰成式的徒然"说嘴"相映照。

[2] 黄锦树对此定位胡是"好玩而喜反，恍惚而狂妄——青少年法西斯"，《胡兰成与新儒家》，《文与魂与体：论现代中国性》，第 185 页。

[3] 《爱情之福音·青年与学问》，《唐君毅全集》第 6 卷，第 6 页。

[4] 《人生之体验续编·病里乾坤》，《唐君毅全集》第 7 卷，第 9 页。

我写《今生今世》，如惠能说法，直倒落经典陈语。……马一浮诗："天下虽干戈，吾心仍礼乐"。吾写《今生今世》，虽乱世的人与物亦如在仙境佛地，此是格物的真本领。（1964 年 9 月 29 日致唐君毅）[1]

以此我重新自喜《今生今世》写的有事似无事，正惟闲书可传千年也。（1965 年 10 月 12 日致唐君毅）[2]

二十年前我写《山河岁月》，开始提出这个见解，如今回想，只觉有非人力所及，实是天启之幸。当时是对日抗战胜利之后，要求做史上最大的反省。[3]

唐君毅与胡兰成在精神质地上的判若云泥，此处也是无需解释就能一目了然的。尽管胡兰成"不仁"的养成也有一定的社会心理学依据——胡行文惯会自美自恋罕见苦感——发妻去世可能是少有的例外，故读者也多认为那是胡文中少有的真情实感，却居然成了他"不仁"的诞生之初：

对于怎样天崩地裂的灾难，与人世的割恩断爱，要我流一滴泪总也不能了。我是幼年时的啼哭都已还给了母

---

[1] 分见《天下事，犹未晚：胡兰成致唐君毅书八十七封》（薛仁明编），第243、248 页。

[2]《天下事，犹未晚：胡兰成致唐君毅书八十七封》（薛仁明编），第 265 页。

[3] 胡兰成《革命要诗与学问》，转引自朱天文编辑报告，台北远流出版社，1991 年。

亲，成年后的号泣都已还玉凤，此心已回到天地不仁。[1]

此处最可见得胡兰成所谓对"天地"的"不仁"来自他认为"天地"对其"不仁"的个体苦难的难以释怀，乃至眼牙以报。并非所有生于困苦长于艰难又颇聪明俊秀的压抑不才之士都要归此"不仁"之心。甚至本文作为对照方的唐君毅，因青年丧父，多年以一己之力扶持妹弟，同样是饱经磨难的。[2] 这并没有影响唐君毅"仁心"的发越。仁若仅为人世有限的对待意，则儒门民胞物与、佛家大慈大悲之立据皆不复存矣。胡兰成自以为他的"天地不仁"来自道家思想（也居然就被当代研究者照单笑纳），实则这一危险的思路极具现代风味，如前文已经分析过的：胡兰成的麻木不仁基于个我的扭曲膨胀，他于人间是非、人伦规范是荒凉无感的。而这一点特质，居然也是张爱玲日后对本期中国文化风土最大的感慨与反思：

　　就许多其他而言，共产党统治也比回转旧秩序好得多，不过是以较大的血亲—国家—来取代家庭，编纳了我们这个时代无可争议的宗教：国家主义。我最关切两者之间那几十年：荒废，最终的狂闹、混乱以及焦灼不安的个

---

[1] 《今生今世·生死大限》，转引自张桂华《胡兰成传》，第43页。
[2] 参见笔者笺注唐君毅之母陈卓仙著《思复堂遗诗》（上海古籍出版社，2018年）中相关背景资料。

人主义的那些年。[1]

个人主义下的失意落拓逼将出的只是胡兰成式的自私自恋，同时，"在太客观、外物的另一面却又是太主观，以世界为其表象"，[2] 他对自身之外的人世的本质的冷凉是惊人的，这阴暗同样隶属于他的时代共业。张桂华看出胡兰成"务实"是对的，但这未必与"农家子弟"的出身必然相关。这种"观念型的东西说有就有、说无也立刻消散"的性格（在张爱玲的表达，就是"能说服自己相信随便什么"）与其说基于"强烈的自保本能"，[3] 毋宁说更根植于胡兰成刻骨的世俗气质、只见当下一文得失，也正见证了作为"观念"的不可靠 [4]——此所以唐君毅中岁之

---

[1] 《张爱玲的英文自白》，转引自姚玳玫《没有足够的爱克服两个世界的鸿沟：从张爱玲的母女书写看"五四"之后个人主义女性的伦理处境》，收入杨联芬主编《性别与中国文化现代转型》（东方出版社，2017 年，第 324 页）。关于近代以降中国因伦理纲常溃败带来的恶性后果，张爱玲中年之后"弑母"三部曲的《雷峰塔》《易经》《对照记》（《小团圆》可以纳入此列）是鲜活的样板。在这对血亲的惨烈厮杀中，无赖人胡兰成相形之下几乎都称得上温静祥和。对于 1920 年代中国第一代"出走的娜拉"追求独立背后的虚妄，出生于 1920 年的女儿成人之后追杀不遗余力。苏伟贞在《连环套：张爱玲的出版美学演绎：以 1995 年后出土著作作为文本》称这一幕"母不母女不女父不父夫不夫友不友""无父无母见佛即灭"，是平情之论。收入林幸谦编《张爱玲：传奇·性别·系谱》，台北联经出版公司，2012 年。

[2] 黄锦树《世俗的救赎》，《文与魂与体：论现代中国性》，第 149 页。

[3] 张桂华《胡兰成传》，第 19 页。

[4] "反过来，游戏而当真便是真。真做假时假亦真，假做真时真亦假。是为其游戏人间的唯美辩证法"，黄锦树《世俗的救赎》，《文与魂与体：论现代中国性》，第 148 页。

后会致力于建基"性情"之学以补救"观念"之不足。唐君毅对于现世必须有所依傍与上出是念念在兹的（"道德只及于明，宗教必通于幽；通于幽使幽者明，而后宇宙为大明之终始"）：

何以人之仁心不当只及于现实界所接触之人？何以人不当只本此心以谋人类未来之幸福？何以不只本此仁心以完成吾人之人格？何以不只以人类社会之存在即吾人之不朽？不以立德立功立言即人生之不朽、何以不当只求人间社会正义之实现而必信有允恒的正义？[1]

因此，对于胡兰成的"易陷于当下"，特富超越精神的唐君毅恰是最敏感的（见下引 1951 年 8 月 23 日唐君毅致徐复观函）。胡兰成一生在女人窝里处处"不管责任"，一味"任其自然，任其性情[2] 的导引"四处胡缠，本质也是基于这种刻骨的世俗气——这种"世俗气"当然不止于胡兰成，它原本就是新文化运动之后风起流行的一种显豁的文化现象。[3] 是胡兰成天

[1] 1954 年 12 月 9 日致劳思光函，《书简》，《唐君毅全集》第 31 卷，第 271 页。
[2] 同样的名词"性情"，涵义却和唐君毅意义上的完全背道而驰。此处最可玩味中国文化观念的近代嬗变到了何种匪夷所思的地步。
[3] 参见王德威《史诗时代的抒情声音》，第 607 页。此一类型著名的样板人物，恐怕也应该包括"新文化"运动发起人的首座胡适先生——但胡适的人品毕竟好了很多，胡适到底还是在他的知识视域中追求"修辞立其诚"的，胡适在两性问题上的不够严谨更多基于他的理性认知便是如此。参见本书相关论述。

生"贪爱富贵"又"素喜自重自大"的世俗性格却又长期困居下僚的现实窘迫，决定了他的投机乃至赌博的行事风格特别没有顾忌与遮拦。他的所谓落水，确是主动跳水。[1]

胡兰成惯会自抬自贵当然也不是完全基于心虚。他的自傲有性格的基因，[2] 也有才气的基因，毕竟他颇有几分聪明灵透，他后半生极力为自己打造的"国士议政，不计利害"的形象工程甚至连自己都信以为真了。他栖息的日本，包括一见惊艳的唐君毅，未免都上了一点这个当，只是前者（日人）的文化隔膜可以至于将他的"直言风骨"的表演当成真（如此投入的表演至于胡兰成本人也经常当成真），后者毕竟娴于中国古学，更深谙性情真伪。[3] 唐君毅蔼然君子的厚重品行令胡兰成有所欢喜并不奇怪，但正是胡的自重大（大我慢）、世俗气使得他没法举步走向更高远的智慧之域。这点毋宁也是他和唐君毅必然要貌合神离之处。

但本文发起的问题至此仍然没有最后解决。如此胡兰成，超越的维度与凭靠是一点没有，他却还要将这种彻身的俗气美

---

[1] 参见张桂华《胡兰成传》，第 36、55 页。

[2] 在张爱玲，就是时时看到他脸上"轻蔑的神气"。这点天赋性情也支持了他对汪伪政权追求某种"独立"的尊敬，对于中国即使战败，日本也无法使中国彻底屈服的判断（张桂华《胡兰成传》，第 173 页）。光棍和无赖皆能遇事"做了就做了，又怎么样，不做任何解释"（第 205 页）。胡兰成的"沉入民间"而得苟全性命（第 211 页），是中国文化传统中很耐人寻味的事。

[3] 关于唐君毅敏于人之性情，经常明察秋毫，拙作《情性与人格：唐君毅日记中所见》有所分析，载《高教发展与评估》2017 年第 1 期。

化为人世喜乐，甚至"礼乐风景"。唐君毅为何与他交往长达几十年？ 黄锦树在《胡兰成与新儒家》中对唐、胡交往的本质有一些精到分析，例如"胡兰成自认居于高处，可是却颇在意自己的见解是非会得到对方认可，甚至会时不时尖锐的质疑对方的立场或已臻之境界，带有明显角力的意味，隐含着对当时学院派领袖立场的挑战"，再如：

> 他们都有很强的审美感知能力，艺术涵养极高，也都有某种神秘经验，对于中国文化的趋于衰亡也有共同的痛切（但胡兰成的真诚很要怀疑），也都在为中国文化的未来谋出路，且归本于儒（或宣称归本于儒）。[1]

而本文试图推进一步：抛开胡兰成勉力维系这一交往的诸多因素不谈，唐君毅在这一交往中的反复拉扯，核心问题也许即是他后半生最为操心的"诗礼乐教"即"情性"之教、"性情"之教如何落地生根的问题。

四、"诗礼乐教"的书写与践行

1957 年唐君毅致胡兰成一封存世残件，却保有了唐对胡最含蓄的提醒：

---

[1] 收入《文与魂与体：论现代中国性》，第 158 页。

惠函论世事谓孙行者一筋斗十万八千里不能成正果，必服侍唐僧、步行挑担乃成正果。善哉言乎！所喻实多，不仅一时为之感喟无极。[1]

此言最是对一种冒称直觉顿悟实则不过玩弄光景之学的提醒，可惜胡兰成并未醒悟。

胡兰成一生自负到了忘恩的地步，[2] 他是不会对任何人真正感恩的，包括唐君毅。例如胡兰成一度以为"然除吾兄外，无可与言也"（1959 年 9 月 25 日致唐）、"若此书专为吾兄而写矣"（1954 年 3 月 27 日致唐），却在唐君毅去世之后，《遂志赋》中他到底认为自己和"笃学君子"是"话不投机"。[3] 胡兰成自称其一生知音唯在敌人与女人，唐君毅不是他的敌人，但无愧良师益友，除了谅解包容，还一直尝试要导正他的偏执和妄念。[4]1951 年 10 月 21 日唐君毅致徐复观函中曾明确自己对胡兰成的态度是"爱人以德"。[5] 笔者以为这是唐君毅能坚持和胡兰成通信联系乃至几度面晤的理由之一。而另外的理由却有些无可奈何——这一点又是胡曾经的爱人张爱玲说得最清楚：

---

[1]《书简》，《唐君毅全集》第 31 卷，第 201 页。

[2] 过度自负即自以为是，这种心性自然不会有真正的感恩。自负其自身就是圣贤，就是超越者。和唐君毅的时时省察"傲慢之根"正成映照。

[3]《天下事，犹未晚：胡兰成致唐君毅书八十七封》（薛仁明编），笺注，第 305 页。

[4] 黄锦树《世俗的救赎》，《文与魂与体：论现代中国性》，第 184 页。至于"平生知己"云云，大约唐、胡皆不会承认。

[5]《书简》，《唐君毅全集》第 31 卷，第 52 页。

其实他从来不放弃任何人，连他同性的朋友在内。人
是他活动的资本。[1]

这在胡兰成的自我告解，也说得最清楚：

但将来我还是要出去到外面天下世界的，那里的熟人
经过这次浩劫，已经荡尽，我得事先布置，想法子结识新
人。我就写信与梁漱溟。(《今生今世》)[2]

"海外新儒家"的首座唐君毅当然是胡兰成值得争取的"资
本"。而胡兰成后半生著述中那些夹七夹八的"顿悟"之语，
颇有聪明动听处（其似是而非处，也最是贻害无穷。所以严肃
的学者例如冯文炳都会严厉呵斥他）。唐君毅秉性柔仁，一生
恐蔽人一善之微，"要充量肯定一切有价值者"。[3]"从来不放
弃任何人"和"想法子结识新人"的胡兰成遇到几乎不忍自绝

---

[1] 《小团圆》，第 268 页。
[2] 胡兰成的自我吹嘘常很可疑。他偷渡日本之后，曾经唐君毅之手寄信
　　给梁漱溟倒是真的，但据说梁的回函也只是"寒暄"，且之后再无往来
　　（参见张桂华《胡兰成传》，第 237 页）——即使梁能回函，我们还不得
　　不考虑到是基于唐君毅父子两代与梁漱溟的不菲情义（参见唐君毅去世
　　之后梁漱溟的悼文《怀念哲人唐君毅先生》，台湾《传记文学》第 367
　　期，转引自张桂华《胡兰成传》，第 237—338 页）。而检查目前《梁漱溟
　　全集》（山东人民出版社，2005 年第二版），至少并没有这封回函存在。
[3] 致徐复观函，日期未明，唐君毅《书简》，第 100 页。无疑这也是唐君
　　毅能坚持和胡兰成通信联系乃至几度面晤的理由之一。

于任何人的唐君毅，现代儒学史上最令人郁闷不解的一段离奇交往难免就此拉扯了四分之一世纪。此所以同为"新儒家"代表，个性迥异于唐的牟宗三和徐复观却不会买胡兰成一点账。

另外需要考虑的因素还有，唐君毅本人在"知解"之外的特殊的天姿禀赋与学术进路，在当时海外的哲学风气中也不能不说是深感寂寞的。[1] 他对胡兰成式的情调书写即使无相知之雅，却也难免相惜之情，况兼"吾人流亡海外，朋友少一个即更有无处再得之感"。[2] 至于 1975 年身患癌症的唐君毅在台还有华岗见胡之举，个中宛曲，不妨就是 1953 年 8 月 30 日存世唐致胡第一函结尾所言：

> 弟恒觉人生如寄，凡曾一度相熟之友人，皆望亲者无失其亲，故者无失其故，唯痴愿苦难填耳。[3]

此言正是针对当时"徐（复观）、胡（兰成）"失和而发。也是唐君毅自身对于人世"诗礼乐教"的风土风气何以养成的厚植渴望。唐在另一封信中仍以谦退的口气提醒胡："盖弟为人，实多拘固，并深信人间委屈，应一一说明，方得日丽风

---

[1] 唐君毅在不同场合都流露过自己早在少年就经历过一些直接顿悟的境界体验，包括"玄武湖之悟"（《生命存在与心灵境界》下"后序"，《唐君毅全集》第 26 卷，第 361 页）。

[2] 1957 年 2 月 3 日致徐复观，唐君毅《书简》，第 85 页。

[3] 《书简》，《唐君毅全集》第 31 卷，第 197 页。

清。且不愿世间有诳惑与嫌隙，乃觉天地安闲。而兄之为人与诗文，皆如天外游龙；对人间事，觉一朝弃置，便不复萦心，此自是兄之天资高处，弟所自愧不如者。然彼怀所在，仍希谅察。"[1] 唐之情笃若此。包括对胡兰成一生最为人诟病而他偏又特为沾沾自喜的两性关系问题。除了出自胡函引用的"不知者读之，只是羡慕你老婆多"（1959 年 9 月 25 日）这句忠厚之人的别致讥笑。现存 1959 年唐致胡唯一的信函残件，就是针对该信的回复，唐再次严肃规劝：

> 昔禅宗大德言悟道之后觉大事已了，如丧考妣。兄书将兄平生善恶之事收拾于一卷之中，即是大事已了，绮梦闲情从兹断绝，与贤夫人共偕白首。则道在迩而大信立于室家矣。谨以预祝。[2]

按覆唐君毅日记，本年 8 月 3 日唐赴东京，4 日过胡兰成家，见识了胡兰成彼时的家庭生活，方才一再谈起《今生今世》中令他很不满的胡的私生活问题。唐君毅对此类问题态度之严肃恳切，为现代学人之冠，不仅针对胡兰成，包括牟宗三和钱穆，他以为不妥处，也一定加以规劝。究其实，基于唐氏恳切以为"道在迩而大信立于室家"的寻常日用中的见道与践

---

[1] 唐致胡函，1955 年 7 月 18 日，《书简》，《唐君毅全集》第 31 卷，第 199 页。

[2] 《书简》，《唐君毅全集》第 31 卷，第 202 页。

道是可行的，也是必需的。这一点，正是首先来自唐君毅对原
生家庭父母之间"道义相期"的夫妇关系的美好记忆。笔者经
由笺注唐君毅之母陈卓仙（1887—1964）所著《思复堂遗诗》，
更加认为唐氏晚年特为看重"诗礼乐教，教之极则"的思想
的起源与践行均要托生、落实于义精仁熟的家庭理想与日常
生活。[1]

　　1957 年 2 月 18 日，唐君毅致函钱穆，言及他在日本的
观感：

　　　　昨日在西尾家宿，彼为工人出身之日社会党右派领
　　袖，但家庭生活全保存日本旧风习，家人皆彬彬有礼。今
　　日上午其夫人（年已六十余，亦女工出身）亲习茶道待。
　　又数日前中山优及安岗等约在一家日本店宴，彼等皆六十
　　余岁人，酒酣皆能歌唱。谓毅去美，如西出阳关，渐无故
　　人，乃唱渭城朝雨之歌致意。今日下午又在一法学教授
　　家，彼亦能歌，歌后所放留声片中有唐代雅乐。而日本国
　　歌则绝类毅在小学时所闻孔子圣诞歌。今夜在尾岐家，座
　　中日人皆歌明治时代歌。念日人皆有礼乐，而吾人只有已往
　　之历史及抽象之哲学可讲，中心惭赧，匪可宣言。至于日本
　　之大学教授及日本学生，亦接触不少，但所闻见者皆无存于

---

[1] 1973 年唐君毅为《思复堂遗诗》台北学生书局版所作编后记中曾三复
　　斯言。另请参阅拙作笺注本导读《濂洛风雅的闺门异响》。

日本民间生活之礼乐令人感动之甚。又忆初下机之夜，即至一日本面店吃荞面，切面者亦一面切面一面与留声机中所放故乡之歌相和答，皆出乎自然，非徒以取悦顾客。以前只想日人之面目板滞，今乃知其生命中另有活力。[1]

合理的生活需要在具有文化风格的文化土壤上共感而成。这是 1949 年之后飘零海外的唐君毅最常发出的感慨。此前的 1954 年 8 月 14 日，唐君毅致函牟宗三，亦言及儒教必须"有与人民日常生活发生关系之若干事业"，"不至只成孤悬之学术团体"，能够"直接润泽成就人之自然生命"方成"礼乐"，"哲学如只是论，终是'是亦一无穷，非亦一无穷'，人之性命终无交代处"，但"礼乐之订定，非义精仁熟不能为，且不能无所因袭，亦不能过于与当世诡异，以动世人之疑"。[2]

如何经由民间日常、家风家教养成民性进而陶铸人心，"人之研究哲学与宗教之原始动机，毕竟在解决其在生活中所真切感到的问题，以使其生活有一最后安顿寄托"，[3] 这一关怀基本成了唐君毅晚年思想的重心与中心。此处不妨再穿插一个令人稍伤感的例子，1971 年 1 月 18 日，唐君毅日记再次提到胡兰成"论中国民间生活之文可喜"。与之并列的，还有"兆

---

[1]《书简》，《唐君毅全集》第 31 卷，第 27—28 页。

[2] 致牟宗三，《书简》，《唐君毅全集》第 31 卷，第 118—120 页。

[3]《我对于哲学与宗教之抉择——〈人文精神之重建〉后序兼答客问》，《人文精神之重建》，《唐君毅全集》第 10 卷，第 453 页。

熊论花卉草木田园之文可观，宗三论义理之文能斩截，复观论世风之文能疏通，皆非我所及也"——他的谦退依旧，而胡兰成只能是"胡兰成"。这一儒教在失去体制支撑之后只能向"民间"讨出路的挣扎至今还在继续。[1] 礼乐与人之能够"自反自觉""与物同体"的仁心，是不一不二的关系，是神心—天心—圣心—仁心在社会民生的下贯与开显，"生命精神发皇而充沛，礼乐方有所依"。[2] 反之亦然，只有"经陶养而能自动显发，不容自已，方为真德性"——而"陶养"此仁心之道，唯有礼乐最善，能使人与物通、内外和平、生机流畅。[3] 风土风气不同于外化的制度规定，即在它须是人心的自然呈露——此所以愈到晚年唐君毅愈不满于当代一般学术研究的表达方式，他渴望"诗礼乐教"具有一种更具可行性的书写方式与践行可能。

唐君毅愈到晚年愈坚信，他在母亲的《思复堂遗诗》中看到的生命的精神同时也是礼乐的精神，就是这种人心的自然呈露，也是"诗礼乐教"的具体可能。这一坚信无疑来自令他深感温馨的原生家庭生活的记忆，尤其对父母之间道义相期的伦

---

[1] 参考余英时《儒家思想与日常人生》中提出的"还原民间"问题，参见黄锦树《世俗的救赎》，《文与魂与体：论现代中国性》，第 153 页，脚注 37。

[2] 《中国文化之精神价值》"第二章，中国文化与宗教之起源"，《唐君毅全集》第 9 册，第 18—19 页。

[3] 《人文精神之重建》"理想的人文世界·礼乐精神之重要"，《唐君毅全集》第 10 卷，第 36 页。

理关系、"日常生活与精神文化生活"得以合一、自然生命自然安顿于社会文化生命[1]的强烈认同，"成道的追求在日常生活中如实的落实，在人伦世界中如实的呈现"，人在伦常中表现的情也是理、情理合一、即情即理的生活，[2] "关于家庭教育我觉得关系太大，人之根本性格之养成全在家庭，由父母的爱而出发的教训亦最有力"。[3] 这一观点的另一佐证，可见唐先生生平出版的第一部书即为 1934 年二十五岁时所编、由南京拔提书局印行的《中国历代家书选》。《编辑旨趣（代序）》中唐先生即强调："教育之道，盖亦多端：然家庭之教，当为首要。"[4]

胡兰成曾经放言："拙著《山河岁月》全书亦惟礼乐二字，且意在于求显。"（1954 年 3 月 27 日致唐函）众所周知的还有，日后胡专门写了一本《中国的礼乐风景》（即《建国新书》）。关于"礼乐"的讨论在唐致胡第一封信中已经出现（见上引文）。重建"礼乐"也是中国现代转型中一桩核心关怀。章太炎序《张苍水集》提到明清之际中国东南海域的反抗运动，尚云"所以有礼乐，绝腥膻，非独为明氏之宗稷而已也"。[5] 如今却竟然由一个"一辈子贪爱富贵"的人提倡"礼乐建国"。世间长厚君子不能接受唐、胡交往理由之一应该就包括：一个能直接将

---

[1]《人文精神之重建》"中国人之日常的社会文化生活与人文悠久及人类和平"，《唐君毅全集》第 10 卷，第 402—408 页。

[2] 参见《思复堂遗诗》笺注本杜维明序、杨祖汉书背。

[3]《致廷光书》，1940 年 11 月，《唐君毅全集》第 30 卷，第 124 页。

[4]《早期文稿》，《唐君毅全集》第 1 卷，第 150 页。

[5] 章太炎《太炎文录初编》，上海人民出版社，1991 年，第 206 页。

"礼乐之世"在色情酒吧层面上都解释成"也真心真意，也假仁假义"（《今生今世·良时燕婉》）的荡子光棍，蔼然仁者的儒教徒唐君毅怎么可能和他畅言"礼乐"？！岂不闻唐君毅衡人标准最重"真"，"人皆有毛病，但真则病疾皆可见"，他毕生最服膺的师长与友好长处都在能真。[1] 胡兰成显然绝不能入得此选。尽管唐、胡之间颇有长谈，例如 1957 年 2 月 10 日唐君毅赴日，13 日"夜宿东照宫与胡兰成谈至深夜"——只是"两次过东京与兄言，皆不能无间隔"。[2] 到底还是沟通不畅。1951 年 8 月 23 日唐君毅写信给徐复观，附骥信尾的是关于胡兰成的进言，已经概括了唐君毅对胡的伦理生活、文章学术的基本判断：

> （胡）如有恋爱事，唯兄忠告之。其对人生体验原对具体方面甚亲切，彼在港时所向弟言，颇使弟自反平日太向抽象用心之偏。唯太亲切于具体，则易限于当下耳。[3]

唐君毅为学之气质固然"对于只有理智与功利心之人，总是不喜欢"，[4] 但他对于情性的超越性一面的理解是根植于中国

---

[1] 1955 年 3 月 12 日致徐复观函，《书简》，《唐君毅全集》第 31 卷，第 68 页。

[2] 1969 年 6 月 2 日致胡兰成，《书简》，《唐君毅全集》第 31 卷，第 212 页。

[3] 《书简》，《唐君毅全集》第 31 卷，第 52 页。

[4] 1956 年 12 月 4 日致徐复观函，《书简》，《唐君毅全集》第 31 卷，第 182 页。

儒教传统的，也是根植于他美好诚笃的原生家庭记忆的，所谓情爱之外恩义自生，所谓情在人伦而义关风教，[1] 与胡兰成的滥用"情意"毋宁是天上人间。

那么，既然明知胡兰成"易限于当下"，何以还颇能理解乃至爱惜胡的那些有关"民间日常"的"可喜"的虚词？这在2018年面世的唐君毅身处1950年海外四处荒漠的文化寂寞与悲怆中书写的《中国文明的前身与现身》的序言[2] 中，或者颇可看出一些端倪。

是序的维度之一，是中国历史当如何书写的问题，以及当今读者"看一般历史书的态度"需要改变。在唐君毅看来，"一般的历史书"只是叙述历史、整理考证历史、抽绎各历史阶段之价值意义，或批判历史。而《中国文明的前身与现身》似乎提供了另外一种不同的写法，这让唐君毅联想到，历史书写应该如何于中透显中国文明、中国人之人生、中国人之心灵境界、中国文明对人类历史前途可能有的贡献。历史不仅仅是冰凉的资料或坚硬的"事实"，历史应该承载丰盈的"生命与情味"（而非黑格尔历史哲学的"历史理性"），且是"不同于生物之生命"（如斯宾格勒所持论）。历史生命应该具备一种千古常新。唐君毅认为，只有"中国的史家"方能"一方求如实

---

[1] 1959 年致牟宗三、1966 年致吴俊升，《书简》，《唐君毅全集》第 31 卷，第 133、152 页。

[2] 以下该序的文字数据，均整理自拍品图片。截至本文发表时，拍品数据已被相关网络删除。

的了解过去，一方视远古如在目前。孔子作《春秋》于所闻世，所传闻世，均视如所见世，而三世平论"。这种尚友古人、以古为鉴，甚至就是承载一悠久无疆之道体于社会现实的历史书写方能"悠游行走于立体文化之世界"，使得"过去之历史生活于现在"而又不同于克罗齐（Croce, 1866—1952）式的以今解昔。相对于"现在中国史家"的"重用科学的抽象、比较、排比的方法"，"以物质科学家看自然的眼光看人文的历史"，唐君毅觉得《中国文明的前身与现身》这类写法保存了中国早期史家如孔子司马迁的写实历史精神，也即"生活于历史的精神"，同时又注重对中国文明的连续的发展做出"鸟瞰的叙述"。这正暗合了当时唐君毅针对中国文化精神价值的剖析：

> 中国学术文化思想之发展，固亦常为新朝矫旧朝之偏……然新朝之所以反对旧朝之文化思想，恒必溯源于先秦之传统文化，故子史变而经不变。经之异其解释可也，而以经义衡正子史之精神，则不变也。此种文化上反本复始之意识，与西方人之向上向前向未来，求综合相异相反之文化之矛盾，不能不谓之为两种精神。反本复始，乃使故者化为新，而新者通于故。古今之变通，历史之发展，有一中心之支柱，而文化之大统见。文化之大统见，则学术文化中之万类不齐者，皆如一本之枝干花叶。枝干花叶相异，而可不视为矛盾，而皆可视为一本之表现也。唯如此而人乃

真可有于殊途见同归，于百虑见一致之胸襟与度量。[1]

这段引文出自唐氏《中国文化之精神价值》第一章"中西文化精神之外缘"，该著写成于 1951 年，正与写序之年处于同一时段。书中甚至还特意表彰了胡兰成此期的著述。

可见，唐君毅对《中国文明的前身与现身》的肯定，相当程度基于他对当时流行的历史书写的不满。在思考或探索中国文化的精神价值如何在历史书写中充分呈露的过程中，胡兰成这种"即事言理"（唐至胡函，1969 年 8 月 25 日）[2] 的"挑战传统史学叙事的线性时间观以及目的论"[3] 的写法乍然出现，相对于唐君毅当时常见的学院体，毋宁是新鲜的、活泼的，令他颇感惊喜和兴趣。遑论胡书中直接表达了要建立"新史学"的呼吁："新史学是写古时的事亦只如写的现在，写的自己，因为人是生于一个时代而同时亦生于许多个时代。"[4] 但对于"此书的内容"，即使在当时，唐君毅的态度也十分保留："如真作一般中国历史或文化史书来看"，"无论人们对于此书内容之评价如何"——这种"戏说历史"都不能太当真。胡著确实承载了某种精神，但未必即是"中国文化的精神"，未必是"道"。

---

[1] 《中国文化之精神价值·中国文化与世界》，《唐君毅全集》第 9 卷，第 10、11 页。
[2] 《书简》，《唐君毅全集》第 31 卷，第 213 页。
[3] 王德威《史诗时代的抒情声音》，第 306 页。
[4] 胡兰成《山河岁月》，台北三三书坊，1990 年，第 79 页。

令人特别感慨的还有，生前于文坛学界并不享高名的唐君毅之父唐迪风（1886—1931），曾对"史学"应该如何书写流露过与此类似的感慨："子之史学，当多传道，不可空讲；必以史学为躯体，当今非此不能正邪说。"[1] 而在 1958 年前后所写《人学讲会札记》中，唐君毅再度深思史学、文学、哲学、科学的"邪与正"问题：

> 学问外在化之病：历史、地理——时空秩序，琐碎，以事缚人——记丑而博。文学——感性、情理，浮华，以情溺人——顺非而泽。哲学——推理，空疏，以理杀人——言伪而辩。科学——分理，灭裂，以智以物役人——心达而险、行癖而坚。故汉学家多贪，文学家多淫，理学家多伪。
>
> 正途应为：历史——保存世界，成就敦厚，以知自己亦在历史中。文学——同情世界，对缺憾之同情、对好者之赞美，以陶养性情、收归性情。哲学——贯通世界，收归体证以成慧。科学——条理世界，使心灵上轨道，收归观照（理论科学）与应用（实用科学）。[2]

毋宁就是上述唐父箴言的展开。其论史学的部分，与胡著

---

[1] 刘咸炘《唐迪风别传》，《亲人著述》，《唐君毅全集》第 36 卷，第 10 页。
[2] 收入《哲思辑录与人物纪念》，《唐君毅全集》第 8 卷，第 15 页。

序言中的持论，正可彼此参读。

《中国文明的前身与现身》序言的维度之二，则是唐君毅借此展开了他自己对当时流行的与文化（culture）相对的文明（civilization）的不同看法。一种中国特有的"天下文明、文明以健、文德昭明"的文明意涵经由唐君毅的解释脱颖而出。"贯乎此各种精神活动文化活动之生命精神之风姿、人生之情调、心灵之境界"云云，这正是"诗礼乐教"的核心旨趣，也是历史生命的真正呈现。虽然类似的语词几乎同时也被胡兰成在著述中各种使用，但类似的语汇实际内涵却可以天差地别。这一点，即使在唐、胡日后维系二十多年的通信当中，他们二人实也都彼此心知肚明。更准确地说，尽管唐君毅与胡兰成维系了四分之一世纪的交往，不仅他们的关系渐行渐远更符合实际，即使通信不久，分歧也是大于融洽。回复胡兰成的存世 19 封信函中，凡及正式话题，也几乎都是意见相左。

即如前文已见，"礼乐之订定，非义精仁熟不能为"（1954年 8 月 14 日唐君毅致牟宗三）。1969 年，唐君毅罕见地在病目的情况下给胡兰成写了几次长函，均与胡此前《建国新书》（即《中国的礼乐风景》）的出版及其试图进行的理念疏导有关。胡兰成依其"不仁"，仍视大乱大毁为平常事，"自信而无悔"，并以"当世名言如宗教、民主为污浊"；唐君毅则一再出以"爱惜与不忍"，坚持"不忍见此天下大乱"。[1] 话已说到

---

[1]《书简》，《唐君毅全集》第 31 卷，第 279—281 页。

此，则唐序到底未能为胡著出版时采用，也是应有之义，更是学界幸事。

五、结　语

综上所述，公认的"深明大义的正人君子"唐君毅何以没有"计较胡兰成的汉奸身份"，与他维系了近乎几十年的断续联系，[1] 从唐君毅的角度分析，这貌似令人难以理解的漫长交集中透露出的，就是唐君毅对于中国文化精神价值及其展开方式的洞察与悲悯，其本质不仅是东西汇通中当代学术如何书写与建构问题，更是关于人之生活如何有一终极的安顿、寄托、依止的现实关怀，即"诗礼乐教"如何落实践行问题。尽管这是宗趣迥异，固也必然南辕北辙的一段相遇与交往，却也因其内涵与本质的巨大差异，丰富了我们对这一问题的深入理解。至于胡兰成，则既然其一生最可议者即在其情肤浅不真，其又如礼乐何？《礼记·乐记》有云"情深而文明"，朱熹注《论语·子罕》"文不在兹乎"的"文"曰："道之显者谓之文。"[2] "文"与"道"相连，"文""情"相副，这是儒学通义。论情感，论文明，如果没有真实生命（诚）从内部涌现，即皆沦为不真。在人文世界，美学意象势必要建立在道德

---

[1] 张桂华《胡兰成传》，第 232 页。

[2] 朱熹《四书集注·论语集注》第 5 卷，台北鹅湖出版社，1984 年，第 110 页。

精神或文化精神的显露上，黑格尔的"精神现象学"之"现象"即为"精神表现的外显"之意。胡兰成的一切聪明之所以变成光景，就因为他只有光景，没有内在的光源。光景炫目，徒乱方向耳。

图书在版编目(CIP)数据

诗教与情教：新文化运动别裁 / 秦燕春著. —上
海：上海古籍出版社,2020.12
ISBN 978-7-5325-9752-9

Ⅰ. ①诗… Ⅱ. ①秦… Ⅲ. ①五四运动-文集 Ⅳ.
①K261.107-53

中国版本图书馆CIP数据核字（2020）第167326号

诗教与情教：新文化运动别裁

秦燕春 著

上海古籍出版社出版发行

（上海瑞金二路272号 邮政编码200020）
（1）网址：www.guji.com.cn
（2）E-mail：guji1@guji.com.cn
（3）易文网网址：www.ewen.co

印刷 商务印书馆上海印刷有限公司
开本 890×1240 1/32
印张 18.25 插页2 字数353,000
版次 2020年12月第1版
 2020年12月第1次印刷
ISBN 978-7-5325-9752-9/B·1178
定价：75.00元